U0664591

# 來新夏文集

来新夏 著

## 第九册

**杂著随笔卷（下）**

随谈 碑记 少作

**附录**

访谈 邃谷自订学术简谱

来新夏先生著述提要

南方传媒
广东人民出版社
·广 州·

# 文章千古事

几十年来养成一种爱看书的习惯，既能正襟危坐地研读正经正史，更喜欢东倚西靠地读些闲书杂文。闲书杂文不能以闲杂视之，其用颇宏。一则可开拓视野，既见名家的挥洒，又识普通人的力作。二则可补充知识，有些人所不知的细微末节，往往能于偶然间得之。不过，也得出一条经验，即使闲杂也不能滥施笔墨。普通人尚可不论，因为在读者心目中既不震声名于前，也易淡化遗忘于后；而名家呢，稍不慎重，轻则有损羽毛，甚者招来訾议，“文章千古事”，不能不说是前人的阅历之言。

偶然机会，看到一本在南方风行一时的刊物，其中有篇回忆抗战时昆明风情的散文，吸引了我。因为一则作者是位颇有名气的散文家，二则文中涉及我的一位前辈同事。这位散文家似乎在西南联大读过书，大约与我同样已是年逾花甲、饱经世故的人了。文中有一段是回忆作者在西南联大上体育课时的逸事，始而将那位前辈名字中的“荀”误为“苟”；并由此提到学生如何称其老师为“老狗”，继则说：“他在上体育课时讲了半天狂犬病，我就不知道出于什么目的了。”最后竟说：“先生大概已经作古了。”

从宏观上看，通篇文章确有点味道，不愧出自名家；但这段妙文又似乎不应出自名家之手。人到晚年，回忆青年时的老师至少带点崇敬之情，而不会有尖酸之笔。就我所知，这位先生名字的末一字确是与“苟”形近的“荀”字，所谓“老狗”之称实是无知小儿有失教养的恶作剧。待长大成人也当悔其少作。四十年后似已无人谈及这种辱及人格的戏弄，如今却又旧话重提，我就不知道这位名家出于什么目的了！至于说“已经作古”，更属无稽之谈，缺乏最基本的调查落实作风。今日此老前辈已年近九旬，依然策杖于南开大学校园，时而相遇，尚能互致寒暄，倘如此文所云，岂非白日见鬼，不禁悚然。信口开河，固不足取；信笔为文，尤为可怕。人命关天，生死簿岂容乱勾。读此名文，骨鲠在喉，犹如食佳肴而误吞绿头苍蝇，欲吐不得，欲咽不能。我实在担心因此给后人留下对那位前辈生卒问题的无谓考证，那就麻烦了。

文章千古事，信然！

原载于《冷眼热心——来新夏随笔》（当代中国学者随笔）　来新夏著　东方出版中心1997年版

# 何必如此拥挤

在武汉电子扫描版《四库全书》问世不久，最近又辗转听到几家单位正在策划出图文输入版《四库全书》，逖听一下，一则以喜，一则以忧。喜的是古籍竟然进入电子出版物，将使更多古籍得以流传保存；忧的是如此重复出版光盘《四库》，究竟有多大实际意义，花费这样大的人力物力有无必要。

《四库全书》在中国藏书文化史上有其一定的地位，但作为学术研究的唯一依据则是值得考虑的。因为当初修《四库》时是自有其去取原则的，收录的图书与禁毁量几乎相等。它又是政府行为，公事公办，未能达到认真比勘、选用佳本的水平。这样，在已有大小两种影印本和电子扫描本之后，是否还有必要这家那家再照搬原样地出版光盘版？电子出版物是有其价廉易存的优越性，但这是共性。具体到是否再出多家电子输入版《四库》，那就是个性了。当前应该充分考虑买方市场，因为使用《四库全书》的群体终究很小很小，而《四库全书》又是一套不需要从头到尾读的书。偶尔有需查考者，到图书馆查用纸本《四库》足矣。凡是真正做学问的人不会走捷径，拿来就用，往往还要考究一下版本，择善而从。目前若干大馆多已入藏纸本《四库全书》，而中小馆和个人市场又能有多少需求者？

前一阵子，围绕《四库》出现过一次热潮，存目、禁毁、未收、续编等等套书，纷纷问世（有的尚在运作），曾经引起过学术界的不同议论。它们虽也用《四库全书》之大名，但不是原样照搬，而是多少有所增益，给人一点未见面或半遮面的新颜色看看，也还有点新味道，如果不加任何佐料，只炒旧冷饭，炒来炒去，即使换几个新盘子装，也难以引起食欲。

各方争相沿用《四库》旗号的原因之一，也许因它无版权，是社会的公物，人人得而用之，能省一大笔稿费，实际上稿费在整个成本中所占比例不大，而其他投入则为数不少。如果光求库存增长，而不重市场销路，实非明智之举。我希望有关人士能慎重考虑。

我有这样的建议：一是目前已在筹划和运行的几家，呼吁他们罢手，势不可能。那么，是不是能很好地协商一下，通力合作，出一套质量较高、使用功能齐全的光盘《四库》；二是仍用《四库》大旗，如还有改弦更张可能，就不再去重复旧物，而是动用一批人力，对其重加整理，剔换版本，用光盘出新版本的《四库全书》，必将有轰动效应；三是有几家退出，另起炉灶，爽性甩开《四库》大干，像有些学者所主张的那样，出一套完整的、代表当代学术成就的古籍丛书，利用光盘形成一个标准的古籍数据库，显示中华学术的声威；四是如果真是颇具财力，不妨自辟蹊径，以仁人爱物之心，对终身孜孜、学有成就，虽有名山之作，苦无枣梨之费，难付剞劂，终于湮没无闻者，给以极大的关注，广搜博征这类有价值的传世之作，严加审定，汇为一书，其效果定比重复旧物好得多。这里不妨套用老杜的话："安得资金千百万，广为天下寒士出书尽开颜。"一部用量很小，尚有待完善的大书，在几年之内已有各种版本，如再重复出版不是太拥挤了吗？

原载于《中华读书报》1998年4月29日

# 莫把旧事当新意

清乾嘉时学人纪晓岚素以博闻强记、遍观全书著称，但他一生除总持《四库》和撰写一部《阅微草堂笔记》外，没有什么令人瞩目的著作。据老辈传说，他因为书读得太多，往往分不清哪些是前人旧说旧事，哪是自己的新解新意，生怕有与古人“暗合”处而贻人口实，所以不敢多有著述。明清之际的顾炎武，写好《日知录》，但迟迟不付梓，他的学生要求刊行，他说读书未遍，怕有与古人重复处，要等我涉猎一些典籍后再说。遂使《日知录》终成享誉后世的名著。

近年年龄日长，目力日减，但有疑必录的旧习未改，常把一些自以为有待商榷的段落记下来思考，特别是对有些常写文章的知名作家学者的某些新意往往喜欢与旧说旧事相联系。

不久前，我在6月23日《中华读书报》上读到王泉根先生一篇题为《一位博士生的“谢本师”》的文章，是为针砭当前大学校园中“感谢”师恩的宴请风，文字也很条鬯，但标题中的“谢本师”却使我马上联想到百年前章太炎的名文《谢本师》（这是1901年章太炎与老师俞樾断绝师生关系的一封信），显然是借用现成词语。谢是多义词，除了王文用作感谢一义外，尚有谢罪、谢绝、谢别、凋谢等义。章文的《谢本师》是因与老师政见不合，写了公开声明，一方面含有对不起老师教导的谢罪之意，同时也是谢别，表示与老师分道扬镳了，“谢本师”所指师生分手的内涵也从此固定。借用成词不是不可以，但如果对已有较凝固含义的旧说旧事，再给以新解新意，是否恰当？这对熟知旧说旧事的人来说，会不会质疑，而对不明旧说旧事的人，又会不会对于词语本身原意产生误导？再向前推，我在天津《今晚报》上读到陈四益先生所写《奇特的想象》一文，主旨是推崇华君武先生漫画有创意。文里举了华先生的《猪八戒画桃》一例，认为“老猪在屁股上涂了墨，往裁好的纸上一坐，便完成了一篇‘大作’”，并联想这幅画可用以讽刺所谓“行为艺术”和作品的自我复制等不良风气，这种联想是切题的，但作者从推崇这幅画是画家“真不知如何想得出来”的创意，则不太确切了。因为“用屁股画桃”在我的故乡浙江萧绍一带是传之甚广的旧说旧事。我在幼年时，常听先祖讲明代画家徐文长恶作剧的故事，“用屁股画桃”就是其中一则，至今七八十年我仍记忆犹新。如果陈文写成华先生借徐文长的故事，画了这幅画，不仅仍可有针砭含义，也能免去以旧事当新意的疏忽。

上举二例，让我想起清初学者周亮工在狱中写了一部笔记，怕有记忆不清和错位的地方，就借用老人读书影子的说法，而名其书曰《书影》，为自己留地步。我近几年也是常怀疑自己的记忆，偶有新意，就先想是不是前人有过类似旧事旧说？是不是今人曾有过此类新意？即使如此，仍时有与古人“暗合”处。所以我想王、陈二文也许就是误把旧事当了新意吧！

原载于《文汇读书周报》2004年7月27日

# 藏书的起源

藏书不仅是图书事业的一个重要环节，也关乎一个人的文化素养。宋朝藏书家晁公武曾论及汉王粲、宋宋绶之能称一代博学者，就因为他们“自少时已得先达所藏故也”。这可见藏书之能涵育人才。当然藏书之功不仅于此，更重要的作用在于保存、传播一国的文化，使之世代相传，为立国之基。几年前，我为日本一大学的大学院生讲授“中华文化的传递”一课时，即设《藏书》专章详述中国因藏书体系完备，遂使图书保存文化的功能处于一种有效的稳定状态，并使文化的传递源远流长，异域人士也无不认同。

“藏书”一词可能最早见于《韩非子·喻老》，文中说有一名徐冯者，曾告人说：“智者不藏书。”这大概是指私藏而言，而藏书的事实当早于此。中国最早的藏书是官藏，始于周秦以前。自此以后，藏书历史相延不绝，而历来学者以此为研究课题者不乏其人，于是叙历代藏书史者有之，为藏书家志史略者有之，言藏书掌故者有之，纂藏书家词典者亦有之。所述大多侧重于唐宋以来，尤以明清为盛；但是能追溯远古而析论藏书渊源的著作，尚不多见。即使见有专文论及，也多语焉不详，所以很想有一部这样的专著问世。

后来有幸承刘渝生将所著《中国藏书起源史》初稿送来征求意见，读后感到颇有新意。著者主持一所大学图书馆工作有年，公余之暇，奋力攻坚，选藏书起源为研究课题，广涉史料，博收约取，尽十年磨剑之功，终成初稿，引我为同道，使我有先读之幸。我因长期以来就希望能读这样一部著作，所以比较细心地通读一过，深深地感到著者搜求之广，用力之勤。为了进一步探讨，我曾对全书的命名、篇章结构、资料运用、论述方式以及文字表达等方面提出一些建议。著者虚怀若谷，重加修订，成书五篇，对我国藏书的酝酿与萌芽、最早的官府藏书、诸子藏书、先秦藏书特点以及《七略》渊源辨析等均详加论述。各篇资料丰富，颇多创见，与不同说法的论辩也能独出机杼，使初稿顿改旧观，虽其中如文献与图书概念的界定，论分类而略流通等问题尚可商榷，但各存一家之说，固毋庸苛求。

写书虽难，但出书尤不易。近年学人著作，杀青完稿不过为行百里路半九十，其出版问世虽为百里之十，而步履之艰难，尤出意料之外。渝生书成之后，曾多处探询，均遭碰壁，乃百计罗掘，始免史公名山之厄。我闻其事，忽忆及先祖六十余年前刊行《匏园诗集》之苦。当时我尚在髫龄，见先祖母及先母脱珥充刻资，惑然不解。今渝生之妻及媳也皆倾其妆奁私蓄为赞助，于是数十年的疑惑砉然而解。时隔花甲，学人之遭际又何其相似乃尔！不禁黯然神伤者久之。不过，又窃幸渝生所作终得问世。回顾终生困厄，著作埋没者，不知凡几，渝生不亦可庆乎？

原载于《依然集》（当代学者文史丛谈） 来新夏著 山西古籍出版社、山西教育出版社1998年版

# 署名三叹

著书署名，古已有之，翻开《汉书·艺文志》，许多书都以不同方式署作者名。六艺除本经已属社会公有财产外，其传述诠释之作，多署作者名，如《易经》之传有周氏、服氏、杨氏、蔡公、韩氏、王氏、丁氏等各家，署姓以明为一家之言。小学类有《苍颉训纂》二种，分署扬雄、杜林二名，以示同名异书。诸子、诗赋作者之名多有与书名合署者，如《陆贾》二十三篇、《贾谊》五十八篇。甚至即以作者名冠于文体而著录其书，如《屈原赋》二十五篇、《司马相如赋》二十九篇。汉高祖贵为天子，作《大风歌》，合他歌为一书，遂署《高祖歌诗》。后世无论二十四史之史传，唐宋八家之别集，凡成书者无不有署名。近代以来虽有用笔名署名者，但久而人多习知其为谁人，甚而有即以所署笔名行世者，如鲁迅与茅盾类此。正因书有署名，遂使检群籍者莫不以此为一渠道而得其用。及“文革”时，即使御用遵命之作，仍署“梁效”、“罗思鼎”等谐音之名。是可见署名之不可少。

近年著述繁多，亦无不有署名，一则以明责任之所在，一则以定版权之所属。作者署名，已成共识，但其内含与背景之复杂曲折，似尚无人穷其究竟。我曾屡见因署名而出现的千情百态，颇有出人意料而不得不付之浩叹者。择其荦荦者，约为三叹。

其一：书生数年灯火，备尝寒窗之苦，方成一书，积稿盈尺，久久难付枣梨。出版社索资出书，几成社会常规而习见不怪。一介穷儒，日汲汲于稻粱，犹时有竭蹶，又何从筹措巨金？妻女为脱簪珥，亲友为解阮囊，杯水车薪，亦无济于事。幸得高人指点，辗转求助豪门。于是腰缠蹄金者，附庸风雅，愿出其灯红酒绿之余沥，为求署名于作者之列。有无相通，公平交易，出资者心安理得，视为当然；而真正作者如割禁脔，内心凄楚，莫可言状。为免高阁之厄，不惜降志辱身，违心接受，迹近文丐，郁愤中结。于是款爷履历增著作一项，原作者每睹所著之款爷署名，辄自责求一时之利，失立身大义，不时追悔，时感隐痛。闻者多怜其情有可原，义无可取。此一叹署名之可怜也！

其二：作者躁进，为求尽早掠取名位，乃以所著呈某出版社正副头领，甘言相啖，推为前辈，乞其订正，并以第一作者相许。某头领利令智昏，惑于口蜜，乃欣然允诺，略改之无，稍加圈点，即昏昏然署名为第一作者，并利用职权，迅速发稿，果于作者评职称前夕问世，作者如愿以偿，头领名利兼收，皆大欢喜，一切似已妥帖。事后作者卑辞求还原稿，言将保存头领手迹，头领戒备全失，完璧归赵。孰知该作者叙事端原委附以原稿，状告头领胁迫掠取成果于纪检。追查结果，头领落笔原稿之笔墨确属寥寥，于是作者"沉冤"得雪，以受害者面目出现，受到若干不知内情者之同情。此头领则受责停职检讨，终于离职而去。此头领固罪有应得，而作者之"始乱终弃"，用心险恶，亦卑鄙之极。此再叹署名之可鄙也！

其三：某学者曾相告，其门人以两年之功，东拼西凑，写成一书，即送请其师审阅，并以其师熟悉出版界人士，遂以合著共署为请。某学者审阅所著并签注修改意见，而婉拒其合作共署之请。于是某生视其师为迂而不化，乃改弦易辙，别寻门路。终投某权位者之门，不数月而其书问世。权位者骤得第一作者之名以掩其不学无术，自感欣慰，而该生于书序中竟谀某权位者有治学经验，有研究成果，并以能与其通力合作为荣。此等乞怜媚态令人作呕，实难取谅于人。其行固不仅此人。其人之不齿士林，固咎由自取。此三叹署名之可耻也！

可怜、可鄙、可耻，虽分为三，其源皆因"急功好利"以致"见利忘义"。义利之辨，多为前贤所重，汉董仲舒乃有"正其谊（义）不谋其利"之论，此虽有阐扬儒家义利观之嫌，但仍可作立身行事之镜诫。《语》云："子罕言利。"或为夫子涉世既深，见利之为害也甚，遂罕言其事以默化诸弟子。今之智者于此当有所鉴察焉！

原载于《光明日报》1999年11月25日

# 题字种种

自从电脑较普遍使用，墨笔题字似乎成为既是稀见物，又是一种时尚。综观近年题字，大体不外两种人：一是领导，二是名人。题写范围甚广，有封面书名，有扉页题词，有庆典题贺，有地区场所命名等，不一而足。

领导题字最常见的是各级新编地方志，可以说无志不题。有些是高层领导视察时无意留下，被用来当“虎皮”的；有些是本地区的各级领导题字，用来换取支持和表明官书身份。有些庆典或会议所陈设的贺词，往往四大班子各位领导，龙飞凤舞，各展风姿。至于题书签，留箴言，到处可见，已不足为奇。我不反对领导题字，因为这是个人活动，若仅供自己私下欣赏，他人无权置喙。若是放到公众视野下，那就应有所要求。固然不能要求人人都是书法家，至少应是态度认真，字体端正。有的领导为了应对“敬求墨宝”，请书法老师教诲，勤学苦练，日见进益，字亦写得一笔一画，端端正正，至少态度令人接受。有的领导让善书法的秘书写成字模，自己临摹，亦算有一种向善之心。有的领导则乐此不疲，到处留芳，甚至连本地区的电话簿都由他题书名，大街景观尚镌之洋灰石，而自己又不练字，信笔挥毫，不仅字体拙劣，有时字形不全，令人掩口。更见一高官字难成形，而好到处题字，于其所属居民小区，亦在影壁上大书一笔。不久，因贪赃枉法，自戕身亡。我特驱车小区往视，题字依然，而署名已被砸裂散抛于地，不禁失笑，“身败名裂”于此又得一解。

名人题字，多与书有关，或题书签，或题斋名，或为己书，或为他人题。有的名人既是大学问家，又是大书法家，因此，求题署者比比，而本人又心慈面软，对后学不忍峻拒。其题字功力或浑厚凝重如顾老廷龙，或潇洒飘逸如启功老，读其题字，令人神往，确能为所题增色。“南顾北启”为学界所共识。他们都留下不少题字。顾老的题签由上海图书馆集成一书，名《顾廷龙书题留影》，成为足供欣赏的珍贵遗存，而启老为中华书局题过大量书签，散在社会的题字也所在多有。我曾建议中华书局仿顾老书题留影例，也编成一集，得到有关人士首肯，可惜至今尚未着手，令人惋惜。我所著几种书都有幸在二老生前蒙赐题签，免去我的遗憾。

有些名人虽不以书法名，但是由于德高望重，学术地位崇高，为后学所宗仰，求题者也不少，如季羡林、任继愈等老人，他们都很谦和仁慈，有求必应，虽不能以书法家去期待，但题字都很认真端庄，一笔一画，都很到位，体现一种诚朴厚实的学风。但有些自以为名高位重的人，则往往率意一题，行不行，草不草，不合基本规范，连署名都让人认不出来，显示出自命不凡、不尊重他人的习气。更有些“艺术家”把汉字美术化，变形走样，怪形怪状，把笔横拖着写，写成颤巍巍的样子，以示与众不同。我尝对一位熟识的画家说：“你的字是画出来的，不是写出来的！”这话也许刻薄些。

我虽不是名人，但在我那近百人的小圈子里也浪得薄名，加以望九之年，有人出于传统的尊老习惯，来请题字。我素不善书法，又没有经过严格的书法训练，只在童年时按照父亲的布置，临写过年把的《九成宫》、《东方画赞》和《玄秘塔》等不同书体的字帖。青年时由于常用毛笔，尚能用毛笔批注古书。中年以后用毛笔已有封建之嫌，改用硬笔，毛笔渐渐荒疏。上世纪八十年代，毛笔使用又渐渐多起来，于是又重新临写字帖，为求把字写得好看些。八十年代初，我出了一本论文集，名《结网录》，书名用汉董仲舒所引古训“临渊羡鱼，不如退而结网”的寓意。出版社编辑要我用毛笔将此语题在扉页上，于是我写了重新使用毛笔的第一幅字。有时亦情不可却地应人之请，为人题写书签，但一直内心不安，因为我的字确实不入流，辜负他人的期望；再则白纸黑字，贻笑大方。唯一的应对办法，只能是在题字前闭目凝思，想好结构，再写上十几遍，从中选一幅差堪入目的送人，以表示一种敬事而信的态度，以求无愧我心。

原载于《天津老年时报》2008年8月15日

# 赠书史话

写书就要赠书，很多写书的人都有一段赠书的历史，有快乐，有烦恼，也有写成文章表达错综复杂的赠书心情的。我从五十年代出版第一本书时就开始赠书，八十年代又连年出书，赠书日多，渐渐形成人生历史中的一条支流。这条支流流淌了几十年，也就冲刷出人生历史中的痕迹，弯弯曲曲，千姿百态，很有值得回顾的意味。

1957年，我的第一本书——《北洋军阀史略》正式出版，就像抱着头生儿那样兴奋与激动，用了大约百分之五的稿费买了100本书，送老师，送同事，送朋友，送图书馆。在书送完之后，有位朋友提醒我要送领导，让领导对自己有一种好印象。好在书价很低，又买了几本补送一下。当年的领导还很正直，不以不送为忤，送去时还十分客气道谢，真诚地讲些勉励的话，一本书换来温暖，也很值得。

八十年代，我因从六十年代起像王宝钏寒窑十八年般地投闲置散，只得潜心著述，所以连年都有书出，有时一年出两三本，于是赠书问题发展到新的历史阶段，远远超出第一次出书赠书的范围；但因为多是学术性的书，许多人不感兴趣，所以赠书名单所增不多，而且都是自己应该送的人。

九十年代，因为在学术著作之外又出了数种随笔集，读者面相应扩大，于是从主动赠书走向被动赠书，并且带来了若干不应有的烦恼。回顾这段赠书史，大致可分两种不同情况：

一种是情愿赠书。数十年故交旧友，甚至是总角交，或牛棚难友，彼此相知，或面赠，或邮寄，书报平安，非赠不可；门人弟子，甚或为小门生，长年问业，能解我心，赠书以传薪火；同为写友，声应气求，以书易书，奇文互赏，此所谓“德不孤，必有邻”；相识之书刊编辑、记者，为我辟地登台，沟通社会，报之以书，理所当然；著名大图书馆，各赠一册，以期藏之“名山”，传之后世；尤以诚心读我书者，赠书固所愿也，有一按摩医者，喜读我文，乃赠书一册，于是每值临床施诊，必于我文逐篇交谈，论其所见，或相质疑，其真诚令人感动，高山流水，知音难得，每成一书，必相赠以酬。

另一种是不情愿的赠书。有素不相识者，寄其所著一册而指名索我某书，其书于我固无所需，心虽不愿，但礼尚往来不得不投桃报李。有寄我书以求签名者，附函略致仰慕之义，并言求购我之所著难得而望能见赠，虽语似真诚，但实情难料，无奈之余，检寄一二，以免横议。甚者有以收集图书建立民间图书馆以普及文化、启迪民智为名来求赠书者，并在信尾声称如不赠书，亦请函复“来信收到”等语，意含胁迫，不敢不送，非所愿也。更有于我友处见我所著，乃浼我友辗转相索，并以书价过昂、无力购书为辞。此固为当世实情，设人人若此，我将购书几何，方能餍人所求？但碍于友情不得不赠。亦有不情愿而拒赠者，有一早年学生，现已跻登高位，偶于会所相晤，承问及：“先生新著问世，何不见赠？”我不愿相赠，乃笑答：“君既出有车，又有随行秘书，书可赠，但只闻来取，未闻往送！”彼笑允不日来取，我贮书以待，迄今未见枉顾，始悟彼不过作一官场套话，而我之不愿相赠实为正道。

赠书的命运也各有不同：有于图书馆赠书专架上或于朋友书室之书柜中得一席之地，我就有像儿女们得一安身立命之所那样的愉快和喜悦；偶尔在旧书店或书摊上得见我赠书，其扉页之受赠者，多为亡友，或其儿孙不学，为求室内加大空间，将其与其他书刊共作废弃之物捆载而售，急购以归，为之怆然者久之。置之案头，撕去扉页，俾免伤情，乃舒其卷角，拭其灰垢，一似为浪迹天涯归来之儿女拂去征尘，于是回置于我所著书架上，使其手足重聚，其乐融融，后或用以转赠久求我书而未得之友，以尽其用。我心也为之而感到莫大的安慰！

写书赠书，本情理之常；广结善缘，为人生一乐；偶有曲折，亦世间正道，无足为怪。但是，早年赠书，购书百本，所费不过稿费百分之五；今则不然，购书百册，稿费几近覆没。是赠书又不得不有所权衡矣！

原载于《中华读书报》1999年6月30日

# 赠书后篇

赠书一定先写书，否则无书可赠，赠书也就无从谈起。我从上世纪五十年代开始写书，头一本书是《美帝侵略台湾简纪》，是奉命写作的一本小册子，做宣传用，约五万字，没有向人赠书。真正买书送人是1957年由湖北人民出版社出版的《北洋军阀史略》。当时稿费与书价有相当差距，稿费较高，书价较低，只消花费一小部分稿费就能买几十本书，分赠至好和亲友。以后十几年，由于众所周知的原因，不写书，不出书，当然也无赠书。直到八十年代前后，改革开放，一切归于正轨。我和一些朋友也都在多年积累的基础上开始写书、出书，当然也就互相赠书。这类赠书完全是交流沟通，自觉自愿。渐渐写书多了，赠书范围自然地扩大，随之也产生些不快与无奈，甚至有些事还让自己在精神上有侮辱感——上世纪末，在一次偶然的聚会上，遇到一位已高踞省部级高位的早年学生，他向我索要我的多种著述，并写给我“官邸”地址，让我将赠书派人送去，并趾高气扬地告诉我，将把我的赠书陈列在他的书房，好像“恩赐”我一种“荣典”。可叹我既无秘书，又无司机，只好淡淡地说了句“我赠书，只闻来取，未闻往送”，尴尬地结束了这次交谈。直至今日，他已下台多年。他既未来取，我也未往送。看来，这只是官场的几句应酬话，切莫认真当知音。另外，还发生过几件令我不快的赠书事情，不再一一赘述。

为了申明我的赠书态度，我曾写过一篇表态文字，自己也主动缩小赠书范围。不久吴小如兄也写了一篇题为《也谈赠书》的短文，诉说赠书的各种苦恼。他反感那些抱着不要白不要心理来索赠书者，也不屈从有些人以“忠实读者”面貌，吹捧几句来骗取赠书。他主张：“赠送自己撰写的书，必须出于自愿，不宜存丝毫勉强。”我赞同这意见，并遵循实行，除了有赠书交往，仍是你来我往，投桃报李外，其他渐少理会。这就引起一些对我的闲言碎语，有的有一面之识的人，认为我出了几本书，有架子了。有人认为我不与朋友分享愉快，有人认为我抠门不愿买点书送人；但也有一些知心人的行为，令我感动。早在我出第一本略有学术含量的《北洋军阀史略》时，我曾送一本给系里学术前辈研究古代史的王玉哲教授。在世纪末时，某次，王先生来我家聊天，发现我架上无此书，当即说，我送他那本赠书已表明彼此友谊，而更重要的，应完整自己的著述积存，次日即派人送还。这种风格与胸怀，对我也是一种身教。

进入新世纪后，随着社会的发展，赠书的无奈也有了翻新。

一是赠书流落。在新世纪刚开端，就有一位朋友从网上买到我的一本赠书，另有朋友从南方旧书店淘到我的赠书，先后寄给我，我很伤感，因为这些受赠者都是读书人，也是我的好友，生前一本本搜求积累，耗费多少精力，过世后，后人或为了腾空间，或不识这些书的价值，遂将他们先人的藏书一扫而空，投放市场。于是这些书到处漂流，辗转易手，使书品遭到“皮开肉绽，不堪寓目”的厄运。我只得含泪撕去原来的签名页，粗加修补，等待真正需用者。

二是再造赠书。近几年，我常遇到熟悉或不相识的人，把我写的书，或亲自登门，或挂号快递，从几本到十几本，有的附上回邮或钞票，有的只是附一小笺要我签名，甚至要求题上下款或写几句跋，闹得心绪烦乱，但既送到面前，也只好签名寄还。于是别人买的书便再造成我的赠书，自己总觉得不自在。

三是一些后学晚辈的强索赠书。这些人大多是比较熟悉，是书房的常客，带给我一些外界的街头巷议，哄我高兴。他们若见到有复本或样书，就涎着脸要我赠书，说是喜欢读我的书，更为了留个纪念，要我签名，软磨硬泡，终于拿到我的签名本赠书，满意而去，我则嗒然若失，只能无奈地叹口气。

由于赠书引起种种不快，兼以日趋高年，顿然悟到赠书与个人，何如作公益。于是就改为向图书馆等公益单位赠书。我曾向南开大学图书馆、天津图书馆、浙江图书馆、杭州图书馆和我的故乡萧山图书馆、方志馆以及绍兴一个农村图书室都赠过书。除了自己的著作外，还为赠书有点规模，把部分藏书也搭配进去，先后共达万余册。各受赠单位也认真对待，设专馆、专室、专架展示赠书，并供应阅览。我很欣慰这些书得到应有的安身立命之所，自以为找好了一条新的赠书之路。不料又带来了新的烦恼，使原有的赠书范围波及我的其他藏书。从2004年以来，我收到过来自湖南、湖北、河南、江西、江苏、河北等地多封要求赠书的信，有的说为了在农村建立农村读书室，有的要我支持充实农村阅览室，有的表示“仰慕”，要我加盟他的名人藏书室……不是几本而是几十、几百本，

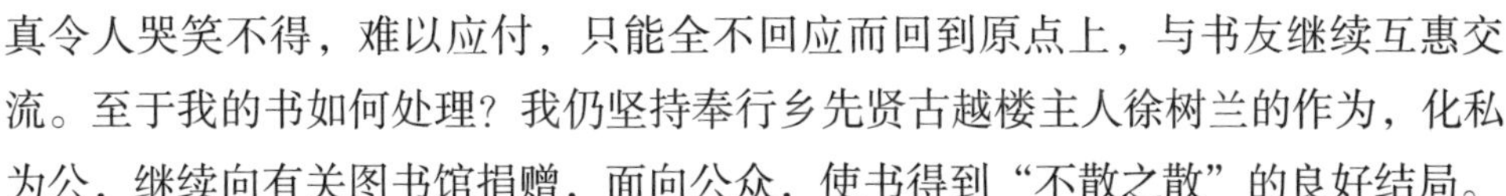

真令人哭笑不得，难以应付，只能全不回应而回到原点上，与书友继续互惠交流。至于我的书如何处理？我仍坚持奉行乡先贤古越楼主人徐树兰的作为，化私为公，继续向有关图书馆捐赠，面向公众，使书得到“不散之散”的良好结局。

一件事总有正负两面，赠书是好事，但难免又带来令人烦恼的负面效应。过去我写过一篇有关赠书的文章，是为“前篇”。现在把后来发生的事由再写一文，是为“后篇”。

二〇一二年十月写于南开大学邃谷行年九十

原载于《今晚报》2012年11月13日

# 先生与“Boss”

“先生”的称谓，至爱至尊。我从小就听许多人敬称先祖为“雨生先生”。我很羡慕，期待快快长大，能被人称“先生”。我大学毕业后，在一所中学教书，第一次获得学生叫“先生”，真高兴得心房怦怦乱跳，超越了任何荣华富贵。我喜爱“先生”这一称呼。不过“先生”究有多少含金量，不同人有不同看法。天津一位资深报人刘书申在他的文集《报人跬踪》中有一篇随笔《说先生》。刘先生对“先生”的基调是“对别人的尊称”，但他又认为不同时代含义也不同。他说：国人早年也对教师称“先生”，不分性别，而对社会上有很高威望的女性，有时也尊称“先生”。在阶级斗争时代，“先生”有“见外”之义，不敢与“同志”媲美。改革开放初始，“先生”成为对海外人士的敬称，渐渐有些时尚人士也自话自说地把自己称为“先生”。这是一种靠近不同时代的说法。

最近，我在《中华读书报》（2013年9月11日）上读到徐国琦先生的《桃李不言，下自成蹊——入江昭先生侧记（上）》，文章中对“先生”特加界定说：

> 本文以入江先生为题的另一个用意是强调“先生”的含义。这里所用的“先生”，不是一般意义上的中文“先生”之意，也不是英文中的“mister”，而是日文中所用的“sensei”和英文中的“gentleman”复合而成，指的是一位真正的学者和绅士、伟大的老师，一位传道授业解惑、为人师表的巨人。

徐先生陈义甚高，但“先生”依然未脱老师的基本范围，是传统文化对师道的要求。我从这两文中各吸取了部分说法，而认为“先生”至少有两点特质：

一是对特爱的人的爱称。妻子常常把自己最爱的丈夫称为“先生”，有的家里外头一律称“先生”，有的是向人介绍自己丈夫时的称谓，但容易出误会。我曾闹过一次笑话，上世纪九十年代后期，我到台湾淡江大学参加“二十一世纪两岸高等教育的未来”研讨会，随团有一位《光明日报》的女记者曾是我的学生，她向我不认识的一位朋友介绍我时说：“这是我先生。”这原本是她几年来在学校的习惯称呼，而对方误以为我们是一对，却又以我们的年龄差距大感到惊讶、疑惑，我赶紧纠正说：“我是他大学老师。”虽是笑话，却也说明高等院校称老师为“先生”的习惯。

一是对最敬重的人的尊称，那就是对自己的老师。我从读小学起，就称呼教我的老师为“张先生”、“高先生”等等，一直到读完大学，都是如此。对尊长和前辈也都以此为尊称。有时把姓去掉，只称“先生”，便感到更为亲切。六十多年，我在课堂和校园里听到的多是“先生”长“先生”短。“先生”已经成为对老师的习惯称谓模式。

改革开放后，我奉派去美国考察教育，初次听到学生称老师为“Boss”。我不解为何有此称呼，恰恰手头有一部《当代英汉详解词典》可供查阅。《词典》的解释是：

“boss：老板；头儿；首领……”

这一解释和老师毫无关联，老板是商业主持人的惯称，头儿是属员背后对上司的昵称，首领则有点江湖味。我曾问早在国外的同事，才恍然大悟，原来国外一些老师，特别是理工科老师，都有些项目费，有来自官方的，有企业资助的。老师往往雇佣学生做实验、找数据、干指派性工作、小跑往来……老师在经费中漏下点余沥给学生，换一声“Boss”，将师生关系变成一种雇佣关系。作为当了多年老师的我，既感到新鲜，又有些不自在，祷念国内不要受此传染。所幸回国以后，还很少听到“Boss”之称。近几年却渐渐多起来，正式听到是在电视上。有个很红火的节目《非你莫属》，是颇有知名度的企业老板的招聘平台。主持人就用“Boss”称呼各位老板。也许我脑筋陈旧，总感到不如称老板熟悉亲切，何必在此接轨国际！不久在校园和公众场合时不时地从大学生口中听到称某某先生为“Boss”者。“先生”的称呼，似乎已成古董，只供欣赏，不合潮流。初在理科生中使用，渐渐文科生也多娴于口。这种称谓的渐变，虽似字眼的不同，实则已由亲切的师生关系变成雇佣的金钱关系，这类“接轨”，实难苟同！

我并不赞同“天地君亲师”的伦常关系和“一日为师，终身为父”的陈腐说教，但对“先生”的称谓却认为是传统精华，蕴含着一份至爱至尊的感情。我宁背守旧落后的恶名，亦将招魂“先生”永在，而拒绝“Boss”之称的漫延！

二〇一三年十一月初写于邃谷

原载于《今晚报》2013年12月11日

# 我好想“考博”哟

近年来，考研、考博之风盛极一时，报名者动辄成千上万，可谓文运亨通，令人为之雀跃，但其人大都在规定学龄限度之内。最近大学入学年龄的限制业已明令取消，这对少而失学或学历偏低的超龄人士真是莫大福音，于是爷爷奶奶都参与进来，甚至教授、博导也颇多重作冯妇，再入研究生考场者，颇使人精神为之一振。这是全民素质在提高的一种表征，如此盛世壮举，怎不让人拊掌高呼！而像杨义先生那样学术造诣高深，在学术界卓著声誉的人，肯于纡尊降贵，报考博士生，其自强不息的精神更是值得敬佩，也引发我许多思绪。

杨义先生为什么要考博？绝非一时的冲动，而自有他一定的考虑和想法，非局外人所能道，不佞只是妄加揣测一下而已。杨义先生既是博导，顾名思义已是博士生的导师，何必非要反师为生呢？原因恐怕出在“博导”二字上。据说国际通例博导只是一种工作称呼，不是一种爵位，把博导作为一种品级只是中国特色，我看到过一些知名教授把博导印在名片第一行，下面才印自己的教授、院长、系主任等荣衔，足见博导地位之隆，可惜域外人士不大认同，而博士则是为国际所公认的最高学衔。杨义先生想必知此，所以要“考博”来求自身的完满，这当然是个人的自由和选择，无容他人置喙。同时，我又想到是否杨义先生看到当前博士满地走有点名实不符，义愤之余，该出手时就出手，以我不入地狱谁入地狱的大无畏精神，躬行实践一把，给社会一个货真价实的博士样，让小子们瞧瞧。这是一件大功德，我不仅双手鼓掌，还被它吹皱我那久已平静的一池春水，忽地想到“老夫聊发少年狂”的词句，杨义能做，我为什么不能做？何况我自以为比杨义的理由更充分。我越想越有理，禁不住一个人拍案而起，大声一呼：

“我好想‘考博’哟”理由有好多好多：

理由之一是：杨义已是博导，犹能精进不已。我则因命途多蹇，遇人不淑，先是遇到武大郎当家，总怕我比他高；后又服从组织调动去创办新专业，总凑不够博士点班子那六条腿，好不容易快足三教授之数，我已年登古稀，“奉旨”以原俸休致，退归林下。黄粱一梦难圆。幸有今日“考博”机遇，岂能坐失良机！

理由之二是：年龄问题既已无限制，报考当无障碍，何况高龄求取功名，史有所据。记得童稚时读《三字经》有云：“若梁灏（有人订正应作颢），八十二，对大廷，魁多士。”洪迈等曾考订其说有误，但查对《宋史·梁颢传》，梁颢确于宋太宗雍熙二年（985）成进士，真宗景德元年（1004）六月暴病卒，年九十二岁，则梁颢当于七十二岁中式。各朝类似情况多有记载，为后世传为佳话。按之当世，杨义先生年逾知命，年龄居考博者之首，引起社会轰动；我则年近八旬，比杨先生大出一个博士生来，如能报考，岂不有更大轰动效应，也许被吉尼斯记录在案，如此美事，岂容敝屣？

理由之三是：我一生著述不论篇帙大小，质量优劣，算起来总有三十来种，如果撮其指要，论其指归，克隆出几十万字一本专著，既驾轻就熟，又无抄袭之嫌，权充博士论文，必可唾手而得。胜券在握，又何乐而不为？

理由之四是：我已离休家居，有的是时间，不论考中后要求住校三个月，即使住上两年，也算进行一次继续教育。因为我既无需向领导请假批准，更没有耽误学生课程之虞，悠哉优哉，惟此为乐，为何不找？

理由之五、之六……还有好多好多，不再赘述，如此种种充分理由，又何得不高呼：“我好想‘考博’哟！”

但是我也不是毫无疑虑：

疑虑之一是：怕外语过不了关。我的英语，论读需借助字典，论听跟不上洋人，论说是半哑英语，论写不能成文，不要说六级，连四级都不够，顶多三级半。但是，如果老人老办法，外语免考，或者允许场外翻译几万字交卷，也就无所疑虑了。

疑虑之二是：投何师门。比我年高资深的，不是已骑鹤西去，便是已关门收山；比我年轻资浅的，真有点不好意思。不过，我忽想起少时读《魏书·李谧传》说：“（谧）少好学，博通诸经，周览百氏。初师事小学博士孔璠。数年后，璠还就谧请业。同门生为之语曰：‘青成蓝，蓝谢青。师何常，在明经。’”前既有古人，后何妨来者，于是疑虑顿失。

最大的疑虑是之三，设若落榜，情何以堪？偌大年纪，为争一顶方帽，何苦让人指点说“与少年争一日短长”、“自讨没趣”，甚至被詈为“老而不死”，

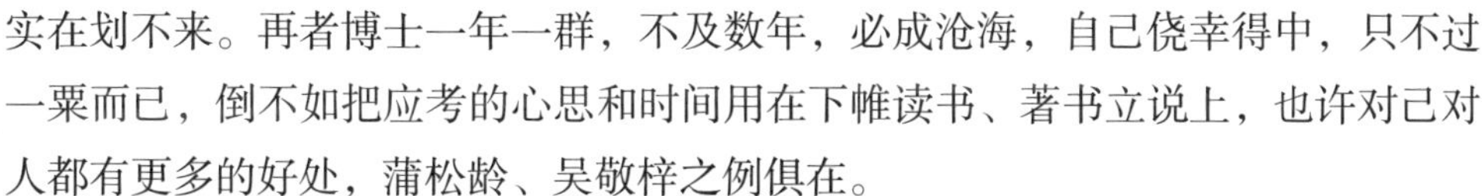

实在划不来。再者博士一年一群，不及数年，必成沧海，自己侥幸得中，只不过一粟而已，倒不如把应考的心思和时间用在下帷读书、著书立说上，也许对己对人都有更多的好处，蒲松龄、吴敬梓之例俱在。

另一个最大的疑虑是之四，侥幸考中，欣喜若狂。会不会像南唐一士子因得知考中，从马上摔下致残，或者像范进中举那样疯了。范进尚有丈人胡屠夫掴他一耳光清醒过来，我则泰山已倒四十余年，又有谁来掴我一耳光呢？如果长此疯下去，岂不得不偿失？呜呼！

这两项最大疑虑经我权衡轻重，只能定位于“好想考博”而不能“真去考博”了！但我仍然很关注杨义先生的“考博”，近来报刊上对此时有议论，其中比较集中的话题是“博导该不该考博”，也就是说有相当身份的人可不可以考博，这在历史上有成例可寻。远的不说，即就清代便可随手拈来几例：清雍正举人王延年，以博学鸿儒任国子监司正（约八品），但总感不是正途出身而要求参加会试，不幸落第。谁知因他年老尚知求进，又获殊荣，“奉旨升授额外司业”（正六品）。清“中兴”名臣左宗棠，原是道光时举人，时以未成进士为憾，在统兵入疆抗俄时，得知会试消息，便要求赴试，终于落得个特赐进士身份。晚清学者严复，位至北洋水师学堂总教习（近乎海军大学的教务长），因为连举人都不是，未免有失体面光彩，于是在人到中年时，这位学贯中西的名人竟然转攻八股，参加乡试，却未能遂意，最后也落个特赐文科进士出身，了却心愿。可惜的是，左宗棠终以武功建业于边陲，严复终以翻译《天演论》切中时弊而震撼人心，都与进士无关。这些例子不仅可供杨先生备参，也启示我们，如果领导部门鉴于教授、博导的“考博”渴望，不妨也参照历史，设一种特赐制度。凡考博二次未中者，呈交专著一种以上，即可赠名誉博士，岂不皆大欢喜。那时，我一定一改初衷，由好想“考博”，起而行动，真去“考博”。豁出去考他两三次，捞个特赐，照一张峨冠博带的博士像，岂不伟哉大哉！

原载于《中华读书报》2000年5月23日

# 卖身小考

卖身之说，由来已久，特别是董永卖身葬父的传说更为啧啧人口。董永据说是东汉人，因卖身葬父，感动仙女下凡，和他作伴偿债。这不仅是个美丽动人的传说，还被用作孝感动天的教材，并在湖北留下了“孝感”这一宣扬孝行的地名。元代郭居敬编《二十四孝》，就把董永列为大孝之一。晚近黄梅戏中《天仙配》强化了传说的浪漫气氛，更使董永的“事迹”在民间广泛流传。文献中也有卖身为奴的记载，在《史记·货殖列传》中曾明确记载“僮手指千”，即按一人十指计算出僮奴百人，作为私有财产的标准；又说四川卓文君的祖宗“富至僮千人”，显然已是大富之家。这些僮不论是卖，还是家人经手，无疑都是卖身。汉朝学者王褒曾写过一篇买奴卷文，是作奴苦况的血泪史。它真切地描述了一个人以万五千钱被卖为奴后的悲惨遭遇：

> 奴从百役使，不得有二言。但当饮水，不得嗜酒，欲饮美酒，唯得染唇渍口，不得倾盂覆斗。事讫欲休，当舂一石。夜半无事，浣衣当白。奴不听教，当笞一百。读卷文遍，奴两手自搏，目泪下落，鼻涕长一尺。如王大夫言，不如早归黄土陌，蚯蚓钻额。

这种悲惨遭遇令人不忍卒读。宋元以下，一些大家富户，大多养奴蓄婢。他们都由卖身而来，形成了一种人身依附关系。还有一种残身为奴者，那就是千百年来被阉入宫的太监，一称阉奴，这些人的苦境是难以告人的，虽有个别太监日后或有机遇成为权宦，但终究是少数，绝大多数要度过痛苦、寂寞和耻辱的漫长一生。民国以来，宦官制度宣告终结，但卖身之事仍残留未绝。我在历史博物馆曾看到过一份卖身文契，明明白白写道：

> 立字人李秀因为家中贫寒，无钱度日，心肝（甘）情愿，将亲生小女送与马大人名下，作为仆女。同中言明，送大钱三十千文……生死存亡，不与李秀相干。

这些卖身为奴的人，大都是为生活所迫。他们是无文化或少文化的底层民众，只有出卖上天赋予的躯体之权利，其情实实可悯。但也有个别出自有文化、有层次人之中，为了某种目的而甘愿自卖为奴者，最有名的莫过于明朝江南才子解元唐伯虎的故事。唐伯虎为了追求绝色婢女秋香，勇敢地不顾身份差别，自愿卖身华阁老府，降志辱身地去做痴公子的伴读书童，终于如愿以偿。这虽非信史，却不失为风流韵事，增后人谈助雅趣。

可是，另有一些污人耳目、令人作呕的卖身者，那就是如有的文献中所记那种舐痔吮痈，卑躬屈膝，乞求名利而甘居奴位，以致沦为出卖灵魂的精神之奴。这些丑类，代不乏人。明代的权宦魏忠贤门下那些曳金拖紫的“义儿”、“十孩儿”、“四十孙”等无耻之徒最称典型。近几十年，明目张胆，甘居奴位者，固不多见，但作为精神上卖身行为的隐形表现，在日常生活中尚时有可见。如在那些动乱年代，为求自保而做出“反戈一击”甚至“落井下石”的卖身行为以图过关者，虽有些卑劣，但还可曲谅他们的不得已。但一切归于正常，仍然只为谋个人私利，忘人间仁义而愿做精神卖身者，则实在情不可恕。人之不信，可举一例为证。

有某君者，为求躁进，乃奔走于旧日师门，其师顾念旧谊，本乎常情，多方提掖，某君之愿得遂。见其师仍居要位，尚有一定使用价值。于是隔三岔五，必趋门庭问候起居，口必称“一日为师，终身为父”，笑语承欢，若家人父子，甚至不惜历千曲百折获知其师生辰。从此，每逢节寿，必携妇将子，登堂叩谢，并谄言已将其师的生辰载入其父母的生日单中，以永志不忘。当时，其师以事出意料，百思不解其为何恭谨若此！一日，师忽忆及《儒林外史》中权勿用的原型人物——清乾隆时伪儒是镜的劣行：凡学使到任来访是镜者，必在室中为立生辰牌位以炫耀其事。及学者雷鋐来任学使，微闻其作为，拒不往见，属下受托相问，雷学使回答说：“我担心又将为是先生室中增一牌位而烦耳！”师忆此而恍然有悟。不久，其师离任，某君迅投继任者，并绝迹于师门，即偶遇于途，也形同路人，昂首快步而过，甚至扬言其师在位时树敌甚多，若再与之交往，恐有池鱼之殃。乃一意趋附于新任者之门，面谀新任者为历任中之最英明者。有人告其事于其师，师叹曰：“此今之是镜也！吾恐其生日单上将又增一父母矣！”此类行径与辗转卖身者何异？所不同者，此精神之卖身也。这类人不特可悲，抑且可鄙！要想根治这种精神卖身行为，究竟从哪儿去寻求善策呢？夫子曰：“小子鸣鼓而攻之！”

原载于《冷眼热心——来新夏随笔》（当代中国学者随笔） 来新夏著 东方出版中心1997年版

# 灯下挑眼

年岁一年年增高，精力一年年衰退，这是自然规律无法抗拒，只能顺应现状而行。七十以前尚能一日三单元地学习写作，近几年晚间只能在灯下看看报和电视，一般多是一掠而过，可是遇到差错，虽在朦胧也比较敏感。旧习难改，喜欢挑眼，有些属于欠准确或无关理要者，也就不加理会；有些明显有错或出于不该出错者之口，往往提笔记录在案，闲时翻读，可以醒脑解困。

不久以前，偶然整理案头，有旧报一张，灯下挑眼，发现有一篇颇有名气的诗人所写悼念亡友的大作，心想必有情致，不意只看了几行就发现可被挑之眼。诗人云："近几年写了三十多首悼亡诗来悼念亡友……"下面是一串被悼之友的名字。诗人似乎不懂"悼亡诗"与"悼亡友诗"的巨大差别，二者不容混同，因为"悼亡诗"有其专有内涵。这是晋代著名文人潘岳的故事，潘岳是当时的"帅哥"，才姿为人艳羡，妻死写《悼亡诗》三首，后人因称丧妻为"悼亡"，他人不得滥用。这位诗人如果连潘岳都不知道，就难乎其为诗人了，况"悼亡"并非僻典，一般辞典都收此典，既不学，又懒于查书，其不错者几稀。

由此联想到更有用典不当者，记得有一篇采访记，有男女二记者共同出差，中间因需要分赴两处，男记者在文中写了一笔惜别之意说："至此，因为工作需要，我们只好'劳燕分飞'了。"不知双方的另一半知道不知道此典之意，我捧腹之余，虔诚地祷告千万不要因此引发一场罗圈仗才好！

另有一次，我翻到一份京都大报，忽然发现有弟子某所写一篇访问记，作者是自己的学生，被访者又是一位高年而有名的老太太，当然要一读为快，不想第一行就让我大倒胃口。我的学生写道："因为有事耽搁，赶到×老的住处，×老已恭候多时了。"我嗒然若丧，不能再像指责诗人那样指手画脚。因为《三字经》曰"教不严，师之惰"，我深深自责没有把学生教好！

看报有气，还是在灯下看看电视以娱心情，没有想到也常常拨动我的敏感神经。警匪打闹片，难免出错，可以原谅。那么历史片或社会片总该讲究些吧！哪知在一部以武则天为主角的电视剧中，是一位非常著名的女演员所主演，在后部拜托众大臣的情景中，把“衮衮诸公”说成“哀哀诸公”，这已够难堪，没想到有一位教授站出来纠谬，写了篇“兖兖诸公”之作，更让人啼笑皆非。无怪乎明代有李登其人要写《正字千文》来辨字，遂使戊戎戍戌和折拆析柝诸字，得以辨清。惜乎今之无《正字千文》也。

读者之误更多可挑之眼，如“造诣”之读“造旨”，“垂涎三尺”之读“垂延三尺”，“莘莘”之读“辛辛”时有所闻，屡见不鲜。有些特殊读音的字，更难苛求。汉武帝口中对“大月氏”，即未能读“月氏”为“肉支”，知者感到刺耳，不知者被误导。《原野》一剧中“仇虎”之“仇”不知读为“qiú”，等等。甚至有些已经约定俗成，正读反以为怪，但对专业者似应有所要求。林则徐在一份要求禁烟的奏折中有警句说“若犹泄泄视之，是使数十年后，中原几无可以御敌之兵，且无可以充饷之银”中之“泄泄”，许多人包括名演员和中国近代史的大学教授，多是读“xièxiè”，殊不知此应读“yìyì”，指拖沓之意。有一次，我不自量力为某教授正音，他说：“照您这样念，谁懂？”我一时语塞，瞠目无言。看来灯下零拾，可以休矣！

原载于《一苇争流》（历史学家随笔丛书）　来新夏著　广西人民出版社1995年版

# 灯下挑眼续篇

前两年由于年龄日增，晚间已难承担较重工作，只能看看电视和浏览报刊，有时还会打瞌睡，但是对错话错字依然十分敏感，积习难改，总要指指划划，并把记下来的例子，写过一篇《灯下挑眼》的随笔，在报上发表，希望人们能注意及此而有所改善，如一位名诗人把“悼亡诗”用来做悼友诗的标题，一位名记者在报道中把男女记者的分头采访写作“劳燕分飞”，一位大牌明星把“衮衮诸公”说成是“哀哀诸公”，诸如此类，不胜枚举。两年过去了，这种乱用错说之风不但没有稍杀，反而有日烈之势，几乎日有所获。于是有续篇之作。

近年来误说误用的现象涉及面日增，出错误的场合日显，出错误者的层次日高，摆不在乎架势者日多。

过去屏幕上出错多在娱乐节目中，因为有些人学识底蕴较差，难以求全责备，念个把错别字，尚可曲谅。但在“新闻简报”之类极具严肃性和示范性的栏目中，则不宜出现极普通不应错的错，如把“酋长国”读成“犹长国”，初以为误听，但下一遍仍是“犹长国”，而且还报导了这个“犹长国”的“犹长”如何如何。虽然这类栏目的主持人多半都有些根底，不大愿意人们挑眼，可这种误读也就难以为贤者讳，而径直说一声“错了”，不过事情往往要多方面看，这位读错字的朋友对繁体字还是有基础的，如果他不认识犬旁加酋字是“犹”的繁体字，那他决不会把“酋”字读成“犹”声。

有些为人们公认学有根底，治学态度比较严谨的学者，也常常由于一时炫奇而被误解的。如有一位知名的文学评论家在所写的一篇访古记时，感谢东道主课业之余，“安排丰富的访古冶游活动”，当时以其与通行用法不合而感到不妥，因为“冶游”原指男女在春天或节日里外出游玩，后来专指嫖妓，似乎已很难见到用原指义了。不久有读者在原刊报纸上提出看法，根据《子夜春歌》如李商隐诗名来说明原指义，并提出“后因谓挟妓为冶游”的专用义。我推想原作者是知道原指义的，只是用在随笔性的文章中还是用众所了解的专用义为好，以免误导乱用。如果是在专门探讨语言演变的专门性论文中，当然另作别论了！

有些专用名词如姓氏、地名、官名等都是经常容易出错的。在历史剧和一般口语中时有所见，如“褒姒（sì）”，是褒国姓姒的女子，姒是古时的大姓，但在某一电视剧的编导者口中却读成“褒以”，显然不了解中国的姓氏制度。天津邮政局有一位仇局长，仇应读裘（qiú），而该局大多数部属都读为（chóu）。近代实业家张謇（jiǎn），在一篇介绍张謇生平的知识性短文中竟然在标题上大书“张骞”。“张謇”与“张骞”形音义上有很多不同：一为言，一为马；一读jiǎn，一读qiān；一作口吃、正直解，一作高举解；而且一为清人，一为汉人，真让人感到关公战秦琼，确有其事。又如隋唐官名“仆射”，正读射字读yè。但在同一部电视剧中却有正、误二读，吴小如兄把这部电视剧看得“顶真”，发现“扮演唐高宗李治的男演员说‘仆射’时读夜音，而武则天扮演者却读成射箭的射字本音”，这就是演员本身的问题了。而最奇怪的是电脑拼音加软盘字库里也把“仆射”放在（pu—she）下，看来误读面已经较广了。这类戏说历史的影剧，本来就是戏说，可姑置不论；但是另有一部讲一个普通妇女与领袖深挚感情故事的电视剧，应该是严肃认真，一丝不苟的。故事的中心主旨是农妇送土产给领袖，领袖回赠礼物，并写了一封热情的感谢信，派干部专程送去，哪知道这位农妇不识字，于是干部读给她听，农妇一直很感动。信的末尾，领袖请农妇“哂纳”他的礼物，但干部却读成“西纳”，好在干部和农妇都不明“哂纳”和“西纳”的差异，依然一副认真读、认真听的样子。这种读字看偏旁的习惯，决非个别，如读“不啻（chì）”为“不帝”，读“莘莘（shēn）”为“辛辛”，“白雪皑皑（ái）”为“白雪凯凯”，等等。

我虽好挑眼，但手头甚懒，没有随挑随记，只是临文时就记忆所及入文而已，如果随见随记，那就恐怕不止“日攘一误”了。我写《灯下挑眼》一文时，小如兄即写《华灯挑眼》以引为同调。现续篇既出，不知小如兄其有意乎！

原载于《且去填词》（学人随笔丛书） 来新夏著 天津古籍出版社2002年版

# “盗嫂受金”与“去势老公”

中国人很讲究文字，不仅说话很注意选词遣句，而写文章更重视铸字炼句，刻意修饰，对一些不体面或不正当行为与事物的描述往往代之以隐晦与含蓄的字眼。净化文字本是一种优良传统，但也给某些注释家和写家带来某些不该有的不便。他们往往不经意地制造祖国文字的混乱。

《史记·陈丞相世家》（《汉书·陈平传》同）记载有绛侯、灌婴诬告陈平的故事，列出“盗其嫂”和“受诸将金”两大劣迹，魏无知为其辩解时概括为“盗嫂受金”。盗字本解作偷窃、劫掠，但《汉书》师古注已出注说：“盗，犹私也。”那绛侯等所诬告陈平的，就是有私通嫂氏和接受贿赂二罪。可是，在“批林批孔”时期，有一本法家著作的选注本，注者既不看原著，又不查辞书，就凭自己怕读书越多越蠢的那点知识，望盗、金二字之文，生“偷嫂子钱”之义，并迳自入注。这位注家为维护法家利益，抹去了陈平生活作风问题，轻描淡写为小偷小摸问题。当时，人们只能暗暗作为笑谈而已。时过境迁，大可不提，但其“流风余韵”至今未泯。

最近，偶而翻翻文摘类的小报（因这类小报炒冷饭居多，故不读而翻），蓦然发现一则惊人标题，文曰“去势焦虑困扰老男人”。这当然引起我这个老男人的注意，细读全文，原是分析台湾老年男人之亲人关系每况愈下的原因。其中老夫妻离异的最主要原因之一是“老公”的“去势焦虑”。“势”字除当权势、势力讲外，尚有多讲。其中有一解即作男性性器官讲。远之在《尚书·吕刑》注中就说“宫，淫刑也，男子割势”。近之在随手可得的《辞海》“势”字下就直截了当地释作：“人及动物的睾丸。”这是再明白不过的了。“去势”有过作舍去权势之解，如晋人庾峻有句云：“去势如脱屣。”但辞书中也明确注解说“去势，谓割去睾丸也”。后来则多用“失势”来说明失掉权势，而“去势”则作为专门用途了。“老公”一词虽在江南久作丈夫别称，而晚近又作为某些妻子对丈夫的时髦而亲昵的称呼。太监俗称老公，而太监必“去势”。如把这篇文摘的题与文相串连便容易使人想成“去势老公”，再加上这是夫妻离异主要原因之一，那就难怪老男人焦虑！这篇文摘并未注明出处，或是有人自编。编者不致于不懂这种易滋误解的语词，可能想取得一点轰动效应。不过这种哗众取宠的轰动效应所制造的玩笑万万开不得，免得一些老男人得惊吓症。

在典籍中常常把一些有关忌讳的字眼创制出另外的语词来表达。如皇帝死曰崩，皇帝临幸后妃曰御，夫妻过性生活称敦伦。现代人似乎也已开始注意，如称性行为曰“做爱”。如果对这些代用语词用之不当或不懂乱改，那就难免出乱子。据说晚清有位大学者典试河南，出了一道考题曰“阳货御君夫人”，这可能出于疏忽，但皇帝大为震怒。这位学者险些掉了脑袋，幸而名气较大，落个罢职，终身不予录用的结局。另有位自以为是学者的人，不懂“敦伦”何解，率尔操笔将“敦伦”二字一勾变成“伦敦”，又在伦上加一于字，似乎通则通矣，不过，这对夫妻却转瞬间由床第之间一跃而到英伦三岛了。我真担心假如某本书上有“××帝崩”字样，遇一莽汉把此“崩”字与俗语中“枪崩了”的“崩”字通解而敷衍成白话文曰：“皇帝得到了应有的惩罚，起义群众把他从宫中拉出来枪毙了。”那就给历史留下疑案，给未来的考证家留下了足资思考钻研的隙缝：这个皇帝到底怎么死的?

我想再说一遍：中国的文字是美的，是纯洁的，千万不要胡乱糟践。如果故弄玄虚，用方框来代替污词滥语，引人匪夷所思，那就只能说明浅薄和粗俗。

原载于《冷眼热心——来新夏随笔》（当代中国学者随笔） 来新夏著 东方出版中心1997年版

# 官大就是学问长

最近从《博览群书》上读到袁良骏先生的《谈“官大学问长”》一文，深有同感。袁文针对现状，切中时弊，有振聋发聩的作用，但是我感到袁先生是位谦谦君子，有点欲言又止。他先把“官”划了个圈圈儿，说“在一般情况下，‘官大学问长’指的是‘学官’，即文化教育、科学研究部门的领导干部，如大学校长、科学院长、科研所长之类”。恐非如此，因为长学问的不止是“学官”，只要是官，“一大”学问就见长。袁先生对“学问长”还作了分析，一种是虽“官”仍“学”，“官”不忘“学”；另一种是学问还停留在原来的水平上，学问不见长。这又形成了与主题违背的错，如果官大而有学问不长的，那就不能以“官大学问长”来概括之。袁先生又举官在任何专业会上都能作主题报告和介绍与会者时往往只有官而把专家学者都列入“不一一介绍”之类。这些都不属于“学问长”之列，这已是习以为常的世风。它不仅如袁先生所说几例，还有不少可举之例，如学术会后必有摄影一项，到会主官不论年龄资望，必然心安理得地坐到十五把椅子的第八把上，等等。就在我反复玩味袁文时，不知怎么着，忽然响起“文革”时一支歌的歌声：“文化大革命就是好，就——是——好。”原来袁文的毛病就出在没有“就是”二字上，显得不那么坚决，所以不如改题为《官大就是学问长》。

但是，我也还弄不清究竟学问长在哪儿。一个偶然的机会，我在某地区遇到一位已是局长的学生，他热情地招待我，除了中午的公宴外，晚间还在他的私邸家宴，装潢设置自不待言，羊羔美酒，更不知吃什么好。酒酣耳热，慢慢地吐露真言，他历数官场中的辛酸苦辣，他醉醺醺地似乎在向我忏悔，也有点责怪的话，他说老师教的全忘了，不忘也没有多大用。这些年他却长了另两门新学问，一是随时和领导“对表”，跟领导不紧不慢地合拍；二是和上下左右平衡，永远是陀罗的轴。随着地位变化，这两种学问日益见长，还无往不利。他边说边笑，但却像是自我嘲讽地笑。他心里很苦地钻研这两门学问。我却如醍醐灌顶，恍然大悟，我也感到他确是学问见长。我没有什么长技，不过善于列条条：这类学问是多年实际经验的总结，可以在学科目录中列为一级学科，时时“对表”就应定名为揣摩学，各方平衡就是关系学。仔细思考，它们都是传统文化中的学问，都有比较悠久的历史。

揣摩学始于战国时的苏秦，在《战国策·秦策》中就记有苏秦简练揣摩《阴符经》之事，可能第一次没有学好，又回来重学，进步很大，于是出而为六国相。后来汉高诱作注，发挥揣摩之真谛是“悉意探求，以期合于本旨”，引申到实用就是要细致深入地了解领导意图，力求合乎领导心里想的。清黄宗羲又说“揣摩宛转”，那就是要注意揣摩的态度，不要太露骨。关系学也是古已有之的学问，孔子的“和为贵”就是总纲，即要把一切调顺。汉魏以来就有交结、交通、交欣、交游、交欢等等之说。晋会稽王道子更明确了“交结朋援，多树亲党”的政治目的。宋文学大家苏辙指出了关系学的重点所在是“交通左右，以结主知”，就是要结纳秘书之类的人经常念叨，加深领导对自己的印象。

可惜这些传统学问，我和袁先生都没有学过，又没有教过学生。袁先生，您说，咱们对“官大就是学问长”能不服气吗？

原载于《博览群书》1998年第12期

# 半字偈

1974年从津郊下放回校，等待落实政策。打翻在地只用几分钟就被归为异类，但落实政策却只听楼梯响，到1977年初夏，足足等了三年，还处在一种冷藏状态，心情很感烦躁，就想从故纸堆中找点自我怡悦的乐趣，竟在一捆废纸中找到一篇旧时抄录的明人解缙所写《霁月楼》诗片段。解缙是明初有名的才子，做过内阁成员，主持过《永乐大典》的编纂工作，能诗善文，尤能直言敢谏，几经宦海起伏，最后只有四十多岁，就冤死狱中。他写过一些梦境的诗，以寄托自己的思绪。我很喜读他的《霁月诗》，曾抄录他梦游月宫和嫦娥的一段对话，不意在这时偶尔发现。这段对话说：

我起问嫦娥，圆缺何太苦？
何不常教似玉盘，一片团团照千古。
嫦娥笑我何太愚，世间万物有盈亏。
不论春花何浓艳，当时秋叶还凋衰。
四时寒暑迭来往，百岁光阴犹反掌。
颜回好学陨青春，彭祖千年亦黄壤。

诗虽然有消极意味，但解缙也有解劝自己要勘破人生、达观一些的意义。我反复吟诵，也感到颇能疏解郁闷，进而体会物有盈亏的道理。人生本有春花秋叶的变化，何必定要求全。心为之一动，顺口说出几句似通不通的“悟道”之言，便信手写下以自勉，并仿老僧偈语之例，题为《半字偈》，偈称：

人生已过一半了，才知半字很重要。
饭吃半饱有味道，酒饮半醉不闹嘈。

衣裳半新不经意，房住半旧无人要。
觉睡半宵补昼余，书读半卷少骄傲。
须发半白自知老，肢体半健免人劳。
福泽半享非自苦，留下半数给儿曹。
奉赠君子半字歌，满损盈仄是正道。

记得写这首偈语时，正是我五十四岁生日的第二天，虽然文字不中规矩，但心情却大感轻松，家人也为我能自我解脱而高兴。又过了两年，我被落实了政策，重加起用。我感念这首《半字偈》陪伴我这难熬的两年，珍藏在书夹中，从不轻以示人，只是有一次和北京一位挚友傅耕野兄述说过此事，渐渐也不以为意了。最近他为写我们之间友情的随笔，准备引入此偈语，特意来信索取。我非常感谢故人盛情，重加抄寄，傅兄回信赞我能参透人生，也引动我回忆二十多年前的心态。人越来越老，持盈保泰也日显其重要，愿仍以半字自勉！

原载于《砚边馀墨》（纸阅读文库·原创随笔系列） 来新夏著 内蒙古教育出版社2010年版

# "坎儿"

"坎儿"是老百姓的口头语，含有过关的意思，对老年人来说，特别注重所谓的"坎儿"。民间有句俗语说：七十三、八十四是人的"坎儿"。其根据是孔子死于七十三岁，孟子死于八十四岁，老百姓怎么也不能超越至圣和亚圣，所以就把这两个年岁定为去见上帝的"坎儿"。我今年正逢七十三岁。因为历来对生死问题比较看得开，所以对"坎儿"也就不太在意而不懂得有所避讳。有一次，某来访者问及我年龄时，我如实回答。采访者立即很认真地相告，应该说七十二或七十四，因为七十三岁是"坎儿"。我只能以莞尔一笑表示对他人关心的感谢。其实，这只是人们出于对生死问题的一种困惑而已。因为任何一年里都会有人死，再说我们这些凡夫俗子又何必去比附圣贤，以他们的寿限来作自己的"坎儿"呢？如果真相信有"坎儿"的话，那么继八十四之后，是不是还有九十五？据说有位很有成就的画家已经年逾九秩，因为避九十以后的某一年的"坎儿"，在题画时往往跳过这一年，给后人留下了考证成画年代的麻烦。

有些豁达的老者常常笑谈"坎儿"，从不以此为意。今年初夏，我因出国访问，为便于按时赶到北京机场，在起飞的前一天就投宿于北京师大的新松公寓。傍晚，我专程去看望读大学时的老师启功教授。非常幸运，启先生中午方从医院回家。长久不见，互问近况。谈话中，启先生问我的年龄，我答以今年七十三。不意启先生开怀大笑，我不知其故，赶紧补充说，这是"坎儿"，启先生更大笑不止。稍停，他老人家才说："你七十三，我八十四，一个孔子，一个孟子，两个到'坎儿'的人，今天挤坐在一个沙发里，这一碰撞，可能两个人都过'坎儿'啦，岂不可喜，你说不该大笑吗？"启先生一生豁达，幽默可爱，虽经坎坷而不移其志。回想我十九岁入大学，启先生正在而立之年，我在半个世纪前受教门下，哪想到半个世纪后又受到一次识透人生的教诲。谈笑间解答了"坎儿"的困惑。这才是真正的寓教于乐呢！

从年龄的“坎儿”联想到人生还有不少其他的“坎儿”，如酒色财气的“坎儿”，名缰利索的“坎儿”，人事倾轧的“坎儿”，家人亲属的“坎儿”，等等。有的能迈过去，有的则掉进去，有的掉进去以后又跳出来，重新走上人生的旅途。这最后一种乃是勇者的选择，因为只有人生的勇者才敢于和形形色色的“坎儿”碰撞，奋力闯过包括年龄在内的各种“坎儿”。千万不要把人们臆造出来的一些莫名其妙的“坎儿”当做自己的“坎儿”，陷入愁苦之中，那就真的过不去“坎儿”了！

原载于《天津老年时报》1996年8月13日

# 称谓催人老

近年来，常常听到一些朋友以“老”相称，透着非常尊敬的味道，开始往往环顾左右而不以为是称呼自己，渐渐耳鼓也不以为忤，有了耳顺的感觉。难道自己真的老了吗？似乎又有点不太甘心。可是这个“老”字又不是冷不丁自天而降，而是一步一步踩着一溜儿脚印走过来的，是几十年风霜雨雪攒来的，是人们多次改变对自己的称谓得来的。于是又很珍惜这个“老”字，而不怕耗千金来个回头看。

自从来到人间，由于祖父是个饱读诗书而又留学东瀛的开明知识分子，不赞成起阿猫、阿狗、铁蛋、栓柱等小名，只赐予一个大名。家人却都不习惯称我的大名，于是根据我的生理特点而叫我“大头”，以祝福我的聪明智慧。等到束发读书入了小学，同学们就互唤大名。自己很得意，因为甩掉了稚称而正式启用大名了。进入中学，处处作出大人的样子，希望别人承认自己的长大，不太愿意再有人直呼其名。父亲的朋友因称父亲为“老来”而联带称我为“小来”，这表明我已经被人承认，排入社会人的群体之中了。同学们则都叫我“来子”，这个“子”字吐音轻而促，与称孔子、老子读音不同，可我很喜欢。读到高中，有位语文老师很赏识我，又鉴于我锋芒过露，为我起了个字叫弢盦，勉励我要敛才韬晦，于是有的同学就老声老气地称我为“弢盦”，表示称字不称名的传统尊敬，甚至还有人文质彬彬地称我“弢盦兄”，俨然一帮小名士，自己也很高兴已是少年老成了。入了大学，无疑是大人，我也像当年别人称父亲为“老来”那样被叫作“老来”了，当我第一次听到这一声叫法时，真觉得无比欣悦：我长大了！终于丢掉了幼稚，能和大人平起平坐。可就是丝毫没有想到未来的艰难，唉！这才是真正的幼稚可笑。不过，这“老来”的称谓使用最长，至今还在并行使用。

大学毕业，进入社会，谋得一中学老师职位，除了“老来”的称谓外，同事中的年长者也有叫我“大来”以示班辈的差别，不过为数较少，使用时间也不长，更多的是出现了前所未有的“老师”和“先生”的新称谓，人们或冠姓，或不冠姓地称呼我，而称先生的居多数。我也很喜欢这个让人莫测社会身份高低的叫法。

解放后，做了大学教师，通用而流行并含有一定尊重意义的称谓仍是“先生”。不过，随着革命热潮滚滚而来，“同志”的称谓成了金子般的珍贵，互称“同志”就会一下子拉近彼此的距离，显得多亲密啊！我也很幸运地被人称为“同志”，因为有些人到死都难得用上这个神圣的称谓。这是先生、老师、同志、大来、老来等多样称谓并用的时期，也是我风华正茂的时期，任何称谓都能给我以不同角度的欣喜与激励。

霹雳一声，“文革”之火点燃，一切称谓似乎都带有资产阶级法权的意味而横扫一空，我也从久已未被直呼其名的境遇中，归真返璞到童稚时代，但指名道姓的声调已是今非昔比了。无论何人——上起领导阶级，下至黄口小儿；无论何时——或早晚请罪，或现场批斗，都可以听到盛气威严地斥呼，我也习惯性地立即笔管条直地俯首听命，因为终究还是自己的名字，而庆幸没有被编成号码。漫长的十年艰难地走过来了，偶然上街，一位路人叫了我一声“师傅”，我不以为叫我，因为只有那些帮我脱胎换骨的领导者才配拥有这一尊贵的称谓；但是这一称谓却日见其多，不管男女老少，叫师傅就和当年叫同志那样的尊贵。渐渐地，随着政策的逐步落实，越来越多的人恢复了我“老来”的称呼，我也常常有又在落实政策的甜蜜感。

也不知是哪位好事的值日功曹上天言了好事，我蓦地被捺在几把贴着“长”字的小椅子里，接近七品芝麻官之类，周围的人似乎不好再叫我“老来”，而我在履新之际也说过不欢迎官称，于是，“先生”之称又盛行。有几位上司自觉年资较浅，颇费周章地给了我“来公”的称谓，于是有不少人也随着叫起来。有位朋友告诉我，“公”是对年高资深者的一种敬而不亲的尊称，当时我已年近耳顺，可谓年高，教了四十来年书，可谓资深。我既不想斜上青云，也无需亲近上层，所以很愉快地接受这一新称谓，而“来公”之称大有超过“老来”之势。这标志着“老来”的时代行将过去。

随着岁月的推移，我已不知不觉地经由花甲而超越了古稀，除了老熟人仍维持原称谓外，若干新识都以“老”相称，于是“来老”之称不仅出之于人口，而且还形诸笔墨，我已不像少儿时代那样盼着快长大，而是一听“来老”之称就颇有日暮黄昏、来日苦短的感觉。啊！真的老了？难以置信。可是，“来老”已是到头而难再有新的叫法了！

称谓看来不甚出奇，但各种不同称谓却伴随着人生的不同历程而变化，也默默地记录着自己平凡而曲折的经历。称谓和岁月一样，不动声色地让我沿着小来、大来、老来、来公和来老这条无形的轨道从孩提走到垂暮，不禁使人喟然而叹曰：“称谓催人老！”

原载于《冷眼热心——来新夏随笔》（当代中国学者随笔） 来新夏著 东方出版中心1997年版

# 老境

人活在地球上很像杂技蹬球演员那样，从一个起点出发，东南西北蹬啊蹬的过了近一辈子，因为地球是圆的，往往不知在哪个交叉点上又碰上了。虽然苍苍白发已非翩翩少年，但回忆往事，似乎又使时光倒流，情不自禁地说个没完，甚至手舞足蹈地绘声绘色。苏东坡的“老夫聊发少年狂”的诗句可能也是垂暮之年重逢几十年前少年旧友时的情怀抒发。少年旧友经半个多世纪的人间沧桑，重又聚首，所谈所说，无非是忆往说今，而当前老境，尤为彼此关注的中心。

有些老友老境不错。如苏寿岳兄夫妇和谐，儿女事业有成，不时定省，家道足称小康，一有悠闲，双双俪影或访亲探友，或徜徉于湖光水色之间，很有点颐养天年的味道。有此老境，可称幸福。

有些貌似幸福，实则孤寂落寞。我有一位半师半友的旧友，发迹甚早，不到三十岁就受聘在国内外著名大学任教。他精心培养的独子学业有成，长期滞留国外，结成跨国婚姻，生活优越，近二十年已是蜚声国际的学者。这对老夫妇年过米寿，为享受儿孙绕膝的天伦之乐，决心远涉重洋，就养于儿子。儿孙们都表示热情欢迎，全家手捧鲜花在机场迎候，由儿子亲驾林肯车送到郊外一所住宅，并雇用了菲律宾女佣。安排就绪，老夫人问及儿孙居室，不禁愕然，原来儿子特为双亲另外安置住所，专人伺候，不定时来探问一下，偶尔也驾车带父母出游，礼貌甚周；但因大人工作繁忙，孩子在外地就学，所以定省日疏，有时一两个月难得一见，即使相见也只是匆匆嘘问而已。虽然老夫妻都会说外语，能和菲佣对话，但难以谈心，而且都不会驾车。这在国外等于没有腿脚，只能二老终日默默相对。半年以后，老夫人恹恹卧病，不久埋骨异国，老教授也如孤雁般地回归故园，身体极度衰弱，缠绵床铺。儿子的精心安排无可责难，老人成为有子孤老，老境堪怜，也值得同情。这种因期望值过高而造成的老境不幸，局外人实难援手！

有的老境不幸，但能心胸豁达，坦然处之，自得苦中之乐。我有一位六十年不通音问的少年朋友刘大中，最近一个偶然机缘，获知他独居京华，身患帕金森征。8月间，我借去京出席第六十二届国际图联大会之便，请中年朋友吕君夫妇陪同往访。我和刘兄是初中同学，他是末代状元刘春霖的单传嫡长孙，小时长得方面大耳，白白胖胖，而且性情平和，所以常常是同学们调笑逗闹的对象，我们又住得较近，印象特深。这次相会因刘大中行动不便，事先电话联系留门，以便我们一行长驱直入。一见面虽已都是皤然老者，但旧貌仍依稀可寻，思绪也立即联通。刘大中半靠躺椅，抢先倾诉这六十年的往事。他有两次失败的婚姻，一双儿女都远居他国，别无亲属，独住一套三室单元房，靠五百多元退休费维生。请一位钟点女孩买点菜，因上肢还灵活，每日艰难地挪步做点饭，靠一部移动电话与外界联系，儿女连年节也无音信。刘大中感到拮据，希望儿子稍有补贴，但儿子要求他写明细账，经儿子审核，删去儿子认为不该花的部分。如真有欠缺，儿子可酌情补助。同去的吕夫人早已义愤填膺，而刘大中却微笑着不时检讨自己的不足，谅解别人的难处。他真的天天写豆腐白菜账，他说不为向儿子要钱，但也可约束自己不乱花钱。他认为摊上事生气也没用，不如想开了，特别是人老了，什么事没经过，自己劝自己，也就不闹心了。

我真佩服这位老兄之能笑度艰难老境。

原载于《天津老年时报》1996年10月1日

# 老言无忌

俗语说“童言无忌”，因为儿童最不会掩饰，想到什么说什么。民间往往又说老人是老小孩，因为老人历尽沧桑，识透人生，利害得失看得澹泊，没有什么顾忌，所以也往往想到什么说什么。按照逻辑推理，似乎也应给老人以“老言无忌”的优遇。

季羡林先生无论从约定俗成，还是按联合国标准，无疑是位老人，又是饱学之士，对某些论题也爱发表点看法，也许有时走点板；但望九之年的老人，能勇于参与，不能不视为人瑞。季老最引人注意的说法就是“东西文化的关系是三十年河东，三十年河西”，这个说法有其不周全处，有绝对化的地方，但总算是一种意见，大家也可以参加讨论。我曾读到过不少篇有关讨论性文章，都是平心静气地各抒己见。就手边所见，有一位宁宗一先生写过一篇题为《21世纪：以东方文化为主流？》的文章，明确表示不同意季老挂东方文化匾的主张而在结尾处写道：“企盼着看到21世纪挂出来的匾是色彩斑斓的、辉煌的。”我也参加了这个问题的讨论，在一篇题为《创建跨世纪的新文化》长文后说：“我们的未来文化不是挂东方文化还是挂西方文化的问题，我们要挂的是有发展优势的融合而后创新的文化。”（均见《东方文化》1998年第1期）其他还有一些表示异议的文章。这些都属于正常讨论范围之内，无足为奇。

一个偶然的机会，我看到北京一份大报上有一篇文章，题目是《东方文化的解构与重建》，副题是——兼评东方文化研究中的“季羡林现象”。我想此文必有卓见，决心读下去。我很羡慕季老在望九之年能成为一种现象，也是一种幸福。不过当前现象太多，世界性的厄尔尼诺和拉尼娜现象、中国文坛上的新文人现象，等等。“现象”一词用得这样普遍，但却是个需要界定的词。厄尔尼诺现象造成气温无定，洪水滔天，严重影响民生，无疑是个坏现象；新文人现象标志着文坛上一大批后起之秀的涌现，新人辈出，当然是一种好现象。那么，“季羡林现象”究竟是好现象还是坏现象？我弄不清楚，季老本人恐怕也不清楚。至于达到什么程度才称得上是“现象”，是不是有一定的计量标准，是一个人，是一帮人，还是一大批人，越想越糊涂了。不过从那篇鸿文看，“季羡林现象”似乎不是什么好现象。空口无凭，还是引一些原文为证。

“著名翻译家季羡林先生望九之年奏出了‘东方文化救世论’的最强音。

“季先生的言论在学界颇具代表性，作为国学研究中的‘季羡林现象’，值得认真探讨和深思。

“这种东西文化论也不能算得什么空谷足音，因为这是一个很老的调子，上个世纪末，有些遗老们已经在唱，几近亡国灭种。现在还在唱，可能还要唱下去。

“这种伪文化的研究，与其说是一种科学分析，不如说是一种别有用心的误读。

“‘21世纪东方文化将代西方文化而起’的这个预言，如同一个咒语，就不仅仅是季先生所自白的‘狂妄’，而同时更是一种神秘主义了。

“季先生的文化研究虽然不乏诗意的想象，美好的自慰，但很难说是认真的研究，整体上看是严肃思考不足，信口开河有余。

“季先生的大胆‘放言’真让人吃惊。

“学界的‘放言’正在成为一种公害。这是学者急功近利的反映，也是其理论不成熟的表征。

“比如季先生一‘放言’，就成了文化名人，成了‘泰斗级文化大师’。

“他对‘坐了一辈子冷板凳’毕竟有些不甘，而要作一回演员。”

我不想再引录下去，就此打住。我也无力辩论，也不善扣帽子，只是边读边有点“山雨欲来风满楼”的寒意，内心已经不仅是“余悸”了。越读越感到是三十年前曾读过似的。我和季老并不熟识，没有为之“两肋插刀”的意思；也不是因为都是七老八十的人而有“兔死狐悲”之感，只是有点“不平则鸣”，所以冒昧地略作辩说。

文章为季先生定的位子是“翻译家”，这恐怕难以概括季老的学问，不过这样一限定，那季老对其他领域之所论，无不都是信口开河之论，把季老连根拔起，妙极！妙极！作者又把季老归于本世纪末的遗老之类，让人感到拟于不伦，季老也难于承认。季老羁留德国多年，如果说他是“洋奴”或者他不敢反抗。文章又说，季老一“放言”就成了文化名人，成了泰斗级文化大师。人所共知，季老决不是一“放言”，一夜之间成为名人的，而是自有其学术成就在。季老至多说错了话，也不能说他是咒语。如季大法师咒语有灵，何不在洪峰迭起时，请他念动洪水安澜的“咒语”，那就不只是制造名人、泰斗，而是挽救亿万生灵的大功德，岂不更为善哉善哉！

我无意阻碍批评，也无意为老人、名人乞怜。但总希望批评是善意而有点“爱之深，望之切”的温情。一般老文化人都经过老君炉的烧炼，经得起敲打。何况季老是毕业于黑屋大学，又写过《牛棚杂忆》的硕士论文的人更能纹丝不动，耐得住拳脚，不过总企盼能营造一种正确批评的氛围，让男女老少都敢“放言”，多出点名人、大师不好吗？“放言”并不是坏事，只有这样，才能达到“说自己话”的境界。老人、名人肯参与，比三缄其口，放不下架子好得多。老人不去优游林下、颐养天年而积极参与，似应给点“老言无忌”的宽松。像我们这些耄耋之人乐于参与，还是一种忧患意识在驱动。我真想有一种“诗意的想象，美好的自慰”那样的瑶林仙境，让“猫儿们”多喵喵几声，“蝶儿们”多蹁跹几回，不也很好吗？

原载于《中华读书报》1998年9月30日

# 晨练警语

天气日暖，校园里晨练的人一天天多起来，男女老少，群体独行，各有所取，巡览一过，虽然还未达到农贸市场那样熙熙攘攘，但平日不易遇到或多日想找而找不到的人，一般都能在这里发现。人们虽然形态行动不一，但隐隐约约都可从这些人的意念中看到四个大字：为了生命。对于生命的珍惜和追求是人的本能和权利，不容非议。可是，这条路怎么走得顺当，却值得一议。

生命对每个人都很珍贵，特别是老年人，更在来日苦短的阴影下，越发看重自己的生命。但是人们往往过于相信自我而不经意地忽略了那条不可抗拒的自然规律。俚语说“人不能跟命争”，似乎包含着那么一点哲理，要人们认识自然规律的宰割。因为人是高等动物，有主观能动性。人的一切活动包括晨练在内，都为的是增强适应自然规律的能力。

晨练模式并不固定，或舞剑打拳，或跑步练气，或散步吐纳。但是，归纳起来，不外两大派：一是正规派。一切活动无不有板有眼，起止时间，锻炼内容，活动场地，经行路线，不问季节气候，都照章办事，无形中套上一条绳索。有人头天因故晚睡，次晨即使困倦异常，亦坚持挣扎“赴练”，结果终日昏昏，未得其益，反受其害。有人自我规定，晨跑半小时，某晨身体小有不适，跑至二十多分钟时，已是气喘吁吁，体力难支，但伸手看表，尚不足规定，运动量不够，于是拼命达标，孰知未跑几步即摔跤昏迷，回家将养近半年始恢复，但体力大减，可谓得不偿失！又有一友年近古稀，一直迷信凌晨为一日最佳时刻，所以不论冬夏都是晨五时“赴练”，其冬因凌晨天色过暗，某友晨起已逾五时，恐违规定，慌忙下楼，一脚踩空滚下，家人起视，已溢血而逝。此事虽属偶然，但过于受正规约束也难辞其咎，设天色大明则可免此厄。

另一是自由派。一切从有利身体条件出发，不拘泥形式，不超量强求，随心所欲不逾矩（矩者，客观之规律也）。某年近八旬之老友晨练以散步为主，告我不采取群体活动，不拘于一定形式，兴之所至，以意为之，只求神清气爽。不图苟延岁月；只为健康洒脱，不以身为形役。观言察行，我应属于自由派之晨练者。

或有问我何以持此做法？我乃设譬喻之词以告：盖人体结构若钟表之零件，齿轮相切，推动时间前进，唯天长日久，自然磨损，凸者日平，凹者日浅。若正常运行，则按自然规律，契合无间，能延长其使用寿命；设使齿轮违背自然法则，盲目加速，则老机件时有出轨之虞，运行或戛然而止，甚至废弃而不可用。虽曰爱之，其实害之！人亦若是，全身机件，日日顺其自然，正常运转，周而复始，时加去垢去污，则生息不止，自能葆其生命，克享期颐。否则，加力畸轻畸重，平衡失调，运转不灵，消耗过于集中，欲速则不达，生命必受影响。语云“生命在于运动”，斯言不诬，但所谓运动为按自然规律而行之运动，勿黏滞，勿过量，勿拘于形式，勿急于求成，顺乎自然，合乎实际，量力而行，求其身心双畅，得“健康地长寿”，若徒求一时，提前使用精力，或能得一时“健康”之效，而长寿或将有损，则“为了生命”而晨练之意义有失。此尤足为老年晨练者所戒。

原载于《天津日报》1995年8月30日

# 论“老人十反”

人老了，常被人说有点老悖，即行事与年轻时常相反，但总是说不清哪些地方，想找个正式说法，一时难得。最近闲时，偶翻读清人梁章钜所著《浪迹三谈》，在第三卷中就有“老人十反”一段称“世俗相传老人有十反”，不禁大喜过望。我读书不多，但凡读过的书，从未读到过这类文字，也未听人说过，梁氏则详列，十反各条是：

> 不记近事偏记得远事，不能近视而远视转清，哭无泪而笑反有泪，夜多不睡而日中每耽睡，不肯久坐而多好行，不爱食软而喜嚼硬，暖不出寒即出，少饮酒多饮茶，儿子不惜而惜孙子，大事不问而絮碎事。

我行年八十九岁，无论何种算法，我确已是老人，所以不妨以此“十反”来衡量自己一下。

“不记近事偏记得远事”，确实如此。幼年、青年时的事，记忆巨细不遗，时间、地点、姓名、事情原委，都历历在目，说得一清二楚。但眼前的事转瞬即忘。近年结识的友人，过三四个月后见面，即难说出姓氏。有人电约次日来访，等到见面时瞠目相对，竟忘记对方为谁，为何事而来，往往待坐定以后，经对方提醒，始感歉然。这种尴尬局面已经不止一次，只能以“老了，老了”自慰。

“不能近视而远视转清”，我是近视眼，远视一直很好，在白内障手术后，更显清楚些。过去看近，只消摘下眼镜即可，但八十以后，摘镜近视，看报已模糊，只能看看大小标题，因而，又配一副看近的眼镜，造成不断换镜的麻烦。

“哭无泪而笑反有泪”，年轻时哭有泪，而笑无泪，至今依然。

“夜多不睡而日中每耽睡”，年轻时日夜都不多睡，至今日夜都想睡。

“不肯久坐而多好行”，年轻时坐行随意，至今坐多行少。

“不喜食软而喜嚼硬”，至今软硬皆喜食，不过老了以后，喜食有点酥脆的硬食，如酥崩豆之类。

“暖不出寒即出”，年轻时不轻易冒寒出行。到八十以后，人老先从腿上老，腿脚不利索，出行有一定难度，行路蹒跚，不仅寒不出，即暖亦不常出，得不出就不出。这一条对我似乎无意义。

“少饮酒多饮茶”，这是我毕生的生活习惯，而不是老人的“一反”，我对饮酒一向少，从无痛饮之事。但饮茶开始很早，六岁即随祖父饮茶，读书时饮，说话时饮，休闲时饮，尤其是睡前必饮酽茶，否则不能很快入睡。

“儿子不惜而惜孙子”，我对儿孙一视同仁，无偏爱，从来对儿孙家人视同朋友，偶有来往，亦都客客气气。我的原则是“独立门户，节日互祝，盈亏自负，困难补助”。一生如此，无所谓老人“一反”。

“大事不问而絮碎事”，历来大小事都问，只是离休后无大事可问，国家大事无权过问，通过媒体了解一二。一般公事则不在其位，不谋其政，亦绝不介入。只剩下家庭琐碎小事，多在老伴闲聊时，随便问问，亦无问责之意。

衡量既毕，自己亦不过有三四反而已。可见梁氏“十反”之说，不是指每个老人都是“十反”具备，而是总括多数老人易出现的反象，每人情况不一，反象亦自不同。老人之“十反”，可能分别体现在不同老人身上。人老了，肌体衰退，行动变化，自在意中。也许有的老人一反都没有，那是最好。有些老人有几条，亦不必哀叹，因为二百年前的梁章钜就总括了这“十反”现象。“十反”是老年无可逃避的反象，历来如此，亦就不必以此为忧。“老人十反”之说，也许能给垂垂老矣的老年人一种慰藉。

原载于《中老年时报》2011年4月8日

# 说“解结”

人自呱呱坠地，就开始“打结”，第一个结是既纯真而又牢固的亲子结。婴儿与母亲的这种亲子结是一生难解的结。随着一天天长大成人，一步步进入社会，结不断地打，不断地多。由于社会的纷纭复杂，结也就不那么纯真，而是光怪陆离，有善有恶。有广结善缘的善结，也有宜解不宜结的恶结。善结有父母子女的亲子结、朋友结、夫妻结、情人结等等，恶结有反爱成仇结、争权夺利结、排挤倾轧结、睚眦之怨结等等。这层层累累的善结、恶结在前半生一个个一串串地结下来，结成若干条绞索捆绑周身，以致动履维艰。无论善结、恶结都会使人陷入无从摆脱的困境。因为善结溺于爱，恶结陷于恨，爱与恨的极限都会使人失去自我，饱尝苦汁。

父母子女的亲子结是最无瑕的善结，子女的一举一动无不牵动父母的心，“慈母手中线，游子身上衣”，不知挽了多少善结，魂牵梦萦望儿归。子女冬夜未归，半百老母伫立巷口，企待爱子的醉归。母亲总想把儿子捏成橡皮泥纳入自己的框框而日见憔悴，儿子总想为便于盘旋翱翔，摆脱至爱的桎梏而烦恼。这是善结所带来的苦涩。

善结有时也会转化为恶结，酿成一杯难咽而不得不咽的苦酒。望子成龙是亲子结的一种表现形式，于是为了高分优秀，先之以物质刺激，继之以棍棒交加，本为善结，天天扣紧，终成恶结，于是杖毙者有之，互残者有之，同归于尽者有之，人间悲剧，莫过于此。夫妻本为同林之鸟，本是恩爱同心的善结，一旦反目，视同路人，轻则吵闹厮打，重则残害毁容，变成势同水火的恶结。朋友本是高山流水、生死知音的善结，不幸互生芥蒂，善结开始恶化，于是彼此攻击，揭露隐私，背后插刀，誓不两立，终致两败俱伤……

不论善结、恶结，虽表现形式不一，其效果却是把人缠绕得痛苦、窒息。不解结就难以超然物外。昔人有云“冤家宜解不宜结”，是指解怨仇之结、解恶结。我看宜解一切结，而解结要靠自我。

亲子之结是最难解的善结，表面看来，似乎谋及子孙；质而言之，不过图一种自我满足：子女学习好，为的是博个教子有方的美誉，子女功成名就，为的是享受点显亲扬名的荣耀。仔细想想，子女不过是父母一时欢娱的偶然产物，有什么理由去苛求他们；金钱房产，遗赠子女，亦可不必，所谓子孙贤要钱何用，子孙不贤，要钱又何用？反而引起同室操戈，兄弟阋墙，停尸不化，贻人笑柄，不为福源，反成祸根。解此善结，则老者无牵无挂，幼者无拘无束，各得自在，有何不好！

怨仇之结则是最难解的恶结，不求自我解脱，反而愈结愈紧，势非拔刀相向，弄个明白不可，总觉得错在对方，真理在己，结果闹成解不开的死结，含恨以殁，犹未了结，甚至代代相传，成为世仇，殁者早已化为尘土，生者仍在冤冤相寻，无有了时，倒不如在有生之年，彼此各求诸己，怨去仇消，万般了结。相逢一笑泯恩仇，又有何不好！

人在前半生朦朦胧胧地结下无数善结、恶结。人过中年，步入老境就应痛痛快快地解结不辍。解一些结，脱一根绳。结解完了——了结了结，还我一身逍遥。无忧无怨，活得自在，心无挂碍，死无遗恨。没有闭不上眼的事。没有咽不下这口气的结。含笑而去，飘然物化，回归太空，这也应算是一种安乐死吧！

原载于《中老年时报》2010年3月10日

# 说无欲无求

老年人往往喜欢忆旧。回想过去，难免因有些不尽如人意处而有怨有悔。这样，徒然劳神伤体，一无益处。所以我写《说无怨无悔》，解说对人有怨、对己有悔之无益，希望与步入老年的朋友们共勉。不过，过去终究是过去，比较容易解脱，而摆在人生道路上的未来却更易困扰于人。老固然老矣，但并不能到此止步，或者远离尘世，不食人间烟火。人老也并不能完全消除七情六欲，有时甚至比不老时更强烈，因为他们似乎感到丢掉了若干曾经属于他们的身外之物，总希望堤内损失堤外补。所以当我在展望未来之时，很自然地想到无欲无求，而愿再陈一说。

“欲”有时可能包含追求的内容，成为一种动力，但它又时时晃动着魔影，使缺乏自制能力者往往走进欲壑难填的误区而身败名裂。“欲”有精神上的各种情欲，最能牵动人的莫过于亲子间的情欲。我有一老友，因病住入疗养院，但第二天因思念爱孙不已就偷跑回家而不再去，致使身体日衰。也有一些老人向往儿孙绕膝，殊不知小鸟羽毛丰而自飞，深感终日寂寞之苦。一旦节日团聚，一享天伦之乐，遂致兴奋过度，旧病突发，甚至发生猝死的伤心结局，这又何苦？但更严重的是，“欲”还有另一种所谓物欲，本来已经温饱，甚至小康，但一股物欲总在体内冲动。已到退归林下的临界点，那就等着洁身而退，水留清白，岂不甚好？但仍要作最后的“拼搏”，妄图打一回绝户网，捞他一把。自以为这样既可乐享天年，又能泽及子孙，又谁知铁门高墙已在招手。也有已经退归，只是余威尚在，经不住别有用心者币重辞甘，于是竭尽心力为人说项斡旋，以致物欲日增，结果黄花晚节，自失香韵。这真像《红楼梦》里所说那样：“机关算尽太聪明，反误了卿卿性命！”

“求”据古书的诠释说有贪得之意。当然正当的求并非一概都错，只要不逾矩也无可厚非。这个“矩”人各不同，只要是应分所得，仰无愧，俯无怍，心安理得的“求”都合乎“矩”，否则就是贪求，就会诛求无餍，就会得一看二想三。求往往与欲相连而并存，物欲增而生贪求。劳碌一生，好不容易摆脱掉名缰利索，有的人还戴上一顶人们出于尊重既往而加予的“顾问”桂冠，满可以如闲云野鹤般地优游岁月，但总觉得虚名不如实权，总想求做一个有分管职责的顾问，于是不得不向旧属后辈去求。纡尊降贵，实在大可不必！更有甚者，不辞辛苦地熙来攘往于朝市，为求声名之不衰，终日心劳力拙，自寻烦恼，大有害于养生。设再涉于财货，身陷不义而犹在梦中者，也颇多见于媒介的传播，其可悲也夫！若求而不得，惶惶不可终日，咨嗟怨叹，过着不欢悦的岁月，那又何自苦乃尔！兴言及此，不由我不想到宋词中的一些句子：“且寻诗酒，莫问功名，高冠长剑都闲物！”

无欲无求说起来比较容易，但做起来却有一定难度，可还是要尽力去做。因为只有如此，才能无欲则刚，无求方尊，让这一辈子活得够味儿，活得洒脱，不为物欲贪求所羁绊，堂堂正正地走难得的人生之路！

原载于《冷眼热心——来新夏随笔》（当代中国学者随笔）　来新夏著　东方出版中心1997年版

# 说无怨无悔

客有问及年逾古稀而体健犹如斯，有何诀窍？我沉思片刻，答曰："无何窍要，唯无怨无悔而已。"客复请申其说，乃作此文以应。

怨是对人，悔是责己。怨之极是怨恨、怨愤、怨天尤人；悔之极是悔恨、悔吝、悔不当初。二者都归结到一个恨字上，恨人恨己，恨之不已，劳神伤身，其能享高年者几希？怨和悔不是哪个人无事生非，无病呻吟，而是人际关系中无可避免所产生的一种情绪。人不能离群索居，必然天天与人有交往、有牵扯，而每个人又各有不同的家庭出身、社会经历、人生道路和生活习惯。所以彼此的看法和认识，哪能完全一致而毫无矛盾呢？有时认为人家不对而生怨，有时又认为自己不足而生悔。自古以来，怨和悔像两条绞索，牢牢地捆缚着人的一生。汉初三杰之一的韩信，因"怨恨"而被杀。两汉之际的大学者扬雄，写了一辈子文章，到老又"悔其少作"。唐朝诗圣杜甫劝："志士幽人莫怨嗟。"另一诗人王昌龄写《闺怨》一诗，有名句云"悔教夫婿觅封侯"，怨悔交织，曲折地勾划出一种思恋情态。唐宋八大家之一的苏轼在一首词中写道"今夜何人吟古怨"，另一词人晏殊则有"此时情绪悔风流"之句，足以见怨与悔已普遍存在于生活之中，成为文学创作的一种主题。时至今日，人们仍然没摔掉这两根绳子，只是表现有所不同而已。

有的人一生只怨不悔或多怨少悔。回想几十年风风雨雨，不如意事常八九，很少顺心，更无辉煌，于是就怨：怨天道不公，怨人情淡薄，怨怀才不遇，怨领导不是伯乐，怨朋友不是羊角哀，怨妻子既非西施又非孟光，怨子女不能怀桔、温席。一肚子怨气，整天活赛别人欠他多少钱似的。于是文化层次高的不便怨形于色，只好蜷居斗室，像孟浩然那样，终日吟诵"不才明主弃，多病故人疏"，怨叹生不逢辰而与世隔绝，或故作傲啸以孤芳自赏。文化层次低者则终日骂骂咧咧，怨别人有眼不识泰山，或惹是生非以泄怨愤，或使酒骂座沉湎颓丧，使人避之唯恐不及。二者不论表现形式如何，终至焦肺枯肝，怨愤而殒。

有的人一生只悔不怨或多悔少怨。在几十年的人生道路上，无疑会遇到无数事和人，哪能滴水不漏，事事让人满意，总有说错话、做错事的闪失。于是或恪守孔孟之道：吾日三省吾身；或崇奉上帝先哲，祈祷忏悔。悔自己多事，悔自己不谨言慎行，悔自己强出头，悔自己说话脱口而出。一日之余，思前想后言行有无冒犯人处，后悔自己不该提前到某一场合以致卷入某些是非旋涡之中，后悔不该读那么多书、做那么多事，以致招来无数妒嫉。文化层次高者终日沉思忧郁，把满腔悔意和反思所得写忏悔录、自责诗，甚至后悔不该来到人世间；文化层次低者则闭门不出，长吁短叹，总像做了多少缺理亏心之事，不敢面对人生，逃避现实，木然枯坐，祈求早日脱离尘世。二者趋向纵有不同，其结局都是抽肠裂膈，悔嗟而丧。

其实，人活到七八十岁，本身已是幸福。那怨、悔两条绳索应该逐渐松绑以至摔掉。因为怨人，有失君子坦荡荡的襟怀，只有小人睚眦必报，这不仅无益，而且有害，何况别人也不因你怨而赶快满足你的愿望，徒自伤而已。悔有不同情况：一是信仰、理想，纵遇意外闪失，决不能悔，否则，将沦于万劫不复之地，牢牢地被钉在历史的耻辱柱上。二是日常生活中的琐事则不必悔，事过境迁，也许对方豁达大度，了无痕迹，你又何必自寻烦恼？

客闻其说莞尔而笑曰：“先生虽未达超尘逸凡之化境，但已勘透世情，期颐之寿可享。”我答曰：“怨与悔无补于事，无益于人，而无怨无悔，可养天年，何乐不为？”乃以此说付客以去。

原载于《冷眼热心——来新夏随笔》（当代中国学者随笔） 来新夏著 东方出版中心1997年版

# 生平二怕

我写过两篇小文，一篇名《说无怨无悔》，另一篇名《说无欲无求》，表述了我对人生追求的态度，后都收在我的随笔集《冷眼热心》中，有些老年朋友曾给以赞同，老友曹聪孙教授更认为这是一种高尚的境界，表现出一种超尘脱俗的豁达，一种不可摧毁的乐观主义。我也很得意于自己能够解脱人生，再没有任何心理障碍了。但是人生终究是繁复难测的，尤其是仍在尘寰混日子，就有可能遇到某些想象不到的事情，带来烦恼，甚至害怕。中国有句旧谚说：“江湖愈老，胆子愈小。”这种感觉似乎愈来愈明显，怕这怕那，其中有二怕对我的困扰较大。

一怕“对号入座”。近些年常写些随笔杂文，当然不能只写如何吃饭喝酒，如何游山玩水，更重要的使命应该对人生百态、社会风情有所观察和剖析，有所发抒，有所针砭。题材对象，往往是典型综括，而不会专门实指某人某事，如果这样，那还不如拍几张照片更为真切。随笔杂文也就失去其应有的效能，失去其此中有你，彼中有他的表现方式。也许我的文笔欠含蓄，于是有些人就似是而非地“对号入座”，特别是曾和自己有过接触的人更易敏感，以为我在借题骂人，于是有暗中结疙瘩者，有流言蜚语者，有路遇面责者。对于这种“揽骂”者是讲不清楚，也不必多讲的，只好检讨抱歉，严正申明：“没有想到这事碰着您啦！”即使如此，对号者依然耿耿，使写作时总有阴魂缠腿的恐惧，我这才理解为什么有些电视片头要刊出“此片人物纯属虚构”等等字样。而且不仅当事人自己“对号入座”，还有后人为古人找座的。一个贾宝玉，就有人尽心竭力地把他安在纳兰性德的身上，一部《孽海花》中的人物就有人为他们一一对号，可见“对号入座”已非自今日始，只不过是于今为烈而已，于是心中稍微释然。

二怕邮政误期。推行邮政，开通邮路，确是人类文明的重要标志。古人的鸿雁传书、黄耳（狗）送信，联结了多少亲人的断线；官封驿递又解脱了多少远人的忧思，但终不如现代邮政的快速、安全。历年传颂着绿衣使者无数的感人事迹；无尽数的恋人借助他们互通心曲，终成美眷；隔离于海峡两岸四十年的亲人，几番辗转迁移，老邮工百般回忆，街巷寻访，终于使断线风筝重续亲情，令人感动不已！近几年，随着邮路发展快，电报、电话和传真的发达，更使信息传递迅速，但机关总收发的不认真，邮件的遗失和延误，时有发生。我的老师启功教授在4月间曾为拙著中的几个问题有所赐教，但我没有收到。6月份启先生又来一信，询问有无见信，虽措辞婉转，但多少有点责备的含义，我立即回信申明未见4月来信，表示歉意。这封4月来信直到8月始收到，幸而尚能解释。尤为可怕的是讣告误期，我的一位中学老师和另一位老友，平日颇有交往，但我都在他们火化后一周才收到讣告，已经无法补行吊唁，后虽做了点解释工作，但亦未蒙遗属完全谅解，无奈地被人误解为寡情之人！自己也只好以世上没有不被误解的人自慰。

平生这两种怕，虽然都不是什么大事，但总让人有点心悸，但愿不要发生或少发生这类让人怕的事吧！

原载于《邃谷谈往》（说文谈史丛书） 来新夏著 百花文艺出版社1999年版

# 格言与传记

## 我所喜欢和遵循的格言

一个人生下来就是为了做事，但人有巧拙之分。巧当然是天性，而拙只有靠勤来补，所以我无论做事、治学都遵循“勤能补拙”这一条人所共知的格言。

一帆风顺不是每个人都有的“幸运”，多数人是在坎坷崎岖道路上走完漫长的人生历程。一遇挫折就灰心丧气，自暴自弃，这是没有出息的可怜虫；或者怨天尤人，嫉视别人，这是没有志气的窝囊废。重要的是自己不能垮，要像鲁迅那样进行“韧性的战斗”。做学问也是这样一种道理。

归纳起来，自己创造了一条格言：“立足于勤，持之以韧。”

人随着年龄的变化而需用不同的格言。年轻时常想到《易经》上的“君子以自强不息”。中年涉世以后经常以李白的“天生我才必有用”自勖。步入老年就以曹操的“老骥伏枥，志在千里”自励；如果允许篡改的话，那么“老骥出枥，志在万里”，不是更虎虎有生气吗？年过花甲、古稀在望而犹公私猬集，难息仔肩，那又不妨以“人生难得老更忙”自慰。

我也喜欢诵读一些洋格言。记得爱因斯坦曾说过：“一个人的价值，应当看他贡献什么，而不应当看他取得什么。”的确，“只问耕耘，不问收获”才是人的最大价值。

## 我喜爱的人物传记

我的专业方向是历史学，而人物传记是历史编纂学的重要体裁，所以天然地喜欢传记。我喜欢读作者对传主作过一番研究，倾注进作者感情，并尽可能再现传主风貌的传记；我不喜欢读神道碑、墓志铭和悼词那样的传记；我更不喜欢读判决书、模式化那样的传记。

“二十四史”中有很多传记，但总以《史记》、《汉书》中的传记为上乘，尤其是《史记》的列传几乎都可归为佳构。推想其原因，可能是司马迁能倾注感情于传主。例如《货殖列传》确是一篇好传。司马迁不仅将一批货殖者放入社会中去衡量价值，发挥“知人论世”的作用，而且也以不着墨的潜台词借他人之杯酒，浇自己之块垒，发抒了自己的郁结之气。

年谱是传记的一种形式，它记述了一个人的生平事迹，荟集了一些资料，间有某些评论。所以有人认为年谱“最得知人论世之义”。我喜欢读年谱这种人物传记，曾用了较长时间检读过近九百种清人年谱。这对研究历史，特别是清史帮助很大，我不仅可以借以了解一些著名人物的生平事迹，而且某些微不足道的小人物也往往在年谱中有较详细记载。加以记载具体细致，顾忌较少，还保留部分珍贵史料可备采择。总之，从读传记中吮吸养料，无论从哪方面说都将是有所裨益的。

原载于《人物》1988年第4期《当代学人谈“我所喜欢和遵循的格言”及“我喜爱的人物传记”》专栏

# 书名雷同及其他

不久前，我的一位老年朋友在《文汇读书周报》（2011年8月12日）上发表一篇题为《〈书前书后〉的书名》的短文。一则捍卫他二十年前一本书书名的“初用权”，再则指责后来有人沿用了这个书名的不当。老先生在用《书前书后》的书名前，曾声明“书名商标不受保护，和尚用得，阿Q也用得”。又因为他“习惯用自己的杯喝水”，“为了不错拿别人用过的杯，曾经认真检查，并未发现有珠玉在前”。这就难怪老先生如此珍惜这个“初用权”。那些后来也用同一书名的人则似乎是阿Q的嫌犯，偷用了和尚用过的杯，而和尚用过的杯，无疑是指老先生用过的杯。不过老先生宅心仁厚，紧跟在后面写了一段宽恕两个沿用书名的人说：“难道不嫌不干净，硬要捡起和尚用过的东西来用吗？当然不至于此。”并埋怨自己“知名度低”而造成这种不当的缘故，令人感动。我没有对号入座，但也惶恐忐忑，感到心虚。因为我在2009年曾经出版过一本以《书前书后》为书名的小册子（山西三晋出版社），不管我是否文中所指，但沿用一事，白纸黑字，事实俱在，不容抵赖和默然。

我的《书前书后》的命名，一是我的粗心大意。我原用《来新夏书话续编》的书名，临出版前，责编以原书名平淡，建议改用《书前书后》，比较俏皮，我也感到用就用吧！根本没想到这是用谁的杯喝水的问题。二是我从来没有过书名不能沿用的理念，特别是多年前，曾经读过一位老图书馆人杜信孚等先生所编的《同名异书通检》（江苏人民出版社，1982年4月）。其中收同名异书3500多条。少则二同，如《陶渊明年谱》有梁启超和朱自清两种，又如《中国文化史》的三同，有1927年的顾康伯所著，二十年后的1947年同年有柳诒徵和陈登原的同名著作。多则二十余同，如唐吕嵒著《易说》，宋、明、清各朝均有同名著作，直至近人姚永朴、蔡克猷等人还用此同名著书，共有二十六种。即使有杜著这样一本书可查，也还有漏网之鱼。杜著收《常谈》一书，有宋吴箕和清陶福履各一卷两种，但我尚读过清乾隆时人刘玉书所著《常谈》四卷，是为三同。可见书名雷同，自古已然，千百年来，直至近代，其风未杀。最近，我又读了两种同名的书，一是张元济先生的孙女张珑女士的自传《水流云在》（上海远东出版社，2007年8月），另一是与前一书相隔仅两年的英若诚自传《水流云在——英若诚自传》（中信出版社，2009年9月）。所以我对此就没有太在意。

真没有想到，古往今来，竟有如此多的阿Q在偷偷错用和尚的杯喝水。这正应了市面上说的话："法不责众。"我或能侥幸借此蒙混过关，但又深深反思，错用别人的杯喝水，终究是一个不文明的错，是读书未遍的陋。与其让别人瞎猜测，不如自己投案坦白，求得从宽。因此，我在这里向老先生唱个喏，道个歉吧！

原载于《中华读书报》2011年9月14日

# “科普”新解

提起“科普”，人们就会习惯地想到是普及声光化电、原子中子等自然科学知识，很少有人把普及文史哲经这类社会科学知识置于“科普”名义之下。这不仅是社会上的流行看法，即使社会科学工作者之中也有不少人如此。这种看法，总括起来就是“重理轻文”。

那么，是不是我们的社会科学知识已经相当普及而无需再“科普”了呢？事实并非如此。普及社会科学知识之所以未能列入“科普”，主要在于人们的认识问题。有位具远见卓识的学者在一次学术会议上曾说：“文化落后并不可怕，因为可以努力赶上去；但是对于文化认识的落后却是十分可怕，因为人们认为文化可有可无，也就不闻不问了。”这是非常动人心弦的警语。社会科学被摈于“科普”之外，很大程度上是由于我们未能很好地认识普及社会科学知识的必要性和重要性。社会科学的范围广阔，非三言两语所能讲清，不妨只就普及文史知识这点来论。

记得宋振庭同志在为一份文史知识普及刊物所写的发刊词中，曾表示要在欢呼自然科学科普大会召开之余，“又满怀热望地期待着社会科学界、文学艺术界，也来‘科普’一下”。他把文史知识作为“又一种‘科普’对象”。

“又一种‘科普’对象”，这句话提得多么明确和响亮！它是针对文史知识未获“科普”而造成不良后果的时弊而言的。

试看不重视文史知识“科普”的弊病：

正是由于忽略了文史知识的“科普”，有些人对于我们这个文明古国千百年来流传下来的古籍文物缺乏了解，以致散失弃置，不知加以珍惜和开发利用。

正是由于忽略了文史知识的“科普”，有些人数典忘祖，说不上几个中华民族历史上的优秀人物，讲不出几件文化史上的创造发明。

正是由于忽略了文史知识的“科普”，有些人对遍布祖国大地上的名胜古迹，视而不见，见而不爱，任意弃置和糟践。碑石廊柱时时可见“乾隆遗风”——胡刻乱划。明代著名战场紫荆关只剩断墙残垛。万里长城在某一地段竟有百余里仅剩城基。

正是由于忽略了文史知识的“科普”，有些人不了解我们先人如何生活，如何奋斗，如何创立惊天地、泣鬼神的业绩。

正是由于忽略了文史知识的“科普”，有些人别字连篇，语言粗俗，词藻贫乏，谈吐苍白。群居终日，不是说古道今，鉴往知来，而是声色犬马，言不及义。

正是由于忽略了文史知识的“科普”，有些人掌握不好祖国优美丰富的文字，以致若干卓见远识，某些发明成果都苦于无法表达，或者表达后使人难以理解接受。

正是由于……

讲了许多，意近牢骚，并不解决实际问题。问题不在品头论足，坐而论道，而是要闻鸡起舞，见诸行动。要研究如何开展文史知识的“科普”。

可不可以像自然科学界那样，举办些文史“科普”讲座？题材广泛些：从古到今，从人到物；内容生动些、引人入胜些；语言活泼些、纯洁些，任人听讲，久必生效。

可不可以在青少年中像数学、物理竞赛那样，进行些规模不等的文史竞赛活动呢？过去中国史学会在天津举办的历史竞赛就是一个很好的创举，可惜未能持续下去。

可不可以结合一些艺术形式进行更广泛的传播呢？刘兰芳说《杨家将》、《岳飞传》，绘声绘色，轰动一时。杨业、岳飞因而成为家喻户晓、妇孺皆知的历史人物。如果文史工作者能帮一把忙，订正一下基本史实，不是可以起到更好的“科普”作用吗！蔡东藩以历史资料为主要依据写出章回小说体的历史通俗演义，不是使无数人从中获取了祖国历史的知识吗！

可不可以组织更多的文史工作者投入到文史知识的“科普”读物写作中去呢？吴晗同志主编历史小丛书就是好的榜样。过去《十七史蒙求》、《幼学琼林》等等蒙学读物，概括性强，琅琅上口，便于背诵，这些形式也还可以借鉴。

总之，更重要的是要提高这类“科普”工作的学术地位和社会地位。事实证明，主讲一次文史“科普”讲座，写一本文史“科普”读物，并不比作一次学术报告，写一些专著论文容易。因为既是“科普”，就要讲得明白生动，就要写得深入浅出，它有时比滔滔不绝、洋洋万言更难些。文史专家要改变不写“科普”读物的老习惯，转变陈旧的传统观念。事情看来很小，但愿这些同志“勿以善小而不为”。因为这是关乎全民族学术文化水平提高的大事情！

原载于《天津日报》1983年5月31日

# 笑得想哭

最近在报刊上经常刊出一些揭发学术腐败现象的剽窃行为，剽窃者有学者、教授、博士生导师，也有一些职业撰稿人、爬格子匠、一般工职人员、奔竞前程者。有抄古人、今人、外国人的。有说与古人暗合者，有说引证而忘注出处者，有欺负中国人认识某国文字的人不多而无所顾忌地洋为中用……形形色色，无奇不有。有识者概称之为“学术腐败”，但总想不到学术会腐败到哪儿去？充其量不过东抄西袭。杂凑成文，外以得稿费，内以骄妻儿而已。哪想到经济搭台，文化跟进；经济腐败，文化学术岂甘落后。于是非复往日抄而袭之，遮遮盖盖，东一段，西一节，用自己几句话飞针走线般地缝联补绽起来。而今，时代在飞速前进，小打小闹落伍了。爽性甩开膀子大干，明目张胆，剽而窃之，除去换了署名外，其余全锅端，自称保存原貌，学习不走样。一旦东窗事发，还就摆出一副牛二的架势，憨脸皮厚，了无愧意。哀莫大于心死，听朋友相告，真让人笑得想哭。祷告上苍，千万别让我碰上这类冤魂！

天下事往往不从人意，越怕越躲不开。原来我主编的一份小刊物，已办了十七八年，从未出过岔子，自己也颇以此自豪。哪料到，冤魂竟缠到我腿上了。个把月前，一位读者举报我这份刊物上一位女士的文章与东北一份同样性质刊物所发的文章，除了署名不同外，全文相同。我生怕是我的作者出错，以十分忐忑不安的心情与这位女士核实，啊！还好！这位女士不仅当即理直气壮地述说了事情的真相，而且还极其气愤地表示，要将这种侵犯他人著作权的行为诉诸法律。我办事总有点“搭糨糊”，就用“饿死不当当，气死不告状”的老道理劝导这位女士，建议她先向剽窃者们写封信查究一下，如对方道个歉，认个错，也就大度些，放人一马。这位女士慷慨地接受了我的建议。时隔一周，这位女士把复信拿来我看，表情有些微尴尬。我意外地感觉到，我的确老了，落伍了，不明白所谓新新人类的思路。三位作者中的第二位是一位小有名气的学者，他在复信中说："你在信中提及的×××（第一剽窃者）是我的大学同学，此前已多次擅自署用我的名字发表论文，虽经我多次劝阻，仍然'屡教不改'。你的论文被盗用也是在我不知情的情况下被署名的。"看这位第二作者的无奈相，也是哭笑不得的无辜受害者。

再看第一作者的复信，真是一副涎着脸的无赖相。奇文共欣赏，或可当消暑小品。请看他是如何对待自己的剽窃行为的。信的开头说："由于我的过失对您造成伤害，我深表歉意。在此我真诚地道一声：对不起！请原谅！"

这种油腔滑调的道歉能算真诚吗？接着，他分析为什么剽窃的原因说："××（指剽窃者的本业）工作者的地位是低下而不被看重的，舞文弄墨纯是为了晋升职称，加点工资。"

明明是全文剽窃，却轻描淡写为"舞文弄墨"，明明是违反学术道德，硬说是为职称、工资所迫，这真是小偷哲学，偷了东西还振振有辞诬他人是"逼良为娼"。他竟然不满被他盗用名义的无辜者对他的批评说："指责我不该不与他商量就私自加上他的名字，甚至提出与我绝交。"你多次盗用朋友的名字，而且"屡教不改"，直到这次大剽窃被发现，你似乎还怪朋友要与你绝交太不够朋友，心中万分委屈，真不知人间有羞耻事。利令智昏到真让人哭笑不得。

本来"道歉信"写到这一步，已经够污染耳目了，可是这位剽窃者还准备"化干戈为玉帛"，又对被窃者写下一段令人作呕的话。信中说："俗语说，不打不相识，我希望通过此事，您我能相知相交，成为异地好朋友。我会尽我所能，在今后的日子里报答您的宽厚之心，原谅之举。"

天啊！如果好朋友都是这样交来的，那世道不是太可怕了吗？偷了人家财物，还想握手言欢，怎么能恬不知耻到如此地步。孟子说，"人不可以无耻"，这个剽窃者既敢明目张胆地全文剽窃，又能为自己的丑行面不更色地侃侃而说，已经不懂得"耻之于人大矣"的人生起码的道德规范，已经不是让人哭笑不得，而是让人笑得想哭。笑是耻笑这种人的无行，而接着应该是捶胸顿足地号啕大哭。哭学术道德的堕落，哭接受过高等教育者的人生道德规范怎能如此"斯文扫地"？

原载于《中华读书报》2000年9月13日

# 各圆各梦

当年，曹雪芹写《红楼梦》只是为写红楼之梦。他这个穷困潦倒的穷书生，万万没有想到给后人留下这么大的一个饭碗，一块这么大的蛋糕。他也万万没有想到，为了怎么舀饭，怎么切蛋糕，会这么吵吵嚷嚷，彼此不断过招。自有清以来，经过民国至今，不知掀起过多少“红浪”，倒也为学坛增添几分热闹。最近在一段沉寂之后，又出现以刘心武为中心的“红浪”，声势也还不小。

刘心武是位知名作家，写了一些有影响的作品。而今不知触动了他哪根文脉，研究起《红楼梦》，有所心得，还发为若干妙解，引动了一批群众，因此有不少对红学研究有素的学者提出若干异议。说句不敬的话，红学研究只是在为曹雪芹圆他那个梦，解自己找出来的谜，无论探赜索引，考证诠释，无不如此。至今也没得出个真章。谁也摸不透曹雪芹当年怎么想的，内心世界又如何，他究竟作的是什么梦。这有点像瞎子摸象，各说各话，但我们又都不瞎，只是比象背矮一点，看得见这面，看不到那面，本可以自说自话，各圆各梦，却偏偏要人家来看自己这一面，说自己圆的梦对，于是争论又起。

我只看过几遍《红楼梦》，觉得确实是名作，但对“红学”一无所知，所以没有介入其中的动念，更不敢判定孰是孰非，只是在作壁上观时，莫名其妙地产生一些看法。

我不认识刘心武，只是读过他的成名作《班主任》。前两年听说他把古人的名句公然说成是自己的梦中偶得，于是觉得他说话有欠谨严，所以他对红楼梦做出奇谈妙解，也不足为奇。历史本该是极为严谨的，但不是也有许多人在“戏说”吗？“红学”的学术研究有一定规范，但刘心武要别出新解，也无须非求其一律不可，何况还有一些群众以此自我怡悦！

依我看，这次“红浪”，刘心武是个大赢家。开始，刘心武妙解红楼，大讲

"秦学"，听者有的哈哈一笑，有的颇感新鲜，有的猎奇，有的解闷，影响不是很大。也许这是刘心武故意拴的套（这是我的瞎猜），让红学家们钻；也许是红学家们为捍卫学术，大张挞伐，无意间跌入陷阱。不论怎样，刘心武捡了个大便宜。因为批评者无一例外地给刘心武当了义务宣传员。由于好奇和逆反，原本拥刘的更加铁杆，而大量不知情者却蜂拥而至，想听听看看。倒使得刘心武的队伍大大扩军，原来若只是一个连，如今一下子成了一个独立团。于是听者踊跃，读者争购。于是声名鹊起，其书数十万册地印，财源茂盛，人民币滚滚而来。日后，港台地区和海外，想也会被利益驱动，大量印行繁体字本，那么港币美钞也随之而来。刘心武进账一大票，谢谢各位帮忙！躲到一边偷着乐去啦。恐怕比当年《班主任》发表时，更乐得直不起腰。红学家们没想到为刘心武无偿效了回力，窝了一肚子火，何必！

二〇〇六年一月

原载于《邃谷师友》(远东瞭望丛书） 来新夏著 上海远东出版社2007年版

# 子罕言利云云

束发受书，初读《论语》子罕言利章，祖父特别讲了义利关系和“君子喻于义，小人喻于利”等等。“利”似乎成为一个不太好的字眼。后来又读到过“正其谊不谋其利”、“急功近利”诸如此类儒家名句，更令人对“利”有贬词的感觉。

但是，兴利除弊、利国利民等等，从儒家小人喻于利的财货观延伸到利益、好处的利弊观似又对“利”不含什么贬义，而颇有褒义了。利和弊在观念上自然泾渭分明，很容易区分孰好孰坏；至若言兴利除弊，恐怕不只是利与弊的划分，而还有兴与除的次序。

“兴利”名声好，沾实惠者必然歌颂，君子乐为之；至于因缺乏瞻瞩随之而来的弊端，却往往无人过问或少人过问。“除弊”没有气势，毫无声色，失弊者心安理得，视为当然；至于因弊除而利生则往往无人赞扬或少人赞扬，是君子又何乐为之？

技术职务聘任制，把职务与工资挂钩，既“升官”，又“发财”，名至实归，此兴利也，得利者固有欢畅之感；但何曾想到，随之而来者职务系列之派生丛出，人际关系风云突变。于是攀比者有之、哭闹者有之、骂娘者有之、寻死觅活者也有之……

提高职工队伍素质，重视学历，使学用结合，此又兴利也。于是“五大”（电大、夜大、函大、职大、业大）勃兴，“文凭”云飞。于是广招徕而降低水准，既上岗而犹在培训，一之未中，连三继四，旷日持久，何谈效率？……

“兴利”是应该双手赞成的善举。利兴而弊生，自然利是主流，弊乃支流，利大而弊小，固尽人皆知。但是，捺下葫芦起来瓢，又该如何？

子罕言利的“罕”，不是“不”，而是“少”，或者说是“慎重”。这也许是孔夫子的阅世之言："不要轻易谈兴利问题！"兴利除弊本是辩证的统一，但利兴而弊生也往往是事物的另一面。利兴而弊随生真不如弊去而利自生，故曰："兴一利不如除一弊。"弊绝风清，史有明训！

原载于《冷眼热心——来新夏随笔》（当代中国学者随笔） 来新夏著 东方出版中心1997年版

# 摘掉“迂”的帽子

千百年来，“迂”似乎是套在知识分子头上的一顶有光彩的帽子，有时用作清高、不趋时流的赞美；有时引来对不同世俗、固执已见的讥笑。实际上这是对知识分子某些行为的歪曲，个别情况下，甚至是某些居心险恶者用来捆绑知识分子的绳索。史传说部中也有若干对或不对的行为被戴上“迂”的帽子，混淆是非，所以不可以不辩。

迂，有时被某些弄虚作假者作为掩盖内心惶惧的遮羞布。清朝乾隆时有位叫是镜的假道学，平时道貌岸然，行不由径，进城宁绕远道而不越沟走近道，一日遇雨，想越沟而归，但不知如何越过，有路人指点他跳过去，他双脚起跳，结果掉在沟里，遭人嘲笑，路人告诉他应该单脚起跳，他爬起来反而斥责路人说：“双脚曰跳，单脚曰跃，不学也。”看来迂不可及，实际上是以迂掩盖其规行矩步的内心空虚。这位假道学还做了不少欺弱凌寡的不迂的恶行，后被吴敬梓作为权勿用的原型而采入《儒林外史》。

迂，有时会使人目光狭隘，不顾大局。《后汉书》中曾记蔡邕为董卓收尸的故事。当然，这比在别人遇难再踏上一只脚，反戈一击，落井下石要高尚得多；不过，蔡邕没有看清董卓已到罪恶昭彰，国人皆曰可杀的地步，只顾念董卓曾辟请自己，为表示报恩而终遭迫害，死于狱中。所以王允对蔡邕有“怀其私遇，以忘大节”的责难。何况当初蔡邕是被董卓威逼而出，并且已为董卓做过足以报答的贡献，直道而行足矣。这是一种可怜而不足取的迂行，不足称道。

迂，有时会误大事，一个人恪守礼教，嫂溺于水，拘于男女授受不亲的规范而不援手，造成嫂氏的非正常死亡。有位女知识分子，地震时已逃至空旷，因拘泥于衣衫不整，虽经众人劝阻，仍然跑回楼着装，正巧楼塌砸死，造成无可挽回的损失。宋明理学家，侈谈性理，不务实际，一旦敌人压境，毫无善策，只能

“平日袖手谈心性，临难一死报君王”，衣冠端坐而死，误国误民，莫此为甚！

迂，有时成为骗子们愚弄知识分子的手段。我有位书法家朋友，确是位忠厚长者，有求必应，无偿服务，有时还搭上裱工，结果被人利用来作联络感情交换利益的礼品。另有位油画大师因迂于艺术，被人敬求大作后不久，就发现自己的作品在市场上被求画者标价出售。有某学者即将任满离任，但其上司见面却语重心长地谆谆拜托，请再坚持时日，这本是官场上的虚情假意，不可当真，而该学者感于信任，迂于事业，次日到班，新任已到，落得哑巴吃黄连，遭人愚弄。

迂，有时貌似迂而决非迂。梁漱溟在公开场合与伟人直言争辩，苏武的持节不辱，人们视之为“迂”，我看似乎不宜划入迂类。因为这是耿直、正义和气节。众人皆醉我独醒正是知识分子的筋骨。汉董宣的强项、清谢邦定的烧车，看来有点迂气，但这是正气，即使有人讥为“迂”，也是一种可爱的迂气，是知识分子真正值得青史留名的迂。有些东摇西摆，弯转得快，紧跟潮流、赶时髦者正是少了这么点儿迂气。

“迂”本来没有错，只是我怕人们把“迂”误作为这是知识分子的特色，被人视为弱点，作为笑料，愚弄欺骗，饶赚了大钱，得了便宜，却还我一个“迂”字。知识分子固然“子罕言利”，但也遵“一介不取，一介不与”的圣训，凡分内应得者，心安理得。切不可让某些巧言令色者哄弄着白使唤人，百般苛刻，得便宜卖乖，却用“迂”这顶帽子来回敬。作为知识分子既不以“迂”自喜，也不接受“迂”的过奖，要自己摘掉“迂”的帽子，做个通达、明理、务实的知识分子。须知对狼则要学会打狼的办法。

原载于《神之日：〈光明日报·文荟〉副刊作品精粹》　韩小蕙、胡骁编　光明日报出版社1997年版

# 人贵自知

人对人的看法有三个层次：一是对他人的看法，那就是是否“知人”。在纷纷扰扰的尘世间，人际交往频繁，如果不能知人，不是不认识好人，就是把坏人看成好人。也就会失去了好人的帮助，掉入了坏人的陷阱。知人的标准只有才、德二字。二是在能找到知己，所谓知己，就是彼此能交心，能倾诉内心的种种，能无话不谈。知己不一定很多，有位文化巨人曾经说过：“平生得一知己足矣。”亦可见知己之难，知己是人一生中进德修业的支撑点，如果一生没有一位知己，那应是虚我此生。如果只是利益的结合，一时间呼朋引类，酒色犬马，甚至是称兄道弟的铁哥们，那只是江湖陋习，不是知己。三是对自己的认识，就是所谓“自知”，对自己几斤几两能称得准，就是算有自知之明。这三种人对人的态度，最不易做好的，当是第三种。也就是说人最难做好的，是有自知之明。

人对自己往往不能准确地做到自知之明，常常不是自卑，便是自视甚高。自卑者对自己缺乏信心，于事退缩，不敢勇往直前，以致一事无成；自视甚高者往往目空一切，自以为了不起，对他人傲慢无礼，结果与人殊少交往，以致孤立无援，终难成事。二者相较，后者更无益于人。因为自卑还可能引起他人的同情和怜惜，而自视甚高则最易遭人反感，为人唾弃。

没有自知之明的人，最难堪的是容易落入一种上不来下不去的尴尬局面。“文化大革命”时的一件往事，至今仍给我留有难以忘怀的印象。当革命烈火点燃不久，我和同事十七人从教师列队中，被红卫兵小将授衔为牛鬼蛇神，出列自成一队，并教导我们，要好好劳动，认真改造，命令从次日起，承担清扫校园的任务；又指定一位未出列的中年教师监管牛鬼蛇神。这人来校不久，“文革”前刚入党，比较自私狂妄，几乎凡人不理，自以为又红又专，一奉旨意，立即拿鸡毛当令箭，实行权力，一切从严。他也鹦鹉学舌般向原同事们训话，甚至斥责，

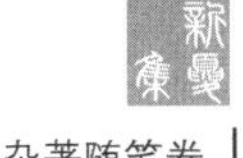



连刚介绍他入党的原当权派也不放过，但他对自己并非根正苗红的红五类，而是资本家狗崽子的身份，却缺乏自知之明，终日神采飞扬，不可一世。可惜，时过不久，失宠于小将。某一天出工前整队，这位教师又将作例行训话时，被一位红卫兵小将拦住，宣布撤销其“管教”职务，宣布了他的出身和另一些问题，饬令其回归牛鬼蛇神队，好好劳动，改造思想。当年谁个敢违抗小将号令，这位教师只好嗒然若丧地站到我们队尾，一齐抄过大扫把。可是所有队友都不理他，休息时任他孤苦伶仃地蜷缩于墙角。如果当初他能有一点自知之明，能够善于对待他人，不为已甚，又何至如此！有一天有位老教师见此情景随意喟然一叹说：“人贵有自知之明！”“文革”以后，这个人虽然和其他人一样受到平反，但他终因缺乏自己为人师表之明，有意剽窃学生科研成果的部分内容，为学生举发，不得不赧颜掩面，调离而去。呜呼，自知之明，难矣哉！

原载于《天津老年时报》2003年1月17日

# 求免“入典”

信是人类沟通思想、交流感情的重要工具。信件往来又是人生不可或缺的一项内容。远之如晋文学家陆机因长期未收到家信，无奈打发从家中带出来的狗去传送家书，唐诗人杜甫在“烽火连三月”的处境中得到家书，欣喜而留下“家书抵万金”的名句；近之如林则徐西戍新疆，千方百计打通旧友故交在位者的关系，在往来公文中，夹带信件，并编号以免遗失。今人又何独不然，我们在动乱年代，身居穷乡僻壤，邮路不通，总要烦人托窍，把信带出去投递。家人父子，亲友故旧，恋人情侣，其异地相隔者，无不将通信作为相告生活起居的重要手段。无论信的内容如何，总会牵动万缕情思。但是近几年，常常收到不少非亲非故的来信，对方一片关怀备至的善意，力求把自己捏塑成名贯九州、声震寰宇的名人，而痴骙若我者，不但没能引起感情上的任何波澜，反而产生一种被“请君入瓮”的烦躁情绪。因为这些信万变不离其宗，只有一个内容，那就是情真意挚地邀我入各行各业、形形色色的名人“大典”；我则不胜惶恐，深惭其实难符。而来势汹涌，数日必得一二封，读后莞尔一笑，置诸床侧。年复一年，来函数量，有增无减，以至邮递员时有以细尼龙绳扎成小捆送来者。我则因渐熟悉其形式，甚有不拆封即弃置床侧小柜上者。龙年春节，家人勒令不得乱摊书册，万般无奈，得一奇计：何不将床柜堆积之“入典”函董而理之？于是稍加整齐，孰知高可盈尺，乃端坐一一启封，读之兴味盎然，其“乐”无穷，若非来客时有打断，几可忘食。历时五日，始蒇其事。而略窥其奥秘。

这些“入典”函的来处很广：论地域有国内、有海外、有南、有北，论机构单位有各部、委、院所属各种学术中心、信息中心、预测中心、传记中心、交流中心等，有各色名目的出版社，有各种各样的协会，有各种编码数字的信箱。所入之典的名称几乎都有典字，如大典、辞典、名典等。其前必有限定所收范围的定语，如著名华人、专家学者、中华精英、当代科技专家、优秀人物、世界名人、兴国人物等等，颇具一定的震撼力，使人有高山仰止之感。

这类大典引以做自我标榜者有三：一曰拉大旗，气势磅礴，令人目眩，其开宗明义，即立名誉顾问、顾问、名誉主编、主编、执行主编、编委等不同层次的名目，设近百把椅子，请上自国家领导人一级，各方“长”字号人物，下至学术界名流、社会贤达等不同类型品牌的名人入座。其用意无非证实其典之有来头，绝非伪劣假冒者流，以取信于入典者。二曰不收入录费，以示并不追求商业利益的“高风亮节”，这对邀人入录也确有吸引力。有的人认为不花分文，受到宣传，有何不好？但在不收入录费的帽子下，往往还有购典的通知，下附购与不购两种回执，看来自由度很大，但实际上乃为统计购书人数，以便照方抓药，确定印数。这种要求合情合理，无可厚非。“入典”者往往既愿保存，又拘情面，除极少数者外，大都认购一册，而此类书收录动辄数千人，篇帙少则数卷，多则十数卷，书价至少二三百元，成本所需仅为其半。如此，一加运作，二三十万唾手可得。三曰凡入录者可得证件，以证明业绩，于是相应的切身利益皆可以此增加砝码。证件形态各异，一般为“入选证书”，更有金属制荣誉证或匾额，悬诸壁间，蓬荜为之生辉。

“入典”者的来源或自书刊报端辗转汇抄而来，或由师友交相推荐而得。汇抄计日可得，而推荐往往于函内特附一小条，申明“阁下系由×××教授郑重推荐入录”以示非向壁虚构。这类推荐经核对确有其事，因为有些信中即附发我一份推荐表。我曾向一好友发过牢骚，认为推荐者多事，当时好友嗒然不语。不数日，好友专函检讨说：“我想起来了：许多名人大词典之类，都是我推荐的您。知道您烦了，以后我不再做这种傻事了！”这种连环式的推荐，让我想起，很有点像市井间流传的金锁链的传递方式，不过这终究是文明人的运作，还没有像市井小人那样，用男盗女娼、有血光之灾等咬牙切齿的恶语相加。

“入典”者的生平一般由本人写寄，但也有代拟样稿的。用心可称至善。有些代拟稿，在取舍资料，运用笔墨上，颇得体要，比我自己还写得好；但也有乱点鸳鸯的时候，如有一家大典于1998年来函中为我代拟一稿，摘录有关年龄部分如次：

> 来新夏，65岁，浙江省萧山人。教授。1946年北平辅仁大学史学系毕业……（经历、业绩部分略）

按1998年65岁推算，我当生于1933年，那么1946年大学毕业我正13岁，应是9岁入大学的所谓少年大学生。我岂非神童也哉！如此神童，理当列入名人之典。

文章写到这里，我必须郑重声明：我对编制各种大典决不持极端态度，因为作为一种介绍某些人士的工具书还是社会之所需，只是不要泛滥成灾，不要一再邀请，更不要作为群众性的致富之路，以致入典函纷至沓来，筑成一道纸墙围过来，总使人有一种没顶之惧。我也怕让若干有心提携我成名的好心人伤心，骂我不识抬举。所以，我在此脱帽向所有关注我的好心人深深地鞠一大躬：姑念小老儿年迈体衰，早已“功成名就”，尘念日减，不再想浪掷精力，以期延缓走向“火路”（一般已不走黄泉路了）之日。为此，高举双手，伏地合十，朗声祷告说：

“求免‘入典’”！

原载于《中华读书报》2000年3月15日

# 爱子病

开学之初，我以在位谋政的姿态，不时地到新生报到站去“瞭高”，看到莘莘学子经历十年寒窗，而今喜孜孜地迈进高等学府，不由引起我四十多年前一袭青衫，手提网篮，负笈京华的遐思；更使我羡慕的则是这些百里挑一的幸运儿。他们有的显得拘谨，这是初到陌生之地的必然；有的意气风发，这是人逢喜事精神爽的情态；有的俨若王孙般地狂傲，从“皇冠”车上跳下来，踏着舞步，顾盼多姿地在寻找能为他再增光彩的标志——系标。随侍前后的是花甲左右的一翁一媪，另一年轻后生拎箱提包，致使路人侧目。有的虽非王孙，也属公子之流，可惜无油可揩，不得不由中老年的双亲提携捧负而至。比上不足，比下有余，也可傲视群芳。我不知是老悖，还是义愤？曾进言于翩翩者，却得到阮籍的白眼。幸而这对父母稍通世情，对我莞尔而言：“孩子太小，不放心，送到宿舍，帮他安置一下。您老忙去吧！”弦外余音，显然怪我不达时务，“狗拿耗子”。我只好回陋室去面壁反省——爱欤？害欤？

偏偏就在此际，有位早年学生从外地来津，竟不忘师恩来候起居。接谈之下，原来他不远千里送女入学。当谈到女儿有幸进入我们这座知名大学时，他似乎血管在舒张，神经在亢奋，白净的面孔泛润出绯红，迟滞的目光也发射出光彩。他掩饰不住地诉说着可怜天下父母心：为了跳过龙门，一直没让孩子干一丝儿书本以外的事；直到有了录取捷报，才想为了孩子生活方便，专门教孩子洗手绢、洗袜子、洗内衣。孩子真乖巧，真地学会了……我的心随着他每个词汇在跳动，不！在发抖。这是亲子之爱，还是亲子之害？“爱子病”和“爱滋病”同样在传播着毒菌。我真想跳起来痛斥两句：“虽曰爱之，其实害之！”但我怎能忍心对面前这年过半百、相违二十余年的老学生的沉醉泼冷水呢？我的双颊抽搐，像照镜子那样看到自己挤出了比哭还难看的笑容，从喉咙里吐出不是发自内心的喃喃的祝词。

这现实使我联想到科举时代一幼童入场的故事。幼童因年幼迈不过考场的门槛而骑在父亲脖子上进场。有人讥讽幼童："骑父作马。"幼童捷悟答道："望子成龙。"愿抱大了的子女也能因"骑父作马"而"成龙"。不过，龙与虫是一声之转。"成龙"？"成虫"？这是后话！

原载于《冷眼热心——来新夏随笔》（当代中国学者随笔） 来新夏著 东方出版中心1997年版

# 说潇洒

公职人员到了一定年龄，有的早几年，有的晚几年，终难逃脱“离退休”这条路。这是注定的“后浪推前浪”的共同命运。从门庭若市的显赫到门可罗雀的冷落，从终日忙碌到无所事事，总会感到种种不适应：或抑郁寡欢，或怅然若失，或离群索居，或追悔过去有权不使的遗恨，或瞻望前景而感黯淡落寞，或以生活出现不便而愤慨于世态炎凉……这些症状统名之曰“离退休综合征”。这一症状将夺去一个人原有的风发潇洒。可是魂归马克思又行期难定，如此冷冷清清凄凄惨惨戚戚地再过它一二十年，岂不苦煞、闷煞。治此顽症只有“寻求潇洒”。

刚刚离开工作岗位，体魄尚健，精力亦旺，犹有残光余热，自己也不愿承认已是强弩之末；环顾有些人体力精力远不如己，只因晚谪红尘几年，竟然还高踞虎皮交椅之上，实觉怨气难纾。可是，君不见有些人已经病病歪歪，力不从心，甚至久卧病榻，出入轮椅，只因“大限”未到，还要撑起眼皮应付世事，思考问题，真乃行不得也哥哥。反不如自己，无官一身轻，既有充裕时间，又能健步如飞，人们纷纷投以艳羡目光，凭自己感觉做自己想做的事，即不以身为行役，悄悄找到了潇洒。

花鸟虫鱼，人皆爱之。在位时无暇莳花、垂钓、捞鱼虫、拎鸟笼，羡慕人家优游岁月，心向往之而不可得。现在无拘无束，迎熹微晨光，漫步公园，静听群鸟啭鸣，渐有公冶长通鸟语之乐；或凭借故友袍泽的旧情，捧蚯蚓罐，挈炭素竿，垂钓鱼塘，薄暮归来，大鱼小鱼，为阖家佐餐；或掘房前屋后闲地，种瓜种豆；或莳养盆花，为斗室增光添彩。这不也是一种潇洒?

积学满腹，常年投入舌耕笔耘，专攻方向时被荒置，以致传世之作，难以着笔完篇。如今可聚三五同道，就所攻专业，切磋探讨，时有新意。及宾友散去，挑灯著述，精力专注，涌泉之思，下笔不能自休。钟响午夜，掩卷掷笔，酣然入眠。黄粱梦醒，已红日满窗，伸腰缓起，一副慵懒。固已无须以有晨课而席不暇暖。著书立说，可以无计划限制，凭自己的兴致，穷年累月，厚积薄发。一旦杀青，不论付之枣梨，还是藏之名山，总之倾囊而出，淋漓泼洒。潇洒啊！潇洒！

改革开放，社会发展一日千里，市场经济浪潮，汹涌而至，观潮下海，怦然心动。观潮则见芸芸众生，熙来攘往，不过为一利字，乃付之一笑曰："人生云烟，何自苦乃尔！"设遇机缘，下海浮沉，亦颇怡然，既无商为四民之末之羞，又可不担政企不分之忧，持筹握算，财源滚滚。往日寸步难行，想做而做不到的事，今日钱能通神，一路绿灯，畅行无阻。君子爱财，取之有道，出囊中几分黄白，用之公益好事，博得群众颂赞，此又一人生价值。这又是一种潇洒。

幼而失学，长而追求革命，无暇读书，久蒙"大老粗"之嗤。而今入老年大学，学书学画，点染翰墨丹青；静居陋室，饱览史鉴诗文，洞识古今，既可比照既往，又能有资谈助，腹笥充实，风貌顿异。书画展，学术会，频见踪迹。子史植肌骨，诗文寄性情。有学有术，岂不也是一种潇洒？

类似潇洒，诸般百种，秃笔终难尽述。语云："千金难买回头看。"如从总结经验教训着眼，稍事回顾，尚有价值可言。但人生道路频频回首，则往往有今不如昔的哀叹伤感，"千金"之富顿成"千斤"之负。设能多向前看，看到生活的欢欣，看到自己活得潇洒，那将会不知老之将至，活出人生的又一次辉煌！

原载于《冷眼热心——来新夏随笔》（当代中国学者随笔） 来新夏著 东方出版中心1997年版

# “临终关怀”小议

生老病死是人生的自然轮回，不以人们意志为转移。生可以有预产期，而死则需静待上帝的召唤。生的阵痛和新生命闯入世界那一刹那撕肝裂脾的痛楚可以从伟大的母亲处得到了解，而逝者已矣，很难将从繁华世界到阴风惨惨九泉的历程给以回馈。于是就有生者对死的诸般想象，既有“无疾而终”、“含笑而逝”的文献语汇，也有“死不瞑目”之说和形销骨立、呼号而卒的惨状。所以临终弥留之际确是需要生者本诸人道给辞世者一种关怀。这就是临终关怀之所以为全球所关心，并成为一门专学的原因。前几年，台湾淡江大学教授黄天中和天津医学院崔以泰教授共同合作，建立了临终关怀中心，召开过这类议题的国际学术会议，并合著《临终关怀学》，从理论和实践进行探讨和总结。据这本专著所收论文内容看，临终关怀活动已遍及全球。它是一种文明的标志，也是造福临终者的善举。它那多种多样的组织与方式，也为承担救死扶伤社会重责的白衣天使开辟了新的工作领域。

临终关怀和安乐死是现代文明善处最终离开人世者的两项重要举措。它可以使辞世者安详地为自己的一生画一个比较圆的句号，也可以减少生者眼见缠绵床铺和死别的悲痛。

临终关怀主要是给临终者以安慰，不过有些举措却增加了临终者内心的隐痛。近几年来，似乎流行着一种例行公事。平日某些领导人员与临终者素无来往或少有来往，一旦获知病危信息，便在百忙之中抽出时间，按级别层次齐集有关诸领导，浩浩荡荡，带着水果糕点去探视，说些照例的安慰话；病人和家属则感谢领导的关怀。我确信这是一种善意的关怀，但病人如何想法，难以了解。不过我有一位曾任院校长的至友在重病时曾对我说：“今天几位领导来探望，看来我的日子不多了。”因为领导是根据医院最有权威性的确诊信息而来的。这无异使垂危者抱有的一丝生存幻想完全破灭了。

子孙亲属对临终的父母长辈往往抑制不住辛酸而痛哭流涕。这是人之常情，无可厚非；但它会给垂危者带来最大的痛苦。人需要平静而无牵挂地离开人间，要死而无憾，无所追悔。这是临终时的最大幸福，也是临终关怀的重要内容；否则，逝者一息残存被哭声刺激得不得不含恨而去。中国有一种传统习俗，说眼泪不要滴在逝者尸骨上。这种习俗包含着不要生者在死者面前痛哭的禁忌，给逝者最后一次无所牵挂的飘逸潇洒！也可以说这是中国传统的临终关怀举措之一。

人生终有画句号的时候，如果我走到那一天的时候，我会感谢临终关怀这门专学的创建。我也会拜托子孙们节哀，不要把眼泪滴在我的身上。

我也会委托家属务必婉谢领导们，不要进病房面加慰问，让我抱着对生命的一丝眷恋离开尘世！

原载于《冷眼热心——来新夏随笔》（当代中国学者随笔） 来新夏著 东方出版中心1997年版

# 戏解死之惑

人生有各种各样的惑，如困惑、疑惑、诱惑、迷惑、惶惑……真是难以解脱。最早站出来解惑的是大成至圣孔子，他指定人生到四十就应“不惑”。“四十而不惑”有两种解释：一是硬性规定孔门弟子四十岁就应参透人生，对人生一切“不惑”，否则就不是孔门弟子了；二是孔子的一句骗人的劝慰话，人生四十已过半，事事都该想得开，不要再有所惑了。后来以道统自任的唐朝韩愈在《师说》中说师道的职责是“传道、受业、解惑”，这好像是指学业而言，并非为解决人生之惑。如想从宏观上解人间一切惑，恐怕很难有超越孔子的答案了，不过每个人都可以试着解一下自己感到的最主要的人生之惑。

我已是耄耋之人了，在事言事，人到晚年，最敏感的大惑莫过于死。生老病死乃人生之一大轮回，而死是最后黑黑的一个大句号，自然就有种种困惑、惶惑。有一些人经历几十年人生旅程，久已感到烦杂困扰，恨不得一时跳出尘寰，回归净土，但又作不得主，终日惶惶惑惑。不过绝大多数人都以一种依恋红尘、好死不如赖活着的心态徜徉于死之惑的苦海之中，于是“死”这个字眼和与死有关的言行都被视为禁忌，推而广之更施之于日常起居生活之中。

希望延年益寿本是正道，祈求长生不老则是妄想。千古一帝的秦始皇海外求仙，终不免路死沙丘；五霸之首的齐桓公叱咤风云，却落得诸子争位，尸虫出于户。这就叫“在劫难逃”，或称“自然规律不可抗拒”。既然如此，那又何必过分计较那些死的禁忌呢？九十多岁的人，有人祝其寿登百岁，也以为对方诅咒自己死期将至，这就是对死的惶惑。其实大可不必。一则其人既非金口玉言，也非宣判死刑的法官，所言未必灵验；再则只因犯了“死”的禁忌而心生疑惑，遂使本来心胸坦荡、生活愉快变得闷闷不乐，以致余年处于死神阴影之下，这又何苦？东邻日本不愿读“四”作“シ”，就是因为“死”也读“シ”，于是一套茶具不能四个杯，送礼不备四色，等等。西方人因“最后的晚餐”而忌用“十三”。看来中外一例，反不如庄子那种“齐彭殇，一死生”的开阔胸襟。他把寿活八百的彭祖和短命夭殇者，把生与死都划了等号，百无禁忌地生活！把死之惑早已丢之九霄云外。

饮食与寿命关系密切，对老年人禁忌尤多，诸如不吃厚味要吃素，要食无求饱，甚至一天不超过吃两个蛋，蛋类吃清不吃黄，等等，以免胆固醇、血脂、血压的增高。归根结蒂不过是怕死和求不死而已。有的人甚至照别人说的去吃自己的饭：今天报上甲说韭菜能“制癌”，于是不顾身患胃病，要包韭菜饺子；明天报上乙说韭菜能“致癌”，于是坚决制止韭菜入户，连韭菜香味也感到是污染。这不吃，那不吃，岂不犹如孩子的吃偏食，对生命反而有害无益。如果怕犯饮食的诸般禁忌，破坏了口腹的享受，抑止了食欲，甚至瘪着肚子去见马克思或上帝，这值得吗？

穿衣着装一以蔽体，二为修饰。但老年人，特别是女性老人，都为自己立下若干禁忌——忌红、忌紧身、忌透露等等，把自己死死地沉浸在灰蓝色的死海中，怕人戳自己脊背，骂几声老而不死。其实，任人闲言碎语，我自顾盼多姿，颜色漂亮些，款式时髦些，剪裁合体些，至少可以冲掉不少老态。穿上合体的衣服，迈着矫健的步伐，傲啸群少，纵然走向彼岸，也将留给后来者以美的形象。我身着我衣，干卿底事？

人过六十，古称下寿，今云第二青春，那就意味着几十年捆在身上、套在脖上的件件绳索都该松绑解脱，像匹脱缰野马，自在地奔驰腾跃，撒欢找乐。年逾古稀，已可从心所欲，又何拘拘于百般禁忌之中，不若我行我素，勘破生死，更有兴味地生活下去，扫除一切死之惑，飘逸洒脱地走完自己的人生之路。愿忧心忡忡于来日苦短，惶惶终日于死期将至的“猫蝶”（耄耋）们百无禁忌地涵泳于第二个青春的福海之中吧！

原载于《依然集》（当代学者文史丛谈）　来新夏著　山西古籍出版社、山西教育出版社1998年版

# “老喜丧”

春节过后不久，母亲以高年去世，享寿九十三岁。我按照丧礼常规，贴出了“恕报不周”的门报；又结合新风，没有讣告亲友；但是，还是有不少亲朋好友闻讯来舍吊死唁生，劝慰我不要过分悲痛，节哀顺变等等，使我深感云天高谊。其中不少人众口一辞地使用一种共同的语言来劝慰我：“令堂高龄辞世，这是老喜丧。”“老喜丧”，据说是天津民俗中的一种传统说法，我过去用这一语辞安慰过别人，今天我也在接受别人这一语辞的安慰。喜和丧本是两种不同的感情：丧是哀痛，喜是欢悦。如果加起来就是欢悦的哀痛，让人感到不那么协调。不过，这总是人们想把丧主从哀痛中解脱出来的一种良好愿望所创造的一个说辞。

母亲高年辞世，临终时又没有什么痛苦而安详地睡去，真像古书中所说那样地“无疾而终”。我已年逾古稀，尚能送母归真，也感到无所抱憾；但是，丧亲终是家庭中的不幸，还是不免悲从中来。我感谢亲友们以“老喜丧”的语辞来安慰我，可自己却一直无法从丧事中寻求到任何喜的感觉。有时甚至怕听“老喜丧”的安慰。难道人老而死是件大喜事？难道这是生者对死者企盼早日解脱负担而终于实现的一种心态反映？这使年老待死者听来总不是滋味。不过，当我更深入地思考一下，却又感到最早创造这一语辞的人是个富有哲理的人，是个洞察世情的人。他可能想到高年人阅世数十年，甚至近百年，备尝甜酸苦辣，饱受人情冷暖，世事家务烦扰一生，如今撒手西去，一死百了，再也不会有七情六欲的牵挂，非喜而何？如是早逝者，哲人则或以其未获识透世情、彻悟人生而哀叹其英年早逝。如此说来，“老喜丧”不只是世俗的劝慰，还深含着一种未为人理解的哲理。因而我对“老喜丧”之说又感到释然。不过，这总是一句劝慰话，而不能出之以喜形于色的行动，更不能因丧亲而欢欣喜悦。

我觉得已对“老喜丧”找到了一种解释，接受了这句里巷俚语。但在送葬那天所遇到的情景，却又引发我对这一语辞之被扭曲而感叹。那天在殡仪馆的素服人群中，忽然看到几位头戴红绒喜字花的妇女在高声地说笑。正在诧异时，就隐隐约约地听有人像是对不懂民俗者给以解释说："死者是位高龄老人，这是老喜丧，戴红绒喜字花图个喜庆。"我们和这拨丧主是先后使用灵堂。正在我捧着母亲的遗像，二弟捧着空骨灰盒步入灵堂时，这拨人正迅速地退出。等到我们完成了祭奠，退出灵堂时，一种震动我脆弱心灵的刺耳声袭击过来，原来是一位操着天津卫西北角纯正乡音的妇女，正在满面春风地招呼着送葬的亲友到订好座的饭店去吃丧饭。我顺着声音稍稍一瞥，声音发自一位头戴红绒花的妇女。她已毫无戚容地在张罗一切，似乎这出丧事的喜剧行将闭幕。我心里忽然漾出一股苦涩的水，但又强忍着咽了下去。我怨恨创造这一语辞的先哲，为什么竟给一些无知无情的人留下这无可非议的借口？难道这位老人因为长寿，拖累后人，而使生者今日有如释重负的喜悦？哦！我恍然大悟，这"老喜丧"的喜字原来是为生者所设。我又回到最初那种困惑之中。丧就是丧，喜自是喜，二者很难奏出同一曲调。但愿"老喜丧"永远只是一句安慰话而不要形诸行动，否则死者难安，而享高寿尚未辞世者更不免在心灵上蒙上阴影：不如早去，免得成为不受欢迎的人，也免得一旦化去，遭人额手称庆。

原载于《光明日报》1994年9月10日

# 端木老的知己

老作家端木蕻良先生辞世而去，虽然留下文学创作和红学研究的精神财富，值得后人怀念，但更引起我赞叹的是他临去时的潇洒。我和端木先生有一面之雅但并不熟悉。四十多年前，我还是二十多岁的年轻人，因事到霞公府北京文联去看一位朋友。正在交谈时，有一位近四十岁、面目清癯的中年人推门探了一下头就又拉上门走了。朋友告诉我这就是端木先生。后来只不时读到他一些文章，了解到他的一些往事枝节，再也无缘接触。不过，最近他临终前所划的那个句号确是很圆，令人羡慕。据报载：端木先生临终前看了小外孙女的照片，和夫人及亲属一一握手拥抱，随后在纸片上写下了“坚持不住”，便在亲人的注视中，面孔渐渐褪去了颜色，双手垂下，终于一言未发地离开了人世，很有点书上写的“含笑而逝”的味道。他没有像英雄人物那样临死前讲什么豪言壮语，也没有留下世俗所谓的“一切从简”之类的遗言。而是由他的夫人根据端木老生前的谈话做出了如何办理后事的决断。端木老固然潇洒撒手，而他的夫人钟耀群在处理后事上更显得非凡风度。她改变了端木老将骨灰一半送归故乡以示未忘生我养我之土，另一半放到西山与曹雪芹同在一起以明其事业之所在的安排，而是将骨灰分为四份，从端木老原定的两份中，又匀出两份来，一份撒到香港圣士提凡女校，使端木老能与前妻、左翼女作家萧红在一起，另一份则留在家中与自己相依相伴。这一举措由亲友来做，不足为奇，而由未亡人来设计，真不能不使人对这位女性表示敬意。一般女性对丈夫的另一位女性多少有些妒意。端木老与萧红的婚姻关系亦较短暂，甚至有些亲友和晚辈大都不知或遗忘这一往事，而钟夫人却能从与端木老相处的岁月中深深地了解到丈夫埋藏在心灵深处的隐情，因此，在丈夫的身后做了这样一件为一般女性不能为和不愿为的雅事，并留一份骨灰在自己身旁以表达对丈夫的深情厚意和无丝毫怨意。人生得一知己足矣，端木老有此灵犀相通的良伴，虽死亦可以无憾矣！

人生道路不论多长总有尽头，身后诸事自有存者妥善安排。死不瞑目固然不够潇洒，而谆谆嘱咐亦实属多此一举。观端木夫妇对临终与身后的人生态度，得不醒人一悟。既已了却尘缘，尽可听人摆布。看来“一切从简”之类的高尚语言或许都是由人代庖，似非魂飞魄散之躯所能主张者。

原载于《今晚报》1997年1月30日

# 牧惠是幸福的

牧惠先生是我心仪已久而缘悭一面的著名作家。我读过他写的文章，也听朋友们述说过他的遭遇和为人，更羡慕他的体强笔健，总想会有机会见面的。但是天不从人愿，牧惠先生猝然离世，令人哀悼。我虽然比牧惠先生痴长几岁，也算同一年龄段中人，总有点物伤其类。几天以来，一直在想，牧惠先生的这种走法好不好？

“生老病死”是任何人都无法逃脱的人生之路，无论英雄豪杰、名公巨卿、学者文人、名姝佳丽以及凡夫俗子等等，都要按照这条轨迹从头走到尾，不过每个人的情况有所不同而已。我曾对生老病死有过简要的诠释：那就是“生得快点”，省得母亲多受痛苦；“老得慢点”，好多做点儿奉献；“病得少点”，免使身体受折磨和财力的消耗；“死得脆点”，不要常年缠绵床铺，既自己遭罪，又儿孙无奈。其中死对老年人尤其值得关注，因为终点已遥遥在望，只是早晚而已！

“死得脆点”说得难听点叫“猝死”，但在古书上却说是“无疾而终”。“无疾而终”是对活着健康、死得潇洒的人的一种赞词。我近年常常听人对我善颂善祷地祝我长寿，我往往补充一句说健康地长寿，意思是要长寿，就要健康，不要拖累他人。而对死，则也希望干脆利索，不要拖泥带水，以免累人累己。据说牧惠先生生前身体很好，是一位健康长寿的老人。死前还写完两篇有关水浒的文章，了却文债心愿；又洗了澡，洗涤净尘世间的烦扰，坦然地走向马克思，用他没有完全秃的笔到彼岸继续写无字书去了。所以，如果牧惠先生家发讣告的话，就不必写那些“因××病医治无效”等等废话，而径书“无疾而终”。

“无疾而终”对死者应无一切苦痛，只是对生者似乎觉得突然，没有思想准备，甚至子女还自责没有尽孝。但是，如果长期卧病而殁，又该如何？我有一位同学，三十多岁瘫痪卧床，活到六十多岁身殁，妻子为他辞职来服侍他，独子择偶数次，因家有长年卧床的老人而中途作罢分手。他死后，妻子已满头白发，老态龙钟；独子年逾不惑，只能降格以求，勉强成个家。三十年的病痛，使他一个一百五六十斤的汉子只剩下不到七十斤，骨瘦如柴，面容枯槁。我曾去看望他，他痛苦地表示对不起妻与子。他恨自己为什么不死，他感到在死亡的阴影笼罩之下，死神在他面前晃动逼近。据说，他死时叹了一口长气，并流下眼泪。这难道不使存殁都感到极大的悲痛吗?

牧惠先生则不然，他身体健康，高高兴兴地活到年逾古稀。他胸怀坦荡，针砭时弊世态，写了大量文章，并且在生命的最后一刻，做完自己一生钟爱的写作工作，给后人留下一笔精神财富。他不打扰任何人，甚至亲人子女。他可能从未感到或想到死神的威胁。他留给人间以怀念与惋惜。他活得多么潇洒，死得又多么飘逸。在人生终点能划上这样一个圆圆的句号，不是每个人都能享有的，而牧惠先生得到了，所以说：“牧惠是幸福的。”

原载于《天津老年时报》2004年7月5日

# 名人的滋味

我很羡慕名人，可以到处赶会，揭幕剪彩，坐在主席台上，讲几句无往而不可用的套话和废话，也不论什么领域的大套著述都敢在名誉主编、主编的名义下挂上自己的名字。他们的见报和出镜率比较高，因而常常怕被人认出而车来车往，很少漫步街头，身份大点的名人还有拎包的秘书用手遮住车门上端，让名人不致碰了可贵的秃顶，种种种种，足以显示名人效应的活动，无不使名人踌躇满志，活得有滋有味。但是，究竟是种什么滋味，却很难体会得来。

我不知自己是不是名人，可有时又被人虚誉为著名学者、名教授之类的称呼，而且还免费被收录在好几种中国名人大辞典和世界名人录之类的书中，似乎与名人挨点边，至少算个小名人、斗方名人吧！但是自我认定总感觉不到名人是什么味道，因为名人总得在陌生人中也有人知道，哪怕有一个人呢！名人滋味始终在困扰着我，我多么企盼着尝尝名人的滋味。

上帝总是那么仁慈，喜欢把他的爱给那些做美梦的儿女们——我终于尝到了名人的滋味。那还是前年的往事，我因房颤到医院就诊，陪我去的朋友热情地帮我去取药，很快笑盈盈地回来，我以为一定是取了仙丹妙药，她却给我讲了一个有趣的故事。她在交费窗口交费，会计因为看不清我的姓名，就问是什么名字，我的朋友高声答道“来新夏”，或许来是一个稀有姓氏，所以又问是哪个来，尚未等我朋友回话，从她身后发出一句天津话的高声：“来新夏都不知道，南开大学教授，这是名人！”这是第一次把名人帽子加在我的头上。这位汉子转过身又向我朋友说：“来新夏，嗬！名人，我常看他写的文章，我是个工人，您替我捎个好。”故事刚讲了一半，我已经感到心率有点快，但仍保持一种矜持的绅士风度，喜怒不形于色。等到故事讲完，我正在咀嚼名人的滋味而浑然忘却左右的时候，我的朋友拉了我一把，提醒我该回家了，我才从美味的咀嚼中回到人间的真实，但还剩下一丝憾意，那就是我没能亲耳听到这位陌生人说我是名人。

今年年初，我又因肩周炎到另一家医院去针灸按摩。医生在扎上针后，又望闻问切，为我开药方。身旁有位粗壮大汉瞥了医生手中的药方后，死死地盯了我一会儿，便愣头愣脑地问我："你是来新夏本人么？"我应道："是。"他好像抓住我冒家属亲友之名来揩公费医疗油似的，又着重地问："您真是来新夏么？"我答道："没错！"突然他满脸堆笑伸出手来握我的手，还不断地摇动着，使我胳膊上的针眼十分酸胀，好不容易才放开手，便向我跷着大拇指说："我是×厂的工人，您是名人，我爱看您在晚报上写的文章，有意思，真高兴见到您，病都好了一半儿。"这是我当面亲耳听到别人称我为名人，真够味！那位粗壮大汉谈着说着从口袋里掏出一张叠着的纸，我以为让我签名留念，遗憾的是他把纸打开交给大夫，便随着大夫到别的屋子去改方子了。尽管如此，我感到身底下的病床已不那么硬，而略略有点席梦思那样软绵绵的，昏昏然，飘飘然，我真正亲尝了名人的滋味，我也明白了一见名人病就好了一半的名人效应。于是恍恍惚惚地去寻求自己的名人梦，只见人头簇拥着鲜花，拿着笔记本等着签名。我真是名人了！至少有两位陌生的普通人，两位工人——我的阶级兄弟已经正式承认我的名人地位，我举手欢呼，不想砰地一声，一拳打在墙上。睁眼一看，医生站在床前，正等着起针呢！梦虽嫌短些，但我总算做过名人梦的呀！

原载于《杂文报》2000年9月12日

# 戒烟的故事

吸烟的历史大约已有千余年，据说古代的印第安人就有吸烟和用烟交际的习惯，在摩尔根的《古代社会》中曾有古印第安人向初见客人敬烟的记载，可见烟草当产于美洲，后经欧洲、中亚流入中国；一说烟草出吕宋国，名淡巴菰，中文记载多主此说。也有把烟草的生产演化成一个浪漫的故事，清人姚莹在其所著《识小录》卷五《烟草》条中说："关外人相传，（烟草）本于高丽国，其妃死，王哭之痛，夜梦妃告之曰：'冢生一草，名曰烟草，细言其状，采之焙干，以火燃之而吸其烟，可以止悲，亦忘忧之类也。'王如言采得，遂传其种。"因此，烟草一名相思草。不论烟草的来源是一元还是多元，但在明清一些笔记杂著中一致认为烟草自明万历时方由吕宋经闽漳进入中国，被人吸食。大概在清乾隆以前主要用旱烟袋和水烟袋吸食烟草，嘉道以后开始有纸烟，道光时人方濬师的《蕉轩随录》卷六《烟草》条记云："洋人复制烟叶，卷束如葱管，长仅三四寸，以口衔之，火燃即吸，其味烈易醉。"直至十九世纪末，吸食纸烟已成社会普遍现象。民初一位老人为自己所写的《且顽老人七十岁自序》中说："自前清甲午以后，中国始盛行纸卷香烟，日甚一日，风行甚速。皆谓中国人日食之纸烟，支支衔接，可环遍地球，洵不虚也。"光绪六年（1880），英国出现机制卷烟机，纸烟产量提高，吸食者日多而危害亦日甚。近年制烟、售烟者日增，而烟害随之泛滥，吸者往往与之相伴终生，戒之难断。于是吸烟难戒之说，甚嚣尘上，并流传一些戒烟难的故事。

第一个故事是一位前辈语文学家，纸烟抽得很凶，曾自诩一日用一棵火柴，师母屡谏不听，便与先生赌气，先生每买一包烟，师母就把同样的钱存放到"扑满"里，一年下来，先生年关紧张，愁眉不展，师母实在看不过去，就把"扑满"摔破，储款足足过了一个肥年。先生非常纳闷，就请教师母理财之道。师母想借此教育先生，便直言相告，这些钱是与先生买烟时同步储存的。先生大惊，对自己的虚耗行为异常惭愧。开年便痛下决心戒烟。转眼又到年关，先生手头拮据，向师母要钱。师母双手一摊说：“你不买烟，我也不存钱了。”先生大悟，叹曰：“还是抽烟好！”于是先生年年抽烟，师母年年存钱，二老年年过个肥年。

第二个故事是我的一位年轻同事，吸烟奇凶，往往一支未完，另一支又蹂成前端凹空，把前一支的尾部插入，连续不断，其妻甚恼，几至决裂边缘，同事无奈，宣告戒烟。从此，时做行路踉跄，头晕眼花，周身无力状。其妻关心垂问，同事极其沉痛，陈述病情由来说：吸烟日久，体内已有毒素，一旦戒绝，身体失去平衡。其妻一时难以置信，观察数日，依然病病歪歪，遂劝告同事，既如此影响身体，不如恢复吸烟，同事拒不同意。又数日，更显疲惫，其妻婉劝，仍意志坚决。其妻无奈，自烟摊购烟归，奉于同事座前。同事故作感激状，表示为身体计、为全家大局计，勉强开戒。自是而后，其妻每日必购烟一包置于书案上，同事心安理得，逐日免费吸烟，而其妻终懵然不知玄机，同事可谓狡诈之极！

从上述二故事可见戒烟之难，但也不尽然，我的故事足以说明烟是可以戒的。我从十九岁开始吸烟，当时流行的是哈德门、美丽这类牌子，高级点的是大前门。有些烟还插有“毛片”，画有美人或动物，多出自名家之手，有的攒成套还可以得奖。当年积存了很多，后来也散失无存了。抗战胜利后，改抽幸福、骆驼等洋烟。解放之初，为了学解放区的吸烟方式，用小铁盒装搓碎的老烟叶，裁点小长纸条，抽时捏一小撮烟叶放到小纸条上，卷成一头粗一头细的烟卷状，然后把前端的小尾巴尖拧掉，我们就称之为“捏拧牌”。后来也抽过战斗、绿叶，好点的是恒大。五十年代后期，我因胃溃疡吐血和气管炎干咳，遵医嘱戒烟；但到六十年代实行烟票之后，因为烟票代表一种身份，而且其中三猫、中华之类的烟又是稀见珍品，可供馈赠。于是为贪小利重又开戒。直到1982年，我六十初度之辰，因为干咳气喘日益严重，在医生的警告下，毅然戒绝。并无任何痛楚，也无任何不适反应，更没有任何病症。至今，近二十年，再也没有重吸，甚至面临最高级品种的烟和最热烈友情的劝说，都毫不动心，根本无一丝吸烟之念，可谓戒净。由我的戒烟行为看，吸食纸烟并不是不能戒除，而是肯不肯戒除。纸烟之为害，日益清楚，即纸烟公司也在烟盒上作有害健康的标志。烟害不仅害己，还殃及他人。损人而不利己，又何必恋恋？烟瘾难戒的种种借口，不过是陋习难除的饰词而已！

原载于《今晚报》2000年7月20日

# 要耐得美好的寂寞

最近读了女作家韩小蕙的一篇题为《人生难耐是寂寞》的随笔性文章。一位刚刚进入中年的女性，竟然就一个人们时常挂在嘴边的话题跌宕起伏地像剥笋那样，由表及里地讲了一番哲理，叫人佩服。我和小蕙是相差三十多岁的忘年交，想不到她有如此丰厚的人生阅历。要耐得寂寞似乎是每个当教师，或寄真诚希望于后辈的长者所常说的话，可是，真正耐得住政治寂寞和人际寂寞的又是多么的难啊！对于饱经沧桑，几度浮沉的人来说，更是难上加难。小蕙通篇文章的点睛之笔是“寂寞难耐，寂寞美好”，尤其是“寂寞美好”更有光彩。寂寞和美好，在世俗眼光看来是对立词；但是正反一合别具新意，而给人一种思考的缝隙。

寂寞曾给我难耐的永昼，不眠的长夜。在那些把我排在群众队伍之外的岁月里，不管是圈居斗室，面壁苦思几十年的往事；还是放之四裔，战天斗地于广阔的田野，只有自己形影相吊，有时与人擦肩而过，似乎我有隐身法似的，连看都不看我一眼。有些太熟悉的过去朋友，嘴角略现上翘便立刻收敛，那样子比哭还难看。除了外调和提审，几乎没有什么语言的交流。我感到真正的寂寞，寂寞得烦躁、可怕，甚至想从外到里咧开上衣，扒开胸肌，让人看看我究竟是一颗什么样的心。我才懂得为什么诗人要发出“不才明主弃，多病故人疏”的感慨。我只能从捆载而来的书稿中，翻检出被人撕过、踩过的残稿断简，把它们铺平、粘好、排齐。然后，在五烛灯光下，盘腿坐在土炕上，伏在用四条短腿一块薄板自制的炕桌上，或拾遗补缺，或补写新篇。每完成一节一目，那些不懂人间冷暖的书稿，似从字里行间流露出丝丝笑意，有时好像还若有若无地送来遥远的笑声，像在感谢我用拙劣的手医治好它们的创伤。我生平感到第一次美好的寂寞，因为没有人来打破我劳累终日之后而独自沉浸在美好的氛围之中。耐得住政治的寂寞，寻求到美好的寂寞！

离休以后，我迎来了另一种寂寞。在此以前的十来年，虽然没有大红大紫，但还算有点微红，权不大可以用，钱不多可以批。组建领导班子，选拔后备力量，组织部门也来“不耻下问”。评职称，提职务，也占一票。所以，新知旧识，时有枉顾，虽门庭尚难称市，但我家门铃不时发声，有时因电力不足而发出迟缓的颤声，表示负担过重的呼吁。座上来客，谈笑风生，面目可亲，语言顺耳，乘兴而来，兴尽而去。有曾受业于我者，逢年过节，必定将妇携雏，登门拜贺，意真情挚，令人感动。也不知他从我的哪份登记表中发现我的生日，于是又有祝寿之举。我谢之再三，但看到他已近于热泪盈眶的模样，又不免有所感动。人间自有真情在，于此可得验证。自然规律不可抗拒，我终于以古稀之年离开了工作岗位，我的家像寒暑表放入冰箱那样，水银柱倏地降下来，门铃也好像退休一样，不那么连三接四地响，甚至数日一响。偶有来客，不是离退老友，就是儿孙们。我的那位高足就在当年便绝迹家门，据传他曾说过，我已离休，再去烧冷灶，怕人笑话。这倒有几分合乎世风。不是我心胸窄小而有所计较，只是又让我补上了人情世故的另一课，而使我有足资庆幸的机遇罢了！

我对这次门可罗雀的寂寞比第一次自觉得多啦。我耐得住这种人际间的寂寞。因为这种寂寞给我腾出剩下的光阴，可以徜徉于山水，可以诵读于陋室，可以纵笔于灯下，可以聚神凝思而不被打断，可以了生平未了之业，可以做情愿做的任何事，无身为形役之苦，而有从心所欲之乐，等等等等。这是多么耐得的寂寞，这又是多么美好的寂寞。

垂暮之年，少一点熙来攘往的热闹，多一点美好愉快的寂寞吧！

原载于《冷眼热心——来新夏随笔》（当代中国学者随笔） 来新夏著 东方出版中心1997年版

# 金牌背后的眼泪

每次世界性的运动会上，中国运动员的精彩表演确实令人赞叹。但是最让人瞩目的，仍是谁为金牌得主，尤其是北京奥运会，是中国百年梦想一展雄风的良机，夺金更是人们心向往之而不愿轻易说出口的愿望。试想当中国运动员夺得金牌，站在领奖台上，随着《义勇军进行曲》国歌的声音，五星红旗的冉冉升起，哪一个面临这一庄严肃穆场面的中国人能不流出真情的眼泪？但是有谁想到在许许多多眼泪后面包含着的各色味道呢？

最先流泪的是运动员，他们在最后一举手一投足而成为胜者后，会情不自禁地翻筋斗、打虎跳，甚至吁吁带喘地平躺在地上，或相拥成一团，眼泪亦随之流出。他（她）们流的是喜悦激动的热泪，想起多年的苦学苦练，如今开花结果，还是硕果，有一种十年寒窗苦，一朝天下闻的满足。但他（她）们自然也想到为了这块金牌，离别亲人，满身积劳，和对手决一死战等等辛劳，于是泪水中也会夹杂着丝丝心酸和苦涩。不过冠军的泪流满面终于得到应有的回报：跻身于世界名人之列、金牌的灿烂耀眼、一定数额的奖金、种种名誉纷至沓来以及所到之处的掌声与鲜花。但是，我从他（她）们胸前悬挂的金牌后面，隐约地看到流淌着不同感情的眼泪。

可以想到，包括华人华侨在内的观众，会为中国运动员的夺冠欢呼，甚至吼叫，这是对运动员注入任何“药检”手段都无法检出的精神“兴奋剂”。观众特别是华人华侨没有任何辛酸的回顾，更没有苦斗的重负，只有欢呼，只有激动，可人们并未发现自己已经流下纯洁喜悦的眼泪。

领队、教练看到自己的学生夺冠自然万分高兴，他（她）们有的过去曾经辉煌，如今喜获传人，禁不住流下喜悦的眼泪；有的职司教练，桃李成材，自有一种成就感，会流下激动的眼泪；队医与服务人员本来不是体育专业人员，对谁胜谁负不介意，只要中国胜，他们会为祖国的荣誉而流下自豪的眼泪。

金牌得主的亲属，应是最专注的观众。我猜想他（她）们在比赛全过程中，一直坐立不安，情绪起伏较大，看到惊险镜头，不由地把心提到嗓眼；看到转危为安，无意识地把紧咬的牙松开，直到获胜，才会长长地吁出一口气。他（她）们想到儿女从小小年纪就离家求艺，十几年的摔打爬滚，一身伤病，如今总算成正果，名扬四海，给家庭带来莫大荣誉。亲人是带着笑容在流泪，流的是甜蜜而略带心酸的泪。

竞技运动不是个人活动，而是必须在捉对儿厮打中成长，所以金牌得主的辉煌，不知经过多少人为了顾全大局，甘于用自己的肩膀让他踩上去攀上顶峰。这些人就是我们通常说的“陪练”。他们和金牌得主具有同样的能力，经历过同样的艰辛，付出过同样甚至更多的汗水。金牌得主可以按自己的习惯苦练，“陪练者”则以当战友靶子的身份迎战。为提高有望夺冠者的应变能力。他们有时还须改变自己的习惯动作，重新学会可能遇到的“假想敌”的特点，让自己作为被陪练者的“假想敌”，让他（她）们练好克敌制胜的本领。但是，这些重负和自我牺牲精神似乎没有引起人们更多的理会。在我的想像中，陪练者会因被陪练者的成功，分享到胜利的愉悦而流下热泪，但他（她）们是不是比其他人更多一份心思？也许我在以小人之心度君子之德，因为陪练者并不与出战者有多少明显的差别，曾有一位柔道冠军是从陪练转成主力的一事可证。但是冠军会接二连三为荣誉所环绕，而陪练者则相对暗淡无光，成为“无名英雄”。一个运动员成为冠军的背后恐怕不止是冠军一人的血汗和泪水，至少闪烁着一大群人的泪花和血汗的痕迹，特别是陪练者。我很敬佩陪练者的舍己精神，我也希望有更多人谈论他们，尊重他们，学习他们，特别是获得殊荣的金牌得主更应珍惜战友为自己做出牺牲的永恒友谊，让陪练者分享自己的荣誉。

原载于《中华读书报》2008年8月20日

# 玩电脑

有人说：“知识分子赶时髦有三件事，外语、跳舞、玩电脑。”我虽年逾古稀，但忝列知识分子，又壮心未已，也总不甘落后，时有赶时髦的蠢念。外语从高小到大学读了十几年书，虽然五十年代初时兴俄语而忘掉了不少，但还能“说几句”洋泾浜式的破碎英语；跳舞也曾练过几次三步、四步，虽不敢下池，但不能说一无所知；只有电脑，连键盘都没有摸过，实属无知。三件时髦事，已触其二，所差者触电而已，所以决心玩电脑。按照传统的思维习惯，先着手理论武装和物质准备。理论武装是找一些计算机ABC之类的书研读一番，结果像读天书那样，如入五里雾中，原来道听途说那点明白劲儿也搅成乱麻一团，失去了信心。不久有位高明人士提醒我，千万不要忘记实践出真知的教导，于是恍然大悟物质第一性的真理，千方百计置办了一台386电脑。皇天不负有心人，今年春节过后果然在书房内增设了一台电脑，不仅使一些友好羡慕，认为老年人置电脑，跟得上时代，我自己也飘飘然自以为已迈入现代化的行列。也有几位直言的诤友，力劝不要因此伤眼费脑。思之再三，还是决定动手，因为我并不为定额赶任务，不致过劳。这不就像有些老人那样，到公园清唱，在屋内打牌，我既立足于“玩”，则视之为“玩电脑”，不亦可乎！

于是，诚心诚意地请了位年轻的电脑能手，安装好电脑，并讲了第一课。年轻朋友建议我使用五笔字型，列举了多条优越性，而我既不愿经历开始时的那段硬记过程，又感到五笔字型的拆字不大合乎中国字的造字原则，于是采用了拼音法，因为从小到老都在用拼音，可以不费脑筋。既是玩就不该太费脑筋，否则便失去了玩以遣兴的真谛。经过一周的基本训练，较快地进入临战状态。虽然动作不够灵活，进度还比较慢，但是，我并不计较，因为是玩嘛！渐渐地有点得心应手，看到打印出来的成果，入目爽眼，又增加无限喜悦，越玩兴致越高，几乎成瘾，而手眼也未有不适之感。干多干少，何时去玩都是兴之所至，顺其自然，真正进到玩电脑的境界，心旷神怡，不亦快哉！

但是，作任何一件事，即使是玩，也决不会一帆风顺的。有一次，我已输入了近千字，在我来说，已属战果辉煌了。忽听门铃一响，有客来访，随手关机，肃客入室，年余未见，尽倾积愫，兴尽客去，返身开机，荧屏一片空白，莫知所以。又一次，正在工作，大约邻居修理电器，未打招呼，径自拉闸，待合闸时，荧屏又是一片空白。两次闪失，只好求助于能者，乃告我关机前必须在小条菜单上，将光标指向“保存文件”、“存盘返回”、“存盘退出”等标题上再回车关机；为了更加安全，最好打完某些段落即存盘一次，则临时停电也无损失或较少损失。从此无损兵折将之虞而收赫赫战功之效。但是新问题仍不断出现，如不经意偶触某键，于是“插入”变成“改写”，每按键则消除一字。或光标未置篇首而印刷遂无头有尾，甚至通篇白页；或拟成段移动而不知使用“块移动”；或随意使用“回车”而不知使用“Ctrl B”，遂在编辑过程中出现断行现象；等等，都在求教问学中得到解决。几十年好为人师，而今又演孔仲尼问学于项橐之故事，非敢自拟于圣人而实本诸“知之为知之，不知为不知”的圣训而质疑解难，使这些问题相继解决。但是有的失误则一直未获解决，如我写完千余字一篇文章后，不知误触了那个键，便出现了“输入密码”字样，请教多人，至今仍未破解，深以为憾。

经过几个月的练习，自我感觉良好，亦深有所获：其一，手的操作日益灵活，较之晨练、晚练之抖手甩腕见效尤著，而头脑之反馈亦较强，记忆亦多恢复。其二，过去读音常常不够准确，但电脑如拼音不准则无法显字，于是“进、今、近、尽”和“精、京、径、境”都能泾渭分明。其三，文稿变成印件，眉目清醒，设有改动稍用指键，瞬成新篇，于己可节誊录之苦，投诸报刊亦免编者辨字之繁，其他好处，不胜其言。

乱曰：玩电脑，玩电脑，既养生，又健脑。

原载于《冷眼热心——来新夏随笔》（当代中国学者随笔） 来新夏著 东方出版中心1997年版

# 中毒记

七八月间，我应邀到北京参加全国新编方志的评奖大会，住在四星级宾馆，和天津市志办的郭凤岐主任住同屋。他比我年轻，可以得到他的照顾。我们看了两天志书，感到参评的新志质量都比较高，反映了这几年新编方志的水平，确乎提高很多，比1993年第一次参评各志有明显的变化。对从事这项工作有几十年历程的我来说，真有一种说不出来的喜悦。中国古语说“乐极生悲”，真是预知性的哲言。就在我们兴奋欢快的第二天夜里，一场毫无预感的灾难降临。

那晚，我和凤岐兴致很高地边看录像，边谈有关编修新志的种种动态和花絮。时近午夜，已将蒙眬入睡。就在二十四点差二分的时候，凤岐猛地疾奔卫生间，吐泻之声顿时打消了我的睡意。安然无恙的我赶紧把自备的氟哌酸和黄连素贡献出来，学习白求恩救死扶伤的精神。我也暗自称庆，未在宾馆蒙难。孰知二时许，我的肚内也如翻江倒海，于是以一种前仆后继的精神与凤岐轮番出击，频率也愈来愈快。同病相怜，我们只能相视苦笑而已。

我和凤岐你出我进地排污，除了泻前肚内有一阵骚扰外，并没有感到难耐的痛苦。泻时并无内坠之感，而有一种黄河之水天上来，一泻千里无穷期的气势。故作镇静，尚有余勇可贾。而最大痛苦莫过于卷纸和随身备用便纸告罄。文件资料自觉万不可亵渎，又不敢惊服务员小姐仲夏夜之梦。一筹莫展，不由怀念下放时旱厕中以秫秸秆刮污之用之不竭。忽急中生智，见案头“旅客须知”夹中有纸数张，天不亡楚，吉人自有天相！奈夹中所有并无巨量，乃相约非至破门而出时，不轻易动用。苦熬苦忍，不知东方之既白，始自服务小姐处获纸一卷，于是畅用不止而形神交惫矣！晨兴，电话铃声不断，警报频传。评委32人，食物中毒者29人，幸脱者3名：一请假迟到，一持斋素食，一牙口欠佳。

半数患者于晨练时已送医院抢救，我则因履行旧诺，勉力出席另一处会议，归来唇干舌焦，周身酸痛，力难支撑。未回卧室即被送往医院，经检查留住，推入高干病房，又与风岐风雨同舟，抱病同室。这也算是一种缘分。高烧腹泻病势日重，自忖七三时幸逃一死，现经上天复查有漏网者，此次我恐难逃厄运！幸尚能豁达自处，静以观变。塞翁失马，焉知非福。我因意外而竟享七十余年未有之微笑服务，餐厅停业，服务员乃转为医院护理，亲侍汤水，殷勤备至，虽亲属子女，莫之过也。缘宾馆自事发后，即以满足患者一切需要为宗旨。微笑者实以一团棉纱塞诸老嗷嗷之口；但无以补偿每人所受精神与身体之伤害。若事在美国，则宾馆降星，餐厅倾产。唯我中华，素称礼让，但求不丧生他乡，于愿足矣。时经五日，泻止烧退，乃额手称庆曰："大难不死，必有后福。"回宾馆待归时，见餐厅榜云"内部装修，暂停营业"，实暗指我29名患者，既通淤去污，不啻为五脏六腑作内部装修。不禁喟然而叹曰：祖国文字，妙用无穷；文过饰非，莫此为甚！

原载于《枫林唱晚》（学识走笔·大学生文库） 来新夏著 南开大学出版社1998年版

# 饶了孩子吧

近几年来，不知是经济生活宽裕了，还是文化素质提高了，出现了无数新锐和神童。不容置疑，这是一种兴旺发达的好事。于是新人类、新新人类以至“愤青”们的作品纷纷问世，高等学校的少年班，社会上的少年作家，甚至儿童诗人也多层出不穷。新锐们的出现，我认为是势之必然，尽管他们的作品曾引起人们的议论，但终究是成长中的枝杈，无足为怪。他们大多是二十郎当岁的青年，具备了一定的知识基础和社会经历，需要的是扶植和呵护。但是对神童作家和少年诗人，好久以来我一直怀着一种说不清楚的隐忧。

我从不否认天才的存在和资质的差异。历史上也有过这类传说和记载，如项橐七岁曾为圣人师，甘罗十二岁为秦相，唐刘晏“年七岁，举神童，授秘书省正字”。当今不也有七八岁就写出十来万字作品的神童作家吗？应该承认这种天赋才智的事实。但从历史上也可找到一些相反的说法，如《孟子·公孙丑上》说宋人揠苗助长以致苗枯槁而死的故事，以讽喻不顾客观规律，却自以为得意而行事的人。这个故事也可用来隐指对孩子进行强灌知识促其早熟的教育可能导致的恶果。有很多父母都曾读过宋人王安石所写的《伤仲永》一文。这位唐宋八大家之一的改革派借一个名为方仲永的五岁孩子为由，批评其父滥用仲永的天赋，到处炫耀所造成的恶果，告诫人们说：

> 仲永之通悟，受之天也。其受之天也，贤于材人远矣。卒之为众人，则其受于人者不至也。彼其受之天也，如此其贤也；不受之人，且为众人。

王安石的这段话讲明要注重后天教育的道理，仲永五岁能诗文，父亲靠他骗吃骗喝，浪费了仲永的智力，十二三岁就大不如前，二十岁时就“泯然众人矣”！仲永的父亲不善用仲永的才智，断送了孩子的天赋。

时至今日，时代在前进，现代的父母当然比仲永的父亲高明得多多。他们或许吸取了仲永父亲的教训，不是单纯“乱砍乱伐”，而是不顾客观条件，强制孩子“胡吃海塞”。在暮色苍茫，小学放学之后，如若闲步街巷，时可见父或母倒背乐器，手夹画板，车行如飞，后面跟着一位骑二六小车，戴小眼镜的男孩或女孩，奔向四方，或弹，或唱，或书，或画，或舞蹈，或练拳……栖栖惶惶，席不暇暖。孩子的小脑袋瓜儿里像摆着一桌丰盛的宴席那样，满桌盘子里装的不是“皮阿诺”，就是“凡阿林”；不是刮刀，就是毛笔；不是南胡，就是古筝；不是芭蕾，就是跆拳；不是“英格里希”，就是“尼洪哥”……五光十色，美不胜收。这种不顾资质条件，强塞硬灌，虽多是出于可怜天下父母心，但其结果是“虽曰爱之，其实害之”。孩子如果全盘照收，落得个撑破肚皮；如果是浅尝辄止，那必然成为什么都会点，什么都不太会的“马浪荡”，以致荒废正常的学习。难道这就是舐犊情深吗？也许有些高智商的父母，富有韬略，采取集中优势兵力，攻其一点，造就出一拨儿童诗人、少年作家，诗集、作品，频频上市，有些知名大学的知名教授还为之作序，鼓而呼之，推波助澜，极一时之盛。但是我想诗作、小说，总要有点生活积累，多少经历些风雨沧桑的变幻，品尝过甜酸苦辣咸的五味，方能构筑情节，塑造人物。让一些天真无邪、纯真清亮的儿童和少年去体验这些，是否有点残酷？是不是会重蹈“小时了了，大未必佳”的覆辙？是否会掉入有人所说那样“十岁神童，十五岁才子，二十岁凡人”的陷阱里？

恕我以小人之心，度君子之腹，父母的这份爱心是不是有或者夹杂着自己的私心。一则是想以子女的成就，用“某某某之父或母”的光环来包装自己的平凡；二则让子女实现自己当年未遂的愿望。我少年时很喜欢中国画，曾从启功先生学画，因缺乏这方面的天分，一年以后中辍，但总想实现画家的理想，所以在儿子刚入初中时，就为他请名师，购《芥子园画谱》，买石膏像，甚至把自己喜爱的书为儿子换画册，结果事与愿违，既未把儿子造就成画家，反而耽误了他的正常学习。我至今引以为训，常讲给有些父母听。

这里，我想郑重申明一点：如果真是孩子们自己而不是大人们刻意造就的话，学自己想学的东西，写自己想写的生活，那就让他们去自求发展。如果小有成就，父母处之以平淡而不炫耀，社会不要无原则地“捧杀”，出版商不要视为卖点，评论家也无需大加点评。即使如此，七岁写出《打开天窗》，十岁写出《正在发育》的襄樊女孩，虽说性格开朗自在，但终于还向访问者喊出了“我现在都到更年期了”！这句话难道不值得父母们深思吗？

最近有人批评一些老男人的文章陈旧、烦琐、好掉书袋、不合时尚，等等。也许我写的正是这样一种“吾岂老悖乎”的文章。但是，我还是杞人忧天般地劝劝好心的父母们：不要强加给孩子们什么，硬灌各种知识，因为“吾生也有涯，而知也无涯，以有涯随无涯，殆已！”而要注重引导、开发智力，让孩子们寓教于乐，顺乎自然地正常生长。还孩子们一个欢乐的童年，愉悦的少年。我要为他们再呼吁一声：

饶了孩子吧！

原载于《砚边馀墨》（纸阅读文库·原创随笔系列） 来新夏著 内蒙古教育出版社2010年版

# 漫议“势利眼”

在一次座谈会上，某老者慷慨激昂地痛斥社会上“势利眼”的丑相。他举出了某次会议上会务人员请其为新贵让座，以致引起他愤怒退场的事实。当时大部分听者，特别是一些退归林下的老人都为之动容，我也很欣赏某老的风骨。一位在官场浮沉一生的老者没有浸润透那种委曲求全的作风，而能率直地表现自己独具的性格，并非易事，因而使我久久不能去怀而反三复四地思考。

“势利”一词，非始于今日。初解为形势与便利，荀子说：兵之所贵者势利也。乃指兵家行军应注意态势，尚无贬义，但不久就解释成权势与利益而含贬义了。《史记·魏其武安侯列传》记魏其侯窦婴失势，武安侯田蚡得亲幸，于是“天下吏士趋势利者，皆去魏其归武安”，势利既为天下吏士所趋，则势利亦必为诸趋者众目所视。目者眼也，此“势利眼”之所出也。再者，人间于“势利眼”外，尚有狗眼、钱眼、红眼、白眼、媚眼、眯糊眼以及贼眉鼠眼等不当人意之眼，某老何独责势利眼哉！

“势利眼”既视势利为转移，势利场中冷暖反差又极大，“势利眼”必争趋有势力者。于是前呼后拥，旁行侧立诸态毕露，“势利眼”亦不觉其眼之势利也。至其他人被屏于“势利眼”之眼外，亦在情理之中。因“势利眼”本视服务于有势利者为天职，奔竞于有势力者之前后为恪尽职守。若要求其一视同仁，此不仅“势利眼”眼乏余光，难以尽收眼底；即有势利者也难释然，是“势利眼”之不能不作势利之眼。我本一介书生，势利场中素少涉足，偶被宠召，亦自知为何物，每每偏坐一隅，敬陪末座，无碍于“势利眼”之眼。即或有尊老重道者拉之扯之，亦择就中间偏左或偏右之位。“势利眼”亦多以我为知趣者而嘴角略作上挑状。某老在位时或亦不以“势利眼”之为“势利眼”，仅见其满面春风，毕恭毕敬。及其离位，“势利眼”之焦距已转移，某老已移出“势利眼”之视野，于是某老从“势利眼”之侧面，看到“势利眼”之眼，冷暖炎凉，益增敏感，遂有愤然怒斥离场之壮举。殊不知已为“势利眼”所窃笑不已。奉劝某老，势利场中必势利，见怪不怪，其怪自败，见“势利眼”而不入眼，“势利眼”其奈我何！

势力场中多“势利眼”，有势利场一天，“势利眼”不会绝迹，甚至比比皆是而于今为烈。若正面与“势利眼”相对，不免扼腕腐心；若视而不见，又愤愤难已而郁郁不欢。我忽然想起宋诗人刘克庄曾有句云：“举世争趋势利场，君子冷处看人忙。”面对“势利眼”，故当以冷眼相看为尚，冷眼静观世情百态，以眼还眼，谁曰不宜？

原载于《邃谷谈往》（说文谈史丛书）　来新夏著　百花文艺出版社1999年版

# 谨防克隆文学

自从克隆羊面世后，克隆人也提到科研日程上来。克隆羊的反响还不算太强烈，因为，羊终究是畜生。克隆人则不然，消息传出，立即举世震惊，克林顿下令禁止试验，某国政府要断其科研经费。如果满世界跑克林顿、萨达姆，岂不乱套，连保镖都不知道该保哪一个。一个人是由虚实两方面结合而成，即身与名的结合，身是实体，看得见，摸得着；名是虚体，需要附之于身才完整。诗人杜甫曾有名句说，“尔曹身与名俱灭”，只有身名俱灭，才算彻底完蛋，所以有“身败名裂”的成语。名又是可以随手播弄的，所以有“沽名钓誉”和“徒有虚名”诸说。外国要克隆的人，可能是身名一次合成。中国科学或许比较落后，所以分两步走，即先克隆人之名，再附于人之身。君若不信，中年作家梁晓声之名被克隆便是一例。

1998年2月17日晚灯下阅《今晚报》，在第三版头条有黑体大字标题《作家梁晓声遭遇“李鬼”》赫然入目，不禁使人一惊。我与梁晓声素无一面之雅，也从未通尺素；但曾经看过他写的小说，觉得他还是个写作态度严肃的作家，不会写“颇具刺激性的长篇通俗小说”。后来，我读到韩小蕙写的《解读梁晓声》，更进一步了解这个比我小几十岁的文人确乎是个本分人。所以我在此并无为梁晓声“拔撞”之意，只是“路见不平一声吼”以防到处克隆而已。

我非常激动地看完这段通讯，了解了事情的始末。过去冒名出书的不是没有，但是，大都是偷偷摸摸，心虚胆怯去做，有的略加改装，让人们远看貌似人君，这至少反映做鬼者有点心理失衡。金庸的武侠小说风靡一时，于是作伪者暗地里作了一次残忍的手术，把金庸两侧的“肾脏”割去，变成“全庸著”。这种戏法真使人莫可奈何。现在索性甩开膀子干，直接克隆梁晓声的名字，下一步自然而然地贴在梁晓声身上。既然二者名字行业都相同，芸芸众生哪里分辨得清，

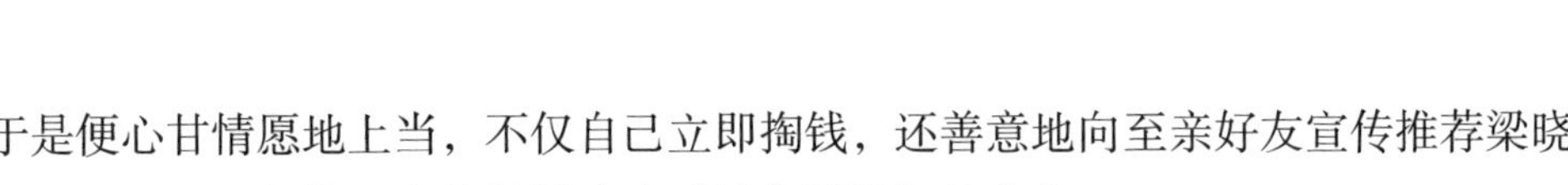

于是便心甘情愿地上当，不仅自己立即掏钱，还善意地向至亲好友宣传推荐梁晓声改变风格的新作。这就是梁晓声《城市黑洞》的由来。

《城市黑洞》究竟是本什么小说，据那个出版社的征订单上说，“该书是一部颇具刺激性的长篇通俗小说，商人、政府职员、市侩、黑帮、少女、诗人，各色人等云集纸上，情欲物欲恣肆横流”，能精心描绘出这样一幅社会众生相而极有诱惑力的小说，无疑是个“才子”，又有正式出版社为之出版，为什么不气宇轩昂地站到文坛上当新秀，而恰恰相反要把成果拱手相送呢？也许是斯人要向梁晓声泼一盆脏水。遇到这种往肚子里强咽苍蝇的事，谁都会恶心呕吐，梁晓声是当事人，当然要“震惊和愤怒”而登门理论，本想对方服个软，道个歉，也就算了，谁知该出版社“一口咬定，‘梁晓声’系该书作者的笔名，与作家梁晓声无关”，理直气壮得使梁晓声无言以对，因为是否有名字保护法，还不清楚，可中国同姓名者较多，恐怕难以立法。如真是同姓名者，那倒好办，请拿出出生证和户口本来查证一下。不过，《城市黑洞》封面的左下角印有“当代名家长篇小说”，却为克隆梁晓声者露出马脚。克隆出来的新梁晓声无论如何尚难列入“当代名家”。如果笔名可以乱用，梁晓声或许还不至于引起国际轰动，如果再克隆出鲁迅、茅盾、郭沫若，甚至曹雪芹、吴敬梓来，标榜发现新的佚稿，那就要震动世纪末的世界文坛了！

原载于《枫林唱晚》（学识走笔·大学生文库）　来新夏著　南开大学出版社1998年版

# 快乐的尴尬

尴尬往往指一种进退两难的无奈，但也不一定都那样。有的尴尬也常会带给你一种不能不感到快乐的享受。去年冬天，我应国家图书馆的邀请，去做星期讲座，就遇到虽是尴尬，但却感到十分愉快的事。

为了避免当天赶到，有些匆促，所以我在周六下午就乘火车去京，到北京站，东道主已在迎候。我们一同到国家图书馆的招待所，但是因为馆里正在办一个班，住房比较拥挤，要为我调配一单间，是颇费周章的。经过几次反复，终于倒腾出一个单间。服务员领我和陪同人员到房间，正在开锁时，我发现房门上金光闪闪地标着“119”号，我这个人有点迷信，迟疑了一下，感到有点尴尬，便问服务员：“这不是火警号吗？”服务员倒很乖巧，冲我一乐说：“您不许倒着念吗？”我一看更尴尬，随口回复了一句说：“倒过来是‘911’，那不更糟了吗？我今儿个不是烧着，就得炸着。”那个小辫服务员笑得直不起腰来，冲我说：“要不给您换‘13’号吧！”我明知她在开我的玩笑，只得无奈而乐呵呵地推门进入“119”。于是我享受了第一个快乐的尴尬。

第二天晨起，发现窗外已是银装素裹，地上雪很厚。早餐后，有两位年轻男生来接我。临行时，有一人抢先为我穿大衣。我从来没有当过首长，不知道如何让人穿大衣，而那个男生似乎也从没有伺候过首长，也不知道如何给人穿大衣。他怕我的羊绒大衣拖地弄脏，所以把大衣举得高高的，我有点肩周炎，反过手去抬不到他举的高度。我连喊三次往下放，还是无法两手同时插入袖管。终于我拿过大衣，一只一只穿袖管，便顺利穿好。我们都很尴尬。但二人可能都有一点共识：我们都不是官场中人。想到此，我不由得笑了一下。而那位小友也歉意似的回敬我一丝微笑。于是我享受了第二个快乐的尴尬。

出门以后，到报告厅，看到听众有百十来人，很高兴。又看到有四五十年前的老学生赶来听讲，更感高兴。讲台上，临场发挥很好，一气呵成讲了两个多小时。毕竟高年，非复当年，真感到有点累。但刚一结束，就围上一大圈子人，要我签名，大约有三十位。好容易渐渐散去，我真想休息一下，忽然一位二十多岁的青年，抱着一摞书走来，自称是工人，非常爱书、藏书，几乎收全了我的专著和随笔，要求我逐本签名，最好能写几段题跋。我一看二十多本，他要求既签名，又题跋；其态度既热心，又真诚；而我既感动，又疲惫。真是哭笑不得的尴尬。但最后还是满足了这位年轻人的要求，用了近半个小时，全部签了名，并为十几本书写了题跋。虽然累了点，但却得到无数听众的尊重，自己的书也体现了应有的价值。于是，我享受了第三个快乐的尴尬。

两天之内，我无意中得到了三个快乐的尴尬。看来尴尬不一定都无奈，而是在于自己的心态如何，如果你能自得其乐，那么即使是无奈的尴尬，也能从中寻找到一定的乐趣。

原载于《天津老年时报》2003年5月2日

# 炎凉冷暖

春节前后，未能免俗地要比平日烦劳一些，人际间的往来比较频繁些；又恪守“一年之计在于春”的古训，想趁春天的美好，努力做点文字工作，还点文债。哪里想到自己确乎已经到了“年高体衰”力不从心的地步。就在元宵节前两天，多年的心脏病复发，感到胸闷气短，两腿乏力，只得到平日很不愿去的地方——医院去就诊。医生一看我的心电图，立即“收监”，住进了相当舒适的病室，进行了照例的抽血、验便、输液、服药、照相等系列活动。经过二十几天的治疗，身体基本稳定，离开了医院，但带出来的那种炎凉冷暖的世态却让我久久难以忘怀。

炎凉冷暖一般指官场沉浮的世态而言，但往往能感到而不易见到它的具体形象，“人一走，茶就凉”，也只是一种隐喻；但是偶然在医院的病房过道里漫步时却看到了明显的对照。前几年，报刊上有过一幅漫画：一间病室内有两张床，一张是现领导的病床，周围堆放着花篮、花束、水果、点心，环床一周，人头簇簇；另一张床是一位离休多年的资深老领导，床前冷落，无人无物，只有一位花白头发的老妪半俯着身子向老头子娓娓细语，似是在安慰老伴不要烦恼。当时，我只认为这是漫画家的夸张。不意在这次住院中，我亲眼看到漫画中那种炎凉冷暖的现实。我发现有两位熟人，与我住在同一楼层：一位是离休多年的资深前辈领导，病室中冷冷清清，只有一位家属在照应。我去探望他，听我报名后只能闭着眼微微地点点头，显出形神俱疲的样子。八十多岁的老人似乎已将走到人生的尽头，隔了三天，这位为革命作过贡献，维护和奖掖过多少部属和后辈的正直老人，悄无声息地走了。虽然身后备受哀荣，但是，那是在为后人增光添彩，准备用尽老人的最后价值，老人得到的只是不再感受那世态的炎凉冷暖。另一位是在职的后辈领导，只是感染点时疫，便被“劝说”来作休息式的调理。他病室中的窗台、地下有各种花篮、花盆、花束，床边罗列着补品、水果、点心，几位陪侍者不像是领导的子女，也许是贴身秘书之类。探望者熙来攘往，辞出后在静静的病房过道里满面春风，目无余子地大声说笑，大概就是这位领导手下的大小头目，似乎这一次探望又在每个人的权位交易中增加了一个小小的砝码。没有几天，这位后辈领导“政躬”康复，在人们的簇拥下，神采飞扬地驱车而回，重新坐到那张旋转自如的真皮交椅上，继续发挥其旋转自如的领导作用。两种不同情状的核心，只不过是权与利两个字在旋转自如地运作。民间谚语说，“有权不用，过时作废”，并不是毫无根据的概括。

如果没有权、利关系，那么人际间的交往，就自然得多，真切得多。我的病室中也有几盆花和水果、点心，但没有一样是怀着某种打算送来的，因为我不能给任何人一丝利益。除了儿女送来的东西外，都是几代学生和有长期深交的朋友送来慰问我的，彼此都很坦然。在我输液的那几天，都是由年长和年轻的学生来服侍我。在我想入厕时，他（她）们举着吊瓶的杆子送我到厕所，又接我回病床。他（她）们对我一无所求，只不过曾受教于我而有的这份师生情谊。有些老友来探望，带来报刊和他的近著，有些远方或为事务缠身的朋友也通过电话祝我早日康复。我感谢所有的这些真情，这些真情也在冲刷自己那不甚纯洁的心灵。辉煌显赫的权位，像片片浮云，瞬间就飞逝过去，留下的只是怆然和哀叹，而人间自有真情在，让人感到如此的温馨，只因为我们之间的无欲无求驱散了权与利，留下了喜悦与欢欣。我的心脏似乎也被这些真情熨平了许多褶痕。我终于离开了病室，重新回到我那无欲无求的恬静生活之中。

原载于《今晚报》2000年4月20日

# 世纪之交的沉思

辞旧迎新，岁时更序，本来是生活中的固定模式，无足为奇；但是，今年的兔去龙来，因为处于世纪之交，给人带来一种特殊意味。我已走过这个世纪的四分之三，前二十多年，除了童稚的那几年外，接连不断地读了近二十年的书，终于挣得个知识分子的身份。因此，在这年终岁末的时候，不由得陷入知识分子定位的沉思之中。从本世纪初废除科举制以后，知识分子长期坐惯了的"学而优则仕"的主要位子没有了，换成了洋务派、维新派、民主革命派等形色各异的位子，他们大多数人抱有救国救民的忧患意识，想改变中国的积弱处境。辛亥革命以后，原来的位子错乱了，那些也戴着知识分子帽子的遗老遗少、官僚政客、名流学者、社会贤达纷纷坐到自己选择的位子上，乘军阀混战之际，扮演各种角色，捞取私利，毫无利国利民之心。"五四运动"的狂飙为了民主与科学，让真正想为国为民尽力的知识分子能找到适合自己的位子。他们纷纷寻求救世良方，并且放眼于世界，展开东西方文化的讨论。抗战爆发，除了少数丧心病狂的知识分子败类附敌外，大大小小的知识分子几乎都聚坐在抗日救亡的位子上，各尽各力。抗战胜利，一时人心激奋，而革命风暴正席卷神州，我也像阿Q或堂·吉诃德那样被卷进了革命。当时知识分子有鲜明的分野，一部分贪恋旧位子，死死抱住不放；更多的知识分子，包括我在内，则弃旧图新，努力寻求适于自己的位子。但是，所看到的是，在主流思想指导下的主流位子，已经有一批先知先觉的知识分子端坐在那时，虽还有些空隙，那是留待把旧时代污泥浊水冲洗干净的知识分子，我只能自惭形秽，站得远远的。另外还有自己虽然戴有这样帽子而不想去坐的资产阶级知识分子的位子和无奈而不得不暂时坐一会儿的小资产阶级知识分子的位子。小资产阶级知识分子位子上的人数较少，不是稳坐，而是时刻想站起来，向主流位子靠拢，有的已经站在主流位子的旁边，随时准备坐下来。

资产阶级知识分子的位子上，人头簇簇，比较拥挤，他们中的一部分人正在洗涤污垢，改造旧我，争取新我，倾心期盼早日坐到主流位子上去。另一部分人则孤芳自赏，自居于与主流思想相异，与主流位子相敌体的位子上，善意地希望从另一角度和另一思路提出见解和意见，以有益于主流位子上人们的思考。孰知事与愿违，这批人在1957年像蛇那样被引出洞来，打在七寸上，剥夺了原有的位子。史无前例的“文化大革命”爆发，绝大多数知识分子从位子上被拉下来，先后被打翻在地，甚至原来端坐在主流位子上的知识分子也未能幸免，已经没有人再妄想寻求什么位子的事，所得到的是禁锢、批斗、劳役、流放等等另册的位子。帮派分子占据了知识分子的位子，只拣少数素有名声的知识分子来装点自己。十几年的噩梦终于醒来，国家和社会逐渐走上正常的轨道，知识分子相继从地上爬起来，东张西望地寻求自己适合的位子。主流位子依然坚实地摆在那里，但比以前宽敞多了，而且另外还有大小不等的位子供人选择。原来从主流位子上拉下来的又各就各位，一部分知识分子也有幸坐进去，成为幕僚知识分子。有些掌握各种技能的知识分子，寻到了技术的位子，成为技术知识分子。剩下来的是那些人文知识分子，但是他们也能从学术研究、文艺创作、教书育人等等位子寻求到自己安身立命之所。而且也可以不走同一步伐，不唱同一调子，即使针砭时弊，也能想说就说，说错话也没有帽子等等；但是，作为一个知识分子是否在平静安定生活之余还有更值得深思的问题？是否在欢庆辉煌之余，还该有些传统的以天下为己任的忧患意识？是否了解点民生疾苦，尽己所能做些利国利民的小事？是否应该从象牙塔里走出来，把知识回归民众？等等问题的思考都是对知识分子的严重挑战，这只有看看在新的一年和新的世纪里是否能做出差强人意的答案！

原载于《中华读书报》2000年1月5日

# 年终盘点

2009年过去了，眼看牛年也将过去。老年间，年终岁末，大小店铺都要对自己一年的进进出出落个心中有数。近来报刊上，文化界的各行各业，也在盘点：这一年出了多少书，有多少小说、影剧，甚至文人秘闻，名人归去，都要算笔总账。那么，个人似乎也得盘算盘算，到底这一年干了些什么?

读书人日常行事，不出两道：一是出行游历，一是读书写作。那就不妨在年终岁末自己实实在在地盘点一下。让亲朋好友、新知旧雨都知道我在干嘛。

先说出行，上半年一味生病，在医院前后躺了两个多月，输了无其数液，吃了无其数药，总算闯过来了。又休养了三个月，其中包含夏日炎炎正好眠的时光。等到秋凉，人也清爽多多，正巧内蒙古电视台的张阿泉老弟来邀去鄂尔多斯，主持第七届民间读书年会暨鄂尔多斯笔会。常穿鄂尔多斯毛衣，应该去看看这个原产地。鄂尔多斯这几年红火得厉害，GDP居全国之首，挖露天煤矿，产量高，无矿难，刨地如捡金，真是福地。我们在响沙湾登完沙丘，到成吉思汗陵，瞻仰大汗驰骋欧亚的雄风。最后到乌兰木伦矿区，眼睛为之一亮。近处栋栋别墅，正在精装修，远处拉着乌金墨玉的列车，不断驶过。接待人员告诉我们，这里有几十年挖不尽的煤，凡到这里效力者，正在精装修的别墅就是他们安身立命的所在。当地居民如果“身下”有煤，可以搬迁新居，并享有一定股权，按月分红，生活富裕，足可优游岁月，人们啧啧称羡。但我内心深处却在隐隐作痛。虽说小康富裕，唾手可得。试想几十年后，煤挖尽了，自己的子孙身无长技，面对荒漠，又如何是好！这是在吃子孙饭。听说这些煤有不少被日本人买去，倒在东京湾里，为子孙储备资源，给子孙留饭。兴念及此，得不悚然，再也没有心思参观美轮美奂的兴建。回津后，郁郁不安者累日，适故乡萧山来邀钱塘观潮，乃于国庆前夕启行。10月3日下午二时许，在观潮台上耳听隐隐涛声，眼见远处一线潮斩齐地向前推进，煞是壮观。可惜数名体育健儿冲浪逆进，破坏了潮线。主事者本为增趣，孰知事与愿违，破坏自然天成，令人扫兴。又游绍兴、乌镇、千岛湖诸胜地，历时一旬，兴尽而返，此2009年出行之大要。

读书可以不讲条件，只要头脑清楚，随时随地都可以读书。我除了卧病抢救那十来天和出游的日子外，一直坐拥书城，随意浏览。养病期间，重读《史记》。这是我最喜欢读的正史，已经读过多遍，尤其是《太史公自序》更有魅力，百读不厌，读《自序》可以略得全书梗概。今次又为几十年前旧稿《太史公自序笺释》增写了若干条笺释，颇为自得。综计一下，已为《太史公自序》作笺释近五万字，不禁窃喜，深愿有生之年，能最终完成。

暑日难遣永昼，适忘年好友伍立扬君自海南寄来新作《烽火智囊》，讲民国幕僚传奇，与我研究之北洋军阀史正合，乃尽两周之功读竟，内容、文字，堪称二美。有若干史实与传闻，多为我所寡闻，咀嚼回味，益知昔人所谓“后来者居上”之语，信不诬也。兴奋之余，操笔题其书云：

> 循读全书，凡北洋及国民政府时期政军各界，涉及之幕僚达百余人之多。其中有世人所知者，有世人未详其究竟者，有从无知其人者，而立扬多方罗掘，不可谓不广。所列诸人不仅叙其生平，亦评骘其功过。史料之有据，分析之深刻，可称鞭辟入里。为民国史中具有卓见特异之作，读其书不只补民国史史事之阙漏，亦为当世当政之网罗人才，使用幕僚，增有益之历史经验。

岁末，又得刘刚、李冬君夫妇合作新书《文化的江山》。这对夫妇在已有基础上，用了年半的时间，写了一部六十多万字、别有创见的中国历史书。他们从王朝历史的遮盖下挖掘出一片新世界，那就是“文化的江山”。全书以爱的眼光，贯穿了美的理念，选择历史，改写历史，并期待新的历史面貌。我用了近一个月的时间，细细读了他们的书，并为他们写了三千多字的书评，才让我激动的心情平息下来。除了重点读了这三部书外，还读了些杂书，填补了我亟待补充的知识仓库。

吃桑叶吐丝，啃青草出奶，乃天地造物的必然。经营多年的三部大书，终于今冬合成。一是增订《近三百年人物年谱知见录》增量一倍，百余万字；二是有韦力、李国庆二君参与合作的《书目答问汇补》即将出版，完成我半个多世纪的宿愿，亦百余万字；三是由我主编的《清代经世文选编》二百万字，已交稿待结项。虽非事事经手，但确字字经眼，新的一年当能供世人使用。

年终盘点，有点类似个人反思，但又不完全是反思，因为在盘点中，只看赢点，而没有供认走麦城的败绩。如果全面反思，怕会扫到一些人，那多不厚道啊！

二〇〇九年除夕，成稿于南开大学邃谷，迎米寿之夜

原载于《天津老年时报》2010年1月27日

# 补差

今夏苦热，虽有空调风扇解暑，仍感气闷难耐。假如奔驰于烈日当空之下，其苦状实不敢想象。青壮犹能抵御旱魃，如施加于老年，其后果使人不寒而栗。闲居无聊，随手取晚报一阅，赫然见新闻一则，不意我之悬念竟成现实。据报载：有一古稀老人为中班补差，竟于烈日当午之时。冒暑踏车，赶往单位，行至中途，中暑摔倒。遽尔身亡。痛惜之余，不禁令人唏嘘难已。七十而逝，已年臻中寿，本属正常，而死于奔波补差之途，实为意外。这一不幸，又不能不引人深思。

为什么七十老人还需要在烈日下为补差而奔走以致丧命？究其原因，不外三端：

其一：老人自恃精力、体力尚称健壮，一生勤劳，不甘闲散，甚至不顾儿孙亲友劝阻，不服老，不考虑实际情况，贸然行动以致事出意外，颇令人惋惜，也留给他人一种教训：人老了就是老了，万万不能逞强好胜，执拗行事，否则，横生意外，给自己一生划一个遗憾的句号，给亲友带来伤痛，也给子孙留下难以辩解的非议。

其二：老人生计困难，又无应得的赡养，不得不为稻粱拼命，心怀郁闷冒暑行车，其不丧命者几希！究其子女，或不尽孝道，或情出无奈，姑且不论法律责任。即社会也将予以道德谴责。语云“老父奔走无好子”，当是若干事实的概括。为人子者不论何种情况，总以保护老人为先。至若只图个人安适，不承担应尽义务，弃老人于不顾，以致老人因而丧生者，直豺狼之不若，应根据情节，绳之以法。

其三：用人单位万不可视补差为“补丁”，凡在职人员之不愿为或不乐为者，切勿不顾老人实际，滥用填补，如银行、工厂、企业、学校，多用老人值夜、看库、守护，其人确实认真可靠，殊不知一旦为宵小盗贼所乘，老人手无缚鸡之力，稍有抵御，非伤即亡，单位亦难辞其咎，言之深以为忧。又于工作条件及安排，亦宜多所考虑，如高温天气，将七十老人由中班调至早班或晚班，避开最高温度，则老人或可免于丧命。此类事故，用人单位似无法律责任，但一旦出现本可避免之意外，心灵岂能安然？

补差无可厚非，用人单位亦无需因噎废食，以致取消补差，断人生路，则我将罪孽深重。所以一申其言者，至祈老人能善养其身，量力而行，不作无谓之举；为人子者当竭尽心力，孝事老人；用人单位亦宜具人之心。视具体情况，适当调度，勿以善小而不为。如此，则老人既得发挥余热，又能老有所安。设全社会能对老人时加关注，频发呼吁，七十老人踣死暑热之惨痛不再出现，则我亦将为此而馨香默祷！

原载于《天津日报》1997年8月2日

# 面的采风

位卑无小轿车可坐，年高难挤公共汽车，所以每逢出行，招呼“面的”成为我的最佳选择。坐来坐去，几乎非坐面的不可，甚至我有的显贵学生愿意提供小车，也被婉言谢绝，因为面的世界会给我带来许多愉悦，无论坐在哪个司机旁边，一路上都会滔滔不绝地向我讲很多我从不知道的事物百态。有时很长的路会感到这么快就到而恋恋不舍地下车，有时还想让司机停下来按里程打表多听他们讲讲。

我经常坐京津两地的面的，几乎每位司机都能谈天说地，论古道今。我喜欢他们，但我更喜欢北京司机。天津司机线条比较粗，也能说事，但总夹杂若干骂娘的话，剥得精光地骂。北京司机则深沉得多，虽然也骂娘，但还能听得进去。这真是卫嘴子不如京油子。这里说的不是油滑的意思，而是指说话“溜乎”，很有技巧，能绕着弯说事，使听者忍俊不禁，有些俏皮话如果入文一定能增色。他们也骂街，但决不骂海街。有时抖俩包袱，也不比姜昆差。

天长日久，我听了不少，虽然话题有重复的，大多是有普遍性的，但不同的内容比较多，让人每次都有新鲜感。从近几年听到的“司机絮语”可以说是全方位，多层次，政治、社会、外事、生活等等无所不包，只不过有点零散而欠完整。

面的司机谈得最多的是个人身世，他们有不少人是知青，对于过去插队没有什么怨言，因为这也不失为解决待业的一法，他们最大收获是有了适应生活的能力。他们的不满是当前对知青问题的认识和宣传，他们承认知青中出了不少好样的，像姜昆、梁晓声、敬一丹、李银河，局长、处长更是一大把；但是，更多的人是在底层奋斗，开车的、扫街的、摆摊的、打工的以及工厂双双下岗的。他们说，怎么不写写我们，不关心关心我们呢？他们最大的生活目标是黑白挣钱供孩子上学，来补偿自己既往的缺失，想让孩子摆脱困境。

司机们很喜欢谈政治，评论些国内外大事，他们正像肖复兴先生说面的司机“能言善辩，而且关心政治，总像刚刚参加完市府或更重要的会议出来，一个个是西塞罗或是亚里士多德”。他们会谈到人事安排的预测、领导间的争论、谁上谁下、某次会的花絮插曲等等无所不包，他们更多的话题是丑恶现象，针砭时弊也很尖锐，嘲笑暴发户，骂不法人员，揭贪官污吏，有时激昂慷慨，有时也指天骂地地数落人八辈。他们把社会上流传的针对丑恶现象的顺口溜，合辙压韵地转述给我听，其内容之丰富难以尽述。我真是往往笑了一阵以后，不知怎么又感到有点苦涩。

我听了面的司机的一些话以后，猛然想起我国第一部诗歌总集《诗经》国风中的那些诗句。《伐檀》篇的“彼君子兮，不素餐兮”和《硕鼠》篇的“硕鼠，硕鼠！无食我粟，三岁贯汝，莫我肯顾”。虽然不是出自面的，但总是来源于各行各地采风所得。几千年来，这些诗句像利剑那样刺向贪官污吏。而今，若从面的采风，去粗取精，加工润色，编一本新国风，虽然不宜传播，但作为内参，也是一种民情反映吧！

原载于《今晚报》1999年1月13日

# 卖弄与现眼

五代十国时，对有些人好附庸风雅，乱引经据典，以致因不明文意而断章破句，贻人笑柄，即讥笑为“掉书袋”。这种伪劣假冒的恶行，历代相沿，不能根绝。直至晚近，犹时有所闻，若一一罗列，灾及纸笔，仅揭今例三则以见一斑。

近日偶尔翻看一份山西出版的准学术性刊物，在其《学人传》一栏赫然刊登着老友陈教授的传记，无疑要拜读一下，但首句：“陈×教授，谥号××”，便吓了我一跳。因为正是前几天我刚收到过这位已受过“谥号”的老兄的来信。真是活见鬼！再翻看文末的署名×××。原来是陈教授早期的一位硕士生，现已晋升为副教授。其实，无需翻检群籍，只在一本很普通的辞书中即可找到解释。《中华小字典》中说：“人死后，即其生时行迹而为之立号，所以劝善彰有德也。”封建时代谥德主要有官谥和私谥。官谥由政府拟定，“成”、“正”、“忠”、“襄”是最尊贵的字眼。如王文成公（明王守仁）、曾文正公（清曾国藩）、李文忠公（李鸿章）、左文襄公（左宗棠）等。私谥则为门生故吏对一个人德望学术的尊重而共议的尊称，如××先生等。不论官谥或私谥，最重要的前提是“人死后”三字。可能这位作者爱师心切，只看到“劝善彰有德也”，而断掉破掉“人死后”这样一组关键词，以致造成对老师的诅咒。作者乱掉书袋，而编者又来稿照登，这当然是不负责任。也许编者和这位作者同样地既不懂含义，又懒得查辞书之故吧！

我还有一位目前刚晋升教授的“学者”朋友，不知出于捧场动机，还是真正赏识拙作，曾面索我新近出版的小册子。我案头虽仅余二三册，但喜于有知音，而乐于送请“指正”，不意这位教授朋友非常严肃认真地说了声：“那我就笑纳了！”（决非玩笑）我一时愕然，早知如此，我就应该在送书时请他“拜读”了吧。

某次，我参加了一处联欢会。一位青年主持人向在座的老人祝贺说："愿老师们长命百岁！"长命百岁四个字并不坏，人活百岁亦属人瑞；但却让我从这一声祝贺里联想到的是我曾为孙子们过满月、周岁时说过那句祝词。

由此，我联想到半个世纪前，祖父在夏日月下纳凉时向我讲的那个故事。有一位不学无术的伧夫，溷迹于上层社会。但在社交场中很少有人与之寒暄，甚感落寞。于是便注意何法能引人注意。某次，忽见某位人士每与人交换名片必受到对方格外关注，并问候这位人士的父母如何如何，内心非常羡慕，认为其名片必有特别引人之处。于是也趋前交换名片，果然发现这位人士的名片确实与众不同——在姓与名之间有一侧列小字"制"。伧夫恍然大悟，自己只因名片上少一"制"字遂受冷落，于是急忙重印一盒带"制"字的名片到处交换。果然效果非凡：有问长问短者，有劝慰宽心者，有问及父母健康者，形形色色，不一而足。某伧夫自鸣得意，殊不知此一举一动无异为二老送终。其实，也就在前面用过的那本《中华小字典》中就可以找到"制"字的解释说："居丧曰制，亦曰守制。"依旧例，名片在姓下置一侧列小字"制"字即表明正居父母之丧，所以此人会受到人们的关注；但并未表示是夫丧还是母丧，所以又会被人问及父母。某伧夫乱掉书袋，滥用"制"字所得到自己向往的礼遇，都是用父母的命去换来的。祖父寓教于乐的故事，至今记忆犹新，引作座右。言辞行文，实不敢滥掉书袋，以免断章破句而贻笑于人。

原载于《冷眼热心——来新夏随笔》（当代中国学者随笔） 来新夏著 东方出版中心1997年版

# 找乐

“受苦”与“找乐”是一对反义词。苦与乐本是人生难以逃脱的两大遭遇。苦非人之所爱，而往往强加于身，所谓受亦受，不受亦受；乐则为人所喜，却又不能自天而降，而要自己去找，此“找乐”一词之所以出也。

世界本来充满乐趣，问题在于找不找，青壮时期求知、求生活、求事业，无暇顾及苦乐。待到老年，闲来无事，本该尽情找乐，但有些人怀旧忆往，总想这一辈子不易，受了不少苦，遭了多少罪，思前想后，不禁潸然，了无乐趣，这就是不会找乐，不善找乐。也有一些人整天乐呵呵，不光多想乐事，甚至把吃大累、受大苦的往事也当作笑谈。这就是会找乐，善于在黄连树下弹琵琶，苦中作乐。他们的口头禅是：“愁眉苦脸八小时，嘻嘻哈哈也是八小时。”日子过得舒心，其乐融融。

找乐是一种自我解脱，特别是在逆境中更是舒心宽胸的良剂。老友傅翁写得一手板桥体的字，善画松竹梅，又擅铁笔，三十多年前在某中学教务主任任上，因说了些被认为不该说的话，定为极右，发茶淀劳改，刑满留用，管采买“柴米油盐酱醋茶”，奔波握算，不以为苦。因为管七种生活品乃自比板桥而称“七品官儿”，偷闲寄情书画篆刻，自得其乐。回城后分配到城建部门修马路，依然书画篆刻，并镌一“清道夫”章，自称与民国时大书家“清道人”排行。直到平反落实，书画篆刻颇有声名。今虽年逾古稀，神清体健，仍以书画篆刻自乐，每话当年，掀髯大笑，还常感谢劳改给他一副好身骨。这就是一种自得其乐。

“文革”时，我按照万人下乡的战略部署插队作新农民，同行诸友面多愁容，心怀抑郁，农活不熟，体力不济，惶惶不可终日，如落苦海，颓废衰弱相继而至。而我则以遁居农村，可免隔三岔五游斗之苦，而深得日出而作、日入而息之乐，终日劳作，体力日健，至今犹受其益，岂不乐哉！回城落实，得一席之地。时以公务扯皮，生气惹恼，苦不堪言，久之悟出了“真生气不生真气”的找乐之道，因为不作真生气态，难以成事，不生真气则免遭气大伤身之厄。如此则既办了事，又不惊动五脏六腑，乐在其中，岂不快哉！

但是，找乐有一条禁忌，万万不能把自己的乐建筑在他人痛苦、灾祸之上。上公厕明明已经解完，忽见有人捧腹拧眉而入，偏偏占着茅坑不拉屎，直把人蹲到出丑而暗暗窃笑，这不是找乐，是缺德。街坊邻居有点小过节，偶尔人家遭到意外祸事，非但不同情慰问，还私自幸灾乐祸，这不是找乐，而是失去了人性。这类内疚神明，外惭清议的事万万不能作为找乐之道。

找乐、找乐，乐要自己去找。人老了更要会找乐，不光该乐的事去乐，就是苦的事，也要从中找出乐来，这才是真正的找乐之道呢！

原载于《冷眼热心——来新夏随笔》（当代中国学者随笔）　来新夏著　东方出版中心1997年版

# 咀嚼语言

语言的内涵，常常随着年齿日增，阅世日深而有不同的理解，随便不得。五十多年前，风华正茂之际，每每看到某些不顺眼、不协调的事常常随口谥之曰“不伦不类”，也并不感到什么不妥之处。但是，经事多了，有些语言，反复咀嚼，味道大不一样，压人的分量逐渐沉重。就拿“不伦不类”一语为例，如果认真推敲，仔细研究，这四个字的分量确是很重，印证一些往事也确是不可乱说，不过，用在某些事情上又较确切。

三十年前，我曾去探望一位身患重病的中学时期的老师。他体质素健，不想数月未见，竟一病而形容枯槁，面目憔悴。他时断时续地诉说得病之由。原来在一个多月前，他因一件小事而和一位中年同事发生口角，那位中年同事夺口而出骂了他一句“不伦不类”，他当场晕厥过去，一直住院至今，病情日益沉重。我还没有理解这四个字的严重性，他又接着说：“你要知道，伦是指君臣（也就是国家和自己）、父子、兄弟、夫妇、朋友。这五伦是做人的基本关系，不伦就是骂我没有做人的基本资格。天地万物，各有其类，无论鸟类、鱼类、虫类、兽类，还是人类，总得物归其类。不类就是骂我连猪狗虫豸都不是，那我还有什么脸面活在世上？”说着说着，老泪纵横。我虽感到我的这位老师有点迂执，但还是多方解劝。不久，这位老师就含恨而逝。听说那位中年老师一直内疚悔恨不已，他一直不理解这四个字怎么会造成如此严重的后果呢？

后来，我在涉猎杂书中，看到一些材料也很让人感叹。曾经写过“我劝天公重抖擞，不拘一格降人才”的龚自珍是中国近代历史开端时期的思想家。不幸天公降给他一个逆才的儿子龚孝拱，孝拱自号“半伦”。传说他曾勾结英法联军，带路去烧圆明园，自己表示五伦已绝，只有宠妾一人，尚存半伦，故自号“半伦”。这个人自我认识的意识很强，比我那位老师的迂执，似乎通达得多，通达到了恬不知耻的“境界”。

看来，这四个字确是不能滥用，似乎比骂娘还严重，觉得只有那些灭绝人性的狂人，才能用这类字眼来斥责，想来想去，找不到适当的例子。忽然想到前两年文艺界曾出过一件诗人杀妻案，当时议论纷纷，轰动一时，也出现过是诗人还是凶手的不同看法。我读过几首诗人的诗，说老实话，没有读懂，不能妄加评说；读过他的小说，似乎比诗好懂；在港刊上看过他的画，倒觉得清新而有幽趣。从照片上看，这样一个手无缚鸡之力的文士，怎能操刀杀妻呢？既然杀了人，那就只能以“凶手”论，诗人的桂冠只能代之以罪犯的黑袋子。我想如果诗人自杀未死，执法者也必定先送医院抢救治疗，痊愈后仍会依法明正典刑的，恐怕不致因其为诗人而免罪，所以无需作凶手与诗人之争。无论何人，杀妻自戕，上以负国家、伤父母，下以累手足、绝亲朋。可谓情义俱绝，已属不伦。至于出自何种原因和动机，杀人终究是失去人类理性之行为。我并不想以封建伦常来评说已经亡去的诗人，只是觉得除君臣一伦当赋予新意外，父子、兄弟、夫妇和朋友等四伦都还是人际间的基本关系，对社会稳定有其一定的作用。

古语曰：“惟口，出好，兴戎。”又曰：“一言兴邦，一言丧邦。”孔夫子也教导说：“君子慎于言而敏于行。”里巷谚语说：“祸从口出。”可见，语言之不得信口而出。人到老年，喜欢忆旧，咀嚼语言，也是内容之一，不知这辈子用过多少错词，说过多少错话，给人添过多少烦恼，反悔反省，似乎无此必要，但不妨利用闲暇，把有些语言重新掂掂分量，加以准确诠释，讲给年轻朋友听听，清除一点儿满嘴胡咧的毛病，也算是老年人尽点社会职责。

原载于《冷眼热心——来新夏随笔》（当代中国学者随笔）　来新夏著　东方出版中心1997年版

# 说“气”

酒色财气历来是人们自勉勉人必须奋力闯过去的四关。气列于四关的压轴，可见其重要与难闯。练家们的口头禅是，“外练筋骨皮，内练一口气”，又可见“气”占生命构成的一半。历经辛劳，终于如释重负，文人的描写是：“他长长地舒出了一口气。”生命终结的标志称“咽气”，更可见气之于人有何等重要！

活了一辈子，经了多少风雨沧桑，也生了无数不同类型的气。如今老了，阅世较深，似乎应该心平气和，但实际情况又远非如此。就我所看到的周围一些老者却适得其反。有一位古稀之年的老教授，中青年时素有“好脾气”之美称，而垂老之际却日益古怪，时不时就怒气冲冲，对同辈或晚辈有所不满，视世态人情不顺眼都会气冲斗牛。究其原因是对“气”的认识不足，对“气”的性质未加分析。须知气有多种，有该生、不该生的，有该闯、不该闯的。明乎此，就能气得其所，找回自己的心理平衡。

“气”有多种：“祥和之气”、“乖戾之气”、“和气”、“怒气”、“朝气”、“暮气”、“正气”、“邪气”、“霸气”、“憋气”、“晦气”、“闷气”等等。气可以标志各种心态：得意时“意气风发”，平步青云则“扬眉吐气”，楚霸王穷途末路还回味“力拔山兮气盖世”的英气。孟子奔走一生，装了一肚子气，终于悟出了“吾善养吾浩然之气”的道理，老子骑牛过函谷，参透自然玄机而呈东来之“紫气”。从久受压抑到翻身奋发可自诩为“可出了这口气”。老人们在几十年岁月中，对种种之“气”，或身经其事，或耳闻目见，应该是心中自有乾坤，也自有排解。

气之成为最后一关，确有其道理。年轻时理当“少年气盛”而无须闯关；中年时得意者“盛气凌人”，失意者“忍气吞声”；媚世者“和气生财”，嫉世者“气愤填膺”，无一离得开“气”之一字，仍然没有闯过“气”关。人老珠黄时，不合时宜，看什么都以九斤老太自居而“气不打一处来”。翻开历史，古往今来有多少英雄豪杰都躲不开“气”的烦扰。

三国吴周瑜，无论在舞台上，还是史书中都给人一种飘逸俊彦的感觉，应该什么事都排解得开；但是“三气周瑜”，他被诸葛老弟用“气”这一关置之死地。近代伟人林则徐一定也是要闯气关而闯不过去的人，否则他何必以“制怒”二字置之左右呢？但是，有的气是不必闯的，有时还是支持人的一种力量。

宋朝文天祥被元人所俘，至死不屈，靠的是一股“正气”。他在诗中说“天地有正气”，“于人曰浩然”便指此“正气”。明朝杨继盛不畏权奸，宁为玉碎，也靠的这种浩然正气，临刑时尚高唱“浩气还太虚，丹心照千古”。这种浩然正气之关万万不可闯。宁可不闯，也要存这种气。世俗庸人也有许多要闯或不必闯的“气”关。要闯的是闲气、闷气、邪气——鸡毛蒜皮的闲气，明知不对而隐忍不发的闷气，随波逐流、沾染污泥的邪气等等是非闯不可的“气”关。但是，不平则鸣的正气、扶危济困的侠气、老不歇力的朝气、一往直前的勇气、横眉冷对的傲气，却是万万不须闯的“气”关。

人老了，一般都抱着不找气的态度，这并不全面。如上所浅析，明达气之种种不同，通晓闯与不闯的界限，那就既不随便生气，以免气大伤身；也能永葆自身正气而心安理得，享超凡脱尘之乐。

原载于《冷眼热心——来新夏随笔》（当代中国学者随笔） 来新夏著 东方出版中心1997年版

# 官称的缩略

我不大涉足官场，即使在一些不得不参加的集会时，也不主动去结识省部级以上的官员，一则无所求，何必去讨好；二则这些人多是走过场来的，当你自我介绍尚未终了，握手刚接触指尖，大人先生早已王顾左右而言他，另作寒暄去了，又何必自找没趣，自掉身价。因此，很少听到他们之间如何称谓，更不大听得清别人怎样称呼他们。倒是一些司局长人物，常在一般会上碰到，有些还是老同学和老朋友，厮混得比较熟，彼此一切照常。只是一旦做了官，称谓也就换了，原来的老张、老李、老王换成张局长、李司长和王处长了。我有点不懂事，依然以“老×”呼之，结果不是装作未听见，就是勉强应付一下。我幼稚地以为“老”之称谓，自古以来都是好字眼，尤其是对人，并不只表示年龄大小，而是一种尊重的称谓。汉儒郑玄注《周礼》就说：“老，尊称也。”我真是迂不可及，还是从俗吧！自是而后，凡遇入仕者，无论新知旧识，均以官衔全文相称，甚至将副职一律去副称正。我最喜欢一位姓傅的副局长，当称呼时自己既不感到媚俗委屈，对方则永远微笑，也不致为谋改副局长为正局长而拟谋害正局长。从此，我习惯于对这些人用官称了。

不过，近几年来，我又有了新的困惑，许多官称出现简化，把脚下那部分砍掉了。于是时常听到的是张局、孙局，或是李处、夏处，这在语法上称为称谓缩略语。究竟为什么要如此节约文字却难以弄清楚，也不知此举始于何时。既然不明由来，也不敢贸然，仍是张局长、李处长地称呼，因为礼多人不怪。这种现象似乎愈来愈普遍，有些有主任官称的也有称张主任为张主、王主任为王主的，甚至连退居二线者也未能免，于是马巡视员被称为马巡，胡调研员被称为胡调。范围也日益扩大，于是钱科长被称为钱科，连姓胡的编辑也缩略为胡编，等等。这种缩略的称谓听起来实不顺耳，并易生误会。有一次，有人介绍主席台上一人是周处，我几乎把这位周处长误为《除三害》的周处。夏处长称夏处，与“下处”谐音，而“下处”实指旅馆或优伶的住处。马巡容易联想到巡警，胡调（diào）可读为胡调（tiáo），与胡编同样含义不佳。钱科与“前科”谐意，误为有犯罪旧案者。王主很容易与宫中称妃嫔为珍主、兰主相混。尤其是有的称谓如略去一字则意思完全不同。有一所大学的校长姓母，称之为母校长，了无异议，若略去下一字，则为“母校”，其意大不相同。是称谓之不可随意缩略也。

称谓缩略，古代虽不常见，但汉代就有把先生的称谓缩略为“先”的，如《汉书·梅福传》有语云：“夫叔孙先非不忠也。”颜师古《汉书》注即注云：“先，犹先生也。”也有缩称生者，如贾谊之称贾生，郦食其之称郦生皆是。明清以来的小说戏曲中则常看到。我记得少年时读《缀白裘》曾见有将先生、老先生缩略为老先、先儿和老先儿的，但年老读书如影子，难以记得清，遂求教于宁宗一、李剑国二教授，颇得启示。剑国还写付几条，如《紫钗记》中说，“这两个秀才好生面熟，似三年前一个借鞍马的韦老先，一个救俊童的崔老先”、《桃花扇·听稗》中说，“敬仲老先”、《醒世姻缘传》第四回说，“钱少宰老先点了兵部”等。最值得注意的则是清人翟灏所撰《通俗编》引《何氏语林》中的一段话：“前明太监称卿大夫，每曰老先，而不云生。”这显然是太监对官员们的一种轻率缩称和戏弄。我们对局处长还是不要学太监那样缩略官称，而以称全衔为是。官员们也不要接受这类缩略官称为好！

原载于《枫林唱晚》（学识走笔·大学生文库）　来新夏著　南开大学出版社1998年版

# 下海·玩票·卖馅饼

在经济大潮汹涌澎湃的今天，“下海”一词甚嚣尘上。无论报刊文章，还是口耳相传，常常能见到、听到“下海”这个字眼。我还没来得及详究其出处，但却记得五十多年前，就听说过“下海”一说。那时似乎不指从商，而多指进入剧艺界。当时与“下海”一词有关的对应词是“玩票”。“下海”和“玩票”是专业与业余的分界。言菊朋、汪笑侬原本是读书人（知识分子），做过七品芝麻官（级别大体可抵副教授以上），酷好京剧，不时登台，被称为“票友”。等到他们弃官从艺，靠唱戏吃饭，演戏成为第一职业，便算正式“下海”于伶界。天津的夏山楼主韩慎先生是一位酷好京剧的文物专家，他曾向陈彦衡学戏，深得谭派三昧，不仅登台，还灌唱片，蜚声于京剧界，但他始终未以演戏为第一职业，解放后还担任过天津历史博物馆副馆长。他偶尔玩玩票，没有正式成为几大须生之一，所以一直不能算“下海”，而只是一位名票。袁世凯的二皇儿袁寒云擅长演文丑，但一直未“下海”作艺，也只是一位“玩票”的名票。“下海”与“玩票”确是不同。现在所谓“下海”，实际上只是“玩票”。不管你是教授，还是干部，你的基本身份没有改变，虽然卖馅饼或练摊，也只是你的业余活动，或个人爱好，或第二、第三职业。停薪留职也还留有退路，一旦铩羽归来，仍可到原单位复职。离退休人员从商也是玩票，因为他们自身有份食俸终身的“皇粮”。作家开茶座也是“玩票”，因为他们不以此为主要生活来源。总之，“下海”与“玩票”是有界限的。

“玩票”可分三六九等，你可以“票”生旦净末丑的不同行当，高级点有票房，低层次也可约三五知己在花园一隅引吭高歌，招来闲杂人等的零落掌声，这是“玩票”。知识分子卖馅饼、修破鞋也是一种“玩票”，因为利用一暑假卖馅饼，据闻不过挣了微不足道的四五百元，而且卖者曾申明是为体验生活，算不得

“下海”；如果辞职“下海”，夙兴夜寐地去卖馅饼，怕还不如目前的收入水平和自在。

“玩票”有一条根本原则，就是不为挣钱。有的票友自己掏腰包，立票房，招朋引类，唱够了或许嘬一顿，兴尽而返。这是个人爱好，为了找乐。“下海”则不然，挑班唱戏，要找经励科，争包银，邀角挎刀，拜地头蛇，应堂会，跟包人等要生活，唱砸了落倒彩……一切按梨园行规办事，回头一看已无路可走，这才算真正“下海”。如果“玩票”为谋升斗之需，未免惨点；如果“下海”不豁出身子投入，不忍辱负重是难以名噪一时的。言菊朋“下海”后，遍尝甜酸苦辣而后成为四大须生之一。知识分子“玩票”卖馅饼作为体验生活的实践，未可厚非，如以此为生财之道，未免使知识分子有点那个。如果丢掉“皇粮”，专业卖馅饼，日后成为馅饼大王，不逊于肯德基上校“下海”卖烤鸡那样利尽天下，那却又值得钦敬了。

盗亦有道，干哪行有哪行的“道”。知识分子不论“下海”，还是“玩票”，都不应离开自己的“道”。知识分子用自己的智能去开发、致富，才是一利国家，二利社会，三利自己的正道。如果知识分子将倒卖小商品、修整旧皮鞋或摊煎饼馃子作为生财之道，实非真正之“道”，至多算条羊肠小道。当然，对卖馅饼、卖过期报刊者也无须去驱赶停业；但也不要视此为知识分子的求财之“道”。作为个人的生活插曲，别人无权过问和说三道四，如果认为这些就标志着知识分子已经转变观念跟上时代潮流，于是发消息，写专访，闹成一片，则总让人感到如芒刺在背，惶惑万分。我想：难道知识分子就这么无能、没劲？那些搞高、低科技，毅然离职自办企业、研究所而盈利千数百万者，也该得到广泛宣传，遐迩驰名。为了国家的经济振兴，他们所做的贡献，比卖馅饼更大。

原载于《光明日报》1993年2月13日

# 从故宫偷东西

1912年2月12日，清廷宣布退位。但根据《清室优待条件》，逊帝溥仪可暂居故宫（紫禁城）内廷，依然保持一个微型小朝廷。溥仪在小朝廷中无所事事，大部分时间花在吃喝玩乐上，骄奢享受，无所不用其极，据旧宫中人说，甚至超过慈禧当年的排场。有一份档案记其衣食排场。平日，溥仪每顿饭，菜肴两桌，冬天加火锅一桌，点心、米饭、粥品各一桌，咸菜一小桌，一共大小七桌。某年冬月，溥仪共做了皮棉袍褂和紧身共五十余件，不算本身工料，仅兜布、子母扣和针线就花费了两千一百多元。溥仪和婉容大婚费用达四十万元，如以当年面粉二元一袋的市价计算，可购面粉二十万袋，足供十万户三口之家一个月的口粮。如此浩繁的消费，又不事生产，民国政府的四百万优待费，虽数目巨大，但也入不敷出，缺额较多，其唯一的生财之道，就是用抵押、赏赐和借用等方式，明目张胆地盗运故宫珍品出宫。据后来清室善后委员会查核，公然盗出的文物有千余件之多。溥仪开了个坏头，于是宗室、大臣、执事人员、侍卫、太监各色人等，也都上行下效，鼠窃狗偷起来。

在我少年时，曾奉父命，每年要到一位旗籍老人的家拜年。老人是杭州驻防，是我祖父的文友。曾在内廷任过高官，后移居天津，过着寓公生活，收藏甚富。我每次去老人处，他总让我看些古董和珍善本书籍。有一次，还从屋角一个小麻袋中，翻出一份来姓的殿试大卷（后毁于“文革”）送给我。我对古董兴趣不大，但很喜欢看善本书，常发现他的善本书很多都不完整而困惑不解。我曾冒昧地问过老人。老人不但不以为忤，反而呵呵地笑道：“时过境迁，说给你听听，作为掌故吧！当年，我在宫里当值时，早上入宫，总用包袱皮包着一件马褂，门上也看我夹着一个小包进宫，等到下午散值时，就将马褂穿上，乘人不备，从书架或条案上，随手拿几本书和小摆设，也不管全不全，对不对，卷在包里带出宫去，门上看我夹着还是早上那个包，也不查问，就混出宫去。那份大卷是有一次清扫内延时，乘乱混在废纸堆中捎出来的。后来大家都拿，彼此彼此，也就不再顾忌了。每天都捎点小玩意儿出来，日久天长，也就攒了这些东西。”老人非常坦然地述说了这段往事，但都用的是“拿”、“捎”、“攒”等轻松字眼，而无一“偷”字“盗”字，看来他们对这些事早已司空见惯了！后来，老人全家离开了天津，老人故世后，家中所藏，也被后人逐渐散去。

今年是故宫建博物院八十年，忆及往事，特记之以供谈助。

原载于《砚边馀墨》（纸阅读文库·原创随笔系列） 来新夏著 内蒙古教育出版社2010年版

# 魔影憧憧

偶尔打开电视机，一幅幅野蛮恐怖的画面呈现在屏幕上：一群群头戴小檐军帽的日本士兵在分散追捕着四处奔逃的中国无辜百姓；一辆辆军用卡车拥挤着穿着破烂军装被俘的中国官兵；一列列闷罐车填塞着从四面八方掠取来的反满抗日者。他们汇聚成长长的人流在刺刀、皮鞭的驱赶下迈进标有731黑色字样的鬼门关，被抛掷进一间间狭小污浊的木笼中。这就是日本军国主义者进行惨绝人寰、灭绝人性的细菌试验的所在地，是罪恶昭彰、臭名远扬的731细菌部队的魔窟。

731细菌部队的创建者石井四郎掌握医学知识，却不去济世救人，而丧尽良知，悍然从事与人类为敌的魔鬼事业。他始而打着“防疫”的幌子，作细菌战的研究。在军国主义者的赏识、鼓励和支持下，这项罪恶活动日益张狂膨胀，并且为了防止在日本本土的意外泄毒，所以建议移往中国东北。这个建议很顺利地得到军部的批准和支持。1933年8月，日本就在哈尔滨南岗区划定120平方公里为“特别军事区”，建立研究制造细菌的罪恶机构，命名为“石井部队”。这座世界上规模最大，设施最全的魔窟设立了各种职能部门和相应的服务机构，还有实施罪恶行动的工作班（刽子手）和实验场（杀人场）。它拥有八千工作人员，年经费近千万日元。以石井四郎为首的这群大大小小的魔鬼就在这座魔窟中鬼影晃动地制造妄图灭绝人类的毒菌。

又一幅恐怖的画面出现，一排尚未完全泯灭良知的日本新兵端着上了刺刀的步枪，面冲着另一排上身赤膊、下身用破烂布片遮体、双手反绑的中国百姓——他们是不肯接受细菌实验的反抗者。端枪的日本新兵也许是昨天刚从本土征调而来，似乎还没有完全习惯于杀人的勾当，怯懦地不敢直刺过去，旁边拄着战刀的小胡子日本军曹，像一头疯狂的野兽，一面指着中国百姓，一面发出狼嗥般嚎叫：“まるた”，“まるた！”那些新兵在军曹厉声叱责，皮鞭抽打，马靴踢踹之下，把枪刺向无辜的中国百姓——被害者怒目含恨地倒下去了，日本新兵畏缩地倒退了几步……

“まるた”（中译作“马路他”）为什么有这样的威力，为什么要指向中国百姓，为什么又像一道魔鬼的符命呢？我向会日语的朋友咨询，原来这是原木的日语读法。这些杀人魔鬼竟然把他们用作细菌“实验材料”的人们看成毫无生命、任人劈砍的一段段木头。日本军曹鼓励他的新兵们像劈木头那样去杀人，用这样的办法来培养兽性。在这座魔窟里，被称为“马路他”的“实验材料”，据一种统计大约有3000多人。这群魔鬼就在“实验材料”的身上进行种种罪恶的试验和杀人练习。魔鬼们用注射、埋入和口服的方法把霍乱、鼠疫的毒菌从“马路他”的躯体上获取毒力效果，甚至把一批“马路他”捆绑在一起，集中在荒原上，由飞机在半空掷细菌弹爆炸以观察细菌弹的“威力”。魔鬼们在细菌试验外，还进行种种伤天害理，惨无人道的脱水、烧烤和穿刺等实验：脱水是把“马路他”绑在椅子上放入高温干燥室，经过十几小时处理把人变成木乃伊，以测定人体水分的百分比。烧烤是把“马路他”捆好放进破旧的装甲车内，然后用火焰喷射器烧烤，只需十几秒钟，这些活人就成为焦头烂额的“烤全人”，以检验火焰喷射器的穿透力。穿刺是“马路他”分别穿上棉衣、单衣和裸体分队排队，然后用枪直射，以考察不同的穿透性能。当魔鬼们面临覆灭时，还执迷不悟，继续作恶，他们不仅残杀掉幸存的少数“马路他”，更将细菌到处抛洒，使大量无辜居民不明究竟地丧失掉宝贵的生命。

731部队的罪恶暴行比影片《辛德勒的名单》中德国纳粹分子的所作所为毫不逊色。731这几个黑色的数字是中国人民永远看得清清楚楚的用黑血写成的数字。石井四郎这伙魔鬼的罪行已如实地记录在《前日本陆军军人因准备和使用细菌武器被控案审判材料》和《细菌战与毒气战》以及其他一些专著、论文和报道中。

魔鬼们将永远被钉在历史的耻辱柱上。在731的遗迹上，建立起一座类似西方那种集中营博物馆样的陈列纪念馆，从去年就有这一举措的计划，并很快地付诸实行。这种不忘国耻，奋发自强的义举对人们是极大的激励。可惜不久却因资金不足而中辍。那些热衷于亭台楼馆、歌厅舞榭的有“钱”之士和有关人员似乎无意或无暇及此，颇使人们感到失望与不解。近来偶听佳音，1995年5月，一些社会爱国人士集资补足缺额资金，使工程重又恢复，预计“8·15”前可告落成。国人必将感谢慨解义囊的人士和单位。我真希望在这座陈列馆死难者纪念碑前，能把石井四郎之流浇铸成赤身跪像，跪在那里向惨死的英灵请罪，万劫不复地遭千秋万代的唾骂！

原载于《路与书》（老人河丛书）　来新夏著　中国青年出版社1997年版

# 受伤的民族感情

影片《泰坦尼克号》上映后，一时炒得火热，不仅报刊连篇累牍地宣传，也是人们街谈巷议的重要话题。有位专攻美学的朋友，对艺术要求甚严，也向我推荐这部影片值得一看。使我对这部奥斯卡奖巨片不禁怦然心动，想要亲临一看究竟；但是，我因厌烦公共场所的嚣杂，已有二十多年没有进过剧院，所以犹豫不决。一位年轻同事，把他新置的全套影碟相借，让我在书房里用电脑观看，既免喧嚣扰人，又得真切观赏，两全其美。我不得不佩服年轻朋友处事的灵活和对我的关心。

看过以后，确是不错，但并不如人们所推崇之高。它虽然场面富丽堂皇，生死恋情也颇有感人之处，固不负金奖之称。但还觉得尚有空白点，对人物性格和心理状态表现不足，如船长的刚愎倔强，设计者的负疚不深，刻画女主角未婚夫的龌龊卑鄙不够淋漓尽致，男女主角一见钟情的爱情发展缺乏层次，等等。因此，很想找到有关本事的脚本、小说和论述等看看，以求进一步了解完整的情节。等到一打开出版广告和读书报之类，满目多是《泰坦尼克号》的资料，甚至还有全剧结尾的新设想，真让人眼花缭乱，无所适从。于是决心到书摊上去实地考察，哪知数量多到令人目不暇接，经过反复筛选，终于买到一本1998年第2期的《电影季刊》，篇幅适中，内容完整。刊中登载了美国华特劳德所写的《泰坦尼克沉没记》，可得故事的全部梗概。但当刚翻到目录的第七章时，有两行文字赫然入目，文曰：

幸存者中，据说偷偷爬上救生艇的几乎全部是“中国人”或“日本人”。

中国人竟然是大难临头时偷偷逃生群中的大部分，立即像无数箭镞射中我一样，重重地伤害了我的民族自尊心，但我还期望这只是偶然的一笔，就急于去读

第七章的正文，孰知写得更为明确地刺人。它不仅在章首小序中重复了目录中的词语，而且在正文中更写出使人震惊的语句，那就是：

> 对那些幸得生还的人来说，在偷偷上了救生艇中的全部是“中国人”或“日本人”，而从甲板上跳下来的是“亚美尼亚人”、“法国人”或者“意大利人”。

这段话把中国人又贬低了一个层次，因为亚美尼亚人等至少还是明目张胆从甲板上跳到救生艇上，颇有点“好汉”气概，而中国人和日本人则是偷偷爬上去的，不仅怕死而且还卑鄙。我真为我的同胞羞愧，为东方人难过，怎么不光彩的是东方人，而西方人即使逃生也还多少有点“英雄气”，因为他们不是偷偷的。我不能相信这是事实，我在影碟中没有看到这偷偷逃生的场面，也许我疏忽大意了，于是又一次仔细地看了光盘，仍然没有发现。在同章紧连着的一段中又写道：“意大利驻美大使要求六副罗伊道歉，因为他说话中用了‘意大利人’，有几分‘孬’的同义词。”如此看来“中国人”岂不更是“孬”之又“孬”吗？我虽不是什么大使，但我是中国人，不能不对或者是目睹者的罗伊提出质问。

原载于《一苇争流》（历史学家随笔丛书）　来新夏著　广西人民出版社1999年版

# 从阿Q心态说起

几年前，我写过一篇名为《且去填词》的短文，借宋仁宗与柳永的故事，批评那些有专业特长和深厚造诣的人士，正在踔厉风发之际，不知出于什么动机和外力，或被动加官，或主动谋官，更有些人手伸得很长，精力分散，以致放松和不注重向本专业领域巅峰进发的现象。我出于惋惜人才的浪费，顺便说了宋仁宗几句好话。我说宋仁宗看中柳永的长处，让柳永扬长避短，“且去填词”，无意中造就了一代词宗。文章发表不久，山东有位素未谋面的年轻朋友提出了异议。他认为“仁宗显然是把柳永视为只知填写艳冶小词的无行文人，难当大用”。于是我专门写了封信回他，解释我的这篇文章“虽在说三，却是道四，是借古喻今”。这位朋友表示理解，于是刚刚开头的争议，也就各说各话地愉快结束，以后还曾有过几次信件的来往，保持了因学术异议而促成的友谊。

今年年初，我把1999—2001年所写的随笔结集出版，没有书名，想来想去，终于选用《且去填词》那篇文章名拿来做书名。我除了把原文章拿来作代序，以再一次阐述我的立意外，还在后记中又写了一段引申的话说：“我真期望各行各业的精华，各尽各力，发挥有特长的一面，‘且去从政’、‘且去写小说’、‘且去建造’、‘且去发明’、‘且去教书’、‘且去这个’、‘且去那个’……”

小书出版不久，偶尔在南方一份周报上，读到北京一位素有交往的老朋友所写的一篇文章，名为《且去做人》，很高兴。因为“且去如何”已经从我的只“见物”发展到老朋友的更“见人”，既引为同调，自当拜读。文章的开头是对《且去填词》故事发表了自己的见解，认为宋仁宗“对柳永的轻蔑态度，是一望而知的”，其根据是“仁宗显然早已接到过什么人打的小报告”，接着是一大段批评的话说：“现在有教授做翻案文章，说仁宗命柳永‘且去填词’，是

爱惜其文学才华，我怀疑这是阿Q心态使然。”多亏老朋友笔下留情，没有点名批判，但我还是对号入座，揽在自己头上。朋友间的相互质询，本是学术生活中的常规，何况并未恶语相加；但这一提示却引起我做深层思考。对宋仁宗的全面评论，是需要花功夫，费文字去做，即就仁宗对柳永的态度而论，也可以仁者见仁，智者见智。若从阶级斗争观点来看，可以把仁宗批得一无是处，因为他是皇帝，是统治阶级，尽干坏事，所以只要“一望”，就可知他“对柳永的轻蔑态度”；如果从二分法来看的话，仁宗在宋朝还属于好皇帝一边，也许有对柳永怜才的一面，所以我给他一个“知人善任，尽其所能”的评语。也不能算过分。我以为这是对历史人物的不同看法，似乎不牵涉“阿Q心态”的问题，说出来和老朋友探讨。

由此，我又做进一层思考，我是不是暗藏有一种“阿Q心态”？有的。因为最近我写了一篇短文，题目是《人生幸福何为先》，答案是“人生幸福达为先”。并发挥其意说：“语云‘达人知命’，惟有‘达’才能真正认识人生。如视坎坷为人生必经之路，视一时辉煌为过眼烟云，视未被启用为淡泊明志，视欢乐为一时兴至，视离合为宴席之聚散，视家无余财为君子固穷，视家人父子若友朋相聚，视挨整受压为心无愧怍……此皆为达人知命之念，虽有阿Q之嫌，终有幸福之乐。”我在这里已自我怀疑有阿Q之嫌，那足以证实我的朋友确实独具慧眼，看透了我那种暗藏的“阿Q心态”，我应该感谢这位老朋友的启示。

但是我仍然划不清“阿Q心态”与通达之间的区别。请教了几位专研鲁迅的学者：什么是“阿Q心态”？虽难有确切的界说，但都给了我不少启示。思索良久，两者还是有所不同。“阿Q心态”是一种卑怯心态，是明明失败，偏要自诩为精神胜利的虚骄心态，是一种虚空的自我满足和无根的妄想，是用以逃避现实而沉醉于梦幻；通达的观念则是识透世情的个人解脱，把一些萦绕心思的诸般事务付之于淡然，以力求超脱世俗，追求宁静致远的境界。这种想当然的区分，可能引起方家的讪笑，但也许从而得到高明的指教，让我明白明白到底我有没有“阿Q心态”？

原载于《中华读书报》2002年5月29日

# 儒商与商儒

中国的“重儒”现象源远流长，大约与汉武帝时的“独尊儒术”有关。在汉前的百家争鸣时代，儒家学派只不过是各学派之间的一派，连儒家的嫡系传人孟轲都自承儒与墨、杨为当时学术的三大派，法家的韩非子也说“儒分为八，墨离为三”，到司马迁的父亲司马谈评论学术思想的“六家要指”中，儒家也只是序列于阴阳家之后的六家之一而已。后来，儒家的地位从官到私显然都渐趋于“独尊”。于是“儒”字便被用来作为褒词：读书人称为儒士，有文化的将军称为儒将，读过《本草》、《伤寒论》之类的医生称为儒医，一辈子只会读圣贤书的人称为纯儒，学问渊博、处世通达的读书人称为通德，行为素质好称为儒雅……“儒”已成为美妙无比的字眼，甚至由于“逐什一之利”而被贬为四民之末的商人，只要有点文化，行为端方，总喜欢自我标榜或被人加冠为“儒商”。

“儒商”的最早代表人物可能是子贡。《史记·货殖列传》中有明确记载，说子贡从学于孔子，是儒家弟子，做了一段官后，就到山东地区做囤积居奇生意，成了七十子中的“大款”，无疑是地地道道的儒商。和他同时的计然、范蠡和白圭等也都被司马迁纳入《货殖列传》中。白圭甚至被定为治生之祖，即儒商之祖。从此形成一套学—仕—商的完整公式。

历来儒商大体循着这样一条轨迹活动。儒商一般经营正当商业，持筹握算，懋迁有无。清初曾出现过一位扩大经营范围到游乐业的儒商李渔，最近从一份名为《文学与文化》的刊物上看到，有一位黄果泉先生写了一篇题为《千古奇士：儒而商者李渔》的论文，从李渔的卖文笔耕、出版经营和家班献艺三方面来为李渔定儒商之位，他的结论是：“李渔是位文士，确已不复是纯粹的传统文人，因为他一生与商贾结缘；李渔从事各种经营活动，但又绝不类同于普通商贾，因为他毕竟有文士的底色。儒而商者是他的文化定位，也是他奇异独特之所在。”

李渔确是很典型的儒商代表。清代这类例子较多，有的甚至经营为人看不起的丧葬生意以牟利，如诗人褚廷璋，曾官湖南学政，告归后就“以宦囊开凶肆，以其利溥，人争笑之而先生不顾也”（《啸亭杂录》卷二）。有的因为没有达到“学而优则仕”的地步，就下海经商，如松江人董子玉是官宦子弟，因“读书不达”，遂兴贩于闽广间，很是顺手，“贩丝丝贵，贩米米昂，不五六年，奇赢十倍”（《小豆棚》卷八）。

因为有大批儒商出现，商的地位也有了显著的变化。于是原本是阀阅世家、书香门第的“儒”，也颇与“逐什一之利”的商缔交、联姻、欢宴、迎送，形成一股儒与商合为一体的社会力量。这股力量很强，负效应也很大。清初的屈大均称他们为“官贾”，当时已是“官之贾十七”，“这些“官贾”“本多而废居（废通发，发居指出售和存贮而不售）易，以其奇策，绝流而渔，其利尝获数倍”（《广东新语》卷九《事语・贪吏》）。

近代以来，沿海边境地区，又有以儒身份参与外贸经营者，儒商范围逐渐扩大。近几十年，由于值得投身的私营商业几近消匿，“儒商”也就很少被人提起。八十年代以来，“下海”之说兴起，若干可以归为“儒”的人，如学者、文人等纷纷投身经商，而媒介复鼓而呼之，于是商海翻腾，儒者非复当年斯文，拼搏数年，有成龙者，有溺水者，有吞吐盐水又爬上岸者，不论如何，他们总不忘儒者衣冠，颜以儒商自许，于是“儒商”之名再起，逐渐流传而成另一种美称，前几年，甚至召开过关于儒商文化的讨论会。这种由儒而商，或由儒而官而商，总起来看，儒商仍被社会视为一种降幂顺序。

与这种降幂顺序相反的是另一种升幂顺序，即经商致富后而谋得到儒的身份，古代表现的形式一般是由商入仕，通过纳资、输边，换取一个“仕”的职衔，因为绝大部分“仕”的个人成分多是读圣贤书的“儒”，所以便呈现一种“商儒”的社会现象。

还是以清朝为例，雍正四年山西巨商王廷扬就以捐纳军费换取官阶（《永宪录》卷四）。乾隆时扬州大药商陈见山开设扬州第一家大药店青芝堂发家，捐了个同知衔，自以为已入缙绅先生之列，非常得意，常常穿着天青褂五品补服出入于喜庆宴会。某次宴会上，有一刻薄少年冲着陈见山那身五品补服，向另一少年出一上联说“五品天青褂”，另一少年即对曰“六味地黄丸”，以嘲陈见山的“商儒”身份（《履园丛话》卷二一）。近代以来，由商而儒者不乏其人，广州沿海的行商无不具有即“官”即“儒”的身份。杭州庆余堂药店的胡雪岩更是一时炙手可热的“红顶商人”，应算是儒商的极致。

欧美各国大资本家向大学捐资而得“名誉博士”荣衔者，也时有所闻，不足为怪。近一二十年，我国也有久拥巨资或先富起来的“商”，因斥资支教兴学而获各种含有“儒”味之职衔，虽名利各有所图，但尚不失为一善举，未可厚非。

但是中国人终究讲实际者居多，于是一部分“商”而富者，固不屑于虚衔而多注目于能真正体现“儒”味的硕士、博士等身份上。特别是其中少壮部分，纷聚于名校，从师于名流。如果这些人真是“商而富则学”，认真向学求进，提高文化素质，无疑应当受到社会鼓励与欢迎；但实际又不尽如此，近年所见所闻，多有不惬人意者。攻读以自学为主，笔记以传抄为本，论文唯枪手是任，考试则李代桃僵，加以上下交结，师弟联欢，时有兴建，频行善举，于是顺流而下，无不得心应手。及修业期满，学位唾手而得，昂昂然无不商其内而儒其外；于是中等文化一跃而为博雅之士，老总之名一易而为博士，苟究其学，则瞠乎莫知所对。

胸无底蕴，徒为名片增一行文字，其无谓也甚！这类人终其身不能得“儒商”的气质，而不得辞商儒之雅号。尝读明刘青田《卖柑者言》有云“金玉其外，败絮其中”，凡我新商儒，慎勿蹈此言！

原载于《光明日报》2000年8月3日

# 书生论

书生无疑是指读书人而言，他们主要是读书立言，对于世事可称不谙，对人际关系往往处理不好，在具体事务面前又时时束手无策，所以总被人们以“百无一用是书生”相揶揄，在文艺作品中也常常被塑造为受嘲弄的对象，本色如此，无可抱怨。“百无一用是书生”，想来是从许多事实中总结出来的共识，例子俯拾皆是。历史上南朝梁刘勰写成了一部文学批评的不朽名著《文心雕龙》，但“未为时流所称”，得不到社会承认。刘勰难于割舍，又走投无路，百无一用，只好求助于当时的文坛班头沈约，让沈约说句话；但是，沈约地位贵盛，无法晋见，于是刘勰背着亲手抄的《文心雕龙》到沈约府门口蹲着候见。当沈约出门登车子时，这位无用的书生求见车前，“状若货鬻者”，沈约取读之后，“大重之，谓为深得文理，常陈诸几案”（《梁书》卷五〇）。真是一经品题，立即身价百倍，这部《文心雕龙》才得以百世流传，后世有多少人还靠它谋升斗之需。刘勰如果没有沈约这样的权贵为之打招呼，那么，刘勰就可能潦倒一生，与草木同枯，而《文心雕龙》也将如一捆废纸般地散落遗佚。当今类似刘勰那样以文字乞求出路的也不是没有。一些书生不论是初出茅庐，还是皓首穷经，经年累月，终成一书，于是请名流作序，揄扬文字；烦人托窍找出版门路，还殃及妻女，脱簪珥以筹措资助；幸得接受，三年五载，翘首以待；一旦问世，索书赠书，所费不赀；稿费或言明无酬，或所得戋戋，难敷购书之需；或迟以时日，遥遥无期，于是函电交驰，诉之以苦，动之以情，历经年所，所得不过豪客一席之费；甚有分期滞付或身后交付遗属者。子罕言利，书生徒唤奈何！百无一用，迹近“文丐”，虽不中，亦不远矣！

然而，也有些书生一旦风云际会，或科场得售，学而优则仕；或得权贵提携，平步青云。但他们大多是“尚论唐虞，空谈孔孟，不切时务而自鸣清高”，其结果非但败了大事，也坏了书生的名声，误国误己，无用的书生又得了个“书生误国”的骂名。远的如宋、明那些“平日袖手谈心性，临难一死报君王”的书生们，平日空谈天道性命，遇事不辨是非，束手无策，只等待着“杀身成仁”。施耐庵在写《水浒》的时候，就看透了书生无用这一点，所以把在梁山上运筹帷幄，最后断送梁山事业的书生型军师命名为“吴用”。近之如“文革”时期不同型号书生的落水，有好几位大牌书生就曾被指派入“梁效”之瓮，当时也确为他们解除了一时的困境。由此也引起日后遭到非议与责难。在这个问题上，我看不要过多或过甚地指责某个具体人，因为当初是打着红旗来启用安排的。这些长期受惯“指向哪里，打向哪里”教育的无用书生，哪个敢不乖乖地应命。这些书生开头也是受“四人帮”主上的“戏弄”，待“四人帮”覆灭，这些书生又按要求经过一段艰难的“说清楚”之后，才又回到书生的本位上来。他们的起起落落正反映了中国书生的不够成熟，缺乏独立性格，因而他们很难摆脱受权贵左右的阴影。

其实，从古至今的书生遭遇，早在两千多年前，就被史学先师司马迁看透了。司马迁在备受荣辱“戏弄”后，头脑清醒多了，看问题深刻多了，所以在其《报任少卿书》中说：“文史星历，近乎卜祝之间，固主上所戏弄，倡优畜之，流俗之所轻也。”（《汉书》卷六二）司马迁凭他的阅历，一语道破，为书生的悲剧性格定了调，为千百年来书生预言了命运。

如果按司马迁所分析那样，那么某些被“指派”到“梁效”写作组去的书生，只不过是书生群体总悲剧中的一个角色而已，似乎无须过分苛求而应给以谅解的。所以有人就比较宽容地对没有来得及清理这一段往事就谢世而去的一位书生，发自内心地吐出了一句“毕竟是书生”的心声，这真是有分寸、有叹息、有爱护的至言。“毕竟是书生”与“百无一用是书生”的主要含义并无二致，只不过前者包含的层面多一些，它既有对人的曲谅，也有自我解嘲的打趣，又有自我辩解的无奈。

近年来，也有为数不少的老书生，以文字和口述形式写自传，表述一个书生对自己人生历程的自我认识。他们都是久经沧桑，有过许多起伏跌宕的生活内容，知人论世，有不少值得借鉴之处。他们无所隐晦地坦陈一生，不仅让人们理解书生的真实心路，而且也使人从对某个人的个案探求中推向对书生群体的考索，启示中国的书生能以前车为鉴，摆脱受“戏弄”的窘境而日趋成熟。

但是，不能不看到中国的书生并不都是无用和不成熟的。有些人曾以自己的

行为写出中国书生走向成熟的历史，如朱自清先生的不食嗟来，老舍先生的宁折不弯，冰心女士的恬淡人生，巴金先生的深沉《随想》，等等等等，不都是从不同侧面让人看到中国书生具体的成熟形象吗？

原载于《中华读书报》1999年5月12日

# 宽松过年

《时报》的《苦乐年关》栏确是个绝妙的命题，因为过年不是单一的苦和乐，而是苦中有乐，乐中有苦，苦乐交错的。特别像我这种四世同堂或是五世同堂的大家庭，更难妥善处理好年关的苦乐。这种苦乐集中表现在“团聚”问题上，稍有差错，便闹得举家不欢。如某一成员不能及时赶到，哪个孩子摔碎碗、说错话，团圆饭不合某人的味口，等等，都会带给喜乐新年以某些苦涩。

那年，我按照伟大战略部署在津郊插队，数九寒天，从两百里地的远郊赶回市内老宅，三弟则在年三十晚从北京返津。母亲怕三弟行李多，派我去接站，由于天黑人挤没有接到，又派我儿子到老宅附近的汽车站去接，直到九点多，三弟始归来，原来他为学习雷锋送别人到西头去，全家老小闷闷不乐地草草吃了顿年夜饭。二弟去台四十年，了无音信（现已有下落），每年年夜饭的桌面上必放一副碗筷，母亲睹物思情，又不愿落泪，只是含着眼泪扒两口饭便离桌暗泣。我处在仰事俯畜的中坚地位，既要上养亲心，又要下抚儿孙，伤感与抱怨，合成苦涩的酒，让我独自低斟慢酌。

又过几年，父母年事过高，不堪烦扰，我家成了“团聚”中心。渐渐我也感到一则以喜，一则以惧，喜的是一家在一起包饺子、守岁，惧的是耗神费力，众口难调，而且各家有各家的事，媳妇、孙女要去做头（烫发），儿子要和铁哥们儿在家聚聚，女儿按老规矩要到婆家吃年夜饭而礼节性地来走一趟，而自己忙忙碌碌地至少准备八小时，翘首以待，好不容易聚齐，匆匆一吃，发完压岁红包，大人要回家应酬自己那一圈子人物，孩子急着回家看春节晚会、放鞭放花，又匆匆而散。杯盘碗碟留给我们作为除夕夜的消遣。得到了理不清的苦乐。

近年来，岁月推移，我已无斩关夺寨之勇，遂通告儿女：宽松过年。并明确有关政策数条：

其一：取消团聚一处共进年夜饭的传统方式；

其二：每年过年费用原由我承担的“优良传统”仍继续保留，但略有改动，即改集中为分散，在灶王爷上天（腊月二十三）以后，儿女各家按人头来领取过年费，过年费的发放标准，按“量老夫之财力，结儿孙之欢心”原则，结合当时物价之浮动率酌定之；

其三：如愿请安辞岁者，可充分利用传媒工具，电话、电报、传真均可；如在本埠愿亲临慰问者，有干鲜果品、清茶咖啡招待。

如此而行，各自为政，各行其事，各得其乐而无所拘掣，虽异地而处，犹晤对一室，烦恼既少，亲情益增，何必非拘泥于形式之一统。此我之家庭联邦式的宽松过年法，高年翁媪，盍一试之！

原载于《冷眼热心——来新夏随笔》（当代中国学者随笔） 来新夏著 东方出版中心1997年版

# 虚岁、实岁辨

我生于1923年，今年虚岁九十岁，实岁八十九岁，亲友、学生提议为我“庆生”。但出现两种意见，一种认为应以“虚岁”在今年（2012年）过，另一种认为应以“实岁”在明年（2013年）过，请我裁定。这个问题在我八十岁时就出现过，当时我曾经思考过，但答复很简单。我说我的家乡习惯是“男虚女实”。一般对“虚岁”常用“行年”或“初度”，与“实岁”区分，所以就标举“八十初度”以示我同意生日过“虚岁”。于是在2002年举行了“八十初度”的聚会。如今又旧话重提，出现究竟在2012年，还是在2013年过？当时我认为八十岁时的答复，仅就习俗而言，缺乏较具体的解释。为了更好地答疑，就想了两条理由，大概可以说明“虚岁庆生”的合理性。

一是按历史学编年记事的规则，凡人一出世就应该是一岁，否则编年体史书于人的出生当年都应归在“零”岁，零就是没有，零岁就是没有这一年，那么这一年的各种事就无所归属。如按“实岁”记，一个人到出生的第二年，才算一岁，那么会不会以后记事皆错后一年？我认为人一出世就昭示着生命的存在，而因每个人出生月份不能满打满算，所以一岁因多不足年而称“虚岁”，是客观而且合理的。有了这个“虚岁”，这年的记事就能有所归属。因此应以“虚岁”记事排序为好。

二是从中国至今尚在使用的旧历（夏历）历法看，每四年一闰，即每四年增加一个闰月，今年旧历就有两个五月。经过四十八年，就累计增加十二个月，恰恰是增加一年。那么，过了四十八岁，即多了一年，实岁四十九时，已在人世间过了五十个年头。依此，在实岁四十九岁时，就可以过五十大寿。

根据以上两条理由，我还是照“八十初度”旧例，在今年实岁八十九时过九十初度。因为我实际上已在人世间行进了九十年。亲友、学生听了我的释疑，

也就在今年6月间共聚“庆生”。

究竟是以“实岁”，还是以“虚岁”过生日，本是无关宏旨的小事，不过想到母亲生我的辛苦，也应该在婴儿落生那一年算一岁。一以庆自己来到人间，对我来说是新生；对母亲来说生育像闯鬼门关那样，是再生。所以对过生日有称“庆生”的，它包含庆自己和谢母亲的两重含意。又联想读书、写书时，遇到人无一岁，不免有点困惑。读古人书都是虚岁记事，生在民国时的人也都是出生就有一岁，了无障碍。如记晚清出生，活到当前以“实岁”为标记的时代，出生后这年的记事只能记在零岁下了。我过去撰写《近三百年人物年谱知见录》时，各谱即按传统旧例，谱主出生就是一岁。这样记事前后顺畅清楚，不易出差错。我写《自订年谱》也采取出生即一岁的写法，那么1923年生，到2012年，正是所谓“虚岁”九十岁，所以我表示应在实岁八十九岁时庆九十。如果我能活到百岁，我无疑在九十九岁时聚会亲友、学生庆百岁，甚或会在九十八岁时就庆百岁，因为过了九十六岁，即满两个四十八岁，按旧历历法算，已多活了两岁，称百岁亦是名副其实的。

总之，我认为无论旧历、公历，对人出生那一年，都应给以一岁（虚岁），既合情，又合理。

在人生道路上，走了九十年挺不易，也很累，但生死有命，什么时候是个头，自己说了不算，听天由命吧！但九十年岁月还是值得庆贺，需要报恩。我沉浸在欢笑中，已乐得有点犯糊涂，对“实岁”、“虚岁”瞎算了这一笔账，是对还是错，都请读者指正！

二〇一二年七月写于南开大学邃谷

原载于《中老年时报》2012年7月24日

# 牛年颂牛

鼠年很快就要过去，牛年即将来到。

牛在十二生肖中居第二位，是最贴近人们生活，也是人们最喜爱的动物。在日常生活中有许多语词赞颂牛，也常把这些语词作为对人的赞誉。牛的本性，不辞劳苦，埋头苦干，于是人们把一生敬业，默默奉献的人称为“老黄牛”。人很不容易得到这种赞誉。

牛是人们主要生命来源的依靠，人都要吃饭，要吃饭就要耕耘，所以牛和农业生产有着密切关系，在十二生肖中只有牛字上往往冠以耕字，称为“耕牛”。历代有许多著名画家，绘《耕牛图》、《牧牛图》来赞颂牛的勤劳。画家曾为清雍正帝绘有多幅《耕织图》，描绘雍正为表示重农亲自扶犁驱牛的情状，皇帝和牛出现在同一画面，而牛被放在画面的中心部位。一些贤吏把牛作为提倡农业的号召，汉宣帝时渤海太守、循吏龚遂为能改变农业荒废现状，号召民间“卖剑买牛，卖刀买犊”，以蓄养大小牛只，鼓励从事农业，使民春夏趋田亩，秋冬课收敛，而“吏民皆富实”。我在上世纪七十年代，远放津郊，务农四年，几乎有三分之二的岁月与牛相伴：春夏赶牛车运用具、肥料，秋运柴草、收成，冬冒严寒，拖着一个小碌碡去压地保墒，为来年春耕做准备，牛总是那么竭尽全力。牛的这种精神也纾解我孤寂生活中的苦涩。

牛是农民的财富标志，过去农户以有无牛只来判定家境。无牛就千方百计节省开支买牛，即使牛犊，也给农民带来未来生活有着落的期待。有了牛不但减轻了农户的劳力负担，还标志着农户在走向兴旺。上世纪五十年代初，我在湘西的一个山村参加土改，在后期分果实那天，除了分田分地分浮财外，还分牛到户，即使分半头牛、一条腿，都会合家欢乐喜悦，因为从此可以在乡邻间夸耀自家有牛啦。这一天，我也尝到以陶炭炉煮河沟里捞的小鱼崽的辣味汤的美味，与他们共享欢乐。

牛把自身的一切都奉献给人类，它作为牺牲参与各种不同祭祀作祭品而称为“大牲”。母牛的乳汁，滋养着大人、孩子的成长健康。牛乳的色泽晶莹，味道醇美，引动诗人苏轼把它作为美味的最高比喻，苏轼的《玉糁羹诗》有句云：“香似龙涎仍酽白，味如牛乳更全清。”牛肝胆中的块状物称“牛黄”，是牛的沉重病痛，但它确是人们急救中风的良药。药学家、明人李时珍曾云：“牛之黄，牛之病也，故有黄之牛，多病而易死。”因其病在心及肝胆之间凝结成黄，故能治心及肝胆之病，世所服用的牛黄清心丸及安宫牛黄等急救中风的神丹妙药即以此为主料（必须是真品）。牛尿称为“牛溲”，也是一种药材，《本草纲目》上说它“气味苦辛，微温无毒，主治水肿、腹胀、脚满，利小便”。

牛是大和多的形容词。牛的耳朵很大，所以古籍中注解树叶之大曰“叶大如牛耳”。而它更具有一种为首和示信的含意。古代诸侯结盟，主盟人亲手割牛耳取血置珠盘，加盟者就盘各尝牲血，谓之“歃血”，盖借牛的诚信以示盟约的共守效力。刀之大者称“牛刀”，俗谚有“割鸡焉用牛刀”，以寓大才不得小用。牛鼎是能容一牛的食器，若用来煮鸡，无异是大材小用，是牛在人们心目中的地位可知。牛毛喻数量极多，杜甫在《述古诗》中说：“秦时任商鞅，法令如牛毛。”

牛有浓郁的亲情，所以世人用“舐犊情深”来形容亲子之情，倘若仔细观察，常看到小牛迅捷过河后，不是掉头而去，而是站在对岸，回身仰头长鸣，等待老牛缓慢地渡河。每见此情状，能不令人潸然？览宋人毛益的《牧牛图》，老牛在前凝重缓行，似在等小牛更靠近点，小牛则奔跑着追老牛，憨态可掬，依恋之态，跃然纸上。

牛还有许多值得人们借鉴的美德，不是一时所能尽说，这里只是拈数例而已。明代理学家刘宗周在其所著《人谱》中曾说“六畜之中，有功于世而无害于人者，惟牛与犬”，给牛以公允的评价。在牛值年的牛年，人们希望像牛那样，虽然脚步略慢些，但却是平稳不停地在前进。人们将以牛所具有的勤恳、宽容、和谐的品格，筑成一座坚实的防火墙，抵抗住金融风暴，让天下苍生平平安安地从牛年进入奔腾跳跃的虎年！

戊子年岁末写于南开大学邃谷

原载于《今晚报》2009年1月28日

# 虎字成语拾零

虎是百兽之王，具有雄刚武壮之姿。它虽在十二生肖中居于第三位，但总让人感到是一种威慑力量，所以在生活成语中常常把它作为主要构成部分。另几种生肖也常出现在成语中，但往往贬义者居多，如鸡零狗碎、鼠窃狗偷、牛鬼蛇神、人仰马翻、顺手牵羊和兔死狐悲等等，而虎的成语虽也有贬义者如养虎遗患（或作贻害）、如狼似虎等等，但是，仍以含褒义者居多。

我最早听到的是“虎头虎脑”，那是随母亲到亲戚家去吃满月酒，母亲对新生儿的赞美之词，言其相貌堂堂，祝祷其日后非将即相，主人听后面露笑容，一面抚爱婴儿的头顶，一面感谢母亲的祝福。这是我最早听到的虎字成语，这一成语的雅致化就是“虎子”，三国吴名将凌统很看重他的两个挨肩儿子，曾向客人介绍：“此吾虎子也。”待我入学之后，祖父授读《幼学琼林》时，有一段印象深刻的话：“除凶不畏凶，曰不入虎穴，焉得虎子？”感到颇有气势，心向往之，祖父还为我讲了这句话的来源，初见于《后汉书·班超传》，后见于《三国志·吕蒙传》，二者在字词上略有不同，前者作“不入虎穴，不得虎子”，后者则作“不探虎穴，安得虎子”，相隔百余年而犹流传人口，可见其影响的深远。后来，随父亲调职，寄居南京，常听到父亲的同事们谈到南京城时，不时会说“虎踞龙蟠”之势，偶尔也迸发一两句旧诗，如李白的“龙蟠虎踞帝王州”等。当时，我已上中学，知道这是描写南京城形势的雄伟险要。不意几十年后，毛泽东为抒发闻大军过江的豪情而写下“虎踞龙蟠今胜昔”的名句，可见这一成语有魅力。

随着岁月的推移，读书愈多愈杂，虎字成语时时可以遇到，其中最引人注目的莫过于“狐假虎威”，它与“狗仗人势”有异曲同工之妙，又颇有点昂然气势，很像大老爷有人开道，道旁路人闭目垂手的样子，显示出老虎的一派威严。

据说这句成语起源甚早，在《战国策·楚策一》中有一段很有趣的故事，当老虎要吃掉狐狸时，狐狸说，你不敢吃我，因为天帝使我长百兽。你如不信，可在我身后随行，看看百兽是不是见我就吓跑了呢？事实果如所说。这句成语固然讽刺狐狸的狡诈，但老虎居然“不知兽畏己而走也，以为畏狐也”。真是个十足的大傻瓜。两千多年来，“狐假虎威”之风似未稍杀，主官为僚属利用而懵然不知者，已非少见。近几十年来的“拉大旗当虎皮”之说或也由此孳生。比这更早一点的是见于《易经·颐》的“虎视眈眈”，形容像老虎那样狠狠地注视着。“虎尾春冰”则是从《尚书·君牙》的“心之忧危，若蹈虎尾，涉于春冰”之语缩略而来。因为踩着老虎尾巴，会触怒老虎，有被吃掉的危险，而春冰将融，从上面过去可能掉入冰窟中被淹死，都是令人畏惧的事。近人所说“老虎屁股摸不得”，似乎也由此演化而来，因为谁胆敢摸老虎屁股，必定没有好下场。老虎虽然凶残，但很有亲子之情，所以有“虎毒（此二字应作於菟，楚地方言於菟即虎）不食子”之语，为今人引作疼惜子女之据。用虎字组成的成语还有很多，如“虎背熊腰”喻人之健壮，“龙行虎步”喻仪表之有富贵气象，“谈虎色变”言虎的威力远震……

为了迎接即将来临的虎年，从虎字成语中随手零拾多例，略加小释，或可备除夕长夜守岁之谈助云尔。

原载于《邃谷谈往》（说文谈史丛书） 来新夏著 百花文艺出版社1999年版

# 马年颂马

蛇年即将过去，马年就要来临。蛇虽经世人比附于龙，而称为小龙，又由伟人以“山舞银蛇”加以包装，但仍然给人一种麻酥酥的不舒服感，特别是妇女儿童都避之唯恐不及。而马则完全不一样，马有许许多多可说的故事，又和人有方方面面的亲密关系。因而马颇为人们所垂爱，而马年也就成为备受欢迎的生肖年。

马有许多佳名美誉：千里马、天马、宝马、汗血善马、骏马、老骥、白驹等等。唐太宗屡用以征伐的六骏、周穆王巡行天下的八骏、汉文帝有良马九匹号为九逸，都各以其形象、毛色和速度，赐以嘉号。髫龄读《三字经》，就知道“马牛羊、鸡犬豕”等六畜，马与牛羊列上珍三品，而马居六畜之首。稍长读《幼学琼林》有“騄駬骅骝，良马之号”之句。走到商肆店铺，常见“骅骝开道路，鹰隼出风尘”的对联，以企盼经营顺利，生意兴旺。

马在史传中多记有故事，《史记·大宛列传》记张骞使西域，在给汉帝的报告中，盛陈大宛名特产，特指称大宛“多善马，马汗血，其先天马子也”，后又有使者夸赞其马。并言最善者在大宛贰师城，武帝急于得善马，曾派人“持千金及金马，以请宛王贰师城善马”，遭到拒绝，于是不惜派贰师将军李广利以数万专门之师，直趋贰师城，取得善马。赐名“天马”。可见善马之为时所重。

马在人类社会生活与事业中，有着密不可分的关系，在古代日常生活中是重要的交通工具，也是建功立业的战具，至今流传着许多成语、俗谚。终日奔忙谓之“马不停蹄”，不迷方向称“老马识途”，不乱行止惟“马首是瞻”。祝事功有成，莫不言“马到成功”。若言文采，李白自荐于韩荆州而称“虽日试万言，倚马可待”。晋桓温北征，才华为一时所称的袁宏（虎）相从，“会需露布文，唤袁倚马前令作，手不辍笔，俄得七纸，殊可观”（《世说新语·文学》）。北魏傅永，字循期，有才干，拳勇过人，“能手执鞍桥，倒立驰骋”。可惜只是一介武夫，连友人的来信都无法回复，而请另一位朋友代答，遭到拒绝，于是“发奋读书，涉猎经史，兼有才笔”，终于成为一位文武全才。建立事功，以至魏高祖常常叹服说：“上马能击贼，下马作露布，惟傅循期耳！”事见《魏书》与《北史》。傅永的功绩，马至少作出了一半贡献。秦皇统一六国，马之功居其半，兵马俑可为一证，铜车马得行军快速之效，马踏飞燕示马之迅猛，驰道之修亦利马之驱驰；唐太宗连年征伐，所驱策者六骏，贞观之治，六骏有其功。太宗不仅自撰《六马赞》，还刻石镶于墓室，示至死不能须臾离六骏。是以元人王恽题唐韩幹画马诗有句云“昭陵六骏秋风里，辛苦文皇百战功”，以赞叹六骏之勋绩。俗语有“马到成功”之说，正以马之屡建大功，深得人心。而“一马当先”正以见勇士之奋进。

马以速度见称而成为古代交通工具最佳之选。周穆王以八骏巡行四方，升昆仑之墟。传说还因八骏之快捷而缩短了与西王母相会的时间。光阴似箭，而以马之疾驰为喻者，尤所习知，即下智若秦二世，亦深明此理。《史记·李斯传》记称：“二世燕居，乃召高与谋事，谓曰：‘夫人生居世间也，譬犹骋六骥过决隙也。’”《庄子·知北游》中说：“人生天地之间，若白驹之过隙，忽然而已！”汉张良、魏豹的史传中亦都有“人生一世间，若白驹之过隙”。是可见周秦以来，已以良马白驹之快捷喻光阴之迅速。

河图洛书相传为文化之肇端，白马驮经得外来文化之滋润，马遂为重要文艺题材之一，画家色彩，毕现马之威武、飘逸、洒脱、奔腾种种美姿；八骏、六骏以及百马之图永为画家笔墨所至，唐曹霸画马，诗圣杜甫为作《丹青引》诗以赠，佳篇传诵至今。现代画家徐悲鸿亦以画马获誉海内外，人争仿作。我国最早一部诗歌总集《诗经·小雅》的《白驹》之什，就有“皎皎白驹”之句，言良马之毛色，《六月》颂“四牡骙骙”，则言良马之强壮。诗人笔下，马更是重要写作对象，《古诗十九首》之“胡马依北风，越鸟巢南枝”，喻人之不能忘本，魏武以老骥自喻，世传名句。唐宋诗人更多吟咏，杜甫诗集随手翻检，可得咏马之作多首，而汗血善马之刻画，尤令人神往。其《房兵曹胡马》诗云：“胡马大宛名，锋棱瘦骨成。竹批双耳峻，风入四蹄轻。所向无空阔，真堪托死生。骁腾有如此，万里可横行。”宋王安石的《骅骝》一诗，更为简洁动人，诗云：“骅骝亦骏物，卓荦地上游。怒行追疾风，忽忽跨九州。”宋孤臣郑思肖发出“此地暂胡马，终身只宋民”的悲愤，充分表达眷念故宋的旧情。类此难以尽检。

颂赞马的故事和诗文，还可以搜求到无数。只就这些拾零，便能看到马的威武、强壮、俊逸、飘洒、快速等特有精神和建功立业的气概。在迎接以马作为生肖标志的新一年，愿马的诸种优异特性涵盖和润泽我们生活的各个方面与角落，让中华民族像“天马”那样腾跃，让人民过得比蛇年更好！

原载于《中华读书报》2002年1月2日

# 鸡年话鸡

春节一过，由申猴转入酉鸡之年。从束发读书时，鸡是较早进入脑海的字眼，蒙学读本《三字经》中就有“马牛羊，鸡犬豕”和“犬守夜，鸡司晨”的内容。不久，又读《幼学琼林》，知道了更多的鸡词，如“元正磔鸡之朝”，是指正月初一是杀鸡的日子，古时人们相信这可助谷物的生长。“贵贱不忘，素犬丹鸡定约”，表示用红毛鸡来订盟约以昭信义，后世歃血为盟也以杀公鸡喝鸡血酒为信。又说“鸡有五德”，文、武、勇、仁、信。

稍长，涉猎经史子集，渐渐知道涉及鸡的文献已有两千多年的历史。《周礼》有“鸡人”司报晓之职；《诗经》有“鸡既鸣矣”、“鸡鸣不已”等等，歌颂鸡是奋发图强的促进力。读二十四史，鸡的故事更引人入胜。《史记·孝武本纪》记汉武帝以“鸡卜”占吉凶，在《孟尝君列传》中记孟尝君因门客中有能为狗盗者盗取秦库中狐白裘贿昭王幸姬而逃归，但至函谷关无法出关，又怕追者赶来，于是“客之居下坐者有能为鸡鸣而鸡齐鸣，遂发传函”，使追者未能追及，而“鸡鸣狗盗”之说成为小人物也能有补大事的成语。《晋书·赵至传》载赵至与嵇蕃信中说“鸡鸣戒旦则飘尔晨征”，以表明自已夙兴理事的精神。这种“鸡鸣戒旦”的精神被其后辈祖逖所继承。《晋书·祖逖传》留下“闻鸡起舞”的美谈。《战国策·韩策》中记当时有俚语“宁为鸡口，勿为牛后”，为纵横家苏秦引作口辩之资。汉哲学家王充的《论衡》中载汉淮南王刘安得道上升，其家鸡犬随之飞升，“犬吠于天上，鸡鸣于云中”，为后世留下嘲笑一人得官，亲友倚势的典实。

从略检数例的鸡文献中可以看到：

一是鸡以鸣为本色，以报晓为天职，以信德为其五德之首，所以晚唐诗人李频在其《府试风雨闻鸡鸣》中曾说：“不为风雨变，鸡德一何贞。在暗常相觉，临晨即自鸣。”

二是鸡与犬是不可分的主要家畜。主人得道飞升，只带鸡犬，而不带其他家畜，自是一种偏爱。老子以“鸡犬之声”形容人家住户。鸡犬分担司晨守夜工作，发挥着忠心耿耿的警卫作用。我曾看到过一本辛亥革命时的宣传品——《共和新三字经》有句云：“犬守夜，鸡司晨，不革命，曷为人？”甚至以鸡犬的勤于职守来激励人去革命。鸡犬如此紧密相连，所以十二生肖中酉鸡戌犬也依次而列。

三是鸡在信德之外，武德也很引人注意。斗鸡运动至少在三国之前就已风行，因为曹魏建安七子之一的刘桢专为此写过一首《斗鸡诗》说：“丹鸡被华采，双距如锋芒。愿一扬炎威，会战此中唐。利爪探玉除，瞋目含火光。长翘惊风起，劲翮正敷张。轻举奋勾喙，电击复还翔。”这是多么威武雄壮的一幅斗鸡图！唐朝此戏尤盛，大诗人李白便参加过斗鸡运动。天宝史诗家陈鸿在《东城父老传》中曾记玄宗未即位前即喜爱斗鸡，即位后，立“鸡坊”，设专人训练斗鸡用鸡。此风后世相沿，清道光时人施鸿保的《闽杂记》中记福建新年的斗鸡风俗说：“诏安有斗鸡会，人家于年前各择鸡之肥大者留养之。至上元日，于城隍庙中连案供祀，以最肥大者居上，称为元宝。凡得元宝者群贺之，以为一岁利市之兆。”这是用肥鸡作斗鸡赌注，以占一年利市。西方著名寓言《伊索寓言》中有“杀鸡取卵”的故事，讥讽只图眼前利益而罔顾大义的人。近几十年来，还用过“鸡毛可以上天”之语来鼓舞士气，干别人没干过的事。

这些大多从鸡德方面造词立意，但有的词语则不尽然。如魏杨修以“鸡肋”一词招致杀身大祸。《三国志·魏武纪》记建安二十四年三月汉中战役事，裴注引《九州春秋》曰：“时王欲还，出令曰：‘鸡肋。’官属不知所谓。主簿杨修便自严装。人惊问修：‘何以知之？’修曰：‘夫鸡肋，弃之如可惜，食之无所得，以比汉中，知王欲还也。’”《三国志》未记杨修被杀事。《世说新语》刘孝标注引《文士传》则知杨修因多次炫才为魏武所嫉而被杀，是“鸡肋”一词也为杨修被杀之一因。不过宋人曾借食之无味、弃之可惜的寓意而引为所著书名，如赵崇绚的《鸡肋》、庄季裕的《鸡肋篇》及晁补之的《鸡肋集》，均寓作者自谦之美德。“鸡肋”一词遂为后世所熟悉。

原载于《今晚报》1993年1月

# 写给狗年的话题

鸡与狗一直相连而称，蒙学读本《三字经》记六畜的后半句是“鸡犬豕”，显然是按十二生肖排列的，晋朝就有“正月一日为鸡，二日为狗”的说法，排列上天造物的顺序也是先鸡后狗。但鸡有五德的声誉，而狗的评价则是毁誉参半。狗的毁誉往往与人有关，历史文献，不乏记载。

《公羊传·宣公六年》记晋灵公蓄一周狗（周，比周勾结，指挥如意），长四尺而称獒，随灵公指挥去咬人。后来“走狗”之称可能即从与“周狗”音近而来。

《史记·淮阴侯传》记韩信死后，刘邦捕获了韩信的谋士蒯通，追查其帮助韩信谋反的罪责，蒯通即以“跖之狗吠尧”的话来表明各为其主的忠心，后来便以此喻人之“愚忠”。

《后汉书·南蛮传》记一只名盘瓠的狗，因立功与高辛氏公主结合，繁衍子孙，成为“蛮夷”的祖先。在日本江户时代的古典文学名著《八犬传》衍生的故事中便有受此说影响的痕迹。狗成为人的原始图腾。

《三国志·诸葛恪传》记吴孙峻谋杀诸葛恪，恪临出，所蓄犬“衔引其衣”，诸葛恪意会到这只狗“不欲其行”，稍息复起，“犬又衔其衣”，恪不理会，“令从者逐犬”，升车而去，终于被害。这只狗应入“义犬”之列。

《晋书·陆机传》记文学家陆机久居洛阳，思乡情切，所蓄犬名黄耳，受机之托去吴郡家送信，五十天路程，黄耳仅用了十五天。成为能代人作交通的“信使”。

唐柳宗元的《答韦中立论师道书》据屈原的“邑犬群吠，吠所怪也”的立论，结合其在四川所见，恒雨少日，日出则犬吠的现象，以“蜀犬吠日”一词喻人之少见多怪。

如果再翻查文献，还可以列出不少人狗之间的种种记载。仅就上述就可以看到狗的定评确是褒贬不一。

狗虽在六畜之列，但不像它的前任“鸡”之有“德禽”的定评，而是有褒有贬。褒之者称之为“义犬”，甚至神化为某些部族的图腾；贬之者则斥为“鹰犬”、“走狗”之类。无论褒与贬似乎都与人有关，又往往返回来把对狗的贬词作为对人的恶评。如“狗仗人势”原指一些豪门富户所豢养的狗，看主人眼色而对不顺眼者，狺狺狂吠，甚至扑咬。于是人们就以此语比喻人之卑鄙龌龊。《明史·魏忠贤传》称谄事魏忠贤、倚势作恶的吏部尚书周应秋、太仆少卿曹钦程等十人为“十狗”，斥其作恶犹如狗之仗人势。

随着时间的推移，狗与人的关系似乎有所变化，从“狗仗人势”转换成“人仗狗势”，不是狗仗豪门权贵作威，而是人借狗来抬高身价。近几年，暴发者有之，聚敛者有之，卖身投靠者亦有之……他们为了显财夸富，在衣食游乐上极尽奢靡，项链粗如狗链，十个手指有八个套金玉，人民币卷作爆竹点放……种种恶行，不一而足，而养宠物，尤其是狗，更是此辈的时尚，君若不信，拈二例为证。

其一：某次，我在列车的软卧间，上铺有一少妇，捧着只极小的狗，依偎着，时或贴粉颊，时或亲玉颈，状极亲昵。孤陋寡闻的我，不耻下问，始知此狗名“袖犬”，可置袖内以形容其娇小玲珑。少妇满脸得意地告诉我：这只小狗值一辆小轿车，以此暗示她是大款。老朽惶惑不已，心想她至少拥有几辆小轿车的家产，不然总不致用一辆小轿车的价钱去买一条狗。以狗的贵重来显示人的身价，此非“人仗狗势”欤?

其二：某青年羡慕某大款，曾向我描述某大款之富说，“他家光大狼狗就有十几条。”狼狗之价，人多知之，能养十几条大狼狗，就值十几万，由此推断其家产，自在不言之中，这又是以狗论人。

本来是“狗仗人势”，现在变成了“人仗狗势”，这种变化实在使人深感不安。过去狗要仗人势去逞凶，而今人却要靠狗去显示财富价值。我对这种人畜易位，深感可悲！但愿狗能回到狗位，人能归还人的本色。

一九九四年一月

原载于《交融集》（观澜文丛）　来新夏著　岳麓书社2010年版

# 婚礼

今年接受婚礼邀请，比去年多得多。据说去年因为年内无春，对婚姻不吉利，就都攒到今年了。国庆是举国欢庆的日子，气候又较适宜，正是举行婚礼的良辰吉日，但不知为什么多集中在7、8两天，很快我就悟出其中的深意。一是新人婚后旅游可避去长假的高峰；二是长假、婚假连接一起，抻长了休假；三是亲朋好友多已出游归来，不误参加婚礼。令我不由得不佩服这一代新人计算之精，远胜我们这一代当年的懵懵懂懂，令人摆布。果然，7、8两天，鞭炮声不绝于耳。酒店至少在半年以前就无处定座。路上飘着彩色气球，车头装饰着大花环的花车，络绎不绝。虽不能用“过江之鲫”来形容，但只要一亮红灯，一定能截住几辆花车，真是充盈着喜气，给人们带来无限的喜悦。

近年，我因年龄和身体的关系，对这类事多半采取“礼到人全”的做法。但今年有两档事不能不去。因为一档是外甥女出嫁，一档是外甥娶媳妇。新人又都事先亲自登门面邀，情不可却，只好去凑凑热闹。我到外甥女举行婚礼的酒店时，正巧新娘花车也刚到，新郎的伙伴们及时地点着了在酒店门前铺设好的蜿蜒鞭炮阵。立时炮声震耳，炮子四飞，硝烟弥漫，我赶紧躲到远处。不是怕炮声，而是担心尚有火星的炮子落到我那身参加大典着用的唯一西装上，将会影响参加下一个婚礼。

婚礼一般都由婚庆公司承办，这些公司多已革除了过去若干旧风陋俗，而自成一套程序。婚礼由一位衣着整齐，言语流利的“帅哥”主持，他是整个婚礼的指挥者与组织者。婚礼贯穿着一整套倒背如流的美好语言。不同公司的贺词大同小异，同一公司则是换换新人的名字而已。所以主持人的语速很快，时间掌握很准，大约需用三刻钟到一小时。因为主持人为市场利益所驱动，在喜庆日子里，要像走马灯式地“赶场”。分秒必争也改变了旧时婚礼的拖沓和不准时。但不免略欠从容，令人有“走过场”的感受。

我这回不但参加了几处婚礼，还投入其中，扮演了证婚人的角色。证婚人似乎是婚礼中被视为“德高望重”的人。照例有一番话讲，我既不愿世俗地讲些“白头偕老”、“幸福美满”等俗套成语，也无需像梁启超在徐志摩和陆小曼婚礼上那样训话，何况新人都是初披婚纱，文不对题。话又不能太长，于是用了四分钟，诠解了和谐与理解的内涵，居然博得来宾的热烈鼓掌，也许不是对讲话内容，而是欣赏我没有浪费大家的时间。但我却得到一次自我陶醉的满足！

婚礼如时完成，主持人匆匆而去，为下一对新人去善颂善祷了。宾朋们则照例参与喜宴，给新人致送红包等等。笑语声喧，和新人共度一个欢乐的夜晚。一个构成社会的基层细胞产生了！我则离开华灯初上的热闹场，回到自己恬静的书斋，品味余响。婚礼早已不是闭关年代的婚礼，婚纱代替了列宁装；凯迪拉克、林肯（不管是原装，还是改装）代替了拖拉机、小运输、自行车二等、公家小车；播放名曲代替了吹吹打打、洋鼓洋号的烦嚣。所有这些，的确都是一种改进。但是婚礼程序，千篇一律，多少令人缺乏新鲜感。尤其令人遗憾的是，无论哪家婚庆公司都缺乏法律观念。以前我参加的多次婚礼，都有一重要项目，那就是宣读双方结婚登记证书，以昭示这次婚姻的合法性。婚姻登记是国家法令，婚礼应该首先宣布其合法性。这一随意改动，让我想起几年前听说，农村因为结婚登记受刁难、有阻碍，于是家长便邀请村镇长和亲朋好友共进喜筵，新人向毛主席像行礼后，就算得到社会公认。若从法律上说，他们的子女依然是非婚生子。新式婚礼的新人，虽都办好结婚登记，但仍应在正规婚礼上宣布一下为好！

原载于《今晚报》2006年11月4日

# "年关"与"年观"

"年关"与"年观"音近而意不同："年关"指过年如过关；"年观"则指如何看待过年。

"年关"是喻过去旧历年底清理积欠，欠债者难如过关，《白毛女》中杨白劳在年底下逃账外出就因为难过这一关。因此，那时无论高门、寒族的当家人（一般都是老人或准老人）都要为过"年关"而操劳。置办年货、应酬亲友、恩赐子弟以及若干不可稍减的例费，这一大笔开支往往使当家人烦扰。于是家道富裕者集中财力，小康者百般罗掘，寒素者拆东补西，甚至有出入当铺以应急需者。我也曾有过为应付那些例不可减的年礼支出而卖掉心爱的《李文忠公全集》，才算过了"年关"的历史。现在，青壮年时期所闯的那些"年关"基本已不存在；但随着年龄增长，步入老境，"年观"却成为思考的焦点。

人老了，对年的看法自与过去有所不同。青少年时盼过年，因为过年时可以改善衣食，可以尽情欢乐，可以破除家规（如被允许参加竹城之戏），可以收入财物；中年时谋食四方，盼过年可以得点奖金，可以与亲人团聚，可以闲散松弛一下。这些"年观"都已过去，进入老年对年的看法渐渐改变：既有喜悦，也有忧愁，只看如何对待。

对青年人说，过年是增殖，是积累，所以善颂善祷者总祝愿："又长了一岁。"而老年人往往想到又少了一岁。所以不大愿听"又长了一岁"而出之以"又多活了一年"的无奈之声。其实多与少，增与损只是事物的两端，就在于人们怎么看。我从六十岁以后，无夭折与早逝之忧，而得享有下寿，一生无亏之乐。因此每遇"年关"，我不是觉得赚了一年而自得其乐，便是觉得又健康地增寿一年而睥睨群子。如不能作如是观，那亦不妨把又少了一年看作又丢去了一年的人生烦扰，或者说又可少受一年罪，等等。这种精神胜利也是对老人心境的一种慰藉。

中年人总把“年关”视作经济关，老人虽也有经济关之忧，如为子女担心怎么过好这个年，怎么解决钱的问题等，但更重要的是如何过好精神“年关”，愉快欢欣地过好年，这就要有一种善于对待的“年观”。

老年人经历过种种风风雨雨，阅遍了色色世态，那就要以淡泊的“年观”来对待“年关”。有的老人喜欢三世、四世同堂，至少能同堂共度一次“年关”，尤其是体力衰者更是有不知明年如何之忧，希望儿孙共聚膝下，甚至对远在千里者也望其归里相聚。于是函告：自己年老力衰，今年一聚，明年难知。用以打动游子之心。这种希望团聚的心情可以理解，但多少含有凄凉味道，子女听命尚能得一丝欢乐，设有具体难处，重违严命，或蜻蜓点水，应卯而去，则又哀叹老运不济，亲情已绝，增添无限悒郁，说不定真正实现了明年难知的预言，这又何苦！有的老人性喜恬静，忽然儿孙蜂拥而至，感到不胜其烦，以致烦恼形于色，可能不欢而散，留下了一腔愤懑，以致亲者日疏，却又何必。我则持来者不拒，去者不留，一切归于平淡的态度。子女成家的头几年，初入社会，工作、交际尚可脱身，犹沿旧习，除夕初一，将妻携子，齐聚一堂，我感到其乐融融，为他们准备吃喝而无怨；渐渐地，子女们各有一番局面，年节不在自己家中，往往有冷落其社交圈之忧，不来又怕我不悦，不便直言而颇有难色。我明察及此，明确表态：不必拘于形式，可来去自由。儿孙们的难言之隐被我一语破的，皆大欢喜。从此，他们可以无拘无束地穿插往来，我也无需再为人口暴涨而操劳，而且给我留出一片自我天地能独得其趣，其乐也融融。至若旧雨新知的冷暖与否更可置之度外。“年观”淡泊，物我皆可大自在，则年年都可欢悦过关。

原载于《冷眼热心——来新夏随笔》（当代中国学者随笔） 来新夏著 东方出版中心1997年版

# 葡萄是甜的

儿时喜欢唱歌，唱过许多歌。但大多随着年龄的增长，渐渐少唱或不唱，歌词和曲调也记不全和唱不准了，唯有一首至今仍能记全唱准的歌，那就是《谁要吃酸葡萄》，歌词是这样的：

一只狐狸，想吃葡萄，
葡萄一串串地挂得高，
狐狸一跳一跳地够不着，
他头一摇一摇地冷笑道：
谁要吃酸葡萄！

我不知道歌词的作者是谁，但从一学唱开始，我就朦朦胧胧地感到，这不是在说狐狸，而是借狐狸之口说事，至于说什么事还不明白。歌不断在唱，人也在不断地成长，我终于有一天悟到，这是歌词作者用动物拟人的手法嘲讽人世间的百态。原来狐狸想吃的那一串串葡萄并不酸，而是很甜很甜，否则狐狸何必一跳再跳去够？“谁要吃酸葡萄”只是够不着后的哀叹，是无奈的遮羞。难道那些高高挂起的一串串葡萄真是很甜很甜的吗？

多少年以后，我在吐鲁番葡萄沟的葡萄架下，真的看到架顶上高高挂着串串丰盈的葡萄，我不由得跳了几跳，但没有够到，却无意间想起儿时唱“谁要吃酸葡萄”的故事，便说给当地陪我的朋友们听，他们都笑了，并且很知趣地解释说，架顶上的葡萄因为通风受光好，又很少受到损害，所以并不酸而是很甜的。我不禁哑然失笑，明明是甜的，狐狸为什么偏要甩句“酸”腔？狐狸真是狡猾透了！歌词作者借狐狸之口说世情百态的用心已是灼然可见，难道人间真有这些情态么？

阅世既久，真遇到过不少说葡萄酸的世情。我忽然想到我的一位朋友，原本是颇有声誉的教授，修长的身躯，矫健的步伐，是非常有学术前途的学者。但名利心过重，总羡慕那些居高位的领导者，显赫腾达，总想自己也能一跳龙门摘取那些高挂着的葡萄。于是他不顾一切地跳权贵之门，跳权威之门，一心想把挂得很高很高的一串串甜汁欲滴的葡萄摘到手，吞下肚。可事与愿违，总差那么一巴掌高，功名利禄总和他擦肩而过。每当在街头相晤，我就温言相慰，他也苦笑着说，其实这宗事也不多好，到了手也不过是串酸葡萄，我没想到他也知道酸葡萄的故事。最后我的这位朋友狠下心来，从此岸越洋跳到彼岸，求得一位洋权威写了几句话，回国后他把原件附入自己的人事资料中，又复印放大一份留存。果然外来的和尚好念经，皇天不负苦心人，我的这位朋友因为站在洋权威的评价信上，增高了起跳点，一搏摘取了梦寐以求的那串葡萄。坐上了那个单位的第一把交椅。从此我也不再在街头碰上他，更难有机会问他，葡萄是酸还是甜?

偶尔有一天，我在一条路上漫步，一辆小轿车猛地贴在我身旁刹车，我回头一看从前车门副驾驶座上跳下一位类似秘书的青年干部，快步绕到后排的侧面来开门，并用另一只手习惯性地遮住了车门上端。见此情景，我估摸着从车里下来的一定是某位领导人。待到直起腰来，我才看清原来是我那位新贵朋友，承他不忘故旧，与我握手言欢。我忽然发现，我的这位朋友有点变形，那修长身躯似乎矮了许多，但却宽了许多、厚了许多。原本瘪瘪的肚子滚瓜溜圆地凸现出来，使得非常合身的西服上衣的前襟，像蝴蝶翅膀那样在扇动。他陪我向前走了几步，我又发现他失去了当年的矫健步履，而呈外八字形，像鸭子妈妈那样一踱一踱的。我慰问了他的辛劳，他却故作谦逊状地说："没法子，为大家服务嘛！"他甚至感慨地说："难得在家吃一顿饭！"虽似无奈，而志得意满的神态早已溢于言表。话说了半截似乎意犹未尽，他忽然以有重要会议要参加为由，边向我告辞，边在秘书的手掌保护下钻进他的奔驰车。临关车门时，丢给我一句话："有事给我打电话啊。"言外之意，是不希望我再找他面谈什么了。我愣愣地呆站了好一会儿，才悟到我这位朋友摘到的葡萄一定不是酸的而是甜的。

在回家的路上我替歌词的作者改写了那首几十年唱惯了的歌词：

一只狐狸，想吃葡萄，
葡萄一串串地挂得高，
狐狸一跳再跳够到了，
他前仰后合地大笑道：
原来是甜葡萄！

原载于《中老年时报》2013年4月3日

# 碑记

## 天津科学技术馆落成碑记

天津科学技术馆建馆之议，酝酿盖久。一九九一年七月开始筹备，次年秋奠基，年底兴工，历时两载而告成。爰叙其始末而为碑记曰：

夫科学技术为立国之本，培育人才乃兴国之源。津门地滨渤海，拱卫京师，人文荟萃，百业繁兴，称中华三大名城之一；惟于普及科技知识，启迪青少年智力之所，犹付阙如。科学技术界人士竭诚吁请；有司广采众议，排除疑难，拨付专款，勘选馆址；社会各界捐资献物，各尽心力；受命从事者栉风沐雨，夙兴夜寐而不辞劳瘁。群策群力，使此近二万平米之巨构，终底于成，岂不伟哉！

斯馆也，其形类桥，如筑科技之津梁，开后学之通途，寓意至深。主体大厅设十四展区，展示科学技术成果：声光力电磁，靡不涵盖；基础理论、高精技术，乃至家居科学皆所包容。展品三百余件乃集科技界精英之智慧，其内容之丰富为全国冠。尤可贵者，所展非若其他博物馆、展览会之仅供参观，而更欢迎参观者之参与，不仅可抚之摸之，且能亲加操作，身体力行，诱发兴趣。大厅之翼分设讲习室若干，可供宣讲讨论，普及科学知识，补课堂教学之不足。此固寓教于乐，潜移默化之良策。人才辈出，指日可待。大厅之顶载一球体，中设全天域穹幕电影，置身其中，恍若身临其境，上下亿千年，尽收眼底；纳须弥于芥子，一览而得其全。津人何幸，耳目为之一新！

斯馆也，美轮美奂。无论设置，抑其功能，置之全国首列，当无愧色，即较之海外，亦足与之颉颃。中华民族之聪明睿智可于此昭示，而科学技术之兴市建业，亦殷殷在望。语云：众志成城。观斯馆之兴建，信不诬也。

创业固不易，而继起者尤艰。斯馆之建成，历经艰难，而日后之经营维护犹有待焉。科技长河，源远流长。自今而往，不仅需时加关注，使其日新又新，永不失首列地位，亦当呵护维持，更使其蒸蒸日上。尤有进者，莘莘学子、黄童稚儿理应珍惜前人之苦心孤诣，视此为知识沃土，自育成材之地，以无负于父老之厚望。今乐观斯馆之落成，乃胪述既往，以励来兹。

萧山来新夏撰文
天津科学技术馆立
一九九四年九月

此碑文镌刻于天津科学技术馆

# 长寿园碑记

敬老颂寿乃中华文化传统之美德，相沿殆二千余年。《尚书·洪范》即以“寿”为五福之首，《诗经》多篇屡见“万寿无疆”之颂。历代朝野咸以颂寿而示敬老，并以之正风俗，育仁心。今之主政者尤重其事，乃定保护老人之法令，以敬老为施政抚民之要务。于是各方云从，蔚成风气。天津市青年联合会为涵育青少年敬老品德，物化精神文明建设，爰定天津青年标志性工程，与今晚报社、天津市蓟县人民政府共商，以建长寿园为首项工程，力树新风。既慰老人之晚景，复励青少年之修身。此固前代所鲜见而有裨后世风教之善举也。

其议既定，乃谋选址兴建。历经比勘，终以蓟县长城黄崖关八卦城之坤卦园为长寿园址。其园占地广袤三千平方米，坐西面东，背依王帽顶山，得林木葱郁之荫，前临泃河，环流而过，有山雄水秀之趣。遥望长城蜿蜒，显我中华勃勃英姿；敌楼矗立，怀戚将军赫赫伟绩。园以圜形碑墙定其规模，以蓟县李纯琳氏手书万枚异体寿字石牌敷镶碑墙，诸色交迭，寓长寿之深意。园中布点设景，皆立意于长寿。凡门桥路廊，无不以寿名；椽头梁柱，所见皆寿字。仙翁放鹤之雕塑，巍然独立，呈凌空飘逸之态。绿荫遮地，叠水喷泉。置身其中，不啻幻游万寿仙境。

长寿园于一九九八年春动工，在事诸君，昕夕从事，至秋告竣。从此，老人得养憩之胜地，后辈获敬老之熏陶，行见中华美德世代相传，社会风气为之丕变，渔阳古郡又添颜色，黄崖雄关更增风采。此诚政通人和、众力相济之效。主事者念建园之不易，思垂范于未来，邀记其事。予年臻耄耋，躬逢其盛，乐观厥成，幸何如也！遂操笔叙其始末，深望后贤恤念创建者之艰难而善加维护焉。

浙东萧山来新夏撰文

一九九八年秋立

此碑文镌刻于天津市蓟州区黄崖关长城景区长寿园

# 津门挂甲寺沿革碑记

挂甲寺古称庆国寺，去城东南十三里。其创建年代以文献无征而失考。相传唐太宗贞观间征辽凯旋，名将尉迟恭率军驻师于此，俾将士挂甲休整，时遂以其故事，易庆国之名为挂甲。世远年久，荒败失修，仅存遗址。迄乎明季，有游击将军张良相者奉命东征，过此小憩，闻李唐旧事，乃默祷于天："吾将凯歌而挂甲于斯欤？"遂命千总袁应与等率先倡捐，天津廪生孙从先舍地十亩，协力重建。不两月而建成，颇具规模。无何，明师凯归，复挂甲于斯，挂甲之名乃益彰。明万历二十八年，刘生甲感其事，为撰《重建挂甲寺碑记》，称其"栋宇嵯峨，象设赫濯"。于是远近士女，纷来瞻谒，香火称一时之盛。是碑今已亡佚，幸碑文见存于志书，往事尚可稍稽鳞爪焉。

复稽旧志，称该寺拥有八景，曰：拱北遥岑、镇东晴旭、安西烟树、定南禾风、吴粳万艘、天骥连营、百沽平潮及海门夜月。盖足以见挂甲寺区之繁荣风貌，而清初津门渔漕之盛，以至景物民情，亦跃然尽见于题名矣。迨清光绪十七年，四品直隶候补守备浙人周尚达捐修大雄宝殿，即为后殿；二十八年重加修葺，并改建观音殿，是为前殿。民国以来，于二十一年、三十三年相继扩建山门斋寮，形制益臻完备。于是，善男信女，群趋祈福，法会高跷，竞来献技，香烟缭绕，百业麇集，实津门之胜地矣。后以变乱频仍，挂甲名刹乃日趋残毁焉。

萧山来新夏撰文

公元一九九七年七月天津市河西区重建挂甲寺委员会谨立

此碑文镌刻于天津挂甲寺

# 重建挂甲寺碑记

挂甲古刹，久已倾圮，仅存间架，亦多易为民居厂房。再建之议，久延未定。时逢盛世，一九九三年七月，河西区主管部门，屡经调研，多方咨谋，终于一九九四年七月决策，拨地筹资，于遗址重建新寺。此不仅为沽上增一胜景，抑有裨于维护宗教之大德也。新寺重建，受命者惟谨，殚精竭虑，百计擘画。计占地十五亩，几六倍于旧寺。门殿三进结构，更期轮奂逾前；设象法器，悉本释家典制；名僧大德，应邀升座住持；社会名流，敬献榜书联匾；鸠工庀材，务求精美完善。主事者经之营之，备尝艰辛；营建人士，不计日夜，三易寒暑；复广结善缘，多方集资。众擎易举，新寺终于一九九七年七月底成。古刹重光，猗欤盛哉！

重建之挂甲寺面临海河，背倚中环，坐北朝南，视野开阔，得地利之胜。大雄宝殿、天王殿、圆通殿、地藏殿及千佛塔等，营造均按定制；释迦观音、弥勒韦陀、十八罗汉，模塑无不有据；彩绘精妙，众相纷呈；廊庑配殿、斋寮僧房，布局有序。其宏伟壮观，当无愧于津门名刹之称。

创建者艰难，守成者亦不易。大寺既成，主事者请为题记。乃叙重建之始末，扬佛光之恢宏，颂改革开放之英明。深维大寺得传之千秋万世也，端赖寺内僧众，不时维修，香客游人，多加呵护。俾挂甲古寺之佛光永照，津门沽上之胜景长存，而河西大地亦将世运昌隆，则幸甚矣！

萧山来新夏撰文

公元一九九七年七月天津市河西区挂甲寺工作委员会谨立

此碑文镌刻于天津挂甲寺

# 天津大悲禅院沿革记

津门古刹大悲禅院，位城北西窑洼，其始建年代，文献无稽。清顺治、康熙间，天津守备使曹斌捐俸筑寺，学者秀水朱氏彝尊过津，应请为撰《大悲院记》，叙其规模，室仅三楹，尚属草创，距今殆三百余年矣。初祖世高，以儒生皈依佛门，立意以大悲济民，为禅院奠传世之基。高师与津门文士诗文唱和，频有交流，于是儒佛二家，相融相通，赋大悲以新意；香火称盛，为诸方所崇仰。康熙八年，重加修葺，事载县志。其后谱牒散佚，世系断续。一九四〇年，倓虚法师来津弘法，与津门居士多所谋划，醵金拓建庙宇，复兴院事，自一九四二年迄一九四七年竣工，禅院规模，大致底定。其间于一九四五年住持等慈法师偕津门居士自京迎玄奘顶骨来院供奉。一九五〇年始惠文法师主持院事，兴建纪念堂以阐扬玄奘、弘一二祖大德。中经深山法师，旋由宝菡法师继任，乃与天津佛教协会共相擘画，重谋兴复扩建。世纪重开，宝菡法师以年事日高，乃委其事于智如法师。智如法师少年向道，复勇于任事，秉承宝菡法师意旨，奔走僧俗，筹募经费，鸠工庀材，不遗余力。近年建成大雄宝殿，宏伟辉煌，肃穆庄严。继之应配殿庑，亦先后落成；故物遗存，复善加移建。两得其宜，众庶欢欣。伏维大悲之名，于今世亦启迪多多。佛家曰大悲心者，乃欲拔一切众生苦者也。若有力者能关心民间疾苦，时怀若己饥己溺之心，亦大悲之心也。众生苟能耳闻大悲之名，心仪大悲菩萨之德，进而激发大悲之心，喜见人间生佛，则大悲禅院不啻津门之灵山也。行见津河映照，佛光焜耀。朝诵夕呗，僧众得佛祖遗泽滋润；顶礼膜拜，信者蒙上苍庇佑厚福。浙东下士，寄籍沽上，敬作碑记，叙其沿革。至祈世世僧俗众生，备加护持，则大悲声名，远被海宇四方；德音世传，永为丛林胜地；慈航普渡，更为津民增无边福祉焉。

萧山来新夏撰文

二零零五年春大悲禅院立

此碑文镌刻于天津大悲禅院

# 静海梁头镇南五村迁坟碑记

静海为津门属县，贯通南北之要冲。建县历史悠长，代有建树。惟自改革开放以还，经济发展迅猛，物阜人丰，啧啧人口。县西附郭有梁头镇者，面积近百平方公里，人口二万有余。距各类交通枢纽皆不足百里，人货转输，极称便捷。农林牧副，全面发展。村民多自明永乐时迁来，定居于斯土者，殆六百余年，生养死葬，已逾二十余世。安居乐业，共享盛世。二〇〇九年，国家据中日循环型城市合作项目，决定在静海选址，建设中国最大再生资源专业化园区，命名为“天津子牙循环经济产业园区”，由国家直辖，梁头有十三村与焉。首期开发面积三十平方公里，而梁头南部之王庄子、赵庄子、吴庄子、周庄子、南柳木等五村，皆在规划之中。居所搬移，兹事体大，村民素性淳朴，深识大体，接受县镇公务人员之政策动员，又得政府适当安排，乃欣然允诺，按规划进行。至各宗族坟茔之动迁，则众说纷纭，非一时所能一致。盖祖坟为先祖埋魂委骨之所，子孙春祭秋祀之地，支脉繁衍，皆以此为凝聚中心，子孙何敢轻言惊动。民有困惑艰难，公务人员又何敢鲁莽从事。遂不惮繁琐，反复考虑，申之以理，动之以情。于迁坟具体事宜，尤为尽心尽力。慎选墓园，更见敬慎乡情。

墓园修建，统由有关机构投资，其地东濒运河，西临子牙河，选其间平坦腹地七十亩。坐北朝南，三面环以杨木三百亩，郁郁葱葱，荫庇近百亩之墓园，南迎温馨，北却凛冽。园区设墓穴四千余，分族而葬，排列有序，纵横交错，蔚为大观。墓前各设黑色幽石，镌刻考妣名氏。其远祖无可考者，亦立无字碑以享福胙。迁坟之际，各族子孙，馨香祷念，以预制之棺椁检寻骨殖，敬谨捧送。当地公务人员亦随同行礼如仪，恭送至新园。历时一月，共迁坟茔三千六百座。从此各族先祖，归休幽墟，永得安息。各族子孙，慎终追远，时有抚依。其墓园前侧又辟地十二亩，建造骨灰堂，庄严肃穆，树殡葬之新风，备苗裔之追思。父老乡邻，咸感设置周详，上下和谐。为此记迁坟缘由，昭示后来，其善守之为幸！

萧山来新夏撰　平遥冀有贵书

公元二零一零年夏中共梁头镇党委、静海梁头镇政府立

此碑文镌刻于天津市静海区梁头镇墓园

# 少作

## 《诗经》的“删诗”问题

《诗经》是六经（易、书、诗、礼、乐、春秋）之一，是北方文艺思潮的最早产物。它的声调是洪大的，气象是轩昂的，而它的内容是裒集当时民间的歌谣及各国朝聘燕享的乐歌，成为一部大著作。去年，我的朋友陈东阜兄，曾经以《诗经》为题目，在本报发表过一篇大作，文笔轻松，颇可读，我本可缄而不言，无容赘述的了。可是，东阜兄所写的是钩元纂要地将《诗经》的概况混沌言之，给人以印象罢了！而于《诗经》的删诗问题，却是付之阙如。因此我不自揣量，昧然地写下这篇文字来讨论删诗的问题，以聊补东阜兄之所阙。

关于《诗经》的篇章，最初说是有三千篇，后来经过孔子删剩，得三百零五篇。在《史记·孔子世家》中说“古者诗三千余篇，及至孔子去其重，取可施于礼仪者，上采契、后稷，中述殷、周之盛，至幽厉之缺，得三百五篇”。因为有这一种说法，所以相沿数千年，各朝的弘儒都以为“诗三百”是孔子删剩的。可是有种种的理由驳述反证孔子的删诗是不十分可靠的。现在将参考各书所得，略述其重要的原因，以明孔子删诗是不合事实的。

取材不符条件：据《史记·孔子世家》中载：“古者诗三千余篇……孔子去其重，取可施于礼仪者……三百五篇。”由此可见，《诗经》的内容，必定都是规行矩步，文以载道的一些庄严不可侵犯的作品，但是从作品的内容上看，却是适得其反的，《诗经》里的《郑风》和《卫风》等，都有许多情歌、恋歌存在。虽然，从前人曾经把这些真情流泄，坦白暴露的诗歌，以“美刺”、“正变”来解它，以为这也是施于礼仪，以匡王过的。但是在新文学鼎盛时期，已经是被视为迂腐而被推翻的了。难道说这些桑间、濮上之音，男女相悦之词也是能施于礼仪而有功“世道人心”的么？况且被称为删诗者的孔老夫子以大圣大贤的资格，焉能自己与自己的主旨相违悖呢？所以说按内容取材方面说，孔子的删诗是靠不住的。

记载工具不备：再按文化工具发明的程序上说，纸笔的发明都在秦世之后。在先秦之世，必不能有这样完备的工具来记载文学的作品，而《诗经》的最晚时期断定必在秦之先。所以说以简陋的记载工具欲思记载保存如三千篇之多的巨制，断不容做到。因此可以知道古者诗三千余篇，或许是前后时积时佚的一种虚数，亦未可知。而三百篇之数，不过是经过一个长时期之后，或是因为国家起了纷争，社会起了扰乱，以致所积之文学作品，随着变乱，佚散了大部；或是因了自然环境的淘汰，佚散了小半后，所剩余的一个数目罢了！

它书不见引用：现在姑且认为诗原有三千余篇，孔子删之得三百零五篇。然则三百篇以外之诗何以无人无书引用呢？赵翼在《陔余丛考》卷二对于这点，特地提出来讨论。他以为在左丘明自引及述孔子之言所引者之诗，共四十八条，而逸诗不过三条。其余列国公卿引诗百余条，而逸诗不过五条。又列国赠答燕享歌词七十条，逸者也不过五条。是逸诗仅删诗之二十分之一也。若古诗有三千余篇，则其他书，其他人所引之诗宜多于删存之诗十倍，岂有古诗十倍于删存之诗，而所逸诗反不及删诗之二十分之一。由此可知诗三百篇决不是在某一个时期陡然由三千篇删余下来的，而仍是自然淘汰的结果，因为当时的书很少引用它。

总论：综述前几项的理由，我们可以打破一向以为孔子是删诗者的传统观念；并且藉此亦可以知道诗之所以为三百篇，乃是自然淘汰的结果而非任何一个人删过的。不过诗之成为系统化，则不能不归功于孔子。我们与其说孔子是“删诗者”，倒莫若说他是“整理者”呢！

原载于《庸报》1940年12月31日

# 谈文人谀墓之文

“谀墓之文”最初尚无此名，乃因后人讥诮其事从而名焉者也。其实即世所谓之墓志碑铭所镌刻之文字是也。其最初之用，乃为补史之不足。褒人之善，扬人之嘉，而使善者知勉，恶者知愧。然及后世，此风弥炽，无论其人是否有可称述，率皆利赂文人，操觚扬之，使其人名垂后世而不朽，于是墓碑之文大抵不实，而为谀谄阿附之文。人乃诮之，故名之曰“谀墓之文”，洵无愧也。

此种文字后来之作者，率多古文家，首开此风者，即文起八代之衰之韩文公，彼曾以生花之妙笔，得人钱财，褒人先世，或系因生活及经济鞭策，亦未可知。观其文集之中，“谀墓之文”都七十五篇，其间有价值者，亦颇不乏，而妄赞谬论者，尤为多多，致贻后世之诟病。之后，各代古文家于此“谀墓之文”亦多善为之，甚或未死而已自谀以为文。及清桐城派兴，力谋复古，古文家辈出，一时称盛。方苞望溪，尤称巨擘，检其文集，可得谀墓应酬文字达百余篇。夫方氏每喜以“非有关人伦风化不苟作”，斯抑近乎风化耶？以方氏桐城始祖之资，其背义法妄撰文犹如此，其他又何足道哉！虽然，其间亦或有难以情假之苦衷，姑无论矣。迨民初，炳麟章氏，声名极盛，人皆以其文褒先世为荣，于是每多以金钱赂之，使为墓碑，冀藉其文而传之于后世。因此，“谀墓之文”一时称盛焉。

至于此种文字之起因，不外“人之子孙欲褒扬其亲而不本乎理”，故父祖虽恶行鄙德，若其子孙一旦发迹，必以巨资啗能文之士，美其所恶，褒其所劣，使之化奸为善。再者，其文最初之用，曾巩曾云：“所以使死者无有所憾，生者得致其严，而善人喜于觅传，则勇于自立；恶人无有所纪，则以愧而憾。至于通才达识，义烈节士，嘉言善状，皆见于篇，则足为后法。”斯则墓文之本旨也。迨后，则专务谀媚，以博资金；勒铭于石，以夸后世。因此，其文愈卑，人愈诮之，行将日趋澌灭矣！

原载于《庸报》1941年5月13日

# 桐城派古文义法

桐城文派行文之际，率多苛求形式，极趋严整。姚鼐（姬传）至以考据、辞章、义法三者相提而并论之，文章因之颇受牢笼，其中尤以义法，泥人至深，使人每受限制，不敢逾限，乃不得尽其情而发抒胸臆。而义法者，古文家多喜标明，以为文章之“准则性”，亦即其文学上个人之主义而已，以专致力于词句，笔法之限制方面。至其起因，并非始于姚氏（彼要在撮其大成耳），亦非始于桐城始祖之方苞，乃是数千年前之孔夫子所始，《史记·十二诸侯年表序》称孔子次春秋，“约其辞文，去其烦重，以制义法”。义法之说，实由于此。其后两汉六朝文章，多不讲准则，尤喜为绮靡语，似不合孔夫子之法矣。及唐退之韩愈文起八代之衰，毅然以道统自任，力陈“惟陈言之务去”，以为其义法。宋初欧阳永叔以“文以载道”自准，三苏以“文以贯道”自则，此皆其各人之主义也，迄南宋、元、明以来，义法不讲久矣。清室入位，古文家鹊起，后人尊称为桐城派鼻祖之方苞亦应运而起，彼对义法极端致力，咸有所本而言而文。其出发点以为义法根据之传集，即春秋三传，管、荀、庄、骚，国语，国策，史记，汉书，三国志，五代史八家是也。故其文章谀之则“谨严精密”“高淡醇厚”，毁之实“枯寂无味”，不能竟读，时以“古文中不可入语录中语，魏晋六朝人藻俪俳语，汉赋中板重字法，诗歌中隽语，南北史佻巧语”（见沈廷芳《书方望溪先生传后》），致绝无“妙远神韵”，“确奇理趣”之文，成为“阐道翼教”，“有关人伦风化”，“笔墨所涉”，“皆有六义寓意”之非文学之经世文章。至若刘大櫆则不足称焉。其及门姚鼐，则实青出于蓝而胜之，其义法与望溪不相出入，亦以经义道法为指归。其《与汪辉祖进士书》曰：“夫古人之文，岂弟文焉而已，明道义，维风俗，以诏世者，君子之志，而辞足以尽其志者，君子之文也。达其务，则道以明；昧于文，则志以晦。”藉此姚氏之义法可概见矣。其后桐城诸子皆规模三祖，无何进步，尤不敢稍逾矩限，故义法至此无何变更，迄今“文以达意”，“形式不讲”，于是桐城古文之义法日就澌灭。

原载于《庸报》1941年9月21日

# 《邃谷楼读书笔记》四十二则

**说明：**这是几篇早已遗忘的“少作”，都是写于20世纪40年代前后。记得当年曾写过不少短文和札记，有些还在报刊上发表过。汉朝扬雄曾“悔其少作”，窃不以为然，“少作”是人生致力学术的必由之路，如无“少作”，何得有后来之作，所以我不避幼稚，选辑1941年7至9月间曾发表在旧报上的“少作”《邃谷楼读书笔记》四十二则附于《邃谷书话》之末。除改正一些错字外，仍保留原貌，以备世人评点。

【1】阅洪迈（景庐）《夷坚志》。迈致学精博，泛览典籍，使金不辱，其文亦多奇气。此志为洪学士晚年遣兴之作，原四百二十卷，“今存五十卷，为搜集当时之见见闻闻、怪怪奇奇，其繁富虽次于《太平广记》，而已为稗志中之大观。”（见本志书前提要）前半文赅而精，后半则因急于成帙，烦芜甚多，致遭删夷，由数百卷降至数十卷。

【2】章实斋（学诚）《文史通义》，为史家之借鉴，其内容琳琅满目，美不胜收，除论文史之义外，尤详志表，撮其大要，不外“撰述须圆而神，记注须方以智”二语耳。

【3】读北朝乐府中《幽州马客吟》：“萤萤帐中烛，烛灭不久停，盛时不作乐，春花不重生。”意志闲雅，颓废享乐意味甚浓。

【4】佛家四谛，即苦、寂、灭、道。其意即循环报应，种豆得豆，种瓜得瓜之意也，于（思泊）师为余说。

【5】阅毕《河童》。“河童”为日本名词，即水虎之意，作者为日本名天才创作家芥川龙之介氏，内容诙谐，文笔轻松，亦颇有致，以滑稽幽默之文，写来都成妙谛，尤善骂世，亦文人抑郁不达之声也。

【6】致学万不可泥古，亦不可信古。泥古太深，犹丫环学步，难类夫人；信古太甚，宜成暮气，终难振拔，学者须注意及此。

【7】孙诒让《墨子间诂》剞劂后，鲜有贯读一通者，唯瑞安黄绍箕仲弢先生通阅一遍，并加考订多处。

【8】夏之学制，大学曰东序，小学曰西序，乡学曰校。商之学制，大学曰右学，小学曰左学，乡学曰序。周之学制，大学，天子曰辟雍，诸侯曰泮宫；小学，门闱、乡遂、家里，皆有学。

【9】命曰制，令曰诏，号皇帝而开后世二千年专制之局者，秦始皇首创者也。

【10】唐人张籍之诗，既无韩愈之怪僻，又无元白之通俗，而以乐府诗著名。因为一种新声，颇有活泼气象，妩媚情韵亦奇丽浅易之反动，开晚唐唯美派（一称脂粉派）之先河。

【11】唯美派以唯美主义为基则，注重技巧工丽，其言虽多衰微之音，但七言绝句尚佳，开此派先声者除张籍外，尚有王建。

【12】西汉学制，“八岁入小学，学六甲五方书计之事，始知室家长幼之节。十五入大学，学先圣礼乐，而知朝廷君臣之礼。其有秀异者，移乡学于庠序；庠序之异者，移国学于少学。诸侯岁贡少学之异者于天子，学于大学，命曰造士。行同能偶，则别之以射，然后爵命焉。”（《汉书·食货志上》）

【13】《三国志·魏志》第二十九卷《方伎传》，管辂曰：“吾额上无生骨，眼中无守精，鼻无梁柱，脚无天根，背无三甲，腹无三壬，此皆不寿之验也。”

【14】班固《汉书》，上起高祖，下终王莽，为断代史之祖，内容详经世之典，明六艺之旨，汉代美文，靡不备录，武帝之前，悉采迁史。

（1941年8月17日）

【15】海宁王国维（静安）先生曰：“凡一代有一代之文学，楚之骚，汉之赋，六代之联语，唐之诗，宋之词，元之曲，皆所谓一代之文学，而后世莫能继焉者也。”唯汉赋其体既卑，其意索然，假巧得之良机，雄踞“一代文学”之宝座，亦云幸矣。曩者，余尝读长卿、子云之赋，仔细玩味，觉其虽聱牙难读，然亦确有其异乎他时代文学之不同点存在，爰就读书所掇，略陈其意：盖汉承秦项水火之后，黔黎备尝辛酸，流离颠沛，喁喁望治，幸汉高定策安域，民生静谧，又施黄老之政，与民休息，而天下遂日趋底定。一般乱世之文人墨客，脑筋中亦

因此充溢黄老思想，而反映于文学作品者，厥为神仙缥渺之念，养成超脱自然之风格，是即汉赋之佳点也。然因组织过于繁富，堆砌过于庞伟，普通文字，既不敷其所用，致形枯涩，又不能惊奇炫博，以示广知，于是以大胆行为，妄造文字，插入赋体，为山赋则造十数个山形字体，接二连三，用于文辞之中，炫人耳目；为鸟赋，则杜撰二十余个鸟旁文字，栉比鳞次，加于篇幅之内，惑人心志，是以吴均《西京杂记》云："合纂组以成文，刊锦绣以为质，一经一纬，一宫一商，此赋迹也。"刘勰《文心雕龙·练字篇》曰："扬雄以奇字纂训，并贯练雅颂，总阅音义；鸿笔之徒，莫不洞晓，且多赋京苑，假借形声。"致贻"生物字典""字书"之讥，斯亦即汉赋体制之所以卑且陋也。

（1941年8月18日）

【16】钱穆《国学概论》曰："盖当孟子时，苏张一派，专骛仕进，猎禄利，其行谊最卑鄙；许行、陈仲之徒，以苦行不仕骄世，亦仅止于独善，未足拯斯民于水火；稷下诸先生，则逞谈辩，溺富贵，名实兼营，而实无心于世局；独孟子志切救世，又不愿屈节枉尺以求合，其志行殆庶几于孔子所谈中道。"

【17】又曰："先秦诸子为'阶级之觉醒'，魏晋清谈为'个人之发现'，宋明理学为'大我之寻证'，则自此以往，学术思想之所趋。古人亦曰'民族精神之发扬，与物质科学之认识是已'。"诚有识之定论。

【18】中国文学史之出版发行，外国人以翟理斯英文本《中国文学史》为最早，出版于公元1901年，中国人以闽侯林传甲为最早，出版于光绪三十年（即公元1904年）。

【19】宋多诗话，著名者有欧阳修之《六一诗话》，刘攽之《中山诗话》，陈师道之《后山诗话》，吕本中之《紫薇诗话》，叶梦得之《石林诗话》，杨万里之《诚斋诗话》，周必大之《二老堂诗话》，胡仔之《苕溪丛话》，魏庆之之《诗人玉屑》。胡书采摭北宋诗话几备，魏书采摭南宋诗话略备，而其间能成一家之旨，详诗体流变者，厥惟严羽之《沧浪诗话》也。

【20】稷下先生一派，外收不仕之高名，内慕禄莽之实利，始于齐威王，下历宣湣襄王不衰。

【21】学贵初有决定不移之志，中有猛勇精进之心，末有坚贞永固之力。

（1941年8月30日）

【22】《岁寒堂诗话》曰："柳州诗，字字如珠玉，精则精矣，然不若退之变态百出也，使退之收敛而为子厚则易，使子厚开拓而为退之则难矣。意味可

学，而才气则不可也。”此论非是，盖柳州自贬永州司马后，蹭蹬不振，益刻苦，泛滥于山水间，其文风致成隽郁清幽。又因生性不善鼓吹宣传，久窜蛮方，交游延誉太少，故文名没没；而退之极善鼓惑煽动，功名腾达，交游极夥，文名一时称盛，于是天下归韩而不归柳矣。千百年后其论犹是，则未免为传统观念所囿笼矣。

【23】六朝以翻译文学、新乐府辞及抒情小品鼎称三大奇迹。

【24】晚唐脂粉派诗人以温、李二人著称，温庭筠之诗绮丽腻滑，似锦绣彩缎，李商隐之诗斑斓绚华，似粉光蝴蝶。

【25】为钟嗣成《录鬼簿》刊于“前辈已死名公才人有所编传奇行于世者”第一人之关汉卿（号已斋叟，大都人），不仅长于写妇人心理，风光绮腻之恋爱喜剧；亦且善于写雄猛英雄，电掣山崩气势浩漫之遭际，于元曲诸作家中亦可谓难能而可贵矣！

【26】近代文学，指活的文学，至今未灭的文学而言，始于明世宗嘉靖元年（1522年），而终止于五四运动之前（民国七年，1918年），其年代凡三百八十余年。

【27】晋知原为《薮谈》，演义雅训，字有来历，为讲史里较好之一部书。有杨尔会（明钱塘人，字圣鲁，号雉衡山人，又号夷白主人），演之为《东西晋演义》，凡十二卷五十回，刊于万历间。（摘郑氏《中国文学史》）

（1941年9月2日）

【28】姚鼐（姬传）复鲁絜非书曰：“宋朝欧阳、曾公之文，其才皆偏于柔之美者也，欧公能取异己者之长而时济之，曾公能短而不废。”极力誉扬，故桐城派为文，多以此二家为法也。

【29】论诗之派别，可分唐宋：唐诗意在言外，而寓情于景；宋诗意尽句中，而舍景言情。两者相衡，则宋诗不免有伧父气矣。

【30】宋人魏泰著书好假托人名，有《志怪集》《倦游录》《括异记》，皆托名张师正（师正尝擢甲科，熙宁中为宁州帅，可参读陈振孙《书录解题》，邵伯温《闻见录》），《碧云騢》则托名梅圣俞。（《涌幢小品》）

【31】明朱国祯《涌幢小品》曰：“宋有《碧云騢》一书，宛陵梅圣俞所撰。碧云騢者，厩马，庄宪太后临朝以赐荆王，王恶其旋毛，太后乃留之上间，遂为御马第一，以其色碧如霞片，故名之。圣俞书意以旋毛世所丑而见贵，以刺范文正、文彦博诸公官虽贵而行可丑也。其毁文正尤甚，言文正附会范仲尹遂改

姓名相从，尽取其家资，及仲尹既败，家破略不抚恤，又塣宰相贾易朝，至呼其夫人为婆婆，大都皆不根语。一说魏泰所作。"

【32】陆游（务观）诗曰："斜阳衰柳赵家庄，负鼓盲翁正作场；身后是非谁管得，满村听说蔡中郎。"此诗于中郎似有贬意，故元高明（则诚）又填著《琶琵记》戏文，内容处处盛夸中郎是好人，是不得已而留朝，改成一个全忠全孝的蔡中郎。

（1941年9月20日）

【33】唐诗、宋诗于文坛上各具千秋，孰佳孰劣，论者纷纭，莫衷一是，盖各有各之时代环境，不可相提并论者也。明刘绩《霏雪录》曾将此一时代之诗风差异对照相比，以为唐诗纯、活、自在、浑成、缜密、温润、铿锵；宋诗驳、滞、费力、饾饤、迟延、枯燥、散缓。观此于宋诗，似有贬意。因袭陈说，未免欠当，日汉学家青木正儿，以为唐诗蕴藉、轻灵，如管弦乐，有妙味，典丽婉曲；宋诗露骨浅浮，如独奏曲，有快味，素朴直截，二者味道不一，固不能品定其优劣也。

【34】词至宋遂大发展，体制亦烦，清吴衡照《莲子居词话》曰："八百二十余调（即乐曲，同一乐曲中可取异样之词形），二千三百余体（词形谱之调可歌）。"

【35】使用典故以行文，虽古时亦已间有，唯至齐梁之际而极盛，是时之人，皆以使用人所不知之僻典为荣，如《隋书·经籍志》杂家中之《子钞》二十卷（沈约）。文章类同书钞，开后世骈文之引用典故，剪裁古语，以求造出对句、平仄谐和之先风。

【36】典故不可不用，盖其可以晦藏文意，不露骨阐明，以存含蓄，然用之过多且繁，既不能增进美感，亦且有碍文思流畅，文意昧涩，前后散漫，气势萎靡，以致不可句读，故用之者，又安可不慎之哉！

【37】士、农、工、商，如何划分解释，不易得当，今检《汉书·食货志》有云："学以居位曰士，辟土殖谷曰农，作巧成器曰工，通财鬻货曰商。"比较恰当。

【38】"六经皆史"一语，唐刘知幾（字子玄，唐史学家）于其所作《史通》内已微言之，次见阳明之《传习录》，及清章学诚（实斋）乃于其所为之《文史通义》内篇一《易教上》明白标示，于是人皆以为此语出自章氏矣。其后，胡适复蜕化此语曰"六经皆史料"。众说皆出一源。

【39】清代学者治学方法，实事求是，无征不信，用客观的态度，虚心观察、实验、搜证，然后作归纳之断案，予考证学以莫大之便利。其研究范围，以经学为中心，而及小学、音韵、史学、天算、水地、典章制度（政治）、金石、校勘、辑佚等，引证取材，多极于两汉。

【40】疑古精神，以宋人最勇，而及清称盛。盖清人能杂采科学思想，发明辨伪办法，加以运用，以增长己之疑古精神。

【41】最初南方文学当推陈风及二南，陈为今河南之地，后归于楚，其风俗民情与荆楚民性极能调叶；二南旧说以为楚国之风谣采而集之，冠诸风首，乃称二南，是二南实为南方之作品也。然崔述《读风偶识》曰“盖其体本起南方，北方效之，故名以南”，按辞意言，则南实为北人之作也。

【42】春秋之际，孔子以天纵生知之资，删改诗、书，厥功颇伟。及西汉末，新莽代立，国师公刘歆悯古籍之残缺，所以网罗散佚，校改秘籍阙文，使儒学得以昌明。

（1941年月10月7日）

原载于《邃谷文录》　南开大学出版社2002年版

# 记《近事丛残》

此书的作者，为明吴江人沈瓒。《吴江沈氏诗录》云："瓒字孝通，一字子舆（或作子勺），号定庵，万历丙戌进士，除南京刑部主事，历郎中，断狱平恕，出为江西按察司佥事，告归家居二十年，多所撰述。"（《近事丛残》叙引）

笔者按：瓒为吴江望族，与明大曲家吴江派领袖沈璟为弟兄行，一门风雅，代有达人。瓒为家风熏冶，当然文墨之嗜极深，于奇闻异录必笔之于书，此书之成，或由此因。

明季末叶，乡绅势力极大，甚至揽讼、包粮、抗税诸事皆由彼等主持。乡民为之鱼肉，敢怒而不敢言者，为数极多。日久天长，积恨成仇，遂酿成乡里惨案。又以政纲失常，遍地不宁，谋害之事，日有所闻。沈瓒自中第后，即主刑政，每日所见所闻，皆此等事。至中年告退家居殆二十年，长日无聊，当然以文字遣兴，于是将前之材料加以贯穿，又益以是时之社会情形而成今之《近事丛残》也。

《近事丛残》内容所记，不外朝野轶闻，乡里琐事，并极力暴陈乡绅欺压人民，武断乡曲之恶行，与沈德符之《野获编》并为明末乡里小史之双璧。唯二书所记内容略有出入不同之处：如荷花王奎，《野获编》以为咎在指挥张国维，《近事丛残》以为此案实成于误会。二人听闻不同，故所录亦异。然瓒以所作文章稍逊于沈德符，故《近事丛残》终未若《野获编》声名之大。直至晚近，因《近事丛残》所记之内容有一部分为戏曲所引用，另一部分为小说铺陈之材料，研究戏曲小说日益发达，而《近事丛残》身价也由之增高。

近人赵景深《小说闲话》中《拍案惊奇的来源》一文内考证，以为卷十四"酒谋财于郊肆恶，鬼对案杨化借尸"之来源为《近事丛残》。然并未标出系何段。我以为与《近事丛残》中之“冤鬼报官”一段相类。现引之于下以备参照：

> 杨化者，济南人，以祖军戍某卫。万历丙申间，告回原籍，取军装于族人，既遍索盈囊而行。族人某知之，尾其后，与同行，醉以酒，挤之海滨，尸飘不知何处，尽取其囊以归。一日有同族人妻某氏，正在家舂麦，忽有所见，下曰：“长官来了。”遂为化之言曰：“同拿杀人贼。”率人径至贼家，于卧具下取所劫赃，具在，乃报官。凡府县道等衙门审问，妇皆为化言缕缕致辩，继之号泣，始终如出一口，不少变，至狱乃寂，首尾殆二三月矣。初府审时，府公疑其矫诈，乃于公座上微呼化名，计其离囚所伏处，不啻数百步，人皆不闻，而妇独争先应如响，以此益异之。又云初死时于水滨遇群神，即赴诉之，曰：“吾水神，不与人命事，宜往地方城隍申告。”如其言，乃得准理云。

此段记载虽迹近荒诞，然确为当时一段公案，沈瓒将其记叙下来。后来凌濛初（亦明人）作《拍案惊奇》卷十四，或系依据当时传闻及沈氏之作而成，亦未可知。

原载于《庸报》1942年3月31日

# 读《文史通义·易教·书教》

夫史之为用，亦大矣哉！上通千百年之事，下垂千百世之例。借事喻物，以明治国之大道；按制依度，以应乡里之琐事。至其使命，则为“究天人之际，穷古今之变”。史之为用，史之使命，既如此重大，故凡治史者，非据切实之学问，明慧之识见，干练之才器，不足以语此也。《旧唐书》刘知幾本传曰：“史才须有三长，世无其人，故史才少也。三长：谓才也，学也，识也。夫有学而无才，亦犹有良田百顷，黄金满籯，而使愚者营生，终不能致于货殖者矣。如有才而无学，亦犹思兼匠石，巧若公输而家无楩楠斧斤，终不果成其宫室者矣。犹须好是正直，善恶必书，使骄主贼臣，所以知惧。此则为虎傅翼，善无可加，所向无敌者矣。脱苟非其才，不可叨居史任，自敻古以来，能应斯目者，罕见其人。”是治史之繁难，可由此而知矣。

史者条分论次，类析编比。或循年以为序，或按类以为纲，或上下千古以为贯，或断取独姓以为一，皆有其义例，有其笔法。若夫《书》者，其真伪姑不必论，亦不过昔古片段之档案。《诗》者，不过各国诗歌之总汇，虽间有朝聘庙堂之雅颂，亦仅百中之一二而已。且其前后无次，编比无序，固不可以史目之也；惟以其间论社会风土诸情况与夫古代典章制度，可采而入诸于史，以为作史者之假助，若言其即史者，非也。

梁任公、胡适之诸人，尝谓六经皆史料，此言较之章氏之言尤为当矣。盖为史助者，仅充史之材料而已。梁、胡诸氏较章氏又进一步矣。虽然时代之不同，亦当曲谅章氏之所言也。

至于刘、章二人，孰高孰下？曰：功力不同，固不可品以高下也。刘为唐人，前古之史，寥然无几，固可逐一研求，其所成就，在于精确。章为清人，各代之史，蔚然大备，故仅能钩元纂要，其所成就，在于简约。二人成就，既已不同，当亦不能相提而并论之也。然章之所论，非若刘之远于今势也。其《文史通义》中之所言，类能应用于今，故特先言《文史通义》，而《史通》则待之异日也。

余生性好史，然史籍浩繁，虽穷年毕生，亦难能贯通一史。故唯有读治史方法之书，以得“执一以御众”之功。是以抽《文史通义》内篇而读之。则章之于简，虽未能全当人意，然愚者一得，亦未可知。若抱残守缺，缄而不出，则不能有所进益，故记之于小札，以求贤者指正。

当未读《文史通义》之前，不可不一知作者。据《章学诚年谱》约而言之：章学诚，字实斋，会稽人。乾隆三年（1738）生。与戴震、邵晋涵、洪亮吉、朱筠等并称一时之学者。二十岁以前，性绝骙滞。读书日不二三百言，犹不能久识。为文字，虚字多不当理。廿一岁，骎骎向前。纵览群书，于经训未见领会，而史部之书，乍接于目，便似夙所故习然者。其于史学，盖有天授。二十五六岁时，肄业国子监，与同志往返论文，辑有《壬癸尺牍》。三十四岁，与邵晋涵、洪亮吉、黄景仁等居太平使院，其时学诚之师朱筠为安徽学使。三十六岁，撰《和州志》例，次年撰《和州志》四十二篇及《志隅》二十篇。四十岁，周震荣延修《永清县志》，四十二岁志成，并著《校雠通义》四卷。四十四岁，主讲肥县清漳书院。

曹聚仁所著《章实斋先生评传》言《文史通义》之主旨，在“撰述圆而神，记注方以智。本末之为体也，因事命篇，不为常格，非深知古今大体，天下经纶，不能网罗隐括，无遗无滥，文省于纪传，事豁于编年，决断去取，体因用神，斯真实斋之遗也”。章氏此书当时颇见重于儒林，邵晋涵曾曰：“是篇所推，于六艺为支子，于史学为大宗，于前史为中流砥柱。”

有清一代，朴学之盛，秩千古而过之。考证名家，辈出朋兴，几不可胜数。如全祖望、万斯同、戴震、王鸣盛、钱大昕、赵翼、汪中、孔广森诸人，皆以史学名世，并皆有大著作留于后学。彼等之学，固足钦佩，彼等之功，固不可泯，然终未若章氏之伟大也。章氏所致力之学问为脚踏实地之学问，为精细缜密之思想，非若他人之仅得意于校勘诠注也。

## 一、内篇《易教》上中下

孔颖达《正义》曰：“夫易者变化之总名，改换之殊称，自天地开辟，阴阳

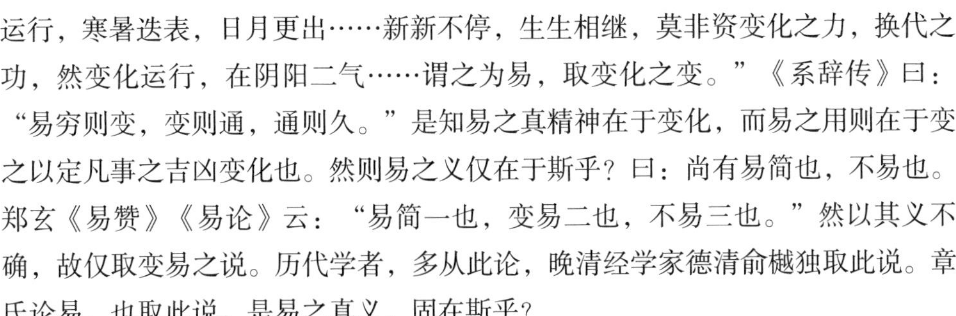

运行，寒暑迭表，日月更出……新新不停，生生相继，莫非资变化之力，换代之功，然变化运行，在阴阳二气……谓之为易，取变化之变。”《系辞传》曰：“易穷则变，变则通，通则久。”是知易之真精神在于变化，而易之用则在于变之以定凡事之吉凶变化也。然则易之义仅在于斯乎？曰：尚有易简也，不易也。郑玄《易赞》《易论》云：“易简一也，变易二也，不易三也。”然以其义不确，故仅取变易之说。历代学者，多从此论，晚清经学家德清俞樾独取此说。章氏论易，也取此说。是易之真义，固在斯乎？

古易之分，《周礼·太卜》三易云：“一曰连山，二曰归藏，三曰周易。”然则连山、归藏，何统名以易耶？顾炎武曰：“连山、归藏，不名为易，太卜所谓三易，因周易而牵连得名。”斯言可谓得其当矣。此三易何为而名之以此名耶？其说固不一也。郑玄以为三者皆代号，而唐儒贾公彦曰：“连山易以纯艮为首，艮为山，山上山下，是为连山。云气出内于山，故名易为连山。”“归藏易以纯坤为首，坤为地，故万物莫不归而藏于其中，故曰归藏。”“周易以乾为首，乾为天，天能周匝于四时，故名易为周易”，此说本之以义名也。代号、义名，二者自当以义名为是也。

三易之中，连山、归藏，久已亡佚。盖上古之时，仅有其法而无其辞。所以并周易而言三者，盖附会之辞也。何则？前之古书未之引也。至今所存而见者，惟周易耳。周易作者，愚以为殷周之际之处士也。逢纣乱世，未伸壮志。故寄其悲愤及哲学思想于周易之中也。前人有云：“易之兴，其在中古乎？作易者其有忧患乎？”

周易之价值及所蕴究为何？自刘歆《七略》、班固《汉书·艺文志》以来，多以《易》为群经之首。班氏且为之说曰：“六艺之文，《乐》以和神，仁之表也；《诗》以正言，义之用也；《礼》以明体，明者著见，故无训也；《书》以广听，知之术也；《春秋》以断事，信之符也。五者，盖五常之道，相须而备，而易为之原。”至其所包，愈广愈繁，哲学之始，文学之原，先民宗教之信仰，昔王施治之方针，以及民生日用行于乡党者，皆可由此得而考之也。

章氏为《易教》上、中、下三篇，其所言者整而大备。前所谬者正之，时所惑者确之，后所不知者启之。此三篇文虽不多，语虽不长，然章氏终身之思想皆寓其中焉。欲知章氏之思想，读此三篇，即可知矣！下所言者，皆分门别类之言也。

《易教》上：首言六经与史固不可分也，隐示历史之研究法。以为欲研究历史者，六经不可不读而知之也。次言易之为用及其概论，甚得史家立言之旨也。最后讽刺后世不明其理之庸才学者，若扬雄、司马《潜虚》之不自度量而责易之为用，并规劝学子勿蹈模仿习，当自尽力而为。

《文史通义》曰：“六经皆史也。”“六经皆先王之政典也。”

愚曰：此《文史通义》开宗明义第一言。夫政以施治，典以会要，先王有其政典，用以施治会要，故凡政典之文，须为经纶天下之大经，立天下之大本者，莫之入也。易以定吉凶变化，书者纪王者言动，礼乐以齐化兆民，固可谓之政典也。然则若三百之风，不过各国之民谣而已。乃真情流露之中心抒写也，虽其后有采诗、献诗、瞽者陈朝之说，然皆汉儒以意逆志，美刺正变之谬说也。“野有死麕”“勿感我帨”之辞，明为情词，乃谓之为讽幽、厉之缺。其弗察也甚矣。故诗者仅可名之为民俗史，供后世推考前代风俗之用也，言其可以行之于政，立之于典者，蔽于汉代经师之说耳。

《文史通义》曰：“夫子曰：‘我观夏道，杞不足征，吾得夏时焉。我观殷道，宋不足征，吾得坤乾焉。’夫夏时，夏正书也；坤乾，《易》类也。”

愚曰：现今社会大都以男子为中心，而女子则居于附庸地位。然推溯远代，当原始先民之际，家族伦理观念尚未确立之前，中国之社会，实为以女子为中心，而男子为附庸也。何以知之？卜辞曰：“下上若。”下为地、为坤、为阴、为雌、为女。上为天、为乾、为阳、为雄、为男。先言下，后言上，则殷周之间人，固尚以为先下而后上，先女而后男。是该世女性之占社会重要位置，亦不难明矣。今章氏所引之孔氏文，而曰“坤乾焉”。其意亦犹先坤而后乾，先女而后男。夫子处春秋之际，女子地位之高，亦不待言而可明之矣。迨后，虽经历代专制伦理思想之压迫，使女性拘伏于礼教之下，然其势犹未稍杀，观今之通行名词，可以知之。今人常曰“雌雄莫辨”、“阴阳”、“钗弁”、“内外”诸辞，熟听之已不觉奇怪，然细推其文意，则仍含先女而后男之微意于其间，是女性之高地位，古今一例也。

《文史通义》曰：“夫子曰：‘易之兴也，其于中古乎？作易者，其有忧患乎？’……而夫子乃谓易兴于中古，作易之人独指文王。”

愚曰：易之作者为谁？至今犹为疑问。是否有专一作者，则更为一疑问。然历代学者沿袭旧说，皆谓易作自文王。其根据即《系辞》之一言也，然其所言，并未实指文王。仅言作者为中古之人，而中心抑郁不愤者。后人不察，牵强附会，以为易之作，始自文王，实则非也。以余观之，易之作者乃一无名之学者。

深明天时变化，地迁人易之时，屡不见用，遂寄其忧愤于《易》，以使用于民间，作凡百事务吉凶变化之预占。

《易教》中，整篇着重于解释易之本身。首言易名之义，何为而名之为易？次即诠释易之字义。末言内容取法及其功用，与余经关联之重要性。引证切洽，所论极当。

《文史通义》曰："孔仲（颖）达曰：'夫《易》者，变化之总名，改换之殊称'。先儒之释《易》义，未有明通若孔氏者也。"

愚曰：夫《易》有三义，郑玄《易赞》《易论》云："易简一也，变易二也，不易三也。"此释《易》之三义也。历代学者各有所取，而惟"变易"之说为最恰当。章氏释易，能取孔氏变易之说，自是不凡。盖彼以史识断经，自收闳效。曲园俞樾《平议》言易能曲变易之说，似受章氏之影响也。

《文史通义》曰："是羲农以来，《易》之名虽未立，而《易》之意已行乎其间矣。"

愚曰：章氏此言，余最心服。盖《易》之名，实肇始于后世之学者。前古之际，有其事而无其名，亦无从名其名，盖不知名其何为当。后世学者，以其善变，故乃以《易》名之也。

昔先民好神，然多盲目崇拜，遇门则有门神，遇物则有物神，甚至睡眠之床亦以为有神。对于日用万物皆具吉凶观念，于是在未行事前，必先占卜。国有太卜，民有筮者，定军国之行政，确万物之事理，是《易》意已行乎羲皇以来矣。

《文史通义》曰："《易》始羲皇，而备于成周。"

愚曰：清陈澧《东塾读书记》卷四云："《系辞传》：易之兴也，其当殷之末年周之盛德耶？当文王兴，纣之亡耶？……孔疏云：郑元（玄）云：据此言，以易是文王所作，断可知矣。澧谓孔子言易之兴，但揣度其世与事，而未明言文王所作也。"兰甫，晚清之大学者。其议论如此，不足为奇。章氏之时，适惠定宇易学倾动一时之际，惠氏断以为文王作，言易而宗之者，实繁有徒。独实斋能矫然卓立而作斯语，其胆识可佩。此语之意，惟言易备于成周。言于成周之际，易事大成。前时之易，亦不过循序渐进之时也。复以有民即有事，有事即有吉凶，有吉凶则易之意行于其间，谓之为始于羲皇，又得其宜矣。此种措辞为文，实不可及。

《文史通义》曰："学《易》者，所以学周礼也。"

愚曰：翁覃溪《答赵寅永书》云："今日读《易》，惟应玩辞，以求圣人教人寡过之旨，至于穷神智化，圣人尚谓过此以往，未知或知，后之学者焉得而仰窥之？”（见《东塾读书记》）前氏之语，陈兰甫以为可作说《易》者箴，其推崇若此。不知百数年前之章氏已于语中微寓其义。何则？章氏所谓之学礼，非谓日日从事于祭礼而不暇之谓也。此礼乃系所谓治国之道，立人之制。“道之以德，齐之以礼，民免而无耻”乃夫子之语。夫子所谓礼，即章氏所谓之礼，即翁氏所谓之教人寡过。层层分言，丝丝入扣，章氏乃史家，于经有此研究，实乃可贵。若章、翁两氏之言，伟矣说矣！

《文史通义》曰：“然三代以后，历显而《易》微。历存于官府，而《易》流于师傅。故儒者敢于拟《易》而不敢造历也。历之薄蚀盈亏，有象可验，而《易》之吉凶悔吝，无迹可拘。是以历官不能穿凿于私智，而易师各自为说，不胜纷纷也。故学《易》者不可以不知天。”

愚曰：此端切中一般腐儒之时病，可为扬雄、司马《潜虚》之仿拟。荀爽、虞翻之穿凿作当头棒喝也。然末一句“不可以不知天”之“天”字，可易为思想也。盖“天”者仅昔时传统旧说法，实则“天”为虚无缥缈，无从捉摸之物，则人又何从而知之乎哉！莫若以思想代之。以为学易者，若不明当时之思想，直如缘木而求鱼也。虽然，章氏于彼时能作此言，已见识略，固不可以后辞而责先贤也。

《易教》下，言六艺之体例，指示初学者治学之方法。以为无论治任何学问，皆贵乎知类。并说明六艺之内容，亦极端推崇六艺之价值，借此以明六艺与易之关系。进而深论诗、易之不可即离，而需相与表里者也。次叙诸子百家之学之所以能流传至今，历久不衰之故。最后仍以论易为结，以为易与春秋固能并论。一切人事，一协天道。整篇未尝离一易字，是尤可贵。

《文史通义》曰：“诸子百家，不衷大道。其所以持之有故，而言之成理者。则以本原所出，皆不外于《周官》之典守。其支离而不合道者，师失官守，末流之学，各以私意恣其说尔。非与先王之道全无所得，而自树一家之学也。”

愚曰：此说似落“诸子出于王官论”之旧圈套矣。然若将此论推翻，则章氏所有诸子源流诸说法，皆不能成立。盖此点所论为章氏思想中心及出发点，故不能不使此学说暂时成立，以维系其他诸相因学说，此固有不得已之情也。且章氏之所以言此者，并非着重于“诸子出于王官论”，乃系着重于典守及非与先王之道全无所得二点，此盖史家之持论，固不足怪也。史家治学，向重有系统，有组织，分科立志之法。故无论于任何学问，皆溯其本原，以知其典守，而明治书之

要。与后世科学系统化之治学方法，确有莫大之帮助。故又不得不谓章氏此说确当而有见解也。

## 二、内篇一《书教》上中下

《书》者，疏也。以其可以疏通而知远矣。《汉书·艺文志》曰：“《书》者，古之号令。”晋王肃曰：“上所言，下为史所书，故曰《尚书》。”盖以《尚书》为古代记写帝王号令之书也。而汉孔安国曰：“以其为上古之书，谓之《尚书》。”复以时间订定书名。二者各持一论，予以为孔氏之论较之王氏，似稍近情。若以王氏之定义而论，则后之起居注，无不可以用《尚书》之名名之矣。

今文尚书传自济南伏生，《史记·儒林传》曰：“伏生者，济南人，故为秦博士。孝文帝时，欲求能治尚书者。天下无有，乃闻伏生能治，欲召之，是时伏生年九十余，不能行。于是乃召太常博士使掌故晁错往受之。秦时焚书，伏生藏之。其后兵火起流亡。汉定，伏生求其书，亡数十篇，独得二十九篇，即以教于齐鲁之间。”班公亦从此说。至于篇数，王充《论衡·正说篇》曰：“孝宣皇帝之时，河内女子发老屋，得《逸礼》、《尚书》各一篇，奏之，宣帝下示博士，然后易、礼、尚书，各益一篇，而《尚书》二十九篇始定。”陈寿祺《左海经辨》谓“伏生所传《尚书》，原无《泰誓》，二十九篇乃并书序计之者”。案：凡古今书序咸附于末，与泰誓合为一卷，陈氏未之察也。王引之《经义述闻》以为有《泰誓》。龚自珍《泰誓答问》分《顾命》、《康王之诰》为二篇。不数《泰誓》、《书序》，故仍二十九篇。皮锡瑞极然其说，并举《史记·周本纪》，作《顾命》、作《康诰》以证明。由是可知，二十九篇确无《泰誓》。盖以《泰誓》文体与他篇绝不相类，颇近纬书。自是后人伪托，为说经之助，而非引经之文，龚、皮二氏之说，得其当矣。

古文尚书无传人，无师说。盖自汉魏之交，马融、郑玄、王肃之伦，杂采古今文说，已不重师法。且孔壁书久藏中秘，自无师说可言。杜林漆书，马融、郑玄，虽为师生，顾其立说，各自不同，师说于此，亦不讲矣。其所不同者惟传本而已。古文尚书传本，可分为四。其一孔氏壁中本，汉志以为出自孔子壁中。“武帝末（当为武帝初）鲁共王坏孔子宅，欲广其室而得古文尚书……皆古文也”。其二，张霸百两本。《汉书·儒林传》曰：“世所传百两篇者，出东莱张霸，分析合二十九篇以为数十。又采左氏传、书叙为作首尾，凡百二篇，篇或数简，文义浅陋。成帝时求其古文者，霸以能为百两征，以中书校之，非是……乃黜其书。”其三杜林漆书本，《后汉书·杜林传》：“林前于西洲得漆书古文尚书，尝爱之，虽遭艰困，握持不离身。”《后汉书·儒林列传》曰：“中兴……扶风杜林传《古文尚书》，林同郡贾逵为之作训，马融作传，郑玄注解，由是《古文尚书》遂显于世。”其四为梅赜本，梅赜（晋元帝时豫章内史）奏上孔传古文尚书，自云：“晋太保公郑冲以古文尚书授扶风苏榆，榆授天水梁柳，柳授城阳臧曹，曹授汝南梅赜。”言来头头是道，津津有味。是以唐孔颖达取之作正义，列入五经，即今通行之尚书疏本。正义兴而马、郑之注遂亡。殊不知梅氏此本，实系伪造，以取悦当代，哄骗后世者也。梅氏所献伪古文尚书之篇数为五十八篇（包括西汉今文所析成之三十三篇和由梅氏等从当时有的古籍文句缀成的二十五篇）。

疑古文尚书为伪者始自宋时，宋以前皆蒙于梅赜之鼓中，宋吴棫作《书裨传》，始疑古文尚书，朱熹以古今文之不类疑之，至明梅鷟撰《古文尚书考异》，断古文尚书为伪作，然未揭底蕴。故黄宗羲于隐居教授之际，于书独加讨论，作《授书随笔》以赠清初之阎若璩（百诗）。阎氏远承梅氏之绪，近得黄氏启发，沉潜典籍，详加考订，得实证共一百二十八条，作《古文尚书疏证》，于是古文尚书之伪，大白于世……

（其下应尚有数页，已佚）

**【附记】** 1942年，负笈北平辅仁大学史学系，始读《文史通义》，并摘要作解，积稿数十页，贮之箧中。久已忘却。2008年溽暑，整理旧存读书札记时，见有读《文史通义》易教、书教二篇札记数页。历时六十余年，稿面残破，后尾已失，遂粗加修补，存此残稿。无一字改易，以见少时之鲁莽。时行年八十六岁。

原载于《中国文化》2009年第1期（总第29期）

# 跷辫子说

吾乡（浙江萧山）俗谚谓人死曰“跷辫子”。予于幼年，屡闻长者闲谈，有夹杂此谚语，初懵然不知其解，唯知其为恶语而已；稍后始知此即死之代名词，顾犹未明何以谓死为此三字。比来负笈四方，方略明其所以然，一半揣度，一半体会。牵强附会，于释传说之际固所难免，虽然，总以近情近理处着笔耳。此语肇始，盖起于清代，因辫子一物，唯清代有之，此语起源年代，当无疑处矣。然辫子何以一跷，即须死，予尝闻诸乡老曰：昔之罪犯，经判决死刑之后，并非立时处决，须俟某一定期间，在此羁押期间，胆小惧刑戮之苦之罪犯，自以为毫无生路，与其法场就刑，莫若自行裁决，于是利用脑后所垂之油光大辫，绕于颈际，紧紧一勒，则气脱身死，俟狱卒发现，已无可挽救，于是不得已以暴卒呈报。久而久之，罪犯知其法者愈夥，而狱中待决之犯人暴卒者愈多，狱卒无以据闻上官，上官无以呈奏朝廷。无法之下，以为防不胜防，群相讨论防止之法，结果以为取消其用具为釜底抽薪之根本解决办法。于是凡判决死刑之犯人，皆以黏性物固着其辫子，使此辫子因胶凝体之辅佐得昂然直立，此之谓“跷辫子”。相沿既久，遂成死之专用代名词矣。此虽为乡村琐谈，然亦颇有可取之点，固不能以其不经而播弃此说，顾未得确实历史之依据，以奠定此极富兴味之谚语之础石也。

原载于《庸报》1942年9月8日

# 萧山志要

吾乡萧山，地滨钱塘，襟海带江，为东南一大都会，据钱塘要冲，为两浙往来之重镇。汉以前名之曰余暨，清张文鼒《螺江日记》（张别撰有《大学偶言》一卷）曰："萧山旧名余暨，以夏少康封其庶子无余于越，而萧山适当越西尽处，故秦分郡县，谓之余暨。暨者及也，言越始封之君无余声教所及也。"迨夫六朝，易名永兴，隶属会稽。陈复有东杨三十之称。至于唐后，始名萧山，此盖得名于县西一里之萧山也，相沿迄今，无改其名。县距府治百十五里，距省三十里，至都四千二百三十里，县东西广五十公里，南北袤五十四公里。南出拱秀门七十里，以响铁岭、长山十二都，与富□［阳］相界；出六十里以桃源、安都、佳山界诸暨；西十里濒钱塘江，界海宁、钱塘；北十里为北海，界仁和县，东十五界［里］交山阴。环处诸邑，地偏俗质，自古淳厚刚节，重离别，笃交亲，故刘子《新论·风俗》篇云："越之风，好勇，其俗赴死而不顾。"《吴志·虞翻传》注云："山有金木鸟兽之殷，水有鱼盐珠蚌之饶，海岳精液，善生俊异，是以忠臣系踵，孝子连闾，下及贤女，靡不育焉。"《浙江通志》云："民以耕读为事，士以气节相高。"田惟祐县志序："萧山为绍兴属邑，居浙东上游，江海之襟带，河山之奇胜，风物之阜厚，名人才士之德望，自昔甲于诸邑。"唯以山河奇胜，人民思想颇富幻念，卜筮之事极盛，相沿陋例孔多：立春有迎春之华。元日黎明放爆，开门，拜天地、神祇，朝家庙、礼影堂，毕集中庭，贺尊长，以次宗党服属，膜拜先茔，谓之拜坟年，越数日，世族酬答，设佳肴款客，谓之新年酒。上元悬灯。清明插柳于门，男妇老少，结伴郊游，名之踏青；立夏忌坐门限；伏日曝衣物书籍，所以防蠹；中秋馈赠以饼，夜间有不寐者，所谓观月华，冀得大当贵亦寿考也；腊月二十四祀灶，今多作二十三；除夕换桃符，示更新之意；此外嫁女极重妆奁，即典地售产，亦在所不顾，丧祭力事铺张，虚

靡钱财，凡此俗例，似皆应有所补改，庶其美矣善矣。因地理环境特佳，是以俊才硕彦，通人达士有唐之贺知章，宋之来廷绍——来氏居萧之始，明之来知德（明代理学家，邃于易，著《易经集注》十六卷，学者称瞿塘先生），清之毛奇龄（字大可，学者称西河先生，精古文尚书，与阎若璩、惠栋诸氏对立，著《古文尚书冤词》八卷、《尚书广听录》五卷）、朱珪（清人，字石君，谥文正）、来煦（清道光翰林，朱汝珍《词林辑略》载之），皆应山川灵毓之气而生，以文章经济招徕世之为钟离、游酢、刘基、高啟、高明、王祎、张英、宋翔凤者，或安庐早丘，或来宰斯邑，与邑之名士相互倡导，于是文风遂益昌大，书院学堂凡百余数，而民初复有宣讲所、教育会、劝学所之组织，其间尤以家大人倡导之劝学所最能正一时之颓风，是故艺文著录四部之典多至六百。吾县文风，漪欤盛哉！县多山湖，其荦荦者，有萧山、尖山、湘湖、白马湖，皆产羽毛麟介、谷菜蔬果，瓜花草木，而独以杨梅驰名遐迩，为人所称道弗衰者也。萧之释老并有庙祀，而释氏为尤盛，山原丛集道院寺观，可二百余所，如祇园寺、隆兴寺、冠山寺、江寺、大悲庵、止水庵、观音庵、元真观、慧济禅院、北山道院，流光兰秀……历来虽国步屡更，但其宗风不变，古迹名胜属越王台、西子宅、江声草堂、江淹宅、沈将军至绪之墓、毛检讨墓、御书楼，万井与诸金石碑碣，往往赖之以显人世沧桑之迹，有助于文献者尤多。至若乡先贤汪辉祖（字焕曾，乾隆进士，佐治数十年，著《学治臆说》《佐治药言》，精史学，《史姓韵编》最为后人所用）、汤文端（谥文端，名金钊）、朱相国（名凤标）之宅□皆安于绍兴，为吾乡益光也。

原载于《晨报》1942年11月26日

# 中国青铜器的使用时代及其影响

## 青铜器的使用时代

青铜器的使用上限问题，因为文献的不足，遗物发现的不多，所以至今尚不能确定其为何时。不过据现知的材料推测，中国青铜器的使用开始得很早。《山海经》据说是夏禹时代益稷所作，时代可谓相当的早。在此书的《南山经》、《西山经》和《北山经》中处处可以看见赤铜、赤金的记载。据《说文》释铜云："铜，赤金也。"可见在夏禹时最低限度已经知道铜的存在。不过尚未发现遗物罢了。

清光绪二十四年（1898年）时，在河南小屯村发现的殷墟中，就有许多青铜器，内中有与武器有关的遗物，如戈与斧斤，便是中国使用最古的青铜武器。罗振玉、马衡等都据文献加以考订过。另外尚有日用品，日人梅原末治博士的《古铜器形态之考古学的研究》的图版第四就是安阳出土的六种日用器皿，可见殷时铜器的应用已经普遍到日用品了。由这些器物的型式和花纹考察，这已不是一种雏形的样式，而是发展到相当程度了。可见青铜器的利用，已能上推到殷，甚至殷前。

据江淹《铜剑赞序》说："古者以铜为兵，春秋迄于战国，战国迄于秦时，政争纷乱，兵革互兴。铜既不克给，故以铁足之。"似战国、秦时，中国已渐步入铁器时代，但战国时建筑材料仍有用铜者。《战国策・赵一》记有赵襄子与张孟谈的一段对话，在谈到铜资源缺乏时，张孟谈对赵襄子说："公宫之室，皆以炼铜为柱质。"柱质指的是柱下的石础，赵宫室用的则是铜。《史记・荆轲列传》云荆轲“乃引其匕首以擿秦王，不中，中铜柱”，亦为一证。1930年，马衡、傅振伦等人组织调查团，发掘河北易县战国燕下都遗址时，在老姆台就发现了有兽形花纹的青铜器——建筑装饰品。所以章鸿钊在《中国铜器铁器沿革考》（《石雅》附录）中曾说过：“春秋战国之间……用铜为多……战国至汉初……兵器尚不废铜。”可见在春秋至秦时，铜器尚很普遍地使用，直至秦始皇二十六年（前221年）收天下兵器时，铜器始作第一次的集中收聚。日人原田淑人博士在《汉代铜刀剑之研究》中，曾经引《史记·秦始皇本纪》所言“（二十六年）收天下兵，聚之咸阳，销以为钟鐻，金人十二，重各千石”等语为中心资料而阐明之。经过这次秦始皇的禁灭，铜器的利用顿时减少，所以后来的考古学者多以此年为中国青铜器使用的下限。

汉时铜器的使用，似乎已被铁器代替。因为铜器逐渐减少，而成贵金属，所以普通用具多不用铜，并将铜收归国有。《史记·平准书》云：“诸郡国所前铸钱，皆废销之，输其铜于三官。”三官是属于上林苑的均输、钟官、辨铜等三令。可见汉时国家于铜已设专官管理。《贾谊新书》卷三《铜布》云：“上收铜，勿令布下，则民不铸钱。”已很明白说出政府收铜的事实了。虽然如此，但有些实用器具依然用铜。如度量衡当时仍然用铜，《汉书·律历志上》云：“凡律度量衡用铜者，名自名也。所以同天下，齐风俗也。铜为物之至精，不为燥湿寒暑变其节，不为风雨暴露改其形，介然有常，有似于士君子之行，是以用铜也。”用铜的理由说得很明了，就为的是“取铜之名，以合于铜也”（师古注）。乐器亦用铜，《贾谊新书》卷十《胎教》亦云：“太子生而泣，太师吹铜曰，声中某律。”镜亦用铜，晋崔豹《古今注》卷下杂志第七云：“阳燧以铜为之，形如镜，向日则火生，以艾承之则得火也。”周马缟《中华古今注》卷中称此物为“燧铜镜”。直至唐代，镜尚用铜，唐太宗曾经说过“以铜为镜，可以正容”的话。武器之主要部亦以铜为之。章鸿钊氏曾说：“凡器之主部，若刀之刃，矢之镞，则必以铜为之。”热河朝阳大屯和直隶邯郸插剑岭发掘出来的实物尚有铁茎铜镞的武器。除此以外，铜多用于别上下贵贱，而不作实器用。《贾谊新书》卷三《铜布》云：“挟铜之积，以铸兵器，以假贵臣，大小多少，各有制度，以别贵贱，以差上下。”乐浪发现的铜刀，多是长直线的柄，顶有椭圆形环子，与汉代铁刀的特色相同，但是刀的全身是镀金的花纹，可见不能用作实战，而是别贵贱的仪刀而已。其他在乐浪王盱的墓中发现的遗物中，尚有一些铜器遗物，如铜小铃、铜镇、铜镜等，不过不甚多，可见此时铜器虽然使用，但已不是它的鼎盛时代了。此后虽然铜器仍是不断地被使用，可是按照以日常用品及武器决定一个时期的原则说，青铜器时代已被铁器时代所代替了。

## 青铜器文化的影响

青铜器时代自殷至秦，时间相当悠远，所存遗物亦不为少，其于后来当然有相当的影响。现就它的型式和花纹说明其影响：

1. 就型式学来说，发现的铜器型式显而易见的是已经到了发展阶段。它的祖型到底是怎样的？现在尚无法知道。就着现在出土的青铜器的型式看，它已经给后来一种模仿的型式。就武器来说，乐浪发现的铜刀和汉代铁刀的型式，特色一样。固然可以说铜刀是在铁刀时代所造，但从反面说，铁刀也许是模仿铜刀的样式所造。《石雅》附图十一中的铜镞和后来的铁镞也有模仿的痕迹。再就日用品说，瓦陶器的型式与青铜器的型式，除了质料不一样，其型式则很相近。从发现的许多明器中也可以看出，明器虽然不是实器，但总是依照实器所作，所以由明器的相同，也可以推断实器也必相同。郑德坤、沈维钧合著的《中国明器》五《汉代明器的种类》中说："壶鼎之类，又多模仿当时实用的铜器，最可证明其为代用的假器。平鼎、环兽壶、博山炉、扁壶、锥斗、舟杯等，均为汉代铜器特征，实为研究此期铜器最好的参考资料。"（《燕京学报》专号之一）可见其型式确是有所模仿的。又说："汉代铜器承商周铸铭文的遗制，亦多有铭文，明器壶鼎等为模仿铜器，其有铭文是很自然的。"更可见不但型式模仿，即铭文亦加模仿。由此可以知道铜器在型式上的影响是相当大的。

2. 就花纹学来说：殷墟出土的戈内有种种的花纹，其主题都是把奇怪的兽形花纹化了。就花纹的发生学来说，它是有变化的。就拿飞驰兽的变化来说，郑德坤等在《中国明器·汉代明器的风格与装饰》中说："铜器飞驰兽的起源，是雷文变化——或活化——造成的。周铜器上的鸟兽多与雷纹云波连续活动，由方形的雷纹而圆形的雷纹，而长圆形的雷纹，而凤尾形的雷纹。由凤尾形之结合变为鸟尾、兽尾，以至整个的鸟兽。这种演化的过程，是极自然的。"这段话将花纹的演化，说得明了极了。这种花纹对于后来陶器上的花纹影响极大。罗福氏《汉陶·装饰篇》说："飞驰兽、骑射及狮三饰为重要的特征。"而飞驰兽的花纹，毫无疑问的是受铜器的影响。铜器的花纹有突线的铸造，而陶器亦有浮雕。

郑德坤等《中国明器·汉代明器的风格与装饰》中说：“环兽的浮雕凹雕，也是汉明器装饰的一种，而以壶及博山炉居多，原因是模仿铜器。”至于明器之有采用绿釉，也为的是“更自然地表现铜器的滑亮”。明器模仿铜器的痕迹是比较显著的，直到后来，甚至清代，许多官窑的瓷器周围有时就有雷纹，而这些雷纹就是铜器上雷纹的遗传。铜器又有镶嵌宝石的样式，罗振玉氏在《殷周古器物图录》第十二，记载带有镶嵌的戈时说：“古彝器断耳以铜为之，花纹至工。嵌以宝石，绿如翠石，不知为何物。”可见在铜器上常是镶嵌一些宝石的。后世妇女所用首饰也常在金属品上镶嵌宝石，为的是美观别致，我认为这或许也是受青铜器传递的影响吧。

青铜器对后来的影响就举这二点为证吧！

**【附记】** 夏日苦热，难以读书作文。整理旧文，得小稿一篇，为当年攻习考古学时的作业，文末署“民34.12.6”，时年22岁，至今忽忽已60年。逝者如斯，得不慨然！循读一过，自以为尚有一得，乃略正文字错谬，核查引文，录以求正，并志鸿爪之迹。

原载于《寻根》2005年第5期

# 谈谈文学与时代的关系

凡一个时代的文学为什么能成为该时代的主流？当然是因为它的内容与形式并重而具有与他时代相异之特点，如唐诗宋词等即可称为该时代的文主显流，而这种与他时代相异之特点，究竟是从何而生？其原因固然甚多，最重要的自然是受了时代的莫大影响所促成，因此我们可以说文学与时代是不可即离的。

当太古的时代，人民安居乐业，不汲汲于仕进，悠闲自得，于是有“日出而作、日入而息”的《击壤歌》产生出来，因为该时代的一切都是简单，所以形式亦极简单，而内容正十足反映出当时人民无拘无束、优游隐逸的神态，这也是无怪乎他们发出了“帝力于我何有哉”的得意呼声。等到春秋战国，时代起伏激荡，金瓯成为割据状态，舌人说客，风起云涌，各骋语锋以博青紫，一时蔚为风气，于是纵横捭阖之文充斥。唐朝天宝之际，遭到安史之乱举兵向阙，人民涂炭，于是在内容上多表现厌世厌战的观念，所以大兴“朱门酒肉臭，路有冻死骨”之叹。杜甫之《兵车行》以后，白居易之《新丰折臂翁》也正反映内战频仍、人民感受痛苦的情形，即无心人读之亦当鼻为之酸；在形式上因为胡乐的输入，而胡乐“声短而促”，中国魏晋南北朝之旧乐时已不能谱之入声，于是新乐府及绝句的形式产生，同时又为了含蓄抒情的便利以及长篇大论为兵荒马乱的时间所不许，所以都倾全力于诗的制作，因此唐诗在中国文学史上大放异彩而占据了极灿烂辉煌的一页。宋承五代之后而兴，国势就很衰微，敌于境，朝臣备商，国家在苟安喘息之中，人民亦当久战望治之际，于是婉约遣兴之词产生；南渡以后，国事日非，有志之士，群起报国，于是苏轼、辛弃疾等人的豪放激昂派词产生。元朝以外族之主，钳制思想，文人学士无所骋其才，于是承宋词之绪，衍为元曲，虽载歌载舞，可是于不著痕迹中，隐隐中抒发爱国热忱，如马致远《汉宫秋》，虽斥汉室，实讥宋臣，又因异族统制，人民对人生感到无味，不思进取，都希望溘然奄化、早日脱离，这种思想在元曲中比比皆是。明人在文学上可以说无甚表现，除了一些传奇及晚明小品尚可称为文学外，其余便是一些三杨的馆阁体及何李诸人的再生古文，简直可以说是无足称述。清人亦以异族入主，其钳制思想，一如故技，所以文学发展到小说上去，一部《红楼梦》可以说是惊天动地的杰作，它正反映当时江浙富庶之区旗人淫佚无知、不求上进的情形，及清室末业，官吏贪污、盗贼蜂起，君阍臣懦，外敌侵凌，于是谴责小说如《官场现形记》《二十年目睹之怪现状》等都应运而生，描写刻画，入木三分，虽不免流于尖酸谩骂，然亦不失为文学佳作。五四运动后，文体丕变，思想激转，于是文学之形式大备，有文、小说、诗歌、戏剧，而内容则仍不外是刻画当时社会情形，如军阀的专制、男女的爱情，以及社会下层一般前人所不肖道者，都一一笔之于文，在文坛上可说是一大革命。抗战以后，闲情逸趣的文学绝迹，代之而起就是抗战文学，一方面偏重于报告文学，将敌人的暴行毫不含蓄、毫不客气的抒写出来，长人民同仇敌忾之心、激昂抗战的意念，一方面侧重于宣传，将国家当前的情形作为题材再加上主观的意念，灌输人民必胜的决心，坚定人民抗战到底的信念，所以这一次能获得最后莫大的胜利，自不能归功于文学作品，而文学作品的内容亦是因有这样的时代方能产生，否则总不能空中楼阁的捏造出许多可歌可泣、骇人听闻的故事出来。

所以文学与时代应该说确是有相当的联系，而不可须臾离者，文学与时代相悖，充其量只是一些无病呻吟的玩意，绝不配再称其有价值的作品了。

原载于《火把》1947年第1期“文学谈丛”

# 中学生的回忆

直到现在，我还能回忆在中学那几年，对我们的老师常作的许多恶作剧。

老师是一位至少已有六十岁的老人，总是戴着眼镜和假发。于是这些东西就成为我们不断开玩笑的目的了！

在许多很不用功的好闹的学生中，我是很出色的人物。每当我被叫到黑板上去的时候，我常预备一条绳子，在绳子的尽端，悬一块粉笔头，又把它偷偷地拴在老师的短大衣的后面，当他一转身的时候，我们都大笑不止—— 一如我们是大孩子一般的笑！

常常在全班静谧听讲的时候，我用一种可怕的声音，急促的关我的书桌，不问便罢，如果要是责备我的话，我总是永远不变慢吞吞的答道："先……先生……我没留神。"

有时，我把厚纸折成一个三角兜，装满墨水，然后很小心地关折好，在班上传递，若是被老师看见，他便会很严厉地命令把这装墨水的纸兜给他，他很自信的以为一定抓住了糖果，但是，当他打开来看时，墨水很迅速地泼在他的手和书桌上，我们感到这是些好玩的玩法！

后来，我时常利用他正沉埋在深思中的机会，把他的一缕假发系在椅子背上，当他起立时，他的假发在我们大笑中掉落下来，于是，我们常是被罚禁止出门，但是，我们玩的很热闹，也似乎觉不出这是一种厉害的惩罚了！

你们或者想到我这种行为不对，可是，当你们到学校里去时，是否也是如此作呢？你们是常用功不辍吗？而对老师是毫无噜嗦吗？

实在说不出来，到现在当我想起多多少少为我们辛苦的这些"可怜人"，我对于我这些坏行为有点后悔，同时更反复的背诵了诗的一句话："年青的人是无怜悯的心！"

**【后记】** 此文原为法文，题目是Souvenir de collège。作者遗忘，是我前数年的译作，记不清在何处发表过，但是，因为它是一篇富有教育意味的小文章，所以费了很长的时间，在旧书箧中找出这篇文章来，作为中学生的箴言。

原载于《天津教育》创刊号　天津教育月刊社1948年11月版

# 附录

# 目　录

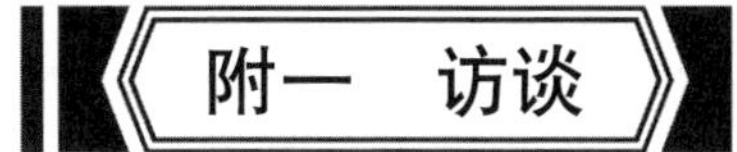

# 附一 访谈

## “难得人生老更忙”

——访图书馆馆长、图书馆学系主任来新夏教授

**采访者：**李瀛、陈杰（《南开周报》记者）
**被访者：**来新夏

**记者：**来新夏教授，您是国内知名的图书目录学家和历史学家。党的十一届三中全会以后，著述出版甚多。虽已六十一岁，仍壮怀激烈，自称“花甲少年”。不久前，您被任命为我校图书馆馆长、图书馆学系主任。虽然工作多，任务重，但您以“难得人生老更忙”的愉快心情承担下来。

近几年，来先生您撰写出版的专著有《古典目录学浅说》、《近三百年人物年谱知见录》、《林则徐年谱》等，最近又在主编《中国古代图书事业史》。可谓著述成果丰厚。

**来先生：**我很大程度上是受益于图书馆。图书馆行业是个树根行业，累累硕果、繁茂枝叶皆由根而生。我国古代图书馆事业居于世界前列，可以上溯到商周，老子就是周朝国家图书馆“藏室之史”。近代，我们落后了，特别是现在，国家的“四化”建设、学校的发展、第四次技术革命即信息革命时代的到来，更需要加速发展图书馆事业。

**记者：**请谈谈今年上半年我校图书馆首先要做的几件事。

**来先生：**清理积压书籍（已经进行）；做好订购工作；开放一些书籍；搞些专门阅览室。以后，还要把电子计算机用于图书馆工作中。立足于用，搞好收藏；以用促藏，以藏保用；藏用要尽快使用现代化手段，提高为教学科研服务的质量和速度。办好图书馆有有利条件，也有困难。我会与同志们一起到各系、所征求意见，拜访馆里有经验的老同志，开座谈会，我们有信心办好图书馆。

发展图书馆事业就必须培养大批图书馆学的专业人才。今年学校开办了图书馆学系，我们打算今年招收30人，另外还办一个40人的专修班。准备采取一种新的教学方法，让学生们一星期至少在图书馆工作两个半天，理论联系实际，争取缩短学与用的时间……一个办教育的人，首先应该想到社会，想到学生，发展图书馆事业是为子孙万代造福。我们应该努力工作，不仅要保护和丰富图书馆这座宝库，而且要把它变成知识的喷泉！

原载于《南开周报》1984年3月27日

# 用乡土教材进行近代史教育

## ——访南开大学图书馆馆长、历史学教授来新夏

**采访者：**王莉华（《光明日报》记者）
**被访者：**来新夏

**【记者按语】** 南开大学图书馆馆长、历史学教授来新夏，受中共天津市委委托，正着手主编一部有20多万字的天津近代史，作为对群众进行近代史教育的乡土教材。这是一件引人注目的新事，为此，记者走访了他。

**记者：**提起利用乡土教材进行爱国主义教育，来教授谈兴很浓，一再强调了这件事的重要。

**来新夏：**充分利用乡土教材对群众进行近代史教育，是整个文化战略发展的一个重要方面，也是精神文明建设中不可缺少的内容。没有一个社会主义现代化的文化发展战略，也就不可能有现代化的城市总体发展战略。当地有哪些青山秀水值得留恋，有哪些英雄豪杰应该学习，有哪些荣辱经历必须牢记……这一切，都能激励人们对家乡、对民族、对祖国的热爱。不能设想，一个对自己家乡一无所知，对本地区、本民族历史毫不关心的人，会对我们的祖国有深厚感情。

从理论上讲，革命导师指出过，要建设优于资本主义经济制度的社会主义经济制度，创造高于资本主义的劳动生产率，不仅是“物”的问题，更是“人”的问题，即改善人的文化素质和文明程度的问题。我们党也一贯强调要两个文明一起抓。因为人的文化素质、人的文明程度、人的观念形态，对全民族的发展，对整个经济建设与改革都有直接影响。拿当前改革开放来说，人的文化素质和文明

程度高，不仅便于掌握先进的科学技术，还善于识别和抵制不好的东西。

建设精神文明的重要内容之一是让群众学习历史。乡土史料是最具体、最亲切的历史教材。特别是天津，具有进行地方近代史教育的独特条件。可以说天津近代史是中国近代史的一个缩影。应该充分利用乡土教材进行近代史教育，使人们能够比较优劣，识别是非。我长期居住天津，这是我的第二故乡。在天津，一提起火烧望海楼、义和团、反洋教……人人如数家珍，个个乐道，从而产生一种民族自豪感。这种感情是宝贵的，能鼓舞人们的斗志，给人以信心。应该让这种感情一代一代传下去。平时，我们总喜讲社会主义的光辉成就。其实，每一项成就都是经过艰苦奋斗、多次曲折才得来的。不能只知光辉成就，更应该知道为此而付出的痛苦牺牲和所进行的奋斗、拼搏。后者更能增强我们战胜各种艰难险阻的勇气，以提高民族自尊心、自信心和对国家与乡土的责任感。

如果全国各地都把当地的真人真事、丰富的历史遗产整理出来，让大家学习，那么，对于全民族的团结、和谐，对于增强人民的斗志，对于发展经济，共同前进，会有不可估量的作用。正是基于这种思想，我接受了中共天津市委的委托，将和几位同志一起，共同努力，编出一本科学性、地方性和可读性都比较强的乡土教材，这也是我作为一个共产党员、一个史学工作者的光荣职责。

**记者：**您认为全国都有乡土教材进行近代史教育的条件吗？

**来新夏：**是的。每个地方都有它存在的道理。各地的发展也都有各自的特色。我认为，每个有条件的地方，都应写自己的乡土教材。这部书应该包括当地历史的大事，要有本地特点，而且是用新观点、新资料、新方法写的。过去有些地方也写乡土教材，可是由于受“左”的思想影响，写共性东西多，特性东西少，看了不知道究竟是什么地方的。其实，乡土史料，一定要着重写本乡本土的事。宋代有人为苏州写了部地方志，专门写了苏州的园林，使人一看就知道是苏州。希望各级政府的领导同志在经济发展前景美好的情况下，别忽略文化的发展，别忽视史的教育。要把提倡、推动和完成这件事提到议事日程上来。我认为，各地的负责人在接待外国朋友时，送他一部本地近代史，比送他一般物质的东西更贵重。

**记者：**您觉得用乡土教材进行近代史教育是个迫切需要解决的问题吗？

**来新夏：**是。实不相瞒，对这件事我有紧迫感。前些时候去南方考察，参观某个村子。这个村真富，农民家里摆得相当阔气。县委一位同志告诉我，国内外人士到这里看了以后，都说不错。他还再三问我有什么想法。我坦率地告诉他：都好。只一条：缺书架，不好。因为许多家庭都没有书架。问了同来的人，也说没见。我想，没有书架的生活，也就是缺少文化的生活，该是多么贫乏啊！经济发展了，物质上去了，精神的东西没上去，连本村本土的事都不知道，不能说是完整的社会主义。我深深感到，干社会主义，不光是“物”，更重要的还有“人”，还有“人”的精神世界和不同层次的文化需求。我们国家的历史，地方的历史，如果我们自己不宣传，不灌输，那就是一种失职。

原载于《光明日报》1986年10月9日

# 关于首次修志工作的话题

## ——答《光明日报》记者韩小蕙

**采访者：**韩小蕙（《光明日报》高级记者）
**被访者：**来新夏

**记者:** 来先生,您是地方志协会学术委员,我想请教您一些地方志方面的问题。

**来新夏**（以下简称来）**：**我将尽我所知相告。

**记者：**中国修志传统历史悠久，两千多年志书的特点是什么？

**来：**两千多年的志书（习惯称旧志）具备着起源早、持续久、类型全和数量多四大特点。中国志书的起源，虽然方志界有不同意见，但它有两千多年的发展历程，则是人们的共识，可以称得起是起源早。它的持续性表现在几乎各个时代都给它以应有的重视，特别是自宋代方志体制渐备之后，元明各朝更日趋兴盛，清代尤为突出，民国以来仍不绝如缕。中国志书上起于全国一统志、各省通志；下至于府州县志；旁及于山川、土司、盐井专志；细及于地方杂记小志，类型不可谓不全。至于数量之多已是人所共见，有一种统计说有八千二百余种，实际上，近几十年又不断有所发现，已在万种左右。

**记者：**近闻新中国首次修志工作取得了很大成绩，请介绍一下有关情况。

**来：**新中国首次修志工作从一开始就受到党和政府的关注，中经五十年代、六十年代和八十年代的三次修志高潮。推动着志业的前进，特别是八十年代以来，更成势不可当之局。成果丰硕，也为海内外所称道。近二十年来成效益显。从纵的方面看，上起省区，下至县镇，成书已逾三千余种；从横的方面看，既有一地一区的综合性通志，也有记一行业一领域的专业性专志。至于编写体例、内容范围以及装帧印行，尤为百花纷呈，使人目不暇接。此外，全国已普遍建立各级正规修志机构。为修志而搜集的资料当以亿为计，尤其是有十万修志大军在默默无闻地耕耘，作无私的奉献，已建立起一支具有修志经验与学识的队伍。我认为首次大规模修志工作是成绩斐然、成果丰硕、成就巨大的。这"三成"是首次大规模修志值得大颂大赞的盛事，不容抹煞！

**记者：**对我们今天的社会生活，特别是对改革开放中的中国来说，编修地方志的意义何在？

**来：**志书的意义一直以"资治、教化、存史"来概括，对于新编方志仍能适用，只是由于新志较旧志更完善，内容更丰富而使这三项内含更广，范围更宽。许多地方主政者在制定规划时，即参考志书，将规划建立在比较科学的基础上，提出可能的发展途径和对策。例如建厂选址，开发资源，招商引资，等等，均以志书为可靠依据。志书的具体内容与国情教育的需要也正相吻合，用以教化群众，更是进行爱国爱乡教育的地情教育的最好教材。志书的资料十分丰富，可以补史之缺，参史之错，详史之略，续史之无。巨量资料的保存，起到了重要的存史作用。修志的重要意义和新志所发挥的作用也充分证明首次大规模修志成绩之大。

**记者：**最近听说方志界有一次比较尖锐的争论，愿闻其详。

**来：**这次争论发生在今年6月间，江西的《信息日报》发表了一篇题为《新中国首次大规模方志编修让人哭笑不得》的访谈录，十天以后，天津《今晚报》又以显著地位刊出，其他也有一些报刊转载。天津志界首先引起注意，分别著文发表不同看法。我也认真读了访谈录的内容，万未料到是出于我的朋友、对方志学颇有研究的一位教授之口。谈话的主要部分是对首次大规模修志的批评。姑举其三例：一是他说："新修的许多方志不约而同地将国民党、三青团、民国时期的县政府和参议会、汪伪县政府和伪保安大队、日军暴行等放入附录，主要是指导思想上有意识地对之加以贬抑。"又说："历史上从没有修方志把前朝放入附录中的。"这里，他的错误在于没有看过许多志书，就妄下结论，事实是，一般的志书，都是按“①中国共产党，②国民党，③民主党派，④群众团体”这种体例编写的，并没有不尊重历史的问题。而把汪伪视作前朝，则根本是一种常识性的错误。二是他认为“《艺文志》（《经籍志》）的缺失是新修地方志的另一问题”。如果肯多翻一些新志，事实俱在，无容置辩，只不过新志没有沿用旧名而已。三是他批评由于“部分修志工作者史学常识缺乏”而导致不应有的“硬伤”和“笑话”。出“硬伤”谁敢说没有，把汪伪视作前朝难道不是“硬伤”吗？不同意见的争论，是很正常的学术活动，于是方志界人士颇寄希望于其权威刊物《中国地方志》能像《历史研究》那样，展开学术批评以推动这一学术争论，结果刊物的领导表示这些批评意见是对的，但不宜公开发表，只在领导层内部传阅，缺乏媒介的支持，致使这场学术争论在没有是非的情况下，无结论而夭折。不过在新方志学史上终会有完整的一笔。

**记者：**那么，今后修志工作要注意些什么？

**来：**在世纪之交，将有千余部新志问世，而按二十年续修的规定，有的地方即将投入续修工作，确是有不少工作要做，如：（一）把首次新志总结好，宣传好，运用好，尽量应用现代化手段，使之产生积极的社会效果。（二）培训修志队伍，全面提高素质，以适应新的需要，并努力稳定下来。（三）把年龄在五十岁以内，具有相当学识水平和修志经验、对修志事业有深厚感情的人吸收到各级领导层内，注入活力，推动志业的发展。（四）提高志书质量，总结首次修志经验，把修志工作由单纯记述性推向编修具有学术研究水平的第二代新志。（五）真切希望读者公众多了解新志，运用新志，支持我国的修志事业。

原载于《光明日报》1998年12月15日

# 植根于博　专务乎精

## ——来新夏教授访谈录

**采访者：**柳家英（《津图学刊》编辑）

**被访者：**来新夏

来新夏教授，浙江萧山人，1923年出生于浙江省杭州市。1946年毕业于北平辅仁大学史学系。1949年选送入华北大学第二部学习，师从范文澜教授攻读研究生。1951年初，应聘至南开大学历史系任教，先后担任校务委员会委员、校图书馆馆长、校出版社社长兼总编辑、图书馆学情报学系系主任等职务。现任教育部古籍整理研究工作委员会所属地方文献研究室主任、天津教委所属《津图学刊》主编、《天津通志》顾问等。社会职务有：中国近现代史史料学学会名誉会长、中国地方志协会学术委员等。主要从事古典目录学、北洋军阀史、方志学、图书事业史等方面的研究，著有《近三百年人物年谱知见录》、《北洋军阀史》、《林则徐年谱新编》、《中国地方志》、《中国古代图书事业史》等专著二十余种，论文近百篇，学术随笔有《冷眼热心》、《一苇争流》等六种，总字数近千万。

**柳：**来先生，听说您在台湾讲学时，辅仁大学校长称您为有成就的校友，您也经常在文章中满怀深情地提起辅仁往事，您是不是认为辅仁四年对您一生的学术影响至关重要？

**来：**是这样的。我入大学的年代正是日本帝国主义疯狂侵华，并发动“太平洋战争”的时候，北平的大学不是改变性质成为敌伪大学，如伪北大，就是与英美有关而被封闭，如燕京大学。只有辅仁大学因为是德国教会主办的大学，而德国是轴心国，与日本是盟友，自当给点面子，所以成为一所形式上独立的教会大学。无论是老师，还是学生，都向往入辅仁，许多知名学者纷纷应聘执教于辅仁，尤其是校长陈垣教授颇能礼贤下士，所以当时文史方面可说是名师毕集，那个时期的辅仁大学称得上是鼎盛时期。在学四年，我选修了许多由名师讲授的课程。虽然我因努力不够，没有达到高徒的水准，但是这四年的修业却使我一生受用不尽，有几位名师如陈援庵先生、张亮尘先生、余季豫先生、启元白先生，他们在人格和学问上对我的教诲之恩终生难忘。

**柳：**您的同代人有不少人都是正逢事业如日中天的时候而遭劫难，许多人就此一蹶不振，生发出“志士凄凉闲处老，名花零落雨中看”的哀叹，而您却在八十年代迎来了您的第二个学术青春，支撑您捱过那段风雨如晦的日子的信念是什么呢?

**来：**我从六十年代以后，十多年中投闲置散，但生活仍有保障，很容易随着时光流逝而混日子，但我仍然以一种韧性坚持读和写。即使在“牛棚”也尽量读点书，写点札记。七十年代初，我被下放到农村插队落户，别的东西大部分都处理掉了，但书箱残稿还是随身带着。白天压地、打场、掐高粱、掰棒子；晚上盘坐土炕，伏案灯下，读书和整理书稿。四易寒暑的耕读生活不仅没有不堪其苦，反而感到别有滋味。我八十年代出版的几本书基本上都完成和恢复于这几年中。我回想这种韧性主要是靠一种强烈信念作为精神支柱，我始终相信党和国家“终不我弃”的。后来，这种信念终于实现，我二十余年的微小成果也终于能贡献于社会和国家，我真是由衷地感到高兴。

**柳：**记得您在您的随笔集《路与书》中，谈到读书和行路的问题，您对读书和做人的思考是怎样的呢?

**来：**我读的书，不仅是用文字写的书，还读大千世界芸芸众生的无字书；我走的路，不仅指地理概念的路，也包含拖着沉重脚步，跌跌撞撞走过的人生道路。生命中的每一次起落，我都以平常心面对曾经拥有的和已然逝去的，成功的时候我不欣喜若狂，失意的时候我也不怨天尤人。富贵如浮云，我们能够留给后人的，大概也只有这一星半点的文字了。

**柳：**您过谦了，其实您撰写和主编的学术专著和随笔如今已逾三十部，应该说著作等身了，在您长达半个多世纪的学术生涯中，您觉得您的成功经验该怎样概括呢?

**来：**我想用“植根于博，专务乎精”来概括。我认为学术应该博涉多通，不能拘于一端，这样才能思路开阔，相辅相成，取得更大的学术成果。学术领域中有一种非常引人注意的现象，往往有独特成就的人并非出身于本专业，这大概是因为本专业对本专业的思维每每局囿于意料之中，而于他专业则所见所思时或可出于意料之外。所以，我在具备了一定的历史学基础之后，又深入到目录学、文献学、方志学、图书馆学等几个领域，并先后写出了本领域本学科的始基之作，我想，这对有志于献身学术的人来说，不啻为一种或可供参考的一点所谓“经验”。

在治学上，我认为应有勤奋和坚韧的精神。立足于勤是求学的基点，要勤写、勤听、勤读、勤思。四勤的根本在勤读，勤读方能博涉，使知识源源输入，逐步走向专精。在读的过程中要善于发现问题，即所谓“致疑”。有疑就要不断寻根究底，即所谓“勤思”。疑而后思，思而后得。四勤最后要落实到“勤写”上。“勤写”要积少成多，由片段成整篇，由多篇成专著。这不仅是积累，而且还是一种磨砺。与勤相连的还必须有一种坚韧性。人生在世，不可能永远是康衢坦途，治学也是如此，所以必须有一种韧性，“驽马十驾，功在不舍”，只有这样，才能在回首前尘往事的时候，无怨无悔亦无愧。

**柳：**您在治学上还曾提出一种“为人”之学，愿闻其详。

**来：**在丰厚的资料和提要的基础上做学问能有所发明，独抒新见，写出论著来固属可贵，但我觉得在学术界更应提倡一种“为人”之学。从多年的教学与实践中，我发现人们为了论史证史，需从浩繁的史籍中去搜集资料时，大都是穷年累月，孜孜不倦，各自为政地检读爬梳，最后完成一种或几种个人论著，但却没有给后人留下方便。如果有一些人肯分门别类检查资料底数，编写一些工具书，那不就可让另一些人不走或少走重复路吗？这就是由少数人为多数人摆好“梯子”，或者说甘当“铺路石子”。这种工作，过去陈垣教师曾感叹说：“兹事甚细，智者不为，不为终不能得其用。”我深佩斯言，而且也确曾躬行实践。我曾以二十年时间，检读了近三百年来人物年谱八百多种，一千余卷。一面检读，一面根据目录学的要求，每读一谱，辄写一篇书录，记谱名、编者、卷数、版本、著录情况、谱主事略、编纂缘起、藏者和史料等，少则二三百字，多则千字，文字力求简要。经过多年积累，数易其稿，终于完成一部56万字的《近三百年人物年谱知见录》（1983年上海人民出版社出版）。这样，不仅我自己掌握了近三百年大多数重要人物的基本情况和很多重要史料，而且为他人增添了剖析史料、论证史事、发现问题、扩大研究领域的时间，起到了“天增岁月人增寿”的作用。我也愿人们能“毋以善小而不为”，希望有更多的人充分利用自己的积累和学识多做“为人”之学，甘当“铺路石子”。

**柳：**这两年经常见到您的随笔结集出版，几份有重要影响的刊物上也常发表您的一些颇能引起争议的文章。目前，已有人把您列入随笔作家的行列，而您曾经钟情的纯学术文章似乎渐渐少了。您用“衰年变法”来概括您晚年由写学术专著向写学术随笔的转变，您对您的这种转变是怎样理解的？

**来：**“衰年变法”一般指书画界人士经过多年蕴积，晚年书画之风大变，以求另辟蹊径，更上层楼。而我在晚年由纯学术转向写随笔的现象，也应是一种“衰年变法”。据说国外有些科学家五十岁以后，当在专门领域中有所成就时，往往向普及科学知识的道路转变，我虽称不上学有所成，但知识回归的行动确给我很大的启示，更坚定我去从事学者随笔的写作。我写随笔的最终目的不过是：观书所悟，贡其点滴，冀有益于后来；阅世所见，析其心态，求免春蚕蜡炬之厄；知人之论，不媚世随俗，但求解古人故旧之沉郁。本着这样的想法，十多年间，我在许多旧友新知的推动和鼓励下，写了六七百篇随笔，初见“衰年变法”的成效。九十年代开始，我整理编次我的随笔集，先后结集出版了《冷眼热心》、《路与书》、《依然集》、《枫林唱晚》、《邃谷谈往》、《一苇争流》等六种。“衰年变法”让我有一种自我超越的感觉，让我时时回归到依然故我的纯真境界。

**柳：**当今学术界，学文者不治史，治史者不学文，人为割裂，通才难得，而您却做到了兼善文史，淹贯古今。读您的文章，前期和后期虽然形式与风格多有不同，但实质上都没有脱离开中国传统文化，那么您对中国传统文化是怎样看待的？

**来：**近几十年来，中国学术界对传统文化的选择标准是“取其精华，去其糟粕”，还有一种就是人所习知的“古为今用”。不管怎么说，我们在选择传统文化的时候，应注意以下几点：一、不能把传统文化视作圣人贤哲的遗留，只能保存、维护而不容去取选择，更不要以逝去的枷锁来束缚后来的发展，成为现代化民族文化建设的包袱。二、传统文化是历史的累积，历史悠久的民族在文化积累过程中自然会有沉渣，因此传统文化势必会泥沙俱下，良莠并存，即使其精华部分也不能说毫无瑕疵，只是随时代和社会的需求不断发生转化和发展。三、传统文化不是凝固的死亡遗体，它既有过去源头，又有现实特色，更是未来起点，其中必有可备选择的，不可轻率地把孩子和洗澡水一齐泼掉。四、传统文化是多层次全方位的，有物质的、制度的、风习的、思想的、上层的、民间的等等。即使儒家思想也非单一而是杂陈的，儒学大师荀况在其《法行》篇中就曾记述过一位学者的质询说："夫子之门，何其杂也？"五、传统文化中有不少与现代社会间有矛盾冲突的内容，如平等与等级、开放与封闭、改革与保守、横向吸收与垂直承受等等。要明辨矛盾，择善而从，并且善于认识和反思传统。有了这些认识，那么我们在传统文化的纷繁内容面前就不致感到困惑而束手。有了这样的认识，我们才既能就历史条件作量的描述与记录，以显示特定时代的璀璨，也可用发展观点作质的评价和选择，以适合现代化民族文化建设的需要。

**柳：**您每天要审读大量书稿，为各种报刊撰写各类文章，还要经常参加一些学术活动，您能够年逾古稀而身体犹健的秘诀何在？

**来：**无怨无悔而已。有的人一生只怨不悔或多怨少悔。回想几十年风风雨雨，不如意事常八九，很少顺心，更无辉煌，于是就怨：怨天道不公，怨人情淡薄，怨怀才不遇，等等，终至怨愤而殒；有的人一生只悔不怨或多悔少怨。在几十年的人生道路上，无疑会遇到无数事和人，哪能滴水不漏，事事让人满意，总有说错话、做错事的闪失。于是或恪守孔孟之道：悔自己多事，悔自己不谨言慎行，悔自己说话脱口而出，等等，终至悔嗟而丧。其实，人活到七八十岁，本身已是幸福。怨与悔无补于事，无益于人，而无怨无悔，可养天年，可和人事，何乐而不为？

**柳：**非常感谢您给我这个机会，使我得以聆听先生金玉之言。衷心希望您身体健康，也希望您为我们写出更多更好的作品。

原载于《图书馆论坛》2000年第6期

# 就《林则徐全集》的出版答《炎黄纵横》记者问

**采访者：**《炎黄纵横》记者

**被访者：**来新夏

**记者：**来教授，《林则徐全集》的出版是史学界一件大事，能请您简要介绍一下该书编辑出版的情况吗？

**来教授：**可以。林则徐作为一位对内对外都有重大影响的历史人物，很早就有人进行过研究，但真正系统地搜集资料、研究问题、写成专著，是在解放以后。我今年八十岁，算是解放后第一代的研究人员。当时我们就觉得很有必要将林则徐资料集中出版。1957年，周恩来总理亲自提出要出版《林则徐全集》，并交给中国科学院办理，后来此事落实到广东，由中山大学负责编辑，中华书局出版。当时我是奏稿部分的审稿人之一。由于资料不全，出版时只叫《林则徐集》，不叫“全集”，出了奏稿、公牍、日记等几种，没有出完，“文革”开始，这事也就搁下了，已经编好的奏稿，以抄存稿保存下来。

上世纪八十年代中期以来，林则徐研究得到前所未有的重视，开了多次林则徐纪念会、学术研讨会。福建省对林则徐的研究、宣传格外关注。1995年，在纪念林则徐诞辰210周年学术研讨会上，专家们发出重新出版林则徐文集的呼吁。这一呼吁被作为当年福建省政协的提案提了出来，引起福建省委、省政府的重视，第二年正式决定重新出版《林则徐全集》。林则徐是福建首屈一指的标志性人物，同时也是具有全国乃至世界影响的人物，编辑林公全集，应该集中全国的有关专家共同来搞。于是，成立了一个由中山大学、南开大学、厦门大学、武汉大学和福建、广东社科院的专家学者以及一些出版界人士组成的编委会。

编委会工作了六年，先后开过四次全体会议，对全书分成几类，搞多大规模，名称叫什么，如何分工，以及主编、顾问人选等重大问题进行讨论。第一次全会就确定要搞成“全集”，内容分成奏折、文录、诗词、信札、日记、译编六大类，大家分工去做，互通信息。到今年8月，全书告成。许多知名人士担任该书顾问，广东的陈锡祺老先生是最早创意编林集的，所以推他为名誉主编。全书共分十册，六类，370多万字，每卷还插入一定数量的图片。其中奏折的分量最重。林公历官十四省，又以钦差大臣领导禁烟斗争，面临许多政治、经济、社会、防务问题，写下大量奏折。这部分资料在档案馆中保存最完整，当年中华书局又进行过整理，所以，奏折类几乎占了全书篇幅的一半。

除此之外，林公以书法名世。他的书法独树一帜，具有很高的艺术价值，原打算也列为一类，因技术上不好处理，最后决定单独出版《林则徐墨迹》，不在十册之列，但也是林则徐全集编委会的成果之一。所以，《林则徐全集》实际上是十册另一册。今年10月在福州市举办的全国书市上，大家就能见到这部书了。

**记者：**请您谈谈《林则徐全集》出版的意义。

**来教授：**对编这部书的意义怎么认识？首先要对林则徐这位历史人物有个正确的定位。从立德、立功、立言及人格魅力上看，林则徐完全值得出全集。第一，林则徐是位具有爱国主义思想的政治家，是中国近代史上第一位反侵略的伟大的民族英雄，获得人民群众广泛的尊敬，在国际上也很有地位。长期以来，不管意识形态上分歧多大，甚至是敌对的各种政治势力、派别和个人，对林则徐的历史地位和人格都能够认同和接受。第二，林则徐是位重视民生的能员大吏，他对漕运、盐法、水利、农业、币制、吏治、人才等关系民生的大事，无不予以关注，重民思想非常突出。正因为如此，到了鸦片战争时期，他才能依靠和利用人民的力量。第三，他是开眼看世界的第一人，具有开拓创新精神，能够接受外来事物，并且启动了清朝道光、咸丰年间的新思潮。第四，他是严于律己的清官，持身治家谨严，为政清廉。他晚年退休时，儿子在京内为官，本打算置屋随儿子定居北京，却凑不起一万两银子买房，最后只好回福州老宅。这在“三年清知府，十万雪花银”的封建官场，是十分难得的。

以上四个方面，构成了林则徐的完整形象。我们编辑这部全集，就是要通过文献去体现一个完整的林则徐。现在各种媒体很发达，年轻人也很活跃，但他们的历史知识往往欠缺，而各种“戏说”又误导着他们对历史的认识，以至产生一些糊涂的历史观念，比如有人认为是林则徐严厉禁烟才导致了鸦片战争。对此，历史学家应该多做些普及宣传工作，以正视听，弘扬民族正气。我们希望《林则徐全集》的出版，能有助于人们更加全面、更加深入地了解林则徐以及他那个时代的历史。

**记者：**《林则徐全集》在资料搜集方面取得了哪些新的成果？

**来教授：**我们对资料的搜集，首先是力求完备，从全国范围进行了广泛的征集，尽力之所能，能搜集到的，能有线索探求的，能通过各种渠道或者各种手段取得的，尽量扩大资料来源。这里面也有许多曲折经历，现在许多文物都成了私人财产或单位占有，轻易不示人，我们通过有关方面做了大量工作才弄到。其次是对资料的整理，原则是维持原件，原来什么样就什么样，尽量体现历史本来面貌；有确切时间的，按时间顺序排列。再次是对资料的鉴定，我们对资料的选取很慎重，在最后定稿时还淘汰了两三件不能确定出于林公手笔的资料。总之，从搜集、整理、鉴定到编纂，我们都取一种严格而慎重的科学态度。

这部全集，可以说是全国有关专家心血共同凝聚的成果，是目前关于林则徐的最完整、水平最高、最具权威性的全集。一些从事相关领域研究的专家学者，得知这部全集要出版，还后悔自己的专著出得太早了，没能参考全集中更新、更全面的资料。可以相信，《林则徐全集》的出版，将有力地推动相关领域研究的深入开展，其影响还将扩及海外，作为一种世界名人著作，为世人所瞩目。

当然，作为“全集”，我们也不敢保证一文不遗，一字不漏。作为主编，我也只能说，我们已经尽了力量，将来要是有新的发现，还可以补遗。

原载于《炎黄纵横》2002年第5期

# 南朝四百八十寺　多少楼台烟雨中

## ——《人生感悟》专题访谈录

**采访者：** 赵泉明（《天津史志》副主编）

**被访者：** 来新夏

**赵泉明：** 来教授，您好！记得去年的这个时候，海内外的各界人士欢聚津门，庆贺您的八十初度,并召开了内容丰富的“来新夏教授学术研讨会”。整整一年过去了，当时的热烈场面至今令人难忘。我还为此专门写了报道，发表在本刊。

**来新夏：** 是的，那是好友和历届学生们的厚爱。当时你们市地方志办公室还是发起单位之一呢！记得我还建议将你的报道放在了研讨会纪念集的首篇。

**赵泉明：** 每当看您的文集和随笔，都非常敬佩您的学识和精神。八十年的人生，有坎坷也有辉煌，但觉得您的脚步从来没有停息，真如邵燕祥先生为您贺诗写的“弦歌一路到天涯”。

**来新夏：** 可能是性格使然，想歇也歇不住。比如这计算机，我就是七十岁时学的，动作会比年轻人慢些，但现在我几乎离不开它了，写文章、发信函、上网站已运用自如。

### 我绝非“狂”，但我瞧不起“可怜虫”和“窝囊废”

**赵泉明：** 来教授，了解您的人几乎无不感叹您的学识和研究成果，但也有人从另一面提出一些看法，我可以给您讲出来交流吗？

**来新夏：**非常欢迎，坦诚的交流是我乐于接受的，无论是人生的或学术的。

**赵泉明：**有人说：“来先生学问大，成果多，但就是‘狂’，瞧不起人。”这样说您不在意吧？

**来新夏：**当然不在意，这样的说法我也有耳闻。漫漫人生路，八十春秋风，怎能皆为顺耳之言。有人说我“狂”，但我主观上绝无蔑视他人、惟吾独能的想法。因为我本人不但谈不上天才，而且天分有限。我反而信奉“勤能补拙”的格言，我无论做事或治学都不怕使笨功、多费力。一分汗水一分耕耘，这样才能创出成绩、积累成果，何敢有“狂”。要说瞧不起人，有两种人我确乎瞧不起：一种是遇到困难碰到挫折就灰心丧气、自暴自弃，这是没有出息的可怜虫；一种是凡事都怨天尤人、说三道四，自己不干事、嫉妒成功者，这是没有志气的窝囊废。我最看重的是自己不能垮，挺住、耐磨，像鲁迅那样进行韧性战斗的人。

**赵泉明：**感谢您如此直率地谈出想法。刚才您还谈到了“嫉妒”之人。在我们的社会确实存在这种人，你不干事没关系，你若干事，若干得出色，风言风语、旁敲侧击，吹冷风、点野火，立时蜂起，您一生之中肯定遇过此事。这应如何对待呢？

**来新夏：**你所说的事，遇到的还少啊！明明帮了人忙，为人家卖了力气，但往往有些人却拿你当垫脚石，出卖你，向你泼脏水、放冷箭、捅刀子，当然这总是少数。那么如何对待？只有置若罔闻，听他人去说，走自己的路。

**赵泉明：**在我们的国家，或在长期的历史环境中，存在这样的问题：学人们在事业奋进、拼搏进取的时候，在人际关系、人际交往上应有所顾及，善于处之；还是应当将后者看得淡些，一门心思地钻研学问，不问其他？此事是许多学人常常难于解决的问题。来教授您在此点上能否谈一些感想？

**来新夏：**我从不想讨好别人，古人有两句话说得好，“无欲则刚，有容乃大”，我对人无欲无求，对自己无怨无悔，对事业只要有利于民族、社会就我行我素，一直做下去，砝码就会日积月累多起来，放到人生天平上，最终你这头自会沉甸甸的，而对方那一头必然轻飘飘。“待到山花烂漫时，她在丛中笑！”

## 艰难困苦　玉汝于成

**赵泉明：**非常感谢您在许多人都很困惑，难于解决的棘手问题上，明确地谈出了一种解决的途径。听说您的前半生多遭劫难，历尽坎坷，但从未灰心颓废，仍然勤奋治学，究竟是什么力量支撑您度过那段风雨如晦的日子？

**来新夏：**我从六十年代以后，十多年被投闲置散，因生活仍有保障，很容易随着时光流逝而混日子，但我仍然以一种韧性坚持读和写。即使在“牛棚”也尽量读点书，写点札记。七十年代初，我被下放到农村插队落户，别的东西大部分都处理掉了，但书籍残稿还是随身带着。白天压场、打场、掐高粱、掰棒子；晚上盘坐土炕，伏案灯下，读书和整理书稿。四易寒暑的耕读生活不仅没有不堪其苦，反而感到别有滋味。我八十年代出版的几本书基本上都完成和恢复于这几年之中。回想起来，这种韧性主要是靠一种强烈信念作为精神支柱，那就是我始终相信党和国家会“终不我弃”的。因此，我对生命中的每一次起落，都能以平常心面对。那些曾经拥有的和已然逝去的，成功的时候我不欣喜若狂，失意的时候我也不怨天尤人。经常想到我能留给后人的，大概也只有这一星半点的文字了。后来，这种信念终于实现，我二十余年的微小成果也终于能贡献于社会和国家，我真是由衷地感到高兴。

**赵泉明:** 在您长达半个多世纪的学术生涯中,您是否能概括一下您的治学经验?

**来新夏：**我想用“立足于勤，持之以韧；植根于博，专务乎精”来概括。前两句是治学态度，后两句是治学途径。在态度上，我认为应有勤奋和坚韧的精神。立足于勤是求学的基点，要勤读、勤思、勤写、勤听。“四勤”的根本在勤读，勤读方能博涉，使知识源源输入，逐步走向专精。在读的过程中要善于发现，即所谓“致疑”。有疑就要不断寻根究底，即所谓“勤思”。疑而后思，思而后得。“四勤”最后要落实到“勤写”上。“勤写”要积少成多，由片段成整篇，由多篇成专著。这不仅是积累，而且还是一种磨砺。与勤相连的还必须有一种坚韧性。人生在世，不可能永远是康衢坦途，治学也是如此，所以必须有一种韧性，“驽马十驾，功在不舍”，只有这样，才能在回首前尘往事的时候，无怨无悔亦无愧。在途径上，我认为学术应该博涉多通，不能拘于一端，这样才能思路开阔，相辅相成，取得更大的学术成果。学术领域中有一种非常引人注意的现象，往往有独特成就的人并非出身于本专业，这大概是因为本专业人对本专业的思维每每局囿于意料之中，而于他专业则所见所思时或可出于意料之外。所以，我在具备了一定的历史学基础之后，又深入到目录学、文献学、方志学、图书馆学等领域，并先后做出了这些领域和学科的始基工作。我想，这对有志于献身学术的人来说，不啻为一种可供参考的所谓“经验”。

**赵泉明：**您在治学上还曾提出一种“为人”之学，愿闻其详。

**来新夏：**在丰厚的资料和提要的基础上做学问能有所发明，独抒科研的新见，写出论著来固属可贵，但我觉得在学术界更应提倡一种“为人”之学。从多年的教学与实践中，我发现人们为了论史证史，从浩繁的史籍中去搜集资料时，大都是穷年累月，孜孜不倦，各自为政地检读爬梳，最后完成一种或几种个人论著，但却没有给后人留下方便。如果有一些人肯分门别类检查资料底数，编写一些工具书，那不就可让另一些人不走或少走重复路吗？这就是由少数人为多数人摆好“梯子”，或者说甘当“铺路石子”。这种工作，过去陈垣老师曾感叹说：“兹事甚细，智者不为。不为终不能得其用。”我深佩斯言，而且也确曾躬行实践。我曾以二十年时间，检读了近三百年来人物年谱八百多种、一千余卷。一面检读，一面根据目录学的要求，每读一谱，辄写一篇书录，记谱名、编者、卷数、版本、著录情况、谱主事略、编纂缘起、藏者和史料等，少则二三百字，多则千字，文字力求简要。经过多年积累，数易其稿，终于完成一部56万字的《近三百年人物年谱知见录》（上海人民出版社1983年出版）。这样，不仅我自己掌握了近三百年大多数重要人物的基本情况和很多重要史料，而且为他人增添了剖析史料，论证史事，发现问题，扩大研究领域的时间，起到了“天增岁月人增寿”的作用。同时，我也愿人们能“毋以善小而不为”，希望有更多的人充分利用自己的积累和学识多做“为人”之学。

## 人生幸福达为先

**赵泉明：**在您已进入八十高龄的时候，您对您的人生历程有些什么感受而可启示后学的？

**来新夏：**岁月无情地流逝，我已迈入八十岁的人生旅程，虽然我没有做出显

赫的成就，但我确在自己的岗位上兢兢业业做了应做的事情，自我感觉，似无愧疚。而在每一年龄转折点上，总能励志奋进。

我在六十岁的时候，曾经立志说："遥望远天，苍松翠柏的矫健，正以岁寒后凋的精神在召唤我作新的开始"，我"要以'花甲少年'的龙马精神，树千里之志，使余年踔厉风发，生气勃勃地植根于博，专务乎精"。

我七十岁的时候，曾经自赞说，我的一生是"无忧无怨，意气坦荡；蒲伏默祷，合十上苍：只要不死，台阶还要再上"！

在我八十岁的时候，又回顾了这八十年的风雨坎坷，似乎看得并不十分清楚，一切都有点烟雨迷蒙的感觉。如唐朝诗人杜牧说："南朝四百八十寺，多少楼台烟雨中。"才智如杜牧犹对四百八十寺有"多少楼台烟雨中"的感觉，况驽钝若我，对无数往事又怎能不在烟雨迷蒙之中呢？往事迷蒙就是对其未能尽窥而有所缺憾。清乾隆时诗人沈德潜有《雨中游虞山记》一文，是一篇情景交融的好游记，作者始而写两过其山而未登的憾意，继而写某次雨中登临，又未能尽探幽邃而感到心甚怏怏，终而感慨说："然天下之境，涉而即得，得而辄尽者，始焉欣欣，继焉索索，欲求余味而了不可得；而得之甚艰，且得半而止者，转使人有无穷之思也。"

此于世事亦然。迷蒙往事将使人有无穷之思，如果一切清清楚楚，岂不索然乏味？因而我对过去一切都无怨无悔，而瞻望未来则无欲无求。想到一生都是在烟雨迷蒙中走过来的，所以我把我的自述题作《烟雨平生》。

**赵泉明：**真是诗意盎然、哲理深邃的人生感悟！我还有这样一个难题向您发问：您在一生之中，有何"遗憾"之处？

**来新夏：**我唯一的遗憾是"事情比命长"，天天在做事，却感到有许多做不完的事。我担心的是，到生命休止的那一刻，仍然还有许多应该由我来做的事，那才真是抱憾终生了。

**赵泉明：**您工作了一生，治学有成，晚年欣然，那您究竟对"幸福"二字有何感悟？

**来新夏：**我也常思考这个问题：人生幸福何为先？有人说，"人生幸福寿为先"，因为长寿是自古以来共识的幸福，但又不完全都是幸福，如有寿而无健康，不仅本人痛苦，还牵连妻儿忧愁；如有寿而有财势，则鬼瞰其门，儿孙觊觍，每日生活于暗箭待发之中，有何幸福之言！我认为“人生幸福达为先”。语云：“达人之命。”惟有“达”才能真正认识人生。如视坎坷为人生必经之途，视一时辉煌为过眼烟云，视未被启用为淡泊明志，视生老病死为人人难逃之自然规律，视欢乐为一时兴至，视离合为宴席之聚散，视家无余财为君子固穷，视家人父子若友朋相聚，视挨整受压为心无愧怍……此皆为达人知命之念。有人说我是阿Q心态，我则以为万事皆以通达处之，终有幸福之乐。“人生幸福达为先”，我将奉为座右！魏武曾豪言：“老骥伏枥，志在千里。”未免昂扬之气不足。老骥何必伏枥，有志当越万里。于是我改题曰：“老骥出枥，志在万里！”

**赵泉明：**真是豪情不减，对我辈中青年学人是一种鼓舞。今后的征程，您还有何宏图？

**来新夏：**何论宏图，只是还有一些打算：我在难以测定的未来岁月里，依然要在笔耕舌耘的漫长道路上走下去，我将以余年完成尚在进行的《清人笔记随录》一书。这是对清人所撰数百种笔记所写的书录，体例一依《近三百年人物年谱知见录》，现已完成部分初稿，准备再三五年时间陆续完成定稿，使之与《近三百年人物年谱知见录》并成为我致力“为人”之学的证明，也为清史研究工作作出应有的贡献。如果还有余力，我将在与世无争的恬静心态下，回顾自己的一生，实话实说，写一部自述性的自传，以明本志。

**赵泉明：**来教授，您是否以您的一首表现人生的诗词作为我们这次谈话的结束？

**来新夏：**可以的。手边正有一首作于上世纪六十年代的述志词，题目是《咏梅·调寄卜算子》。全词是这样写的：

丝丝香雪飘，岁岁阳春报。五岭寒天冰雪中，万点横枝笑。
解识众芳愁，心暖寒凝貌。自是生来瘦骨清，烟雨千峰峭！

我本不善诗词，也从不着笔，这是在“内控”时期的一种心情表露和企盼，不计工拙，时置案头激励自己，既承雅意，写作纪念，希望不嗤之以鼻！

原载于《天津史志》2003年第3期

# 来新夏访谈录

——答“缘为书来”网友问

**采访者：**王振良（《今晚报》副刊主任，高级记者）
**被访者：**来新夏
**整理者：**寂寞书香
**时间：**2005 年 1 月 8 日 15：00—17：00
**地点：**南开大学新闻中心办公室

**问：**关于先生家世，请问您与清初萧山来集之可有渊源？

**来新夏**（以下简称“来”）：来集之是清初颇有名声的学者，在经史方面都有著作。他与我的关系，应该说是我家族的先人。至于辈分如何，没有详细考察过。我是二十六世。他是多少世，未具体考察过，但可肯定他是我的祖先。支脉关系就不太清楚了。

**问：**关于师承，请问对于援庵先生解放前与解放后学术成就是否可作些评论？

**来：**关于师承问题，以及对援庵先生学术的评价。陈先生是我恩师，我是他晚期学生。我听过他“中国史学名著评论”、“中国佛教史籍概论”、“史源学实习”等课。他还是我毕业论文导师。他在解放前学术地位很高，与陈寅恪先生并称二陈。他受乾嘉史学影响很大，所以在这种影响下开辟了年代学、史源学、避讳学等有助于考证学的专门学科，受到海内外学术界尊崇。解放后由于他痛恨旧政府的腐败，期待新政权的清明，所以在政治倾向上比寅恪先生鲜明得多，有些学者以此来评定两人高下，我认为是不公平的。陈先生在解放后的学术地位，依然令后学兴高山仰止之望。他的学术成就，为后学所仰慕。

**问**：《林则徐年谱》与《新编》有无大的增删？

**来**：关于《林则徐年谱》及《新编》问题，后者有很大增删，一是补充了大量前所未见的资料，二是纠正了以往的讹误之处，三是改订了一些有关林则徐事业和为人的结论，四是增加了若干附录，便利读者检索。

**问**：来先生平时逛旧书摊吗？对于个人藏书有什么建议？您的藏书大约有多少册？编有目录吗？您如何利用藏书？藏书入门应注意一些什么问题？

**来**：我以前常逛书摊，但近年因年纪关系，就很少光顾了。我最近这些年买书较少，因为朋友送的著作，我都看不过来。我原来藏书较多，线装、平装都有，"文革"时小将们替我清理了一次，有的拉走充公，有的在门前焚毁。那时大约有近万册。现在，线装书只有几十册，平装书也不过几千册，因此不值得编目。

我认为个人藏书应结合个人研究课题有重点地收藏，因为我曾参与全国地方志的新编和培训工作，所以有不少关于地方志的书。

藏书应该注意的问题，就是不要为藏而藏，而是要为用而藏。以藏书为装饰家庭，充当门面，那就没什么意思了！对藏书要善于保护，不仅新书要保护好，旧书有残破之处，也应抚平修补。

关于藏书的利用，因为我经常结合教学与研究工作来藏书，所以藏书也就有了几个专题内容。没有的，就尽量利用图书馆藏书。我也常借朋友们的藏书，但严格遵守一条，有借必还。我不赞成有些年轻朋友只借不还。

**问**："立足于勤，持之以韧，植根于博，专务乎精"的治学规则是您在《藏书家》第三期的文章上提出的。文章我看了好几遍，精不必说了，但总觉得自己读书时间不够，不知道您对于博的理解是要博到什么程度？

**来**：博的问题是相对的，无绝对标准。主要是不要把自己限制在一个小的业务圈子里，要看各种各样的书；即使这种书写得不好，也可从中吸取教训，让自己少走弯路。博是为了打好基础，只有广博的基础，才能在专业上应付裕如。博观是为了约取，博观而不约取，就成了驳杂。如果没有博观而却想约取，那是缘木求鱼。博是没有绝对标准的，是永远无止境的。

**问**：来先生最满意的个人著作是哪一部？

**来**：《近三百年人物年谱知见录》，它给了很多人方便。收录范围是：凡生于清末，卒于民国，但在清末有事功可记者。目前正在修订补充，增订本预备在2008年和奥运会同时面世。如果我驾鹤西去，那就拜托各位后来人了！

**问**：来先生治学涉及范围很广，不知先生对自己哪个方面的研究最为满意？

**来**：对中国文献学方面研究最满意，其次是中国近代史，再次是方志学。这几方面都有专门著作。

**问**：来先生是如何保持学术青春的？有没有养生诀窍？一天读书多长时间？写作多长时间？

**来**：保持学术青春没有诀窍，一切顺其自然。搞学术不要抱残守缺，只守一点；要时刻吸收新资料、新观点、新方法，一面更新自己的旧作，一面创造自己的新作。无论何时，都要立足于勤。勤奋不已，自然青春常在。

读书写作时间，没有固定模式。遇到好书，可以乐此不疲。写文章时，如果遇到文思滚滚，就笔不停挥了。读书写作，不要有固定模式，不要非如何不可！按时髦的话，就是"跟着感觉走"。

**问**：来先生能向我们介绍一下，您人生比较重要的有哪几个阶段吗？

**来**：在我的《邃谷文录》中，有一篇题为《烟雨平生》的长序，就是按我人生的几个重要阶段撰写的，请您参阅。

**问**：来老是何时接触网络的，对现下网络上流行的学术腐败与反学术腐败是何看法？

**来**：我在网络上只是幼儿园的水平，与诸位不能相比。请多多原谅！准备努力学习。学术腐败与反学术腐败，中国政法大学杨玉圣教授曾收集有关文章为一书，这书他送给了我，正在阅读。

**问**：来先生，您认为现在国内哪些人在中国文献学方面比较有建树？

**来**：北大古籍研究所的孙钦善先生写过《中国文献学史》，中华书局的崔文印先生写过《中国文献学概要》，都很有成就。但能称为大师一级的人物，应该说是我的老师启功先生。

**问：**在晚一辈的学者中，来先生觉得哪些人学问做得比较好或印象较为深刻？

**来：**他们正在学术道路上奋进，为他们作出定论为时过早。

问：目前，人们对学术界的浮躁和腐败之风甚为不满，不知来先生如何看？如有可能，请来先生谈谈对解放前学术风气的感受。

**来：**学术风气的浮躁，已是学术界的共识。它有许多客观原因，如急功近利的思潮，如职称评定的量化，还有学术评论的庸俗化，以及对许多高科技手段的滥用，如从网上下载资料拼凑成文等。

回想解放前，许多问题就比较平淡一些。不少好学之人，就是为学而学，没有更多地去看学术背后的利益，也没有人给利益，于是很多就“淡泊以明志”了。再加上当时政治氛围不好，很多人就沉浸于学术了。

**问：**来老，对于杨殿珣、谢巍、王宝先等先生类似的年谱考录类著作，有何评判？

**来：**对于同行，只有相互切磋，取长补短，不能妄加议论。这是一个学人的基本道德标准。

**问：**请来先生简单说说对雷海宗和穆旦的印象。

**来：**雷和穆两位先生，我都有过较多交往，雷先生学问渊博，中西贯通，可以说其声如雷，其学如海，学者所宗。我曾经在他家里听过他面授的中国古代史，颇有启发。心敬其人，可惜方过下寿，即辞世而去，损失了若干他本应留下的学术遗产。

穆是我的同辈人，我和他的夫人是辅仁大学同年级不同系的同学。穆回国后，一直处在坎坷生活之中，“文革”时我与他同是第一期“牛棚”的“棚友”，我与他被分配去洗刷游泳池，谈了很多。我是他“文革”时期牛棚生活的唯一见证人。他的过早逝世，是诗坛的一大损失。

**问：**来先生也曾师从以方正严谨闻名的季豫先生，想请问先生在为人、学术上受其影响最深并于我们晚生后学也有启迪之处。

**来**：余嘉锡（季豫）先生是二十世纪四十年代辅仁大学文学院院长兼中文系主任，是当代最有成就的目录学家之一。其《四库提要辨证》是目录学界最有成就的学术成果，也是先生一生精力所萃。余先生为人方正谨严，不苟言笑，对学生要求甚严，对我们的作业都亲加批改。我从他学古典目录学两年，受到治学严谨的训练。这些对我日后从事学术研究产生深远影响。

**问**：来老对新中国的历次运动如反右、“文化大革命”有什么评价看法？很多学人近年来或“反思”或“检讨”，您老是如何看待的？

**来**：我在反右时期，一言未发，属于漏网一类，所以感受不深。“文革”则在劫难逃，所受的磨难难以表述。尤其对人格的侮辱，更是感到了伤害。对于红卫兵小将，我采取谅解的态度。我认为他们是愚昧的时代被人愚弄的愚昧无知的人，不应归咎于他们。“文革”后有的小将已是成人了，向我道歉，我一笑置之，用了“大家向前看”的套语，表示了我的谅解。但这次劫难是不能忘记的，是不能重演的。如果个人反思的话，那就是十年的时间，耽误了我多少事儿，少做了许多我应该做的事，而不要怨天尤人。

**问**：请来老介绍一下启功先生在文献学领域的建树。

**来**：启功先生是自学成材的典范，他在文字学方面有极深的造诣。在书法方面达到了精妙，为一般人所难及。他又熟于清代掌故，对许多文献记载有所订正。他的《启功丛稿》是他一生学术的总汇，如果大家想认识他，不妨认真钻研一下。

**问**：对金庸辞去浙江大学文学院院长一事，来先生如何看？

**来**：对于金庸辞职一事，我看不是辞职与否的问题，而是原本就不该做。我过去写过一篇《且去填词》的文章，借宋仁宗不让柳永做官且去填词的故事，来发挥我的“该干嘛干嘛去”的思想。金庸是写武侠小说的，那就且去写小说吧！何必做那份“学官”呢？行政事务的缠身，少写了多少部小说啊！这值得吗？回头是岸，立地成佛！金庸先生且去写小说吧。

**问**：现在对王国维、陈寅恪、钱锺书等几位先生的评价极高，请问来先生对于前辈学人，最为崇敬的是哪位？

**来：**王国维、陈寅恪、钱锺书几位先生，我都没有亲受教过，所以很难作出恰如其分的评价。我只能对亲受教益的恩师陈垣、余嘉锡和张星烺诸位，表示我的崇敬之心。

**问：**《古典目录学浅说》与《古典目录学》区别大不大？

**来：**两者关系既相承又增益。《浅说》在前，后者在此基础上增补成为高校教材，字数上增加三分之一强。

**问：**传统的版本学（偏重版本鉴定和源流考订）和目录学（偏重簿录群书和指示门径）已经达到了难以企及的高峰，现在的学人是不是需要换步移形，将传播史、阅读史、社会史的研究与文献研究相结合，庶可开出一条新路？请来先生教示。

**来：**你的想法很好，我很赞成。当然，版本学和目录学还有本身发展的余地，任何学问都不能说达到了“难以企及的高峰”。版本学和目录学本来就有合称为版本目录学的，在合并学科方面，我在二十世纪八十年代作过试验，当时鉴于书史、目录学史、图书馆史内容多有重叠，给学子带来不必要的耗费。我把这三个内容“三史合一”，定名为“图书事业史”，减少了无谓的重复，增添了应有而阙失的内容。我为此撰写了《中国古代图书事业史》和《中国近代图书事业史》，作为合并课程的示范。版本学和目录学，确实是治文献学的重要学科，可惜许多有名的综合性大学，不弹此调久矣。今紧急呼吁在大学文科院系开设此类课程，以免成为绝学。

原载于《名流周刊》2006年第3期

# 藏书文化交谈录

**采访者：**焦静宜（南开大学出版社编审）

**被访者：**来新夏

**焦静宜**（以下简称“焦”）：近一时期，不断读到您有关藏书文化的文章，而且许多学术研讨会都被您婉谢，惟独对有关藏书文化的研讨会每请必到。您是否在转移学术研究的注意力，对藏书文化感兴趣了？

**来新夏**（以下简称“来”）：是有这种倾向。我最近三四年，确实把很多精力放到藏书文化的研究上，看有关图籍，查阅有关资料，研究有关藏书家和他们的著述，思考有关藏书文化的缘起和发展，以及藏书理论的嬗变，等等。

**焦：**我猜想您是在撰写《中国图书事业史》的过程中，发现这一课题的，不知是不是这样？

**来：**确实如此。我从上世纪八十年代初期出任南开大学图书馆馆长和图书馆学系系主任后，一直认为要钻研一门与工作有关的学术领域，于是就从历史学专业转向图书文献学方向，并利用自己对文献典籍比较熟悉的优势，确定撰写中国古代和近代的图书事业史。在撰写过程中渐渐感到藏书在图书事业中占有相当地位，于是注意搜集和积累一些有关资料，到九十年代以后，就开始撰写有关藏书文化的文章。

**焦：**您的看法，中国的藏书事业已有相当长的历史了。

**来：**据我所见到的资料，“藏书”一词始见于《韩非子·喻老》篇。当然，一个专用词的固定，必然先有一段事实的发展过程，所以中国的藏书事业应当认为与图书事业并起，也就是说自简书出现，便为藏书事业奠定基础。大致估算中国的藏书事业当在二千年以上。

**焦：**中国有如此悠久的藏书历史，它是怎么发展下来的？

**来：**主要是中国较早地建立了比较完整的藏书机构，成为世界上鲜见的藏书体制。中国的藏书体制大致分为官藏、公藏和私藏。官藏和私藏约同时兴起，而公藏稍后。根据文献考察，从西周中期以来，官藏典籍似已有专职管理人员。《左传·昭公十五年》记周襄王和大夫籍谈谈话时，曾指出籍谈的九世祖曾掌管过晋国典籍，并由此而得姓，但还不能认为已有专门管理机构。真正意义上的官藏专门管理机构是老子为周王室"守藏室之史"的"藏室"。直到东汉延熹二年（159）建立管理图书的中央最高机构——秘书监，才正式列入国家职官系列。历代藏书机构名称虽多有变化，但设置不废。第一代的私藏当始于孔子整理六经和诸子百家的争鸣。历代私藏事业一直在发展、丰富，有很大的成就。公藏是指社会教育、宗教机构如书院和寺庙的藏书。这三大藏书体系构成中国完整的藏书体制。

**焦：**现在人们津津乐道的藏书文化是不是就指这三大体系？

**来：**当然不全是。社会上凡称得上是文化现象的，都应有比较丰富的内涵。我在一篇文章中曾试探性地作过一些概括，我说："中国的藏书文化伴随着图书的产生而出现，具有二千多年的悠久历史。它以逐渐完善的藏书机构为保证，以专门收藏家和研究者所建设与藏书文化有关的多种专学为羽翼，并以一种可贵的人文精神为主要支柱，围绕着藏用关系的演化，不断地润泽着全民族，形成一种重要的文化现象，成为中华文化的重要结构之一。"这一内涵的概括是否恰当，希望同道商榷！

**焦：**我曾看到一篇有关藏书文化的综述性文章，说是您首先提出中国藏书文化中蕴涵着人文主义精神，是吗？您所说的人文精神，具体何所指，是否能见告其详？

**来：**谁先提出问题，无关重要。主要是藏书文化中是不是蕴涵着这种人文精神。我所说的人文精神的核心就是"仁人爱物"。所谓"仁人"，便是把书与人的关系紧密地联结起来，使所藏尽量发挥其作育人才的社会功能。所谓“爱物”，首先表现在对图书的爱护上。这种“仁人爱物”的人文精神浸润着历代的藏书事业，从而使全社会都能从“仁人爱物”的角度来重视藏书，赋予藏书文化以旺盛的生命活力。我曾为天一阁题词说“仁人爱物，润泽全民”。这在历来文献中多有记述，可以检读，不再一一叙说。

**焦：**中国藏书历史既如此悠久，并且已构成一种社会文化现象，那么有没有一种基本理论在指导它的发展？

**来：**当然有。中国藏书文化的基本理论就是围绕着藏与用的问题而展开的。从整个中国藏书史的发展过程看，“藏”似乎是重要支点，而“用”往往处于一种次要地位。所以最早出现的有关专用词叫“藏书”。孔子是有确实姓名的最早整理与再编撰典籍的人，必然收集有一定数量的藏书，他还确定了两条藏书原则，即“去其重”和“可施于礼义”者。若干士人为了游说各诸侯国求取功名利禄，或宣传个人学术观点，也必然有藏书。荀况更提出图书分类的指导性原则，如“以类行杂”和“同则同之，异则异之”等几千年不磨之论。他们的“藏”实际上又多少包含着“用”的意思。韩非在《五蠹》篇中曾说过，言政治的人，收藏商鞅、管仲的书，言军事的人，藏孙武、吴起的书，“用”的内涵十分明显。直到汉武帝为实现其大一统的军事行动的需用，从积如丘山的藏书中辑录军事资料，编成《兵录》的活动，更说明“藏”、“用”的结合。历代对典藏制度十分注重，力求逐步完善。明清以来，以“藏”为主的藏书理论得到进一步丰富。明万历时的大藏书家祁承㸁的《澹生堂藏书约》便是一部比较有系统的藏书建设的理论著述。他的观点主要着重于如何完善和加强“藏”的问题。明清之际的曹溶写过一部《流通古书约》，将以“藏”为主向“用”的方向倾斜，使藏书文化的基本理论得到一定的充实。清乾隆时的著名学者和藏书家周永年提出《儒藏说》的藏书理论。他跳出了历来私人藏书的小圈子，提倡由社会承担起藏书的责任，使藏书为社会服务。他还捐资自建“借书园”来试验自己的主张，为“好学深思之士”创造“博稽载籍，遍览群书”的条件。可惜效果不佳，但他的《儒藏说》却丰富了藏书文化理论的内容，为藏书向公众开放、为藏书楼向图书馆迈进起到先驱作用。近代以来，随着社会的变化、西方文化的频繁渗透，藏书理论由以“藏”为主向“藏”、“用”结合方向发展。二十世纪初期，浙江绍兴地方士绅徐绍兰父子，筹资修建古越藏书楼，除提供家藏，还采购新书刊，向社会公众开放，公开借阅。它虽仍以藏书楼为名，但已具近代图书馆的雏形，使藏书文化的基本理论已完成从以“藏”为主，经由“藏”、“用”结合，继而走向以“用”为主的趋势。近二三十年图书类型有明显变化，在纸书以外，有各种不同载体。这些载体体积小，个人收藏容易，网络化更能广泛涉猎，“藏”的意义相对减弱，更多的思考是如何通过高科技手段便利于“用”。因此，未来藏书文化将在以“用”为主的基本理论指导下，来完善和发展中国的图书事业。

**焦**：在世纪前后，藏书文化为什么能受到学术界关注而被提到研究日程上来了呢？

**来**：一方面，学术界特别是图书文献和古籍整理方面的一些学者在研究实践中发现藏书文化是一个颇为值得注意的研究领域而积极投身其中；另一方面，社会上特别是青年一代不像他们前辈那样有藏书的癖好，甚至连“藏书”这一词汇也在他们头脑中接近消失，更谈不上藏书文化的研究了。因此，就促使有些人觉得应该竭尽全力来提倡和宣传以“仁人爱物”为中心内容的藏书文化，实际上这也是社会道德应有的内容。我不知道他人是什么动机，至少我是由于有着这样一种社会责任感而从事这方面研究的。

**焦**：您是不是可以介绍一些目前藏书文化的研究状况？

**来**：藏书文化的研究和藏书风气的兴起大致是同步。从上世纪八十年代开始，有些有识之士就开始藏书活动，大家常提起的人如北京的田涛、韦力是新一代的藏书家。田涛是在一些祖遗的基础上发展，而韦力则是白手起家，从无到有，他用经商所得聚书，颇多珍善。与此同时若干有关藏书文化的撰著和论文相继问世，为藏书文化研究的兴起与发展奠定了良好的基础。而到世纪之交时，藏书文化日益走向热潮，这不能不归功于宁波天一阁多次组织研讨会，推动学术交流。两部藏书文化的巨著《中国藏书通史》和《中国藏书楼》都是在天一阁召开的研讨会上敲定的，并于世纪之初相继在南方和北方出版问世。其他还有《藏书与文化》、《中国近代藏书文化》、《中国藏书家印鉴》、《中国私家藏书史》、《近代江苏藏书研究》、《明清藏书家藏书印》、《山东藏书家史略》、《中国私家藏书史》、《中国藏书文化研究》、《开放的藏书楼开放的图书馆》、《海宁藏书文化研究》、《徽州刻书与藏书》、《历代名人与天一阁》、《古书收藏》等大量著述。山东齐鲁书社还编辑出版了《藏书家》的专业性刊物。同时一大批藏书文化的研究者也已构成一个实力较强的研究群体，老中青都有，如范凤书、骆兆平、桑良至、顾志兴、周少川、李性忠、徐雁、袁逸、韦力、虞浩旭……都作出了应有的贡献。其中如范凤书先生，一生从事私家藏书的研究，至老不衰，令人钦敬，在他的晚年，终于撰成《中国私家藏书史》。这一著述，资料丰富，考证详明，立论谨严，为藏书文化研究中不刊之作。韦力和虞浩旭二君正在盛年，为藏书文化研究领域中极具实力的后起之秀。韦力以经营所获，摒弃生活享受，出私囊广搜珍善，着意爱护保藏，并走访海内藏书楼遗址，以其知见，著书立说，当今物欲横流之际，若韦力者，实属难得。虞浩旭则以研究藏书文化为一生职志，供职天一阁，不慕荣利，默默耕耘，所著有关藏书文化著作多种，并以天一阁为基地，积极推动藏书文化的研究，厥功至伟。还有许多可以谈及的人和事，就不再一一列举了。

**焦：**您讲了这么多有关藏书文化的人和事、历史和现状，使我对藏书文化有了概括性了解，您可能有点累了吧！对这一专题先谈到这儿，以后有机会再交谈吧。

原载于《天一阁文丛》第一辑　天一阁博物馆编　宁波出版社2004年版

# 来新夏：我们扫地那些年是南开最干净的几年

## ——答《南方都市报》记者田志凌

**采访者：**田志凌（《南方都市报》记者）

**被访者：**来新夏

在见到来新夏之前，先在网上查到了他发表的大量学术随笔，比如在《中华读书报》、《文汇读书周报》、《光明日报》上，来先生的文笔活泼犀利，一点都看不出是个八十多岁的老人写的。以至于有人发表文章表达对他的敬慕，名字就叫做《晚景能否来新夏？》。

"我也有很多年轻粉丝的"，来新夏很自信地告诉记者。他和很多人成了忘年交，比如杨玉圣。在他塞得满满的书架上，有一帧来新夏五十多年的良师挚友启功先生送的硬笔字"难得人生老更忙"，恰如其分地表达了来新夏的晚年繁忙景象。他现在每天工作六小时，两天出一篇文章。电脑的显示器刚刚换成了液晶的，他是想以此保护眼睛，多写几年。来新夏还担任着地方文献研究室主任，经常参加各种方志会议和活动，比年轻人还忙。

二十世纪八十年代是来新夏在"文革"受困后的第一个春天。"我确实有那么一瞬的'辉煌'，好像变成了一个无所不能的人。我要洗刷掉我身上的污水，证明我能做事。"来新夏先后担任了南开大学图书馆馆长、图书馆学系主任、学校出版社社长兼总编辑、校务委员会委员……各种职务纷至沓来。他还到处奔走呼号，一手创办起了图书馆学系。

而八十岁的时候，来新夏又用笔耕来继续这种创造力："我是到了晚年才突然觉悟了。我原来在学术圈子里头所做的事情，只是给学术圈子里那几百个人看的。因此我要变法，我要把得自大众的一些东西反馈给大众。”来新夏的坚定执拗伴随了他的一生，也成就了他目下的火热晚年。

来新夏 1923 年出生于杭州市一个清贫的知识分子家庭，幼年随祖父来裕恂开蒙读书。祖父为晚清经学大师俞樾的高足。

来新夏的中学时代是在南京和天津度过的。在天津读高中时，得到著名史学家谢国桢之弟谢国捷的指点，并撰写了第一篇史学论文《汉唐改元释例》。这篇文章后来经陈垣指导修改，成为来新夏的大学毕业论文。来新夏于 1942 年考入辅仁大学史学系，在经济困难的情况下，他靠着连续四年获得奖学金的资助而坚持了下来。

**记：**据说你从小是受祖父的影响比较大?

**来：**对。我祖父来裕恂是清朝末年的经学大师俞樾的弟子，光绪三十一年到日本留学，在弘文书院师范科，鲁迅当时也在那里。留学期间我祖父受到革命思想影响，参加了同盟会，还担任了由孙中山倡建的横滨中华学校的教务长。在日本的时候，他读到日本人写的有关汉语语法的著作，很受刺激，立志要自己写一本。回国后他潜心四年写了《汉文典》，还有《中国文学史》等很多著作。

虽然祖父很早就参与了辛亥革命的活动，但革命成功以后没有谋取官职，过着清苦的生活。他的很多朋友都做官了，像沈钧儒、马叙伦，都是他很好的朋友。1928年的时候，马叙伦担任浙江省民政厅厅长，因为看着老朋友生活不是很好，就让他去绍兴县做知县。但我祖父这个人不大会做官，做了半年，不仅没有发财，反而把自己一些积蓄给赔进去了。因为一些公家的活动他也自己掏腰包。所以到了六个月以后，他说，我没钱可赔了，于是就挂官辞职走了。他一辈子就干了这六个月的绍兴县县长。当地人给他的评语是：书生本色，两袖清风。

祖父的学问和为人对我影响都很大。我幼年时期是在祖父身边成长的，他指导我读了很多蒙学读物，如《三字经》、《百家姓》、《千字文》等。直到我离开祖父，跟父母到了北方，祖父还不断写信教导我应该读什么书。很幸运。

**记：**你是 1942 年进入辅仁大学的。那时的辅仁是什么样的情况?

**来：**那时候的辅仁正处在一个高峰时期，可以说是名师云集，像陈垣、余嘉锡、张星烺、朱师辙都是我们的老师。因为当时北平已经被日本人占领了，很多学者不愿意去日本人管制的伪北大那些学校教书。而辅仁大学当时处在一个超然的地位。因为它的背景是德国的教会，德国和日本是同盟国，所以那个时候对辅仁就放宽一步，干涉得比较少。

辅仁是个小而精的学校，校舍并不大，但是学风很朴实。当时我们每个班也就十几二十个学生，基本上每个学生都能得到老师的亲自授教，师生关系很密切。当时辅仁的史学特别强。校长陈垣先生就是史学大家，目录学家余嘉锡也亲自给我们授课。

**记：** 你上辅仁的时候似乎条件很艰苦？

**来：** 是呀。当时正是抗战最艰苦的时候。北方基本是敌伪教育，西南联大我们又过不去，因此辅仁是大家都想进的一个地方。当时我们考辅仁不容易，差不多二十个人里才考上一个。

那时社会经济很差，家里也比较困难，我在辅仁是连续四年一等奖学金的获得者，奖金可以维持生活。记得每次获奖都会有一个奖章，上面刻着一个“勤”字。

**记：** 你记忆里，陈垣是个什么样的人？

**来：** 陈垣先生是我的业师，亲自指导我的毕业论文。他虽然是校长，但还要亲自给学生上四门课。他对学生要求很严。你都想象不到，他布置的作业不但必定亲自改，而且一定要自己也写一篇，然后和学生的一块儿贴在教室里，让学生自己体会：你写得如何，老师写得如何。每个题目他都这么做，这样子的老师可以说现在是找不到了。

另一方面陈先生有个好处，就是他不记仇。比如说有一次我们组织一个欢迎新生入学的联欢会，我那时功课好，是我们班的班长。所以是我和另一个同学编排节目。其中一个我们自己很得意的节目，就是把所有老师在课堂上行动语言的缺点演出来。比如陈先生吧，他讲课的时候喜欢在讲台上来回遛，另外他有一把长胡子，他喜欢一边走一边讲一边捋胡子。有同学就上来做这个动作，大家就都笑了。另外像余嘉锡先生，就是一点都不苟言笑，大家就把他演成木头人的样子。还有老师有些磕巴（口吃），有些老师讲话时腿一蹦一蹦的，我们也都照着演出来。台下的同学都笑得不行了。

因为是师生联欢，老师们都坐在下面呢。陈先生当时并没有发作，但我看出他脸色不好看了，心想“恐怕是糟了”。第二天果然就把我们传讯到办公室去了。他说，你们这是戏弄老师。人应该学会尊重人，一个人如果不尊师，想学好是难乎其难的。总之，跟我们讲了很多为人之道。我们也认错了。过了几天我的论文再送给他看，他丝毫没有因为我调皮犯错就不搭理我，仍然很细心、很认真。

**记：**其他老师呢？

**来：**比如说张星烺先生，他是中西交通史专家，那时候做辅仁的史学系主任，长得鹤发童颜、慈眉善目的。据说他中年的时候就已经是这个样子了，他四十岁的时候坐火车去青岛，张宗昌的兵看他头发那么白，居然给他让座。他苏北口音很重，对学生很亲切的。张先生学贯中西，讲课的时候英、德、法语的词都会出现在黑板上，所以我们记他的笔记是很困难的。

余嘉锡先生那时候是中文系主任，我选修了中文系一年级的目录学，就是他上课。当时他已经年过花甲了，非常严肃，不苟言笑。他讲课的时候从来不看讲义的，但滔滔不绝，如数家珍。他对学生很严。有一次期末考试他给了我一个“B”，我要靠奖学金生活嘛，很在意成绩，就斗胆跑去问余老师。结果他说：“我读了半生的书，只得了半个‘B’。”后来高年级的同学才告诉我，余老师平时给学生一个“C”都不容易，最高分就是“B”了，我一听，很后悔自己太鲁莽。

**记：**启功那时候是你们的国文老师？

**来：**是，启功老师跟我关系是最密切的，我们保持了有五十多年的师生关系。他那时教国文和绘画。我读大学的时候，因为生活困难，启功老师就叫我每周日到他家里改善生活，每次去都有几个年轻人在他家吃饭。有时候衣服掉扣子、破口子了，老太太和启师母也帮我们补补钉钉。

我（二十世纪）六十年代接受审查的时候，很多人都疏远了，启功老师是唯一一个关心我的人。1996年有一次，我去启功老师家看他，他叫我过去，跟他挤在一张沙发上。他忽然问我：“你几岁了？”我说：“您不知道我几岁吗？我七十三了。”他忽然哈哈大笑地说：“你七十三，我八十四，一个孔子，一个孟子，都是‘坎儿’，这么一挤一撞，就都过了‘坎儿’了，这不值得大笑吗？”

**记：**“文革”时候启功有受到冲击吗？

**来：**他也曾被打成“右派”嘛。不过他有一个好处，他字写得好，“文革”时红卫兵就把他留下写大字报，写了很长一段时间的大字报，没有下放。现在都还有人开玩笑：当初要是把启功写的大字报保存下来，现在可就值钱了。

启功老师虽然后来名气那么大，但他的生活非常简朴。他家里就两间房，一间是书房兼客厅，只有用了几十年的旧书桌、旧藤椅和旧沙发。另一间卧室里只有一张旧单人床。有一次我去探望启功老师，他正在睡午觉，我探头一看，看见他缩在小床上，感觉很心酸。但他却很乐于助人，什么公益捐款，资助贫困学生，他都很积极。

辅仁毕业后，来新夏到天津担任中学教师。随后被选送到华北大学第二部学习，分配至历史学家范文澜主持的历史研究室做研究生，主攻中国近代史。正是在做范文澜研究生期间，来新夏得以参与整理大批北洋军阀原始档案，从此跟“北洋军阀”结下不解之缘，之后专攻北洋军阀史，五十年内先后写了三部相关的书，这也成为他在“文革”中遭批判的重要原因。

**记：**解放后，你还做过两年范文澜的研究生。范文澜是怎样一个人？

**来：**我可以给你举个例子。范文澜先生在中共内部的地位很高，是中共中央委员，他当时做华北大学副校长、历史研究室主任。这个研究室就是后来的中国社科院近代史研究所。我们上研究生那会儿是供给制嘛，都是集体住。就是在北京王府井大街东厂胡同的第一所房子，那时还没楼呢，只是平房。

那时候范文澜先生住在前院，研究生都住在后院。这些学生要想出去，必须经过他的窗户底下。他那个窗户是落地玻璃窗，窗子很大，他的写字台就摆在窗子前面。他天天在那儿念书，所以你一出来，看见老爷子在那儿坐着，你就不敢出去了。有时候你刚想溜过去，他一抬头看见你就问：“哎，你干什么去啊？”你说：“哎，没事！我出来走走。”这样搪塞一下。

那时我们都二十多岁，谁都想出去玩玩，散散心。我们又在王府井，是繁华地区嘛。他就不让，在门口看着。那时候每周末会给学生发电影票，他就通知后勤办公室，研究生一律不给发票，就这么严格。我们写的文章也都不大乐意拿给他看，因为拿给他看的，没有一个不被挨呲儿的，都是这不对那不对，不过后来想想还是受益匪浅。不是这么严格管理，当时我们就荒废掉了。

**记：**你就是在做范文澜研究生的时候开始接触到北洋军阀史的？

**来：**对。因为1949年刚进城以后，范文澜先生在的研究室接收了一批北洋军阀个人的信札，另外还从政府各部门移交了一批北洋时期的文件。包括信札、电报、部下的报告等等，都搜集起来了。范先生就安排我们七个二十多岁的研究生来承担整理文件的任务。

那时候是非常艰苦。当时文件都是一麻袋一麻袋拿来，那时条件很差，我们每个人除了发个口罩以外，再发一套灰布的旧制服，每天在仓库里弄。当时整理分两步。第一步非常辛苦，就是把土抖落干净。因为那些档案都很多年没有动，非常脏。里面有老鼠屉屉（粪便），有尘土，一个麻袋倒出来净是土。我们早上去，晚上回来的时候，戴眼镜的这眼镜片都是黑的，口罩遮住的地方是白的，可是口罩上两个鼻孔的位置也是黑的。全身都是土。

这是第一步。信，放在信的一堆；文件，放入文件堆；然后再做大致的政治、文化、经济的分类，这就弄了近半年。第二次整理的时候就很细了，要把每份文件看一遍，然后做卡片，写明这是什么时间，什么事情，谁要勾结谁，写出概要性的东西。这时就研究内容，按专题分类。

我们七个人都住在一起，晚上干完了活聊天，就说我今天看到什么有趣的，他看到什么。我很幸运，其他人研究没有这个原始条件，我恰好接触了大量的原始资料。这个研究后来就成了伴随我一生的研究。

**记者：**后来“文革”期间你的罪名里边，恐怕研究北洋军阀就是一条吧？

**来新夏：**嗨，我的罪状多了。其中一条就是说我写军阀史。说你放着人民的历史不写，非要去研究军阀，可见你跟他们气息相通啊。另一个，我写过一出京戏叫《火烧望海楼》，在天津上演几个月长盛不衰的一出戏。这出戏当中我写了一个清官。结果人家说清官是维护封建统治的，甚至当时有一种论调说清官比赃官还坏，因为赃官是破坏统治的，清官是美化封建政权的。

最初写北洋军阀史的时候我就有过顾虑。因为人家说军阀史是黑暗的历史，恶人的历史。但在我看来一切事物都有两面，没有恶哪有善。北洋军阀史我前后出了三部书：1957年，在荣孟源先生推荐下，湖北人民出版社出版了12万字的《北洋军阀史略》，日本学者岩崎富久男翻译为《中國の軍閥》，引起了海内外学者的注意。到了八十年代，我补充了很多史料，写成《北洋军阀史稿》，增加到34万字。2000年，增补大量资料，又出了第三部《北洋军阀史》，105万字，两厚册。一次比一次详细和全面，所以人家说我是五十年著一书啊。

**记者：**“文革”里面你是第一批被批斗的？

**来新夏：**可以说任何人都没想到“文革”会搞成这个局面。南开大学的“文革”是1966年8月7号正式开始的，我们南开有一个专用词是“八七开花”。那天最热闹，到处敲锣打鼓，造反游街，我们开始进入“牛棚”。刚开始大家还很紧张，不过到后来就越来越不紧张了。因为被打成“牛鬼蛇神”的人越来越多，一会儿进来一批，一会儿又进来一批，也就习惯了。

第一批的时候我就被剃了阴阳头，被拉去游街，要戴高帽子。我排在后面，轮到我的时候，我头大，那个高帽子一戴上就掉下来，再戴又掉下来，所以那个红卫兵小将也烦了：把这个拉出去，下一个！结果下一个脑袋小，一下就戴上了。我就挺幸运的没戴高帽子（笑）。

那时什么批斗、游街、劳改、喷气式飞机、罚站、拳打脚踢，我什么都受过了。后来让我们劳动，打扫校园，扫厕所。我们也有贡献，我们扫地那些年，是南开最干净的几年。到了1970年我被下放到天津郊区劳动四年。在这四年里面我学会了所有的农活，我甚至现在还会赶大车。那时满工分是十分，我能挣到九分五。

**记者：**你的很多书都是下放时候写出来的，那时候怎么看书写作呢？

**来新夏：**晚上写啊。我经常跟人开玩笑，我说我得感谢“四人帮”，就是当时下放劳动让我身体锻炼得很健康。而且农民啊，中国的农民真高明，他绝对不来批斗你。他说这些人先在这里藏一藏，将来还有用呢！所以他也不来理你管你。除了每天跟着农民下地干活，晚上回来以后都是你一个人了。我在这四年里面整理了三部旧稿，写了一本目录学方面的书。

**记者：**“文革”之后，你担任了很多职务？

**来新夏：**八十年代被起用后，我确实有那么一瞬的“辉煌”，好像变成了一个无所不能的人。学校图书馆馆长，图书馆学系主任，学校出版社社长，校务委员会委员……纷至沓来。当时我就是要洗刷掉我身上的一些污水，证明我能做事。我一手创办起图书馆学系，到处奔走呼号，到教育部打了无数的申请，把这个系创办了起来。

**记者：**你现在都八十多岁了，还在报纸上发随笔，很多人都不相信你有那么大年纪呢。

**来新夏：**呵呵，这是我到了晚年突然觉悟了。我原来在学术圈子里头所做的事情，只是给学术圈子里那几百个人看的。因此我要变法，我要把得自大众的一些东西反馈给大众。而我们原来学术圈里写的那些东西没有多少人要看，是不是？所以我把我消化的知识，用人们能够接受的文字，用随笔的形式反馈给民众。我的随笔信息量很大，和作家的随笔不一样，不是单纯的吟风弄月。

我刚把计算机换成了液晶的，就是想保护眼睛，多写几年。现在每天工作六小时，经常写些文章，发在《中华读书报》、《文汇读书周报》、《光明日报》。有很多年轻人写信来，他们不认为我是八十多岁的人。我也有很多粉丝的。

原载于《南方都市报》2006年7月3日

# 高等教育答客问

**【自记】** 秋风送爽，正伏案读陈平原教授所赠《大学何为》一书，颇多新意异说，兴趣盎然。忽闻叩门声，有客来访，乃某大报记者。见我手持《大学何为》，似与其来意正合，遂就高等教育某些问题交谈。我循有问必答规则，客貌似恭谨而不录一字，似所谈不合来意。交谈半句钟，辞去，并未言若何若何。我计其不拟采用，急就适才所言，追录成文，作《答客问》一篇。

**客：**从您的一些文章中看到，您认为大学生“速成”论文是一种浮躁风气，这一现象是否普遍？为什么会出现这类现象？

**来：**大学生“速成”论文的现象，虽不普遍，但确实存在。某些人甚至还以自己能“速成”论文自夸，这是一种学术浮躁现象。但不能完全责怪学生，这是由于当前社会急功近利风气在暗暗地渗透所造成。有些老师在学术上的某些不良行为，也在影响学生。而最值得注意的是我们对事务过于重视量化，如学生一年要交有关各课程论文几篇，硕士、博士应每年交多少篇，要在哪级刊物发表，然后按量给分。甚至现职教师也要以论文的数量和发文刊物的级别来移动一年几万的津贴额。计量固然方便，但往往由于利益的驱动，造成不顾质量的后果。另外高科技发展的负面作用，也不能不注意。电脑的发展，网上资源的丰富，为某些“速成”论文的作者提供方便。当然，这不是高科技的错，而是使用者的不正当。核能和平利用，造福人类；如果用于战争，则危害人类。网上资源便于人们阅读、检索、参考，有利于教学科研；如果下载为剽窃、抄袭、拼凑以“速成”论文，则有害于学风学术，决不可取。

**客：**浮躁不仅是学生的事，事实上，很多老师也如是。有的博导同时带数十名研究生，看几十篇论文，这对学生的学风是否有影响？

**来：**当然有影响。作为老师都应该知道“行为世范”的道理，己不正焉能正人，上行下效，也就见怪不怪，形成恶习。多招研究生已是普遍现象，拉学生、抢学生的现象，也不是没有。人的精力有限，超限只能“放羊”，学生数多，涉及学术方面自然广，导师也不能无所不知，只能听其自然，让学生“自学成才”！有的老师由于认真严谨，要求严格，学生就不投门下，导师轮空两年就要撤点，大多数人只好随波逐流。学生多还有很多好处，首先工作量自然多，补助津贴也就水涨船高，学生也可蒙混过关，师生各得其所，皆大欢喜。其次，所收大批门生中如再有若干政要大款，更能相得益彰。这类门生遍天下，则导师身无分文亦可云游四海，吃遍天下。其三，积之岁月，门徒日众，尚可自立门派，驰骋自如，傲称宗师。至于学生质量如何，造诣如何，学术进展如何，则非夫子所问也。

**客：**目前社会上有一种现象，任何文章都可以从网上“攒”出来，甚至有代写论文的“枪手”，有靠“枪手”写论文的学生，也有学生充当“职业枪手”为别人写论文的，街头小广告也有代写论文的项目，您对此有何看法？

**来：**从网上“攒”文章，似乎已不是令人惊讶的事了。我听到过很多人说起此类事。如果是代人（包括上司）起草一些套话、空话的发言或沽名钓誉的“文章”，那也是身不由己，迫不得已，任重事烦，属于职务行为，倒也无可责怪。如果正式以学术论文面世，那不仅是浮躁学风，简直是犯罪。据说最近已有人倡议，将作弊列入法律范畴，可定刑七年。那么从网上下载，无论抄袭、摘录集锦或改名换姓挪用，都应是犯罪行为。至于“枪手”问题，确有较长历史，科举时代就有类似行为的“科场案”，不过于今为烈而已。近年我听到过一些事例，主要有两种形式，一是代考，一是代写论文，都有明码标价，甚至还有“替考公司”之类的中介。代考以统考英文为多，论文从学士到博士都有，按不同类别和层次定价。找“枪手”的人多为公务、商务繁忙和学习差的“阔少”。他们为了混文凭，自己又无实学，只好采取用钱雇人的卑劣手段。近年更有些政要大款为了包装自己，铺垫升阶，也用此法得文凭、取学位，影响极为恶劣。过去发现“枪手”，必加严惩。近年听说有双方被开除的处理。这种作弊行为实际上已触犯法律。应按行贿受贿例处理双方。

**客：** 学生不读书或不认真读书的原因之一，是老师指定的书（包括教材）让学生感到“无用”，甚至读完后悔。您对此有何看法？

**来：** 这不能怪学生，老师应负主要责任。有些教材与必读参考书，确实不让学生爱读，甚至读后感到浪费时间而后悔。因为内容无新意，文字欠流畅。听说有的教师为了评职称，约几个人东拼西凑写本教材当成果，彼此又分着买点作指定参考书。这种书怎能让学生爱读呢？另一原因是我们现在缺少指导读书之类的课程，老师开了参考书单，但是不启发学生如何读，也不讲讲这本书的要点是什么，要注意哪些地方。也许有的老师只抄来一些书名，自己也没认真读过，甚至还没见过这本书，那就无从指导了。至于读了无用的书，我看也无须后悔，读好书当然开卷有益，读无用的书也能看出这本书为什么写得如此糟糕，它的不足处是什么，也可作自己的反面教员。只有那些暴力、淫秽的坏书读了才会后悔，因为它浪费了你的生命。

**客：** 您对大学教育还有哪些看法？

**来：** 我主要有三点看法，也许不合时宜。第一，我认为大学教育应是精英教育，是培养较高层次人才的场所，是讲质而不是单纯讲量的地方。国外大学虽然多招生，实行宽进的办法，但它采取严出，淘汰率较高。我们扩招宽进，用数字来显示教育发展，但没有严出，难以保证质量，甚至有以扩招解决一时的就业问题，饮鸩止渴，更不可取。我主张严进严出，要求人才产品，个个够格。第二，大学生的知识基础要广、要杂一些。我们太求纯了，只为了管理方便，把学生局限在专业圈子中，让学生整天在一个领域中转，多枯燥乏味！如果安排不同学科学生杂居一个宿舍中，文理医工科混住，那么课余能经常耳濡目染地吸取声光化电、有机无机、唐诗宋词、希腊罗马、秦皇汉武各种知识，虽多记问之学，亦能得横通之效。几年中间，宿舍时有变动，人员时有调整，四年过后，能知道多少基础知识和人间事物。所以，我主张文理医工应互通，不同学科领域间应至少互选一门课程。我读大学历史系，曾选生物系一门生物学通论性的课，很有好处，对科学思维有帮助。第三，要尽力树立大学生正面形象。过去对大学生都看得很高，认为大学生有学问，懂礼貌。老百姓对之印象很好。现在对大学生的形象，则颇有微词。大学校园中，时见大学生衣冠不整，背心拖鞋进教室和图书馆。边走边吃零食，包装垃圾，随手乱扔。甚至开口时有不雅的口头语。男女的过分亲昵行为，不讲地点场合，随意而为。上下楼互挤互碰，对老师也不逊让。这些都有损于大学生的形象，也给人一种不顺意的感觉。希望大学生能多注意，学校也可以开一门礼仪性、素质性的公共课陶冶学生。

**客：**耽误您时间，谢谢您的接待。

**来：**可能都是一偏之见，难以合乎您的要求，以后有机会再谈。

原载于《天津老年时报》2007年3月12日

# 纵横“三学”求真知

——访来新夏教授

**采访人：**夏柯（南开大学历史学院博士生）

刁培俊：（厦门大学历史学系教师、博士）

**被访者：**来新夏

来新夏，浙江萧山人，1923年出生于浙江省杭州市，1946年毕业于辅仁大学史学系。1949年初在华北大学第二部学习，接受南下工作的培训，后分配在该校历史研究室，为范文澜教授研究生，攻读中国近代史。1951年奉调至南开大学文史系任教，由助教循阶晋升至教授。先后担任南开大学校务委员、校图书馆馆长、出版社社长兼总编辑、图书馆学系系主任等职。现任教育部古籍整理研究工作委员会所属地方文献研究室主任，兼任中国近现代史史料学学会名誉会长、北京大学中国古代文献研究中心兼职教授、文渊阁本《四库全书》学术委员会委员、点校本《二十四史》及《清史稿》修订工程审定委员会委员、天津市地方志编纂委员会顾问、美国俄亥俄大学图书馆顾问等职务。主要从事历史学、方志学、文献学等方面的教学与研究工作，著作丰富：历史学方面有《林则徐年谱新编》、《北洋军阀史》、《天津近代史》、《中国近代史述丛》等；在方志学方面有《方志学概论》、《志域探步》、《中国地方志》、《中日地方史志比较研究》等；在图书文献学方面有《近三百年人物年谱知见录》、《清人笔记随录》、《古典目录学》、《中国古代图书事业史》、《古籍整理讲义》等。发表论文百余篇，另撰有大量随笔散文，汇编成集的有《冷眼热心》、《一苇争流》、《且去填词》、《出枥集》、《学不厌集》、《来新夏书话》、《邃谷师友》和《皓首随笔·来新夏卷》等十余种。

专与博、冷与热、学与用是我们在治学中经常面临的问题。作为一个横跨历史学、方志学、图书文献学的学术大家，来新夏先生研究领域之广泛，成就之突出，在学术界是很少见的。更可贵的是，来先生一直提倡和实践“为人之学”，如今，年逾八十高龄依然笔耕不辍，在从事专业研究的同时，还撰写大量随笔杂文，并将此作为普及历史知识，服务社会的重要途径。来先生旺盛的学术生命力和“常开新境”的学术风格值得我们认真学习。

**问：**来先生，您好！您是我们尊敬的学界前辈，学界称誉您为“纵横三学”著名学者，大概也就是说，您在历史学、文献目录学、地方志研究方面都取得了重大成果，在国内外学术界影响深远。您能谈谈您的学术经历和研究概况吗？

**答：**好的，先谈谈我的本业历史学吧。我是上世纪四十年代的大学生，1942—1946年就读于辅仁大学，受过传统史学的科班训练。当时正是抗战时期，燕京关闭，北大成为伪大。辅仁作为德国教会学校，受日寇干扰较少，故而当时留在北京而不愿任伪职的学者纷纷加盟辅仁，一时名师云集，文史方面就有陈垣、余嘉锡、朱师辙、启功等名家。当时辅仁的学生较少，师生关系也很融洽，所以每个学生都能得到教师的悉心指点。在这一环境熏陶下，我打下了扎实的学术基础。大学期间，我的主要研究方向是唐以前的中国历史，毕业论文做的就是有关汉唐年号变化与政治关系的题目。1949年参加革命以后，我到华北大学接受南下工作培训，后来被留在历史研究室当研究生，师从范文澜先生，开始转向近代史研究。一年以后，我奉调到南开大学工作，讲授中国新民主主义革命史、鸦片战争史、中国近代史和北洋军阀史等课程。虽然学术方向有所转移，但我并未放弃古代史。我一贯主张学术不但要古今贯通，还要中西贯通，反对学问越走越窄，这个我们下面再谈。北洋军阀史是我研究近代史的核心点，这要追溯到跟随范老学习的那个时候。当时研究室（建国后改制为中国科学院中国近代史研究所）接受了一百多麻袋北洋档案，在整理这批档案过程中，我开始接触北洋军阀史。那时的工作条件很差，每天在仓库里弄，尘土飞扬，每人只发一件灰布制服，一个口罩。整理工作分两步。第一步非常辛苦，就是先把土抖落干净了。因为那些档案都很多年没有动，非常脏。我们早上去，晚上回来的时候，戴眼镜的镜片都是黑的，口罩遮住的地方是白的，可是口罩上两个鼻孔的位置也是黑的。全身都是土。这是第一步，弄干净后，把档案按文件类型分堆，再做大致的政治、文化、经济的分类，这就弄了近半年。第二步整理的时候就很细了，要把每份文件看一遍，然后做卡片，写明这是什么时间，什么事情，写出概要性的东西，进行专题的内容分类。在研究这些档案的同时，我又看了一些有关的书籍，对北洋军阀史产生了兴趣，我认为这是治学中的“从根做起”。1957年时，湖北人民出版社向我约写北洋史书稿。当时没有人写相关专著，我也是抱着试试的态度，写成了12万字的《北洋军阀史略》。没想到，出版后反响强烈，日本还出了两次译本。我当时自认为这是以马列观点写就的第一部北洋军阀史。1957年以后至七十年代末，因受形势影响，研究处于徘徊阶段，没有什么进展。进入八十年代，湖北人民出版社又向我约稿，希望增补《北洋军阀史略》。1983年面世的《北洋军阀史稿》就是在原书基础上重新扩充、修改完成的。《北洋军阀史稿》出版后，我仍觉得当时没有一部完备的北洋军阀通史是一个缺憾，认为这是自己的职责所在，遂又经过十余年努力，在几位同仁的协助下，写就100万字的《北洋军阀史》一书。这本书获得了教育部科研成果奖。当时我自信心很强，认为五十年内很难出现其他北洋通史，因为这是一部填补学术空白的著述。我在“文革”时受冲击，其中一条“罪状”就是因为研究北洋史，被人指为是专门研究坏人的历史，与反动派气息相通。可我觉得，历史是丰富和多样的，如果大家都去研究英雄烈士了，那历史的另一面谁来研究呢？这样的历史不就成了片面的，而不是完整和全面的历史了吗？

以上是我在历史学方面的研究情况。我的另一研究领域是目录学。我们读大学时，允许跨系选课，我就选了中文系的目录学课程，师从余嘉锡先生学了几年。目录学难度较大，比较枯燥，要教好学好都不容易。作为老师，如果涉猎不广、积累不多，没有旁征博引的功夫，要讲得新鲜生动、引人入胜是不可能的。在极左时期，目录学属于“三基”，受到了批判，得不到应有的重视。直到七十年代末，我才在南开大学历史系开设目录学的课程，后来因为身体原因，讲了两年多就没继续。我学目录学，是从《书目答问》入手的，读通了这本书就掌握了2000多种古籍的大致情况，心中就有了作学术的纲领，无论你做哪个领域，都可以大致明了该领域内的基本书籍，再接触其他的书，就可以很容易地增补进这个体系中去。我现在正在总结自己在目录学方面的成果，明年中华书局将出版我的《书目答问汇补》一书。我在攻读目录学时，曾经做过《书目答问》索引，一种是从人名到书名，先列出作者、字号，属于哪一家，再列出著作；另一种是从书名到人名，先列出作品，属于四部中哪部，再写出作者。通过制作这两种索引，就等于将《书目答问》拆散了又重组，学问就应该用这个做法。你们可以看看我早年手批手校的《书目答问》，那时我就用了这个办法。

除了以上两个方面外，地方志也是我的一个主要研究领域。在这方面我的起步较早，因为我的祖父是民国《萧山县志稿》的独立纂修者，所以，我有一定家学渊源，也很想继承祖父研究地方文献的传统。四五十年代之交时，我阅读了大量旧志。我国的方志有两千余年的历史，但志书的分布却不均衡，有的地方修得多，有的地方少，有的甚至没有，所以，解放初期，中央很重视纂修地方新志的工作，号召各地编修自己的“地情书”。由于政治运动不断的原因，新方志的修撰工作屡兴屡废，直到八十年代初，才掀起全国性的修志高潮。当时由梁寒冰先生负责主持全国的修志工作，我担任第一助手，由此进入到地方志研究领域。我在这个领域除写了《方志学概论》、《中国地方志》、《中国地方志综览》、《志域探步》、《中日地方史志比较研究》等书外，还做了四点工作。首先，是做了新志编修的启动工作，负责起草了全国新志编修规划和第一次启动报告。第二，是参与了若干新志的评审工作，给几百个县市区的地方志写序，做了一些评论和纠谬的工作。第三，是培养了数以千计的新志纂修人才。1982年时，我担任了华中、华北、中南、西北四个地区新志编修人员的培训工作。现在我的学生和私淑弟子遍布全国各地。第四，是倡导和参与了旧志的整理研究工作。我国是个志书大国，解放前编修的旧志就将近万种，不但存量大，而且种类繁多，包括各级行政区划志、江河山川志、行业志种种。这些志书包含有政治、经济、文化、社会等多方面的地方情况，是一个蕴藏量和信息量极为丰富的资料库，所以有必要进行相关的整理研究工作，以为现在社会所用。当时，我参与了旧志的目录编修、资料分类、内容研究和整体评价工作。

上述三个部分构成了我的学术体系，也就是别人讲的我的“三学”，所以我入选《南开史学家论丛》的集子就取了《三学集》的名称。到晚年后，我又想，干了一辈子学术，一辈子得到民众供养，如果只写了几篇供专业人士观看的文章，意义有限，所以，我就想把我的知识和才学还给民众。因此，从八十年代以后，我开始了学术随笔的写作。史学工作者所做的学术随笔与作家随笔不同。我的随笔是以学术为根柢的，目的是给人更多的历史资料与信息，就算是针砭时弊，也是以历史为基础的。近三十年来，我一直坚持写随笔，已经出版了十余种随笔集。最近的一本是中华书局出的《皓首学术随笔丛书·来新夏卷》。所以，我觉得在我的“三学”之外，还有一学，就是学术随笔。以上就是我的学术研究概况。

**问：**来先生，作为一位出色的教育家，您在图书馆学的建设方面体现了史学家的通识，您能补充谈谈这方面的情况吗？

**答：**好的。我是历史系的教授，按照学校的安排，1983年我离开历史系担任了南开大学图书馆馆长。1979年我曾创办了南开大学分校的图书馆学专业，1983年又组建了校本部的图书馆学系。在办学过程中，我提出了编写教材和引进人才的“两材（才）方针”。首先是改变传统的图书馆学课程设置。原先的图书馆学专业课程有重见叠出的弊病，如中国书史、中国目录学史和中国图书馆史这三门课程在谈到图书的源流、分类、编目时都要涉及刘向、刘歆父子，所以，当时有学图书馆学要“七见向歆父子”的说法。于是，我就构想实施“三史合一”的课程，即以图书为中心，而将涉及与图书有关的各种事业，包括制作、搜求、典藏、分类和再编纂等包容进来，不仅最大限度地容纳了原来三门课程的内容，而且重新进行了编排和整合。为了将这一构想付诸实践，我拟定提纲、组织人员，并亲自承担章节编写和删订通稿，先后完成了《中国古代图书事业史》和《中国近代图书事业史》的编写，并应用于课堂，不仅使课程设置更趋科学合理，而且减轻了学生的学习负担。为了建立图书馆学的基本框架，我还组织编写了一套包括七种专业课程的《图书馆学情报学系列教程》，涉及图书馆学、文献检索、情报工作、国外图书事业等方面，使南开的图书馆学专业成为一个比较系统、完整的学科。另外，我还增添了“中国书法”一课。有些人不理解，我的想法是，一个图书研究者每天和书、文字打交道，也要做些书写工作，所以，掌握书法的基础知识是很有必要的。从这门课开设后的情况来看，效果还是很好的。

**问：**来先生，能谈谈您治学的心得体会吗？

**答：**好的，我想大致谈四点体会。首先，做学问一定要有基干，老话说就是“专攻一经”。无论你是搞哪一领域，先把这一领域内的重要书籍念透一部。我研究目录学，首先读的就是《书目答问》，一字一句的念，还将各家批注和相关资料汇总起来研究。我研究近代史首先读的是《三朝筹办夷务始末》，因为近代史最重要的就是对外关系。在读书过程中，一定要做笔记，要会做笔记，不要怕麻烦、怕慢。读书快，但记得不牢，体会不深，快就等于慢；反之，细细研读，做了笔记，慢就等于快。这就是读书的快慢辩证法。年轻人不要自恃年轻聪明记性好，一定要记得人总有老的时候，得来太易，失去也会太快。现在大家都用电脑，有好处也有坏处。我曾有一个“偏见”：没有“废话”的论文多是伪造，那都是靠电脑下载拼凑的“学术百衲本”，没有自己的思想，没有价值。电脑下载是为秘书们伺候长官准备的“急就篇”，做学问不是攒书，不要搞这种“奶妈学术”，要注重根柢，不要做无根之木。

其次是要注重积累。现在学术界不重积累，这是受了社会风气浮躁的误导。特别是量化的评价标准，害死人。这是新八股的余毒，方便了评审，危害了学术。什么是好文章？能说清楚没有人说清楚的问题的就是好文章，十万字的是，五百字的也是。现在设立许多数量的杠杠，这是不合理的。要积累就要抄书，做笔记，要做到四勤：脑勤，眼勤，手勤，耳勤。不要光看，而要调动多种途径。学英语有所谓“快乐英语”，不但要看懂，还要嘴巴喊着，耳朵听着，调动各种感官，才能有效果，做学问也一样。一定要善于写杂记，这是做学问的一个重要步骤。在看书积累资料的过程中，一定要抓住那些一纵即逝的思想闪光，要马上记下来，否则过后即忘，就是狗熊掰棒子，一无所得。我所说的“积”就是广泛地搜集，“累”就是不停地增多。每天都要抄一点、记一点，这样“日积月累”学问才能不断进步。你们一定要重视我国的成语“聚沙成塔”、“集腋成裘”，这都是方法的总结，智慧的结晶，要深刻体会其中的精髓。抄书什么时候最难？打开书，抄第一条的时候最难。一定要沉住气，才能坚持下去。抄书不是盲目地抄，不是做印刷机、复印机，而是一个研究的过程。首先是点读，其次是分析，然后是记录思维的火花。所记的东西不一定很完善，但一定要把思想记下来。在此基础上，将同类的资料和看法归结成小堆，整理以后写出三四百字的小杂记。小杂记写多了，再进行分类集合，就可以写出小文章。小文章积累多了，再加以整理就可集合成一部小书。在小书的基础上再搜集，补充资料，就能写出部大书来。我的文章和专著大多都是这样写成的。所以说读书研究一定要掌握“分合法”，先把读的书分开，再把它们合并，先分，后合，先有灰石砂土，才有高楼大厦。学文科的人一定要勤于积累。文科是很养老的，年轻时多积累，年老时就足够所用。二十、三十岁时一定要想到有一天会老，脑力体力不会永远旺盛，记忆也不会永远的过目不忘。你们不要被古人所欺骗，我非常反对“一目十行”的说法，这不是效率高，而是肤皮潦草。读书应当“十目一行”，一定要把书吃透。从“一目十行”到“十目一行”的转变很痛苦，但这是真有所得，而不是夸夸其谈。

第三点是一定要尊重传统，尊重前人的成果。所谓创新是在前人基础上的创新，决不是不尊重前人成果自搞一套。要相信一点，历史是在很公正地筛选。那些经过历史考验保存下来的文献，必定有它的道理和价值。学术固然有愉悦自身的功用，但这样的“为己之学”只是学术的一部分，“为人之学”才是学术的根本立足点。我一直觉得读书要做善举，我编著《清人目录提要》、《清人笔记随录》、《近三百年人物年谱知见录》等书，就是为了这个目的。我最近成书的《书目答问汇补》，汇总了各家批注和相关资料，方便了他人，免去了后来者奔波于图书馆的劳累，延长了他们的学术生命。现在的文史研究之所以进展不快，跟很多学人不屑于为人服务有关。大家都想着尽快搞出自己的一套，默默为人奉献的就少了。“为人之学”必须要有耐心，不是一年两年可以成就的。我写《清人笔记随录》积累了几十年，到晚年才出版。我现在担任的国家大清史项目《清代经世文选编》总共200多万字，没有多年阅读积累，也不可能承担得起。此外，我现在一两年出一本随笔集，工作量也不逊于你们年轻人。总之，任何时候心中都必须存有一念，即“为别人所用”。“天增岁月人增寿”，只有“为人之学”才能达到这一目的。

最后讲一点，做学问不要赶风。你只要做好你这块领域就行了，不要什么热潮都去赶。现在流行“国学热”，我在《中国文化》上发文说赞同国学，但不赞同“国学热”。现在问你国学是什么，你能透彻讲明白吗？问题的关键在于如何对待国学。国学应当提倡，但不是拿国学作工具，谋一己私利。现在的“国学热”不是真正学习和普及国学，而是炒作，是商业行为。我在《中华读书报》上发文说，于丹的心得是于丹的，不是你的心得，你应当回到经典去求你的心得。学术有“显学”，也有“晦学”，不要光顾“显学”，也要注意“晦学”，不要什么都赶时髦，而要坚持做好选定的方向。如果你是做清史的，清史有很多领域都值得研究，比如清承明制问题，清代国史问题，清代的吏治问题。为什么有了养廉银，却养不了廉？陋规又加陋规，陈陈相因，这对现在治理腐败很有启发意义。另外诸如漕运、河工、铜政、盐务等问题对当前都有借鉴意义，有重大的研究价值。只要选中其中一个领域深入研究，踏踏实实地干，都会有成果。等研究有所得时，依然要保持一个“冷”的态度。作为学者要经常保持一个“冷”字，求学时，要坐得起冷板凳；干事业时，要经得起冷遇；观察事物，则要保持冷眼。这里的“冷”，指的就是沉着、平静、淡然。我写过一篇文章叫做《坐“冷板凳”与吃“冷猪肉”》，讲的就是这个问题。一个学者，只有持有这样的态度，学问上才能有建树，才能为社会作贡献，为百姓所铭记，才能到文庙里吃冷猪肉。做学问不是求荣华富贵，要发财，要当官，就不要走这条道路。当然我讲这点，并不是完全反对当下的学术炒作热潮。炒作也有一定作用，能引起社会关注，扩大学术的影响力。问题是对大众应当予以引导，而不是误导。现在的国学热就是误导甚于引导。

**问：**来先生，能谈谈您对国外史学的看法吗？您认为在借鉴他们的研究经验时，应当注意哪些问题呢？

**答：**对国外史学，我了解不多，但有一点感触很深，就是国外学者能从基础起，从关键点切入的治学风格。国外真正史学家的作品都是求真求实的。我看过他们的一些著述，也很佩服他们的治学精神。我和一些美国、日本的史学家交流，他们都很羡慕中国的文献储藏量，既有档案，又有载籍，还有地方上的金石碑刻。他们认为中国是“无处没有史料”。不过同时，他们也比较委婉地批评了中国人不太珍惜历史文化遗产的态度。他们还认为中国的一些学者的急于求成，不是自己去源头挑水吃，而是从人家水桶里舀水吃，常常使用二手资料，而不重视去掌握第一手资料。有些外国学者来中国一两年，就泡在档案馆，从源头做起，从最基础的史料发现新的研究课题。他们的史料功夫很切实，也很注意历史的细节，擅长抓住研究的切入点，比如唐德刚的《晚清七十年》就抓住了中国历史上这一瓶颈期、转型期做文章，所以能有创见，也很有学术价值。另外我觉得国外学者，“和而不同”的学术风格也很值得我们学习。他们不搞“一言堂”，而是各抒己见，经常提出自己的不同观点，在此基础上，再求同存异，寻求合作。他们的“和”是从不同中求得的，就像乐队演奏，黑管是黑管，大贝司是大贝司，决不会混淆，但是合起来呢，又能奏出优美的旋律。所以说先得有不同，才能有“和”，这是问题的重点所在。另外，在社会史和历史人类学方面也要多加借鉴。中国传统史学也有实地调查的传统，但主体上仍然是文献编撰学。历史学应当吸收社会学注重调查研究的方法，应当加强田野工作。我的一个老学长李世瑜是研究秘密社会的，他通过调研美国一个小镇，发现了天主教的160余个教堂，这是以前闻所未闻的。美国哥伦比亚大学有个专门的口述历史研究馆，收集了大量的口述资料，虽然不一定都完全真实，有避讳和避重就轻现象，但毕竟是第一手的材料，有其独到的史料价值。重视实地调查还有助于从现实中找寻问题。华盛顿大学的郝瑞教授为研究中国近代人口的迁徙、流量、生息等问题，就选择浙江萧山作为研究的切入点，在掌握大量文献资料的基础上，带着助手，并邀我这个萧山人参加，亲自到萧山实地考察，并就地扩大资料量，从分析当地姓氏宗族入手，寻求人口迁移变动的真实原因。这种深入实际，解剖麻雀的小题大做的研究方法，所得到的成果，就比较接近真实，值得我们吸取借鉴。比如我们研究清代的“堕民”问题，光从文献中爬梳还不够，必须实地去考察。浙江慈城有很多“堕民”后代存在，通过对他们的走访调查，就可能得到史书上未记载的资料，获得更为全面的认识。总之对国外的研究成果必须要关注，不能自我封闭起来，而是要择善而从。我是主张融合的，光抱着乾嘉家法不放，并不是治学的最佳途径。当然在此过程中，也不要一味接受，而是要懂得寸有所长、尺有所短的道理，善于取长补短。

**问：**来先生，南开历史学的精神是“惟真惟新，求通致用”，在致用方面，除了专业研究外，您主要是通过杂文的途径把学术返还给民众，服务于社会。您能谈谈历史知识传播的问题吗?

**答：**我之所以写杂文，也是从“为人之学”的角度考虑的。传统历史研究的一个基本问题就是从文献到文献。这点从专业本身来讲没错，但是从更大的社会角度来看，就不免有空对空的嫌疑了。很多历史学家的研究过程就是个自我愉悦的过程，是一个人在“独乐乐”，看了许多书，发现了一些问题，写了几篇文章，就是给学术圈子里的千百十号人看看，大家一块高兴高兴，乐呵乐呵，而没有去想，如何让自己的研究成果，让无数倍于圈中人的更多人去了解、去接受。历史学家对这块阵地的拱手相让，正好给那些投机热炒者提供了空间。所以，我是赞成学者去讲历史的，也是赞成用影视、广播、网络等多种传媒手段传播普及历史知识的，但是必须有一个底线，就是要本着对历史负责、对他人负责的态度，提供给大众尽可能接近历史真实的信息，而不是打着专业的幌子，拿历史作工具，故意迎合大众的不正常心理，以达到牟取私利的目的，这是我坚决反对的！这样做比原来的自我封闭和稗官野史戏说的流毒更广、贻害更深！

总之，历史学家不但要求真，也要求新；不但要务实，也要致用；不但要自适，也要为人；不但要研究历史经验，也要紧扣时代脉搏；不但要坚守学术阵地，也要开辟新途径，耕耘新天地。如果还是囿于一隅，抱残守缺，光在爬梳文献中打圈圈，那历史学就不仅仅是面临困境，怕是要走向绝境了！

**问：**来先生，您在专业史家和杂文家间的角色递换如此自然，一个重要原因就是得益于您出色的文笔，您能透露下历史写作的秘诀吗？

**答：**好的，谈不到秘诀。你们可能还不知道，我在历史系开过一门写作课。我觉得写作是个技巧活，除了有一定的基础知识外，还必须有一定的程序。程序过了，就是八股；没有程序，就成不了文。所以，我开写作课时就讲了各种文体，讲如何取材，如何论述，如何写景、写人，使学生了解写作的基本规范。任何一个学历史的人，心中必得存有一念，即兼融文史，同时掌握文献和文字。古人云："言之不文，行之不远。"文字是把知识传给第三者和更多受众的重要工具，所以必须予以重视。那么如何写好文章呢？我觉得首先要有积累，要多读、多背、多记名人名篇，丰富自己的语言和词汇。其次是要从小处着手，要学会写小文章。我在辅仁读书时，陈垣先生教我们写文章，就定了个规矩，超过五百字的不收。我当时还要了个小聪明：写小字，一行当两行。陈先生发现后就把我喊去，教导我说只有会写小文章的人，才能写大文章，才能真正放得开。这话我一直牢记于心。另外，写文章切忌一挥而就，要保持冷处理的态度。思考主题时要冷静，写完后不要急着发表，先放放，让思想有回旋的余地。发现了问题，要不怕麻烦地修改。要让三种人给你提意见，一种是比你强的人，一种是和你同水平的人，另外一种是不如你的人。这样不但得到教益，也了解了各种层次的人对本文的接受程度。提完意见后，要继续修改，字斟句酌地改，特别要注意虚字，这是最不好用的。最后一点，写文章一定要善于触景生情。文献也是景，看书就是进入到场景中去，但更重要的景是在我们的日常生活中，所以一定要多接触群众，多观察世态。世态是最激发思想的，多听多看，就有了内容，就会思考。比如有一次我在大街上走，看到许多家长背着提琴盒，背着画板，领着孩子去上培训班，大热天，汗流浃背，我就写了篇文章，题目叫《饶了孩子吧》。我看到一些教授热衷于念博士，就写了篇《我好想考博哟》。我写《且去填词》，给宋仁宗翻案，认为宋仁宗让柳永填词，不是狭隘，而是知人善用，要没有他的谕旨，就成就不了柳词的光辉。我之所以有这个观点就来源于生活中的一件小事。有次我听到楼下的小贩吵架，有人就说："吵什么吵？该干嘛干嘛去！"这句话就给了我启发，令我思考，现实生活中不就经常有不安本分、一肩多挑、越俎代庖的事吗？有些学者为了行政工作，把学术给耽误了，学者嘛，就且去研究嘛，有些文学家担任了社会兼职，何必呢？文学家且去写小说嘛。如果人人做好本职，工人把工做好，农民把地种好，当官的把官当好，经商的把生意做好，学者把学问研究好，这样我们的社会就能和谐得多。

总之，写好文章的秘诀就在于九个字：“背得多，看得多，写得多。”要勤于写，笔头快是练出来的，不是什么人都是生来倚马可待的。

**问：**来先生，我们在学习过程中常面临博和专的矛盾，能谈谈您对此的看法吗？

**答：**我的意见是不要怕杂。杂不但有助于开启思路，还可增加见闻。做学问太纯容易闭塞思路，所以攻其一点，不及其余的做法并不可取。有些人认为战线不要拉得太长，我觉得一个学者的知识储备量必须得大。金字塔屹立千年不倒，就在于底部宽大。我有个看法，一人一事不宜作博士论文的题目，这样会束缚自己的学术道路，也不利于将来教学研究。我任南开校务委员时曾提出学生住宿应当文理相杂，也是出于这个目的。我念大学时读的《中国史大纲》，跟现在按朝代论述的中国史教材不同，它是按政治、经济、文化等专题分章节，按时代论述，这就有利于突破朝代的框框，形成通贯的认识。像我写的《书文化的传承》，就是出于这样的考虑。总之，不要怕杂，杂而后才能显正。当然也要注意杂而不乱，我提的杂是博杂，而不是驳杂。

**问：**来先生能谈谈您对学术界和青年学子的期许吗？

**答：**作为一个学者尤其是青年学者，要特别注意避免浮躁之气，要读好书，做好人，做个实实在在的人，不想走捷径的人，这样才可以有所成就。成就不是靠走捷径求来的，而是靠坐冷板凳，靠积累所得。在这里，我想对你们提八个字：“博观约取，好学深思”。这是读书的方法，也是治学的方法。“博观”和“好学”是一个范畴，这是做学问的第一步。只有读书多了，涉猎广了，你的视野才能打开，才懂得比较。比如学明清史的人，就应当懂点汉唐的历史，以此作背景才可以比较，才能明白明清的历史地位。历代的典章制度对前代都有追承和借鉴，所以必须往上追寻，比如明代内阁制对清代的影响，六部理事与南北朝六曹理事的关系，摊丁入亩与一条鞭法的关系。除了古今比较，也可以作中外比较，比如清代与朝鲜李朝在各方面的关系和比较，都可以启发思维。有了博观和好学的基础，还要懂得深思与约取。学而不思则罔，不懂得思考，就认识不到事物背后的实质。约取就是提炼，一块废铁可以熔锻成钢，关键就在于掌握了化腐朽为神奇的方法。我们研究历史，就应当抓住史料中蕴藏的精神实质。比如清代笔记中记了一个大雷雨后在庄园里留下大脚印的故事，说某地的一个地主为富不仁，欺压乡民，有一次下大雨，电闪雷鸣，地主家遭到雷劈，夷为平地，现场留下一个大脚印，而其他村民家却安然无恙。这样一个表面荒诞的志怪故事，却蕴含着当时人们的观念和期许。我们就应该把这些挖掘出来。历史是讲究细节的，往往不是桌面上的事，不是太大的事，起到了关键作用，我们就是要从这些问题中约取、提炼、归纳出精神实质来。

**【附记】**《来新夏书话》续编既编讫，尚无序言。检存稿中有2008年第1期《历史教学问题》所载夏柯、刁培俊二君的访谈录，内容主要是我的读书经历，即以之作代序。

原载于《历史教学问题》2008年第1期

# 关于近代天津文化印象的记忆

**采访者：**溪桥（《天津日报》记者）

**被访者：**来新夏

天津文化的定位，一直是大家关心的话题。然而，也一直是一个充满悬念，争执不下的话题。一方面，天津有着六百余年的历史，传统文化应该是积淀深厚，源远流长；而另一方面，近现代史上，由于天津作为距离首都最近的一个口岸城市，与北京有着特殊的关系和牵连，独特的地理位置和政治背景，使天津承担的使命更为特殊。尤其是在清末，西方列强用武力打开中国国门后，天津既是北京对外政治、军事、外交、经济各种冲突和对抗的前沿，也是古老帝国与外部世界对话和对接的窗口。洋人洋货要在这里上岸，许多重要的外交谈判也在这里举行。传统的东西必然受到外来文化的冲击，从而形成了天津复杂多面的城市性格。文化定位也就成了难事。

就天津近代文化的话题，我们采访了南开大学教授来新夏先生。来新夏教授是中国近代史著名学者，兼任天津市地方志编纂委员会顾问，长期从事历史学、方志学、文献学等方面的教学与研究工作，著作丰富。对天津近现代历史有着独特精辟的见地，他主编的《天津建卫六百周年》历史丛书是天津的寻根之作，也是目前我们了解天津最全面和权威的读本。《北洋军阀史》、《天津近代史》、《中国近代史述丛》也是学界公认的权威著作。说起天津近代文化，人们首先想到洋务运动。

**主持人：**洋务运动对天津文化的形成具体有哪些影响？

**来新夏：**其实影响并不是很大。洋务运动是中国历史发展过程中必然要出现的，也有人认为是中国资本主义发展的一个阶段。洋务运动是清末统治者中一部分人为了挽救清王朝覆灭命运的一个行动，目的就是想吸收境外的东西，壮大国力。所以在开始的时候是以官办为主。当时中国的海防以长江为界划为两块，江南岸叫作南洋，江北岸就叫北洋。南洋的中心在南京，北洋的中心在天津。主要推动洋务运动的人，一个是曾国藩，一个是李鸿章。所以洋务运动表现突出的地方也就是天津、南京、上海。洋务运动在当时也是在朝野上下受非议的一项措施，有些守旧保守的大臣攻击他们，甚至有人认为办洋务运动的人是“鬼奴”。洋务运动主要是搞军事企业，研究仿制兵器、火药这些东西。在天津就有制枪制炮的兵器制造局，今天的东局子得名就是那时留下的。招揽了一批研究枪炮、研究火药、研究化学方面的人才，也翻译了一些境外的书籍，但并不多。内容上主要偏重军事方面，也介绍了一些自然科学的东西，人文社会部分很少。洋务运动对天津社会的发展是起了某些推动的作用。由于枪炮弹药对中国是新事物，西方书籍的翻译，带来了新的观念和思想，同时由于吸纳人才，自然也带来了一些生活上的新东西。不可避免地对天津文化有一些影响。加上天津又是全国租界的标本，有九国租界，原本就有西方文化的传播。同时天津漕运发达，是商业集散中心，本身就是个五方杂处的地方，搞洋务运动有其土壤，接受各种外来的东西也比较快。因此洋务运动对天津文化有影响，但具体说影响程度有多大，不可做太多的乐观估计。但当时有一个重要人物在天津的活动，对天津很重要，这个人就是严复。严复不能完全算是洋务人员，但他翻译的很多重要著作，如《原富》、《进化论》等，为洋务运动提供了思想上的支持，也对国人进行了启迪民智教育。特别是他办了一份《国闻报》，这份报在天津是影响很大的一份报纸。《国闻报》除了介绍西方的一般情况，还介绍西方的政治情况，因此在开阔老百姓一些新知识方面，特别是后来中国实现资产阶级民主革命方面积蓄了精神力量，增加了宣传推广的作用。严复在洋务运动时期推广西方思想方面作了重大的贡献。这个重大贡献主要的部分恰恰是在天津做的。

**主持人：**洋务运动当时对天津的社会风气有什么影响？

**来新夏：**社会风气就是不古不今不中不外。那时在天津你可找出非常落后的东西，你也可以找到很先进的东西。你可以对传统老死相守，不知进取；也可以去追赶最新的潮流。如跳舞、吃西餐，有留辫子的，有留分头的，有穿袍子马褂的，也有西服革履的，有坐花轿的，也有文明结婚的，整个社会现象是中外杂陈，表现很奇特。从清末到民国初年的北洋政府时期，中国就处在一个中外古今交替混杂的时代。再说，天津是一个九国租界的地方，很多外来文化在这个地方都有所体现，因为能自然地带进来。同时，外国人为了自身生活的方便，也在这里建了一些先进的生活设施，比如修马路、建公厕、装路灯、安装自来水等。还有带来了一些好的生活习惯，如不能随地吐痰，要讲究清洁卫生等。他们给这里留下对我们有影响的一些东西，但并不等于说因为有了租界，中国才有了文明，如果那样的话就颠倒了。而是他们要在中国的土地上建立国中之国，为了他们生活的便利。但是客观上他们遗留下来一些他们本国的文明的痕迹。

**主持人：**近代天津文化的特点是什么？

**来新夏：**天津作为京师之门户，任何东西都要在天津过滤才能到了北京。外国的使臣要在天津打一站，科举时代各地考生进京考试也要在天津打一站，杨柳青就这么发展起来的。许多文化全部都在天津遗留下一些东西，但并不能停留，各种文化不能在天津形成体系。因为人家最终的目的并不是天津。谁的目的都是到北京去发展。没有一种文化，能够在天津居于独霸的地位。西方文化也受到抵制，起士林当时也只能在租界里面经营，在租界以外发展不起来，中国人不认。学皮毛学形式的东西多一些，如西餐厅、舞厅，在租界都非常之多。但西方真正的文化到天津落户的没有什么。所以严复的可贵就在于在这个时期，他在天津翻译了西方主要流派的学说，对中国整个社会进步起了很重要的作用。通过《天演论》人们知道了物竞天择的道理，知道了弱肉强食的残酷。我说洋务运动实际上对当时改革天津的状况，改革大清晚年的状况，都没有起到很积极的作用。但是在思想界，由点到面的宣传，还是有作用的。

**主持人：**相比上海和广州，在文化建设上，当时天津不同的地方是什么？

**来新夏：**那时天津也引进，但是发展得不如上海、广州的局面大。而且也只是在租界里面接受这些东西。当时天津本身有些东西还不是自己主动引资，而是人家投资，人家进来了。另外还有很重要的一点，天津在心理上就谨慎。广州可以随便干，天高皇帝远，上海是敞开已久的口岸，他们比较习惯这些。天津总是要考虑是不是要触动天怒，是不是要触动皇帝不高兴。有政治上的顾忌。尽量让老百姓能够保守一些。这种思想意识对天津发展的影响还是比较大的。

**主持人：**天津近代文化当中找不出什么是主流文化吗？天津文化是不是包容性比较强？

**来新夏：**我认为是这样。天津很宽容，什么东西都可以在这里表现。因为没有主体文化。对任何都可以吸收，有了主体文化才会排斥其他东西。所以天津没有老大，各种东西都接受。看这个很新鲜，接受了，那个很新鲜，也学了。至于那个新鲜东西是好是坏，却并不选择。所以说是双刃。传统的纽带天津不大坚持得住。文化传承之家不是太多，而且他们的子孙大都离开天津了。

原载于《天津日报》2008年11月14日

# 人生也就如此

## ——访南开大学教授来新夏先生

**采访者：** 韩淑举（《山东图书馆学刊》编辑）

**被访者：** 来新夏

**韩淑举**（以下简称韩）**：** 谢谢来先生能接受我们的采访。来老，中国有“耕读传家”的优良传统。从资料得知，您幼时受祖父影响很深，能给我们谈谈家庭教育对您初期读书的影响吗？

**来新夏教授**（以下简称来）**：** 这当从我祖父谈起。我的祖父来裕恂先生，是个接受完整封建教育的知识分子，曾师从晚清大学者俞樾，受到俞师的器重，曾到现在浙江大学前身的求是书院任教。他受戊戌变法和清末革命风潮的影响，于光绪末年赴日，就读于弘文书院，并与同盟会发生联系，受命担任横滨中华学校教务长。回国后，又经蔡元培先生介绍，加入光复会，推动新式教育。辛亥革命后，他敝屣荣华，不入仕途，继续进行教育劝学工作。北伐战争时，他受挚友马叙伦推荐，任绍兴知县，以不满官场陋习，仅在任六个月，即赔累三千余元，无法支撑，挂冠而去。终生即以教读、著述为事。他是一位饱含爱国情怀的诗人，一生作诗五千余首，多为同情戊戌变法、苏报案，抨击清廷，关心国事内容，其忧国忧民的意识，充盈字里行间。其诗集《匏园诗集》正续编，后经整理出版。祖父是我的启蒙老师，在我五六岁时，即亲自教我读“三百千千”和讲解《幼学琼林》的故事，又让我拿市面上的粗陋读本与好版本对着读，有时和他一起在书架上找书。这些当时没有意识到的读书活动，对奠定我旧学基础有一定影响。在我离开他而随父亲生活时，他还常以通信方式为我改文章，讲书理。在我入中学那一年，他亲为我从《古文观止》中选了几十篇，毛笔楷书，装订成册，并亲署《古文选萃》，后来又选过《唐宋诗词选》，命我细读精读，对我日后操笔作文有很大帮助。

**韩：** 您1942年考入辅仁大学。我们知道当时中国正值抗日战争，您为什么会选择辅仁大学，当时的辅仁大学怎么样？

**来：** 我投考辅仁大学是有原因的。一是当时身处日寇铁蹄之下，既没有机会到后方去抗日，又不甘于完全处于敌人直接管辖之下。已经高中毕业，下一步究竟怎么走，煞费脑筋，最后决定上北平读大学。北平有几所大学，有些没看上眼。北京大学和北师大已改属伪政权管辖，不愿上。燕京大学岌岌可危，怕折腾。辅仁大学虽是一所教会学校，但因由德国教会主政，德、日是轴心国盟友，一切还较宽松，至少是半独立办学。再则当时有不少知名学者，未能离开北京，也同样不愿去伪校任职，都云集到辅仁，而历史系尤盛。如陈垣、张星烺、余嘉锡、朱师辙、赵万里、赵光贤、陆宗达、启功等名师，都在历史系任课。其中陈垣老师的著作《史讳举例》等，我已拜读，非常向往门墙，所以决心考辅仁大学，终于如愿以偿。辅仁大学当时建校历史不长，不过二十几年，但教学水平、图书设备以及师生学风，都是一流。陈垣老师既担任校长，与各方周旋；又按教师标准，在历史学系每学期轮流开设两门课，亲自写教案、批改作业。言传身教，获益匪浅。

**韩：** 听说您在辅仁大学师从陈垣、余嘉锡、启功等先生，您能谈谈您的这几位老师吗？他们对您的读书和治学有些什么影响？

**来：** 我在未入辅仁大学前，就很崇拜陈垣老师，读过他的著述。他身处沦陷区，但在文章中仍寓爱国之心，激励学人意志。我曾仿效陈师《史讳举例》的方法，在高中时就在国文老师谢国捷先生指导下写过一篇《汉唐改元释例》，研究中国历史上的年号问题。后来把初稿带入大学，经陈师批阅，同意作为他指导下的毕业论文，亲加教诲，修改加工，终于成篇。在写作过程中，得到治学认真勤奋、谨严专一和博观约取的读书和著述方法，从此开启了我写作史学文章的心窍。这篇初试之作后来在《陈垣教授诞生百一十周年纪念文集》（暨南大学出版社1994年8月版）上发表。余嘉锡老师也是我未入辅仁大学前，就已读过他的

《古书校读法》。入学后，由于高年生的推荐，跨系选他的“目录学”课程，得到“辨章学术，考镜源流”的门径，对我一生的学术工作随时指引着途径。启功老师大我十一岁，彼此年龄差距较近，所以更接近些。他是我的国文老师，又是我学书画的老师。一年以后，因我这方面资质差，怕耽搁老师的时间，即未能再学下去，造成我终生遗憾，但我们经历了半个多世纪的风风雨雨，一直保持着亲密的师生之情。他的知恩谦逊，不慕荣华，宽人严己的朴实作风，对我如何做人有着深刻的影响。可惜老师们的这些遗教，我都未能全部做到，真是有负师教，深感愧疚！

**韩：**您曾做过我国著名历史学家范文澜先生的研究生。范先生是个什么样的人？对您从事历史研究有什么影响？

**来：**1949年3月，我被天津民青组织推荐到华北大学，接受南下工作的培训。9月间临结业时，当时任副校长的范文澜先生从中挑选了几位原历史专业毕业的大学生，到他的历史研究室工作，我是其中一人。到研究室报到前，就听说范老原是国统区一位进步教授。到延安后，认真学习马列主义，转变思想立场，成为一位以马克思主义解释和编纂历史的史学家，著有学术著作多种。等见面后，蔼然长者，令人敬畏。无论新旧上下人员一律称他为范老。他公私分明，严于律己，组织上给他的特殊待遇，他从不允许家人占用，即使他老伴想搭便车上街，也被拒绝。他对属下的研究人员，要求甚严。平时不许随意上街闲逛，对研究生更不许看影剧，怕分散心志。拿出去发表的东西，他都帮助审阅和修改。我们初到时，他按每个人不同情况分别分配任务，他要求我从原来攻读的汉唐史转向中国近代史。他分配所有新来的人员先去整理接收来的北洋军阀档案，并告诫我们：这是从根做起的学问。我后半生从事中国近代史的教学与研究以及对北洋军阀史的专门研究，都是范老的决定，开辟了我一生的学术道路。

**韩：**您什么时候到南开大学？听说您在南开大学克服很多困难，一手创办两个（总校、分校）图书馆学系，作为一个历史学者，您为什么要做这件事？从什么时候起，您这么关注中国的图书馆教育？在创办这两个系的过程中，您做了哪些工作？在教学工作中，您又做了哪些开拓性工作？

**来：**我是1950年春经南开大学时任历史系主任的吴廷璆先生与范老商定，调我到南开任教的，至今已足足一个甲子。到校后不久，因吴先生赴抗美援朝前线慰问，就把中国近代史课程交付给我，就这样一直教了十年。当对我进行政治审查时，因中国近代史政治性强，我已被认为不适宜，才转教工具性课——“写作”与“中国历史文选”，后又调明清史研究室编资料。这种所谓的“政治审查”进行了十八年，我被挂了十八年（官称“内控”），投闲置散，无所事事，就以读书、写书度日，重温那个早已被人遗忘的“目录学”。人弃我与，不但编了一份目录学的写作提纲，还整理修订了《林则徐年谱》，并编撰补充《近三百年人物年谱知见录》。著这些书需要查阅大量图书资料，不少需外借，天津图书馆和南开大学图书馆的图书馆人，都不视我为异类，热诚地从馆内尽量提供搜寻，还致函各地收藏馆外借，终于使我在艰难的十八年中完成这几部著作，内心深处，感激莫名，暗暗发誓，一旦有了发言权，我一定要办一个图书馆学系，培养图书馆人，推动学术发展，这是我办系思想的最初动念。上世纪七十年代末八十年代初，给我落实了政策，但尚未任职，因系内有人阻挠，不为我安排一定职务，以致组织部门干脆把我从原单位历史系调出来，于1979年秋，先安排我到分校任图书馆专业主任。不久又安排到图书馆任馆长，使我得到办系的物质条件。当时，我鉴于改革开放的浪潮冲击，深感在知识经济时代信息图书的沟通传递的重要性，急需大量图书信息方面人才。虽然分校已建一系，但显然不能满足需要，而总校又缺这类系，于是我决心在南开大学再办一个图书馆学系，我到处奔走，穿梭于天津教委、国家教委、图书馆学会、图工委和图书馆界知名人士之间。经过两年来的游说和努力，终于在1984年获得国家教委批准。在创办这个系的过程中，我主要着手抓“两才（材）”：一是邀约人才，二是编写教材。我不拘一格地从各方挖掘人才，建立教师基本队伍，先搭架子，即使有些人不完全合乎要求，亦可在发展中更新吐纳。我倡导与一些初建和实力较弱的图书馆系联合起来，自称第三世界，以壮大学术力量。我们编写了《图书馆学情报学系列教程》十种，组织十余所院校的图书馆学系编写《图书馆学情报学档案学简明辞典》。接着又争取硕士授予权、举办在职授证培训班以及大专班，在二年之内形成完整的图书馆学教育体系。在教学工作中，我有两项自认为的得意之笔：一是经过调查研究，认为原有的中国书史、中国图书馆史及中国目录学史，内容重复，不利于教学。于是主张三史合一，只开设一门“图书事业史”，课时精简，内容简约。我亲自主持和执笔撰写《中国图书事业史》，得到业内外识者的好评。二是我在课程内安排了二小时的“书法”课，有人笑我迂腐，都是什么时代了，还讲书法。我却认为图书馆人在题书签与社会交流中，不能全用电脑，书法可增加图书馆的美化，后来效果不错。可惜在我离任后，书法课即未能坚持下去，深感遗憾。

**韩：**与图书馆学有关的著作，我曾学习您的《古典目录学》、《中国古代图书事业史》和《中国近代图书事业史》等书。这几本书是“文革”后较早的关于中国书史、中国目录学史的著作。请您谈谈写这几本专业书的初衷。

**来：**目录学是我上大学时最倾心的一门课程，师从余先生后，逐渐增强了对这门学问的向往，除了读老师指定的《书目答问》外，我还读了不少有关目录学的著述，积累了一定数量的资料。后来在大学工作，准备开这门课，因这门课属于“三基”，以致未能实现。但我拟了个提纲，想写一本书。上世纪七十年代初，我被以“战备疏散”名义下放到农村。耕读之余，我根据提纲，运用已有资料，写了一本目录学著作，为与图书馆学领域的目录学区别，定名为《古典目录学》。这个提名，竟然得到学人们的认同而流传开来。在农村历经四年，落实政策后，被从农村召回，《古典目录学》成为我重登讲台的“打泡戏”。因为内容新颖，一般学生对之闻所未闻，听课人非常多，除了历史系的各年级学生和青年教师外，还有其他文科系师生和社会上的图书馆界人士。教室换了三次，最后在一个能容百余人的阶梯教室上课。我十分兴奋，用心备课，努力讲课，夜以继日地在原有的初稿基础上整理、补充、编次讲义，题名《古典目录学》，付之油印，作为学生读本。并送请顾廷龙、启功、傅振伦、张舜徽、卞孝萱诸位先生审读。收集意见后，我又全面修改一次。八十年代初，中华书局傅璇琮先生把这本书列入《中国历史小丛书》，顾廷龙先生特为此书写了序。出版后，因是“文革”后最早的图书馆学读物，颇受欢迎。至于图书事业史是我八十年代先后创办了南开大学分校和总校的两个图书馆学系并出任南开大学图书馆馆长后，深感教学中的重复，又因自己转方向，决心钻研一个专业，取得该领域的发言权，所以定了个“中国图书事业史”的方向，并着手组织和编写专著。为了集中力量，所以分为古代与近代两期进行，书亦分古代、近代两册，由上海人民出版社出版。前年，上海人民出版社的虞信棠和一位年轻编辑毛志辉，把两册删繁就简，编成一册，命名为《中国图书事业史》出版，成为一部通史性质的书，得到业内外的人士的认同。

**韩：**您几十年来，在历史学、方志学、文献学等领域，都有丰硕的学术成果，除了勤奋外，对读书、治学，有些什么经验和体会呢？

**来：**我活了八十多岁，正经八百地只做了一件事，那就是读书。我从五六岁接受蒙学教育始，至今望九之年，已经历了八十多年，说没有经验体会，显然假谦虚，但成本大套，又说不完全，在一些文章中，也谈过读书的体会，但零碎片段，不足为人师。我读书只是为读书而读书，为了吸取知识，增强智慧，驱除杂念，愉悦生活，而治学虽说是读书必然出现的后继行为，但反思起来多少有些谋求点什么的功利杂念。读书要求“贪”，读书的进度要放慢点，不要一目十行，浮光掠影。读书要分类，有需精读细读，得其精华的，如经典性的原著；有翻翻看看，得其大要，用时再精读某些部分，如一般专著、政书和时尚风行的杂书；有作为工具，只需知道它的使用法，试验几次，求其熟练，如辞书、类书、索引等。读书要写札记，虽然费时间，但切记“磨刀不误砍柴工”。读书多了，思考多了，积累多了，自然就致疑，这就是题目。在初步基础上，认真研究根据和论点是否可靠，然后铺采摛文，写成初稿。选题是自然产生的，不要大而空，不要小而碎。文稿完成后，先冷一冷，即放一放，再自己细细修改一次。请三种人看，一是比自己强的，一是与自己同等水平的，一是较自己稍逊的，如学生晚辈。综合各种意见，心平气和地再精雕细刻一次，注意“虚怀若谷，自有主张”，不要只按他人意见改，不加研考随风倒，结果弄成四不像。成定稿后，仍要放一放、冷一冷，发表时再修改一次，则可以无大碍矣！

**韩：**您今年八十八岁高龄，依然笔耕不辍，令人钦佩，近三十年您写了大量散文随笔，其中的清新和睿智，常使人忘记您的年龄。为什么您能保有如此旺盛的创作力呢？您为什么转而写这么多的散文随笔呢？

**来：**解放六十年以来，我的生活可分为两大段。前三十年，思想改造，运动不断，不是运动员，就是吹鼓手，但终未能逃脱“内控”和“文革”的厄运。只能谨言慎行，不敢信口开河，在故纸堆中求生活。后三十年社会相对宽松，个人禁锢亦少了许多，于是就想从原来只为圈内少数人玩赏的专业论文中解脱出来。晚年常反思民众给我的养育之情，必须有所回馈反哺，要把知识还给民众，写些一般人能懂的文字。从上世纪八十年代初就开始写较多的散文随笔。我的第一本随笔集的书名《冷眼热心》就是我写散文随笔的总立意。我在这本书的序言中较详细地宣告过我的宗旨，我的散文随笔大体不外三类，即观书、窥世、知人之作——“观书所悟，贡其点滴，冀有益于后来；窥世所见，析其心态，求免春蚕蜡炬之厄；知人之论，不媚世随俗，但求解古人故旧之沉郁，斯固可谓冷眼热心之作，亦我食草出奶之本旨。”至于创作力的源泉，不过是多读书，多观察社会，认真思考，实话实说。

**韩：**您对年轻人有什么希望？

**来：**只有四句话：立足于勤，持之以韧，植根于博，专务乎精。

二〇一〇年三月在天津南开大学邃谷，时当米寿之年

**【附】** 来新夏著作目录（1950—2009年）（略）

**【采访后记】** 案头摆放着来老的新著《交融集》，一篇篇细读下来，不时被他出神入化的笔触所深深感染，从学术和心灵上得到教益。掩卷深思，总觉得对这位文史老人的采访意犹未尽，想更深层次地了解望九之年的来老的读书和著述生活。好在来老常有新作见诸报刊，能让我们不断欣赏到他韵味绵长、脍炙人口的文史论著和随笔，给我们喧闹的浮世人生增加一种知识、思想和美的享受。

原载于《山东图书馆学刊》2010年第4期

# 答孔夫子网友问

**采访人：**孔夫子网
**被访者：**来新夏
**采访时间：**2011 年 7 月下旬

**来：**在答复网友提问前，我先向网友致歉。孔网原定7月22日14时请我在网上与网友互动，但上午为孔网签了百来个名，花费了近三小时，已感精疲力尽，我差一岁九十，下午再让我支撑二三小时，深感力不从心。我要求孔网整理网友提问，我以书面答复，可能不尽如人意，但亦算我对网友的一片诚意。

**孔：**来老！您曾师从陈垣、范文澜和余嘉锡诸先生，他们的治学有何不同特色，对您有什么影响？

**来：**这三位老师，都是我的授业师。陈先生和余先生都恪守乾嘉家法。陈老涉及领域较广，他的《二十史朔闰表》和《史讳举例》、《校勘学释例》等都是我认真攻读的著作。我的论文《汉唐改元释例》就是读了《史讳举例》后的仿作，后来又经陈老亲加指导，成为我的毕业论文。陈老很注重编写工具书，为学界服务。他不但亲手编制《中西回史日历》，还对编制工具书留下名言说“兹事甚细，智者不为，不为终不能得其用”，对后人影响很大。余老师是我攻读目录学的老师。他律己甚严，不苟言笑。我入大学后，即慕名选读他讲授的“目录学”。他上课时，口讲指划，如数家珍，从不见用讲稿。所著《四库全书提要辨证》是蜚声学坛的巨作。读他的书可以清晰地学习治学方法。他悉心指导学生，目前面世的《书目答问汇补》是七十多年前我在余师教导下起步的。范文澜老师是我在华大接受南下培训时，被范老挑选作近代史研究生的七人中的一个。范老是我的萧绍大同乡，他的乡音很重，别人很难完全听懂，有时去讲演，我便随同去写黑板，特别是一些史学专用词，所以较快接近，范老旧学根底深厚，对《文心雕龙》有精深研究，并写有专著。后来范老投身革命，又学习和运用革命理论，研究和编写史学著作，成为新史学的奠基人之一。他留我在他身边工作，是为改写中国近代史。他和我做过一次长谈，我大致记得是这样三点：一是要加强理论学习，并在研究写作中都要应用，但不要寻章摘句地贴标签；二是要专攻一经，指定我读三朝《筹办夷务始末》；三是要从根本做起，派我参加北洋军阀原始档案的整理，既脏又乱。这些对我以后从事近代史教学和专题研究北洋军阀史都有重大影响。我未能更好地接受各位老师的薪传，有负师教，我对他们只有感恩，不敢多所妄议。

**孔：**您是如何看待读书与藏书之间的关系？

**来：**关于读书与藏书之间的关系，我写过一篇专论，题目是《藏书·读书·治学》作为我的《来新夏谈书》（南开大学出版社2010年8月版）一书的代序，可以参阅。我的主要看法是藏书是关乎一个读书人文化素养的问题，也是一个人读书治学的发轫点，其更重要的作用，是在于保存、传递一国、一民族之文化，使之相传弗替，为立国之基。我认为藏书有藏书家的藏书和读书家的藏书，我赞成后者。清代中叶，有一位名承应韶的藏书家，藏书极丰，他“广求善本，必依次读终卷”。另一位更知名的藏书家张金吾对读书与藏书有着更精辟的见解。他说：“欲致力于学者，必先读书；欲读书者，必先藏书。藏书者，诵读之资，而学问之本也。”又说：“藏书而不知读书，犹弗藏也。读书必藏书，藏书为读书，乃历代藏书家之宗旨。”他把藏书与读书的关系说得很透彻。

**孔：**您的《书目答问汇补》与范希曾的《书目答问补正》有何不同？《书目答问汇补》又做了哪些工作？

**来：**《书目答问补正》是范希曾对《书目答问》著录中的错误的订正，并就个人所见，补其不足，这是范希曾倾心血的个人著作，是江人度《书目答问笺补》后的一次有价值的订补，对后学有启发和帮助作用。我开始攻读目录学课程时，就是用的《书目答问补正》。《书目答问汇补》所作只是抄抄写写，汇总些资料的工作，很少个人独特见解。所以我说这是抄纂之学，只是费点辛苦，从各收藏处的若干《书目答问》上，把学者的批注过录在我的《书目答问》上，集了二十来家，大多未发表过。这样，可以减少研究者的奔走之劳。《书目答问汇补》比范著可能扩大了眼界。

在汇补过程中，我特别感谢几位友好。一是六十年前天津古籍书店的王振永兄，他常为南大图书馆采购古籍。因为与我同年龄段，常到我家休息。他曾把他收购到的刘明阳和叶德辉的《书目答问》批注本借我过录，奠定我纂集《书目答问汇补》的基础和信心。二是我的原稿在《书目答问补正》本的天地行间，写得一片糊涂。年轻时能写墨笔行楷，勾来划去，年老时自己都难以辨认，幸亏天津图书馆的李国庆先生主动为我条理清楚，成为能进行工作的好底本。不然，亦只能徒唤奈何。李国庆先生还为《书目答问汇补》的附录作了大量补充，使《书目答问汇补》更充实，使用更方便。三是藏书家韦力先生。《书目答问汇补》成初稿时，我送请韦力兄审正，他读后，慷慨地把他所藏古籍的版本著录成稿全部赠我，纳入《书目答问汇补》，使《书目答问汇补》增加了一家批注，实在是一种义行。如果说这本书对读者能有点用的话，那不是我一人之力，而是众人捧柴的结果。我庆幸自己没有像范先生那样孤军奋战，劳累尽瘁。

**孔：**您这两种著作（指《近三百年人物年谱知见录》增订本和《书目答问汇补》二书），有何价值？它们成书的坎坷经历又是如何？

**来：**对我这两套书的价值评定，有待读者和使用者。我很希望得到读者的评价。至于成书的经历，确实坎坷。这些触及感情的事端，在两书中已有较完整的叙述。请读者看我这两套书的《前言》，好吗？

**孔：**您是如何走上方志学研究道路的？您能谈谈我国方志文献吗？我国现存方志文献的价值？该如何收藏研究方志文献？

**来：**我家有修志、研究志的传统。我的祖父来裕恂先生曾在地方上参与多种修志工作。1947年他在生活艰难的条件下，一个人独力完成几十万字的《萧山县志稿》，这是萧山最后一部民国志，原稿用包烟纸的反面写的，现存浙江图书馆，1991年由天津古籍出版社正式出版。他老人家经常告诫我，要多读志，并谆谆教导说：“有信志，才能有信史。”我读大学时，就在校图书馆读过一些地方志，并写过评毛奇龄的《萧山志要》的文章。上世纪五十年代以后，修志的议论渐多。我随修新志的创意者梁寒冰先生奔走各地，呼吁推动并在一些地方搞试点，但因众所周知的原因，起起伏伏，走了许多弯路。直至八十年代，才走上正轨。我受梁先生委托，到各地办修志人员培训班。主编了《方志学概论》（福建人民出版社1983年版），这是新修方志时期的第一本教材。以后，我又写了《志域探步》（南开大学出版社1993年版）和《中国地方志》（台湾商务印书馆1995年版）两本专著。又与日本学者合作项目，完成《中日地方史志比较研究》的中日文本（来新夏、齐藤博主编，分别由南开大学出版社1996年、日本学文社1995年出版）。至此，我才算入门。不久新志纷纷问世，我应邀写了不少地方志书的序和评，表达我对地方志的认识、观点及建议等，散在各书，未能结集。

地方志是地方文献的大宗，其中蕴藏丰富。我国在世界上可称方志大国，地方志具有历史长、传统久、品种全、数量多等特点，在美日欧等国，都有一定数量的收藏。国内各大图书馆和私人亦有较大量的收藏。原来的旧志有万余种，新志亦有数千种，而且还在日增不已。方志中有政治、经济、文化、军事、社会等方面的史料，可供发掘。它的价值可以简单概括为“以旧志考辨，以新志存史”，不知恰当否？如想研究，可以分类编写资料，可以探讨编志体例，亦可以与有关学科作比较研究，为这庞大图书群编写工具书，等等。这些都是研究途径，各取所需吧！

**孔：**您最近在一次座谈会上曾表示“有生之年，誓不挂笔”，能否知道一下您最近的写作计划？

**来：**这只是我的一个愿望，不论写多写少，我总在动笔。最近，我在编一本我八十至九十岁之间的随笔集，题名《不辍集》，作为自己庆九十的纪念。然后修改增补我多年前写的《古典目录学》。如果还活着，就把一些旧稿子整理整理。走哪儿算哪儿，也许拿着笔就呜呼了！

**孔：**来老说笑啦，天气很热，打扰来老多时，说到这儿吧，谢谢！

**来：**本来想多谈点，但三十四五度高温，已经感到疲劳。有负大家的期待，对不起！谢谢！

原载于《不辍集》　来新夏著　商务印书馆2012年版

# 旧学商量加邃密　新知培养转深沉

——来新夏先生访谈

**受访者：** 来新夏（简称来）

**采访者：** 三铭（《读者空间》编辑，简称铭）

**时　间：** 2012年2月5日

**地　点：** 南开大学

**铭：** 来老，新年好！我是湖北省图书馆《读者空间》的编辑。感谢您接受我们栏目的专访。

**来：** 新年好！你们湖北省图书馆的馆藏很丰富，年轻人要抓住机会学习。你有些什么问题呢？

**铭：** 来这儿之前，早已听说您的书斋"邃谷楼"，就请您给我们介绍一下它的由来吧。

**来：** 书斋为读书习文之地，有阅读习惯的人才会醉心于为自己建一方读书园地。我幼时承教于祖父来裕恂膝下。祖父是清末秀才，受新思潮影响，曾于二十世纪初到日本弘文书院师范科学习，回国后参加过光复会。他是一位立志教育救国的新派人物。有这样一位启蒙老师，我的学前教育，一方面读《三字经》、《百家姓》、《千字文》和《幼学琼林》等，另一方面也教我了解明治维新和康梁变法等史事。他将阅读与故事和经历结合在一起，引起了我对书籍的爱好。十来岁时，我已读了一些"旧学"。自十六岁开始我认真读书以后，总想有一间自己专有的书房。当时家境并不宽裕，我与祖母共用一室，老人家见我爱读书，便在居室内划出一角为我安读之地。这个小角落仅能放置一张二屉桌和一个仅有四层的小书架。这就是我书斋的胚胎，自名其为“蜗居”。十八岁那年家境稍好，举家搬迁，在新居中我发现了楼层间斜竖着的楼梯底下，有一方约8平方米的黑暗处所。于是，我向父母请准将其特辟为我的天地。在这里需终日点灯，它像深谷那样昏沉，但却是我自成一统、随心运作的好地方，自此我便有了独立的书斋。依其地势和自己的求学之志，我名其为“邃谷楼”。“邃谷”取自朱熹诗“旧学商量加邃密，新知培养转深沉”，以志我求学、治学以高深为境界的追求。十八岁我撰成《邃谷楼记》，阐述斋名寓意。“邃谷楼”与我相伴半个世纪之后，更名为“邃谷”。现在你看到的“邃谷”二字是启功先生所题。

**铭：**《邃谷楼记》是您的“未冠”之作，申以治学追求高深境界的志愿。在您的求学生涯中，对您的治学道路影响最大的老师有哪些呢？

**来：**良师，给予学生的成长莫大的教益。我从十八岁开始认真读二十四史。那时我的国文老师名谢国捷（后任河北大学中文系教授，已故），谢老师家富有藏书，对待学生十分慷慨。他见我已读完前四史，便将家藏其他史书借给我读，并授以治学方法和经验，鼓励我写文章。我的第一篇史学论文《汉唐改元释例》初稿就完成于此时。这一阶段学习初见成效，奠定了我日后选择历史专业的基础。上个世纪四十年代初，正值日本侵华时期，我入读辅仁大学。辅仁因其有德国背景，能保持相对独立性，许多知名学者纷纷应聘执教，那是辅仁的黄金时代。在辅仁的四年，我有幸遇到了陈垣、余嘉锡、张星烺等恩师。陈垣（援庵）师，学问广博深厚，当时学术界有“二陈”之说，一位是陈寅恪先生，一位便是陈垣师。陈师治学严谨，教学一丝不苟，注重言传身教。他所授课程，上交的学生作业，每份他都详加批改。每有命题作文，他亦作一篇与学生作业共同贴示于墙上，学生可从其行文中对比，找到自身问题所在。久而久之，学生自明治学行文之路径，可谓直观有效，不需多言。陈垣师还有一事，我今九十将至，仍觉记忆犹新，恍如昨日。旧时我们上学，书写多用毛笔，有一次我写作业将“本”字的竖多加了个勾，是书写惯性所致，“本”便成了“本”。作业交上去后，陈垣师眉批“本无钩”，令我十分惊讶，如此小别竟被识出。治学从小处而为，从中亦可见端倪。事若仅止于此，还不一定令我印象深刻。隔几日，陈师叫我至其办公室，见面发问：“本”为何意？我一时情急，对曰：“木之根，本源也。”师又追问："木下一横"是何意？我答道："'一'是标记所处之位，向下，扎入土中。"垣师笑道："既是向下扎入土中，为根则活。如若长出倒钩，向上生长，如何得活？"至此我才明白老师的意图，令我至今难忘。即便是日常作业也不可马虎为之，学问高深来自点滴严谨的积累，小问题追本溯源亦能见大学问。陈垣师还极力提倡"为人之学"，简言之，为他人治学铺路。如编写工具书之类，时有学人认为此类算不得真学问，耗时伤身，又徒为他人作嫁衣裳，"智者不为"。陈垣师道："智者不为，不为终不能得其用。"他曾编《中西回史日历》、《二十史朔闰表》等方便他人治学之书，能够为后进之学人节约时间，让他们的治学之路走得更远更深，这是老师的"为人之学"，我亦受教于此。后来我出版《近三百年人物年谱知见录》、《书目答问汇补》皆出于"为人之学"的考虑，若有小成亦不负师恩。

余嘉锡（季豫）先生，湖南武陵人，目录学家。我曾选修过他的目录学课程，先生教课以《书目答问》为基本教材，以《书目答问补正》为读物。初学，因我是历史专业学生，对目录学不甚了解，发现书中所记皆为书名条目，甚为失望苦恼。后向余师求教，授之以法，命我暑期二个月分别以人名、书名、姓名略人物著作做三套索引。我虽不解，却欣然从之，三遍下来，《书目答问》已熟谙于胸。年轻人肯下笨功夫终归有收获。以后我的治学之路，能涉猎广泛，左右逢源，多从当年所下苦功得益。三国董遇言"读书百遍，而义自见"，不虚言。从嘉锡师处我明白了一个道理，读书治学需先通读"一经"（一部书），再在其主干上分开枝桠，"通"并非易事，书能由厚变薄，自出新意，有思有得方为通。肯下苦功方能收效。治学之道，触类旁通，皆由"一通"为始。

还有一位老师，张星烺（亮尘）先生。他是我们的历史系主任。亮尘师原是理科出身。在德国学化学，后因病回家休养。亮尘师的父亲张相文先生是著名地理学家，中国地学会创始人之一，家富文史藏书。亮尘师利用养病机会，博览家藏，转而修文，达到较高史学造诣。他有多种语言基础，致力于中西交通史的研究，辑著了《中西交通史料汇编》。

**铭：**来老的治学态度、方法、境界都受到良师指引。您主张"为人之学"，身体力行，出版了嘉惠学林的《近三百年人物年谱知见录》、《书目答问汇补》等书。前面您也谈到了读好书、读通书的重要性。您能就读书一事给我们谈谈您的看法吗？

**来：**读书，现在很多人提倡“悦读”。在我看来，读书却是一件苦差事。读书有时能带给人一种精神上的愉悦，但若是想有所获则须“立足于勤，持之以韧”，这便不是人们常说的美事了。“勤”包含了勤读、勤写、勤思。勤读是开始，年轻人读书，我主张博观，不要将视角局限于一隅。读书亦要有记录。我自幼读书就有做摘录卡片的习惯，令我终身受益，尤其是年老体衰，记忆力减退之后更是深得其好。在记录时要有“思”，学而后思，思而有疑，疑而有得。写下所得，就是收获。读书，我反对快读，主张“十目一行”，需放慢脚步去比较、去思考。

现在是电子书、计算机广泛应用的时代，计算机的普及是潮流、是趋势，有很多可借助的东西。读书看似更为便利了，但是读书要去伪求真、追本溯源，我们还必须坚持去查找一些原始的资料，电脑可以作为工具和手段。人脑的探源、比较和甄别是省不得的。我举一个例子。赵吉士所辑《寄园寄所寄》卷七中收《珊瑚网》引宋人洪迈《容斋随笔》中有一条关于润笔的历史记载：“文字润笔，自晋宋以来有之，至唐始盛。李邕作文，受纳馈遗至巨万……白居易作元稹墓志，谢以鞍马、绫绢及玉带之物，价当六七十万。……”恰逢我案头就有《容斋随笔》，遂比对《珊瑚网》所引是否准确。翻检《续笔》，卷六果有《文字润笔》一则，即《珊瑚网》所引。两相比较，发现引文有删略、删减情节甚至有背离原文寓意之处。《珊瑚网》引《续笔》所记白居易收元稹墓志酬金来看，白居易乃是一个认钱不认人、毫无情义的小人；但《续笔》所引白氏《修香山寺记》中白氏自述云：“予念平生分，贽不当纳，往返再三，讫不得已，因施兹寺。凡此利益公德，应归微之。”原来白居易是一位非常重道义而轻钱财的君子。由此看来，要获得一点真知，需要去梳理比较，在信息泛滥的年代更须如此。

读书除了勤以外，更要有持之以恒的韧性，生活中总有难事杂事，遇事便停止求知的渴望是不可取的，环境不好更不能成为不读书的借口。韧性就是持久性，看似容易，做起来就不那么容易了。许多青年朋友爱问读什么书，怎么读，我概括八个字：“博观、约取、好学、深思。”“博观”即读什么，“约取”即如何得其要点，“好学”、“深思”即怎样读。

**铭：**您对读书的见解深入浅出，贴近青年人的生活，能为我们解惑。近年来，“读书无用论”甚为流行，将读书与工作、生计挂钩，很多学生读了许多年书，却找不到工作，索性不去读书了，您怎样看待这个问题？

**来：**这其实就是怎样看待读书的目的。如果读书的目的仅被认定为学习找工作所需的知识和技能，一旦读了书还找不到工作，这个目的失效了，会有一部分冲着这个目的来的人不读书了，这是自然的事。实质上，很多人忽略了读书启发智慧的目的。现在人们喜欢混淆概念，将知识和智慧等同起来。通过读书我们可以汲取知识，知识是前人经验的积累。但是，智慧断不是他人经验的累积。智慧是一个人在应对现实情况时，自己开发出的新认知，它的新是针对产生智慧的人而言的，这是一种内化了的知识，因为每个人所遇之事不会一模一样，产生的应对智慧自然不同。有了智慧，人的生命才显出可贵的价值，才能找到自己安身立命之所。如果读书只长知识不长智慧，那还不如不读。

我认为读书的目的是"淑世润身"。"淑世"让世界美好，"润身"滋润自身的素养。

读书的方法：好学、深思、博观、约取。

读书的态度：学海有涯，乐作舟。

**铭：**来老已至耄耋之年，走过岁月的长河，您身上闪动着智慧之光，为我们这些年轻人照亮了前行之路。非常感谢您！

原载于《读者空间》2012年第1期·总第2期

# 淡看人生乐通达

## ——访南开大学来新夏教授

**采访者：** 郑士波（《学习博览》编辑）

**被访者：** 来新夏

他家学渊源颇深，祖父是晚清经学大师俞樾的高足。自幼的熏陶浸染，使得他十八岁便写出《汉唐改元释例》。十九岁时，他考入当时名师云集的辅仁大学，师从陈垣、余嘉锡、张星烺和启功等先生。解放后，又做了范文澜先生的研究生。回首这些大先生们的严谨与专诚，他说自己“受益匪浅”。

“立足于勤，持之以韧”，是他一直以来恪守的格言。正是这种精神，使得他的学术生涯不断焕发勃勃生机，成为一名横跨历史学、图书文献学和方志学的学术大家。有人说，他研究领域之广泛、成就之突出，在学术界中是很少见的。

更可贵的是，他始终保持着“达人知命”的乐观精神，对待人生力求通达。他说，人要靠实学，而不是虚名。在一次读书会上，某教授发言尊他为大师，他接过话筒说：“称我是‘大师’，使我很不自在，这年头‘大师’是骂人的话啊！这可是让我避之而又唯恐不及的哟！”出人意料的谐趣，赢得经久不息的笑声和掌声。

他就是南开大学教授来新夏，一位低调而又谦逊的智者，采访来先生的时候，适逢其九十寿诞。在夏日的南开校园里，明媚的阳光，破窗而入，倾泻在宁静的书房里，来先生白发童颜，坐在略显陈旧的椅子上，侃侃而谈。在温文尔雅的先生身上，能够强烈感受到一种绵延深厚的力量，这是久经中国传统文化熏染才能具有的气象和境界——谦谦君子，温润如玉；治学严谨，博大精深。

## 辅仁求学：良师奠定一生的榜样

**学习博览：**中国有耕读传家的传统，能谈谈您祖父对您的影响吗？

**来新夏：**我的祖父来裕恂先生，曾师从晚清大学者俞樾，受到俞师的器重，光绪三十一年到日本留学，在弘文书院师范科，鲁迅当时也在那里。留学期间祖父受到革命思想影响，参加了同盟会，还担任了由孙中山创立的横滨中华学校的教务长。回国后，又经蔡元培介绍，加入光复会，推动新式教育。虽然祖父很早就参与了辛亥革命的活动，但革命成功以后没有谋取官职。他的很多朋友都做官了，像沈钧儒、马叙伦等。1928年，马叙伦担任浙江省民政厅厅长，为了周济他的生活，让他去绍兴县做知县。我祖父这个人不大会做官，做了半年，不仅没有发财，反而把自己积蓄给赔进去了。六个月之后，无钱可赔，只得挂冠而去。

祖父的学问和为人对我影响都很大。在我五六岁时，他指导我读了很多蒙学读物，对奠定我旧学基础有一定影响。在我入中学那一年，他亲为我从《古文观止》中选了几十篇，毛笔楷书，装订成册，并亲署《古文选钞》，后来又选过《唐宋诗词选》，命我细读精读，对我日后操笔作文有很大帮助。

**学习博览：**您 1942 年考入辅仁大学，那时辅仁是什么样的情况？

**来新夏：**当时正是辅仁大学的黄金时代，可以说名师云集，像陈垣、余嘉锡、张星烺、朱师辙都是我们的老师。辅仁大学的教师分为三类。一类是旧学出身的，像中文系主任余嘉锡，他是前清举人，有很深的国学根底；二类是留学归来的，像历史系主任张星烺，是德国回来的留学生；还有就是像启功这样自学成才的老师。

辅仁是个小而精的学校，校舍并不大，但是学风很朴实。当时我们每个班也就十几二十个学生，基本上每个学生都能得到老师的亲自教授，师生关系很密切。

一个人一生中会遇到许多老师，他们以毕生的精力教学生知识与做人之道，为自己的学生奠定一生事业的基础，给以深远的影响。过去把老师排在“天地君亲师”之列，说明在给自己生命的父母之外，就是为我们开通事业通衢的老师，所以学生有自称“受业”的说法。有的老师甚至成为自己一生事业的依傍，使你终生难忘。

**学习博览**：时任校长陈垣是个什么样的人？

**来新夏**：陈垣先生是我的业师，我的毕业论文就是在他的指导下完成的。他虽然是校长，但每年都亲自授课。陈垣先生讲课会点名，如果有人没来，他会问得非常清楚，让班长去看看，是不是病了。如果看到学生面孔很生，他就会问，你是来干什么的？有学生就说，我来听听。他就说，你光听听不行，我这儿不是说相声，不是杂耍，你要听就选这门课。对于每个选他的课的学生，他都非常关怀。有学生上课打瞌睡，他也会说一下，但不会严厉斥责。

在我的印象中，他对学生要求非常严。他布置的作业不但亲自改，而且一定要自己也写一篇，然后和学生的一块儿贴在教室里，让学生自己体会：你写得如何，老师写得如何。这样一对照，我们就知道自己的缺点和不足。这样的老师现在恐怕很难找到了。他批改作业非常认真，一些微小的地方如句法、错字他也很注重。有一次，我在一篇作业中，把“本”字下面带了一个钩，他打了一个叉，然后在上面写道“‘本’无钩”。发作业的时候，他告诉我，“木”的根必需直着下去，不能曲着长，否则就没法活了，所以不能有钩。陈先生教我们写文章，他定了个规矩，超过五百字的不收。我当时还要了个小聪明，写小字，一行当两行。陈先生发现后就把我喊去，教导我说只有会写小文章的人，才能写大文章，才能真正放得开。这话我一直牢记于心。

**学习博览**：能谈谈启功先生对您的影响吗？

**来新夏**：启功先生跟我关系是最密切的，我们保持了有六十多年的师生关系。他那时教国文和绘画。他比我大十一岁，又很幽默，平易近人。我读大学的时候，因为生活困难，启先生就叫我每周日到他家里改善生活。我曾向启先生提出学画的要求，先生毫不迟疑地同意收我为弟子。因为我在书画方面素养不够，一直进展不大，后来就放弃了，启先生也没责怪我。

启先生对清代的掌故非常娴熟，我跟他请教一些文史方面的问题，常常能得到很多书本上难以得到的资料。他很风趣，当时许多社会现象都能坦率地谈论。后来我离开北京到天津，去北京就要到启先生家里去看望。我六十年代接受审查被“内控”的时候，几乎所有的亲友都已经疏远了，启功先生是唯一一个关心我的人。1978年，落实政策，当时第一个写信来的就是启功先生。他说：王宝钏寒窑十八年，终有今天。这句话我记得非常清楚。我暗自一算，从1960年接受政治审查，到1978年落实政策，整整十八年。足见启先生关注之细，用情之深。

启先生对自己的遭遇亦持一种淡然的态度。启先生少年孤露，中年坎坷，对富贵利禄早就视如敝屣。启先生为人很随和，别人求字求画，他都是有求必应。据我所知，启先生也有拒写的时候，有某权贵以现金来买字，被拒。他曾给我讲过有人设宴，请他吃饭，旁边准备笔墨纸张，请启先生当场挥毫。启先生对经办人说，“你准备饭，我吃；你准备纸笔，我写；你要准备棺材，我就得躺？”满座哄堂，经办人赧颜而退，终席未写一字。

**学习博览：**比照陈垣、启功这样的大先生们，您对当下自封大师满天飞的现象怎么看？

**来新夏：**我认为当代没有大师。大师是后人对你整个学术的一种肯定和评价，没有人活着就能荣膺大师称号的。更加让人难以接受的，就是自封大师，我对这种事是深恶痛绝的。人要靠实学，而不是靠虚名。一个人有多大分量，自己应该多少有点自知之明，自己吹捧得再高有什么用呢？虽然也可能一时欺世盗名，但是终究会露出本来的面目。

**学习博览：**在您的心目中，大师需要具备哪些条件？

**来新夏：**其学术自成体系，能够继承前贤，开启后来，并且博学多闻，在一个领域内有特殊建树，方能有资格被尊为大师。现在是有些人有一得之见，就自称为大师，未免可笑。

## 研究北洋军阀史：从根做起

**学习博览：**解放后，您做了范文澜先生的研究生。范文澜是怎样一个人？

**来新夏：**范文澜先生在中共内部的地位很高，是中共中央委员，他当时做华北大学副校长、历史研究室主任。这个研究室就是后来的中国社科院的近代史研究所。范老对自己的要求非常严格。我们上研究生那会儿是供给制，范老是小灶，但他的妻子是大灶，不能享受他的待遇。他配了汽车，有时候要出门，夫人想搭个便车他都不同意，因为这是公车，不是个人私有财产。

那时范文澜先生住前院，研究生住后院。学生想出去，必须经过他的窗户底下。他那个窗户是落地玻璃窗，他的写字台就摆在窗子前面，他天天在那儿念书。当时在王府井，是繁华地带，二十多岁，谁都想出去玩玩，有时候会忍不住偷偷溜出去，但是一被他发现，就免不了喊回来教训一顿，给我们讲古人读书三年不窥园等故事。那时候每周末会发电影票，他通知后勤办公室，研究生一律不发票，就这么严格。后来想想还是受益匪浅。不是这么严格管理，当时我们就荒废掉了。

**学习博览：**您就是在这个时候开始接触到北洋军阀史的？

**来新夏：**对。1949年刚进北京城以后，华北大学历史研究室接收了一百多麻袋北洋档案，范先生就安排我们七个二十多岁的研究生承担整理文件的任务。在整理这批档案过程中，我开始接触北洋军阀史。

整理工作分两步，第一步非常辛苦，就是先把土抖落干净。因为那些档案很多年都没有动，非常脏。我们晚上回来的时候，戴眼镜的镜片都是黑的。弄干净后，把档案按政治、文化、经济分类，这就弄了近半年。第二步就很细了，要把每份文件看一遍，然后做卡片，写明这是什么时间，什么事情，写出概要性的东西，进行专题的内容分类。我认为这是治学中的“从根做起”。很幸运，其他人研究没有这个原始条件，我恰好接触了大量的原始资料。

随着整档工作的进行，我渐渐地积累了两册黄草纸本资料，同时也阅读了大量有关北洋军阀的著述，这奠定了我一生以绝大部分精力致力于北洋军阀研究的基础。1957年时，湖北人民出版社向我约写北洋史书稿。当时我是抱着试试的态度，在讲课记录稿的基础上写成了12万字的《北洋军阀史略》。没想到，出版后反响强烈。

**学习博览：**您对现在的研究生教育怎么看？

**来新夏：**跟以前相比，现在整个教育商业元素多了一些。在很多大学里，研究生称他们的导师为“老板”，而这些老师也确实摆出老板的架子，给学生几个小钱，让学生干这个干那个，来谋取自己的私利——这些都是应该被谴责的。

老师不是老板，老师应该全心全意地把自己的所学都无私地传授给学生。教育可以面对市场，但是不能进入市场。面对社会市场，指的是根据社会发展的需要调整教学的内容，而不能把教育作为生财之道。教育应该是国家培养人才的，应由国家财政支出，是一种全民福利。我很反对“教育产业化”这个提法，不是所有的行业都适合产业化的。现在连幼儿园都产业化，普通工薪阶层一个月工资还不够给孩子上幼儿园的呢！对家长而言，这简直就是一种苦难。

## “文革”受难：与穆旦成难友

**学习博览：**能谈谈您在“文革”中的经历吗？

**来新夏：**“文革”开始，我成为第一批“牛鬼蛇神”，受到不间断的批斗。南开大学的“文革”是1966年8月7号正式开始的，叫做“八七开花”。我和郑天挺等人编在一个劳改队。这个队有十多个人，“主管”校园厕所和道路的清扫工作。郑先生打着三角旗，走在前面，我推着垃圾车跟在队尾。

那时候，我被剃了阴阳头，被拉去游街，要戴高帽子。轮到我的时候，我头大，高帽子一戴上就掉下来，红卫兵小将烦了，就叫下一个了。结果下一个脑袋小，一下就戴上了。我挺幸运的，没戴高帽子。

有一次深夜，我被“绑架”到地下室，让我揭发交代王光美的罪行。我和王光美是辅仁大学不同系、不同级的同学，素不相识。他们就对我棒打脚踢，没办法，我只好写些她爱穿绿衣服爱打扮之类的来搪塞一下，结果一个红卫兵小将大声骂我“不老实”。那时，什么批斗、游街、劳改、喷气式飞机、罚站、拳打脚踢，我都受过了。到了七十年代，我被下放到天津郊区劳动四年。在这四年里，我学会了所有的农活，那时满工分是十分，我能挣到九分五。

**学习博览：**在那段岁月，您还坚持看书写作吗？

**来新夏：**白天劳动改造，晚上看书写作。我跟人开玩笑说，感谢“四人帮”，下放劳动让我身体锻炼得很健康。中国的农民很高明，他绝对不来批斗你。他知道有知识的人只是暂时在这里藏一藏，将来肯定会有用，所以一般不会为难你。我在那四年里面整理了三部旧稿，写了一本目录学方面的书。

**学习博览：**听说您和穆旦成了难友？

**来新夏：**其实我很早就认识查良铮，但是一直不知道他就是穆旦。穆旦的妻子周与良跟我是辅仁大学同年级的同学。穆旦从来不谈自己写诗的事情，所以我虽然在三四十年代就读过穆旦的诗，也很早就认识查良铮，但就是不知道是同一个人。

穆旦1953年从国外回来，到南开外文系教书，1954年就被整了。有很长一段时间，他在南开大学图书馆“监督使用”，做整理图书、抄录卡片和清洁卫生工作。“文化大革命”我们俩一起进了牛棚，我和查良铮分在一组，专管洗刷南开大学的游泳池。这会儿我才知道查良铮就是穆旦，他才跟我谈他的家世，他的诗，他的遭遇。

穆旦是个很内向的人，常常是看着别人说话，自己一言不发，他还悄悄地嘱咐我少说话。果然被他不幸言中，我不经意的话被别人打了小报告，受到批判。后来我读到穆旦的全集，感到那种才华横溢的诗才和他在游泳池劳动相处时候的形象怎么也合不到一块儿，他有诗人的气质，但又像一位朴实无华的小职员，有一种“敛才就范”的姿态。

**学习博览：**您对“文革”有哪些思考？

**来新夏：**从整个大环境来说，“文革”是一个动乱的年代，也可以称为特殊的年代。“文革”是一些愚昧者被愚昧的一场悲剧。现在学校里的有些老师当年就是红卫兵，他们本身就是愚昧时代里被愚弄的人。他们也荒废了那些宝贵的时光，他们得到啥了？他们什么都没有得到。

“文革”对中华民族的文化、政治、经济各方面的破坏损失是无可估计的，不是一代、两代就能消除干净的。“文革”的许多余毒，至今留在社会上有所显现。所以，我们要对“文革”保持足够的警惕，不要以为事情过去了，一切都平复了。这是一种天真的想法。

**学习博览：**您认为中国未来的出路在哪儿？

**来新夏：**中国是一个民族众多、幅员辽阔、历史悠久的国家，不可能没有问题，任何时代都有问题。有些问题不是一个政策或者说短时间一下子就能够解决的，需要一个过程。

我觉得，中国未来的发展出路，应该是关注民生，让老百姓自己当家作主。国家的强盛，如果没有民生作为基础，肯定是不行的。现在大家都提倡“以人为本”，这是个很好的口号，但是并不是一个完美的口号。当政者为维护统治，提出以人为本的口号，达到了孟子的境界了，也就是“民为贵，社稷次之，君为轻”。但应该更进一步，提倡民主，人民能够来作主。民本思想是官方的思想，民主思想是群众的思想。我们喊人人当家作主，喊了很多年了，但是不是人人能够当家呢？这是一个疑问。

## 衰年变法：把知识还给民众

**学习博览：**是什么促使您衰年变法，写出大量脍炙人口的随笔？

**来新夏：**这里有一个大背景的转变。解放后的前三十年，因为限制比较大，自己也不敢冒这个风险。只能谨言慎行，在故纸堆当中求生存。八十年代社会言论氛围比较宽松，我就有了着笔的方向。而且，当时随笔写作是文坛一大景观，所以我也想尝试一种突破，就开始涸迹于随笔界了。

“衰年变法”一般是指书画界人士，蕴积多年，晚年画风大变，另辟蹊径，更上一层楼。国外一些科学家五十岁以后，在专门领域中有所成就时，往往向普及知识的道路转变，这也是一种“衰年变法”。当时主要是自己年龄增长，学术的考究和搜寻资料的繁重已不能完全应付了，写一写即兴的随笔，倒是比较得心应手。

此前写的那些所谓学术文章，只能给狭小圈子里人阅读，充其量千八百人。对于作为知识来源的民众，毫无回馈，没能承担起足够的社会职能，内心有愧。当时的动机，就是读了一辈子书，把自己掌握的知识反馈给民众。于是不顾原来圈子里的朋友们“不要不务正业”的劝告，毅然走出象牙之塔，走向民众，用随笔形式，让大家看到平易通顺的文字，接受中国传统文化内在的美。

**学习博览：**您在八十年代还进行了地方志领域的研究，能谈谈当时的情况吗？

**来新夏：**地方志也是我的一个主要研究领域。在这方面，我的起步较早，因为祖父是民国《萧山县志稿》的独力纂修者，我继承了祖父研究地方文献的传统。

中国有修志的传统，方志有两千余年的历史，但志书的分布却不均衡，有的地方修得多，有的地方少，有的甚至没有，所以，解放初期，中央很重视纂修地方新志的工作，号召各地编修自己的“地情书”。由于政治运动不断的原因，新方志的修撰工作屡兴屡废，直到八十年代初，才掀起全国性的修志高潮。当时由梁寒冰先生负责主持全国的修志工作，我担任第一助手，由此进入地方志研究领域。

方志学，可以说是地方上的百科全书，包罗很多知识，是一种很好的地方文献。很多人可以在地方志里找到对自己家乡的认识和热爱。

**学习博览：**能谈谈您治学的心得体会吗？

**来新夏：**所谓“学海无涯”，学问是没有止境的，没人敢说自己把学问做尽了。相较普通人，学者只是在某一领域中，知道的比别人多一点，或者解决问题多一点，只有多与少的区别，不是有与无的区别。

治学就是八个字：“博观约取，好学深思”。博观是做学问的第一步，只有读书多了，涉猎广了，你的视野才能打开。约取就是提炼，一块废铁可以熔锻成钢，关键就在于掌握了化腐朽为神奇的方法。好学，就是你对学术要有兴趣，如果看见书就犯愁，那你读不好书。学了之后一定要思考，光学不思考，就是一团乱知识，杂货铺。学而不思则罔，不懂得思考，就认识不到事物背后的实质。所以学而后思，思而后疑，疑而后有得。历史是讲究细节的，往往不是桌面上的事，不是太大的事，起到了关键作用，我们就是要从这些问题中约取、提炼、归纳出精神实质来。

**学习博览：**做学问是为人之学还是为己之学？

**来新夏：**我觉得动机应该是为人之学，在做学问的时候，必须心存一念，即“为别人所用”。比如说，这个学术领域要到100米，你跑了前面50米，就把这个成绩留给后来者，他们可以从你的起点再往前进，这样学术才能不断进步。一切学术从根本上来讲，都是为人，每个人在为人的过程中，也充实了自己。因此，在我看来，为人、为己不能截然分开。为人是目的，为己是勤奋的善果。

## 长寿的秘诀：做人要通达

**学习博览：**请问您健康高寿的秘诀？

**来新夏：**我的秘诀很简单，就是“顺其自然”。我不违背自己的意志，自己想做什么就去做什么。当然也有一些底线，在这个底线允许范围内，自己该吃吃，该睡睡。还有就是，我不给自己设置许多禁忌，譬如饮食方面，有人吃鸡蛋不吃蛋黄等，我并不认为都合适。我常常是突破这些禁忌，尽量做到“顺其自然”。

**学习博览：**您怎么看待幸福感？

**来新夏：**一个人通达就是幸福。“通”就是从上至下了解大概，“达”就是把事情看得很清楚。只有做到通达，才能对很多事情看开、看淡，才能活得智慧通透，不会轻易为外物所羁绊，所牵累。比如说对钱财这些身外之物，能做到视如粪土，就会免去逐利之苦；对老婆孩子视为朋友，该怎么样怎么样，就不会溺爱，过于偏心。

**学习博览：**您是怎么看待得失的？

**来新夏：**我从来没觉得有什么得失，我今日所拥有的一切都是社会赐予我的。如果说真有什么得的话，那就是我做了所处时代该做的事儿，尽了自己应尽的职责，名利不过是过眼烟云。失的话，纵向一比，我现在比从前好，从前比更从前好，还有什么不满意的？横向比，有人比我遭受更多苦难和伤害，我还有什么不知足的？

**学习博览：**您对年轻人有哪些忠告？

**来新夏：**我觉得年轻人应该经得起挫折。这些年环境比较顺利，国家比较太平，生活比较安定，在这种情况下成长起来的年轻人，经不起打击，缺乏忧患意识。你看现在的年轻人有几个忧国忧民的？年轻人应该脚踏实地，做这个时代应该做的事儿，尽这个时代应该尽的责，这样才能无愧于这个时代。

原载于《学习博览》2012年第9期

# 小站练兵最引人注目

——著名历史学家来新夏谈袁世凯在天津的新政

**采访者：**董向慧（《渤海早报》记者）

**被访者：**来新夏

9月28日，问津讲坛迎来第八期讲座。著名历史学家、文献学家和方志学家来新夏教授为听众讲述了袁世凯在天津的新政。在来新夏的娓娓道来中，我了解到了许多袁世凯在天津的作为：小站练兵、振兴实业、建警察局、设立女子学堂……“应该说，他在天津所实行的行政措施，是比较善良的”，来新夏先生这样评价袁世凯。

## 评价历史人物要功过分明

**悦读周刊：**这次讲座的主题是袁世凯与天津的关系，您这次主要从哪方面来讲？

**来新夏：**主要是袁世凯在天津的新政。这是问津书院的一个讲座，本来没有列我，因为我年龄比较大。后来我说，我是问津书院的顾问，有责任露一面。他们给定了一个题目，就是袁世凯在天津。袁世凯在天津的事儿太多了，我这次就集中在他的天津新政。

**悦读周刊：**袁世凯在历史课本中更多的是反面人物。

**来新夏：**因为我是学历史专业的，特别是对历史人物的评价，一个总的原则就是：见其功不没其过，见其过不掩其功。功就是功，过就是过，功过是分明的。这是第一个原则。第二个原则，一个人他怎么样算进步、贡献，就是他做了前人没有做的事，而这些事对社会有益。总的来说，一个人好的方面占得多，这个人在他所处的时代做了他应该做的事儿，这个人就有他的合理部分，或者很大一部分正面的贡献。所以历史不是单纯的一面。那么袁世凯呢，由于陈伯达等人的影响，五十年代以来他是被骂倒的。但是仔细追究历史，又不完全是这样。特别是他在天津担任直隶总督的时期，建立了历史功勋。

## 小站练兵最引人注目

**悦读周刊：**袁世凯在天津的事迹现在一般都提到小站练兵。

**来新夏：**他在天津做了很多事，小站练兵是最引人注目的。小站在天津南部的新农镇。

**悦读周刊：**新农镇就在津南区？

**来新夏：**是在津南区。那么这个地方为什么叫小站呢？原来天津离河北省青县很近的地方有一个马厂，是清代练兵的地方。当时呢，李鸿章驻扎在那里，这块儿地方土质比较好，离港口近，交通也方便，所以从明代开始，就是被朝廷重视的屯田地址。清代李鸿章当直隶总督的时候，就把自己的亲兵养在这里。后来是由他的淮军部下建立盛军在这里。再后来为了从海上运东西方便，修了一条大道。这条大道就是从塘沽到马厂的道，这条大道十里一小站，四十里一大站。

等到盛军来了以后，他们驻扎下去，要农垦，要运军械、粮饷，就利用这条大道。这条大道的结合点就在塘沽以西5公里处，最初的小站就是驿站的意思，可以歇息。这个地方被选为中心的休憩地方，原来的普通名词成为专用名词。当然这个镇叫做新农镇，就在津南区这个地方。小站经过经营，土壤又肥沃、稻子又有名，所以袁世凯接管的军队就在这里驻扎。他训练的军队叫新军。清朝政府改革军制，是从甲午战争之后就有议论，清代最早派来练兵的人叫胡燏棻，那个地方叫定武军，只有4575人。因为胡燏棻对军事不是太喜欢，所以就派了袁世凯接管。历史上的小站练兵指的就是这件事。袁世凯到各地征兵，用很严格的标准招募壮丁，很快就扩充到几万人。

新军采用日本、德国训练军队的条令，就这样形成一支新式的军队，袁世凯定名为新建陆军。这支陆军培养了中国近代尤其是民国以来大批的官僚集团人员，后来都担任了民国的重要职务，形成了一个重要的军事政治集团，也就是北洋军阀集团。这个集团前后三十二年统治中国。新军这支军队也就奠定了袁世凯的实力基础，以后又扩充为北洋六镇，到以后全国的三十二镇。

小站练兵是第一件事。第二件事是袁世凯兴办巡警，这是中国从来没有过的东西。袁世凯学习西方，把天津分为北段、南段，在天津成立警察局，维持治安。袁世凯在中国最早创办警察局，客观上维持了社会秩序，这一点对天津的社会和民众是做了一件好事。后来巡警就以天津为试点，在全国推广，清政府为此还成立了巡警部。

袁世凯还办教育，也是以天津为基础，他是一个懂得文墨的武人，诗还是不错的。袁世凯非常注重教育，因为改革需要人才，人才必须培养。他设立官吏学校，让官吏学习新的知识，来整顿吏治。

## 女子入学始于袁世凯

**悦读周刊：**袁世凯还是很注重教育的。

**来新夏：**是，袁世凯还在市内建过天津农业学堂、天津师范学堂、天津工业学堂、天津女子师范学堂，这是袁世凯很大的一个特色。女子入学也开始于袁世凯。他很大胆，在现在看来女孩子上学很正常，但是在当时，让女子走出闺房得突破多少难关！袁世凯设立了很多女子师范学堂，关心的范围从高等院校一直到小学，他设立了4000所小学在天津。除此之外，袁世凯还设立了初等、高等、专科、电报等学校。在这些教育机构里，选用了很多国外留学归来的人才。

最重要的是，他不忘经济建设。除了练兵，另一个重点就是振兴实业。首先废除铜钱，实行币制统一，在天津设造币厂，造新币，设官银号。大胡同知道吗？当时就叫官银号。这是全国地方最早办的新式银行。现在你到东北角，还能看到“官银号”三个字，那就是过去的地址。用这个银行稳定社会金融、政府财政。

**悦读周刊：**袁世凯是做了很多具体实在的事情?

**来新夏：**对，这个人还是干了很多具体实在的事情。除了银行，还开办了一些公共场所，像中山公园、宁园，让老百姓有一个休闲去处。所以他在天津带来了很多好措施，应该说，他在天津所进行的行政措施，是比较善良的。当时袁世凯住在金钢桥附近，要去东站坐火车得经过很多外国的租界，中国的官僚出行大张旗鼓，而外国租界不允许张扬，袁世凯受不了，就自己修了一个车站，就是现在的北站，北站是袁世凯修的。金钢桥离北站还有十多里，他又修了一条直通的马路。当时他存有张扬自己的私心，但是不能否认做了一件市区规划的大事儿，就是现在的中山路。他把南北路称之为经路，交叉的路称为纬路。经路以数字命名，纬路以千字文命名，形成经纬交错有规划的城市。并且在大经路两边兴建商业区、河北新区，使原来荒芜的地段成为繁荣的街区。我们举几个例子来说，袁世凯对天津的社会民众是有所贡献的。至于他在天津是不是干了对民众有害的事儿，肯定是有。但是两相权衡，天津还是向前跨进了一步。所以我们觉得，这些事情应该让天津市民知道。

## 问津书院做了很多事情

**悦读周刊：**确实，这些事以前都不知道。来先生，您和天津的缘分也很深。

**来新夏：**对。我七岁到天津，到现在有八十多年了。

**悦读周刊：**您有一本要出版的书叫做《旅津八十年》。

**来新夏：**对，就要出版，南开大学出版社出版。

**悦读周刊：**这本书有没有您在天津印象深刻的故事?

**来新夏：**我在天津经历了很多动乱。我住天津最早的地方，是袁世凯部下盖的泽仁里。后来日本制造种种事件，1937年的7月29日大肆轰炸天津，我就在炮火和炸弹之下逃难。上面是飞机，下面是死人。这样子跑到意大利租界，后来跑到法国租界。后来进入一所中学，也就是现在的十九中。在那高中毕业以后，在北平辅仁大学读了四年，又回到天津。我在南开大学已经六十多年了。所以我把写的有关天津的文章，集成一本书，叫作《旅津八十年》。

**悦读周刊：** 您从事天津地方史研究有很多年，能谈谈您的一些建议吗？

**来新夏：** 我一直是天津地方史志编纂的顾问，天津的史志很多都有我书写的痕迹，很多序、评论是我写的。在六七十岁的时候，我花了十几年时间专注于地方文献的编写。

**悦读周刊：** 您对天津地方史研究还是很全面。

**来新夏：** 对，我可以承认这一点。现在的地方史研究，我觉得问津书院比较有成绩。一方面挖掘社会上散流的文献，另一方面也有相关的研究课题。问津书院是天津第一个公众建立的书院，对天津地方史研究具有推动作用。经常举办讲座，向父老们做公开的演说，让大家了解天津的过去、未来。未来的文献积累呢，恐怕要靠他们推动了，比如说名人故居的采访、老学者的挖掘等等。问津书院这个团队做了很多的事情。

**悦读周刊：** 问津书院还做了小册子，里面有很多歌谣，这是很珍贵的史料。

**来新夏：** 这个刊物我就是顾问，其实他们还做了很多有意义的工作。

**悦读周刊：** 关于天津地方史研究的方法和方向您有什么看法？

**来新夏：** 现在天津有很多历史文献的积存，档案馆里面有很多关于天津的资料。这些有关资料除了商会档案、北洋军阀档案出过一些文献集之外，还没有太多专著问世。所以我希望能多出版一些天津有关的地方文献遗留，不要让它藏之深阁，能够让天津乃至全国的民众、学者阅览、研究。另外有一些对天津旧的文献比较熟悉的老人要多谈一谈。按照这些线索，继续深掘深挖，使文献积累日益增加。

原载于《渤海早报》2013年9月30日

# 浓浓的乡情　深深地感怀

## ——来新夏先生的萧山情结

**采访者：**方晨光（《杭州学刊》副主编）

## 怀念故乡，称颂湘湖，对家乡有深厚的情谊

来新夏先生从小深受祖辈影响，祖父是他的启蒙老师。

来新夏先生的祖父来裕恂先生是清末秀才，曾从师于俞樾，又是日本弘文书院的留学生。在日本时曾任横滨中华学校的教务长，回国后经蔡元培介绍加盟光复会，在家乡从事新式教育的劝学工作。辛亥以后，他敝屣荣华，依然在教育部门和各类学校任职。他一生潜研学术，寄情诗词，笔耕不辍。所著有《汉文典》（光绪三十二年商务印书馆本；高维国、张格注释，1993年南开大学出版社本）、《匏园诗集》（民国十三年家印本，1996年天津古籍出版社本）、《萧山县志稿》（原稿藏浙江图书馆，1991年天津古籍出版社排印点校本）、《中国文学史》（原稿藏广州中山大学图书馆，2006年萧山县志办扫描本、2008年岳麓书社本）、《易学通论》（原稿藏杭州图书馆，卢家明点校，广东人民出版社2010年本）、《杭州玉皇山志》（稿藏于杭州图书馆，二十卷，1985年该馆石印），以及《萧山人物志》、《春秋通义》、《姓氏源流考》等多种。

1923年6月来新夏出生时，祖父来裕恂正在辽宁葫芦岛航警学校任教。当他从家书中获悉长孙出世，十分高兴，特赋诗期待孙辈能继承家中书香薪火。“爷

爷疼长孙”，来新夏先生七岁以前，一直随侍于祖父左右，祖父的学问和为人对来新夏影响很大，祖父指导其读了很多蒙学读物，诸如《三字经》、《百家姓》、《千字文》等，学习地方掌故与历史名人逸事等，还“拿市面上的粗陋读本与好版本对着读”，以提高鉴别能力。祖父就是他的第一位启蒙老师，直到来新夏离开祖父来到北方，祖父还不断写信教导他应该读什么书。

来新夏先生有浓浓的怀乡之情，甚至有日后“归葬”湘湖之心。来先生说：“湘湖与我并不陌生，七十余年前，我方在髫龄，寄居于西兴外家，就读于铁岭关小学。每当晚饭后，时有乡老及沙地纲（江）司多人来聚于大外祖居室，高谈阔论，谈古说今。我亦多倚大外祖膝上，伏听乡邦掌故，偶有谈及湘湖影色，则怦然心跳，即有立时命驾之奢念，而更多及于湘湖师范。诸老言湘湖则优于西湖，言湘师则宛如高等学府，而子弟之优劣亦多以能否入湘师为衡量。于是，童稚之心，无复他想，常以日后能做‘湘师生’自励，甚至形诸梦寐。”（方晨光著《文脉湘湖》序）“我离乡七十余载，犹不忘冠山青绿，祇园梵呗。我来氏家族世居长河，而舅家经商西兴……忆少时寄住舅家，每雨中着钉鞋，踏行于老街青石板路间，叮叮音响，重绕耳畔。”（李维松著《萧山古迹钩沉》序）“湘湖是一个具有非凡魅力的名字，是故乡萧山堪与西湖媲美的胜景。从童年到如今，我一直眷恋着湘湖，甚至想到身后能归葬于湘湖，或在湘湖荒原获一方小土，立一‘读书人来新夏碑’与湘湖相伴。”（方晨光著《湘湖史》序）

## 热爱图书事业，图书馆结“连理”，倾所有家藏在萧山设馆

二十年前，也就是1986年，他到长河老家，在拜祭祖父来裕恂墓后，到萧山图书馆（文化路83号）进行专访，图书馆的档案中保留着那时的记载。二十世纪八十年代末以来，来先生每次出书都赠送萧山图书馆一册或多册，现在已有31种，如他祖父的《匏园诗集》还赠了20册。1998年3月，中共萧山市委宣传部、萧山图书馆、萧山档案馆等领导前往南开大学来先生处，商谈“来新夏赠书陈列柜”一事，图书馆得到了上千册来先生的赠藏。1998年秋，来先生专门带了华盛顿大学郝瑞教授及研究生来到萧山图书馆考察工作，还留下了墨宝“藏金匮石室书，有琪花瑶草人”，寄意图书馆藏珍贵的图书，出优秀的人才。

2006年初，来先生来指导萧山图书馆工作，并题写“萧山地方文献”的墨

宝。4月，来新夏先生应绍兴市政府之邀陪祭大禹陵，途经萧山，与文广新局达成“来新夏著述阅览馆”的初步意向。7月中旬，我与局长等前往天津南开大学，具体洽谈在萧山图书馆新馆设立“来新夏著述专藏阅览馆”一事，达成了全面合作事项。

为办好“来新夏著述专藏阅览馆”，来先生不顾自己年高体弱，亲自整理书稿、撰写生平、提出设计想法、列出捐赠物品目录等，倾注了大量的时间和精力。2006年10月，来先生到宁波参加“天一阁建阁440周年”活动后莅临萧山图书馆新馆，并就“来新夏著述专藏阅览馆”的陈列布展事宜进行具体指导。2007年2月，“来新夏著述专藏阅览馆”正式开馆，标志着来先生与萧山图书馆永结“连理”。来先生每年总要抽空到萧山看看，每次均不忘给萧山图书馆捐赠点儿什么，使“来新夏著述专藏阅览馆”的收藏更加丰富。2012年，“来新夏著述专藏阅览馆”扩大，面积增加了一倍，开辟了专藏馆研究阅览室，读者就能在馆内真正坐下来阅览，也为研究来新夏爱好者提供了更好的研究和阅读环境。

## 纵横三学，自成一家，热心家乡地方史志

来新夏先生是当代著名的历史学家、目录学家、方志学家，一生出了百余部书，虽年过九十，但笔耕不辍，被他的老师启功先生赞为“难得人生老更忙”。

除为家乡图书馆事业忙碌外，他更热心萧山的地方史志的编撰工作。改革开放后，1982年与2006年，萧山两次纂修地方志。来先生被萧山市（县）政府聘为顾问。两次修志，我均参加了。在修志中多次聆听来先生的讲话，得益匪浅，可以说我完成的两次修志文稿，均受到了来先生“横列百科，纵述始末”等方志编撰思想的影响。

2006年11月，来先生将毕生收藏的近千册地方志书籍无偿地捐赠给家乡，萧山区地方志办公室整合了自身收藏的志书，与来先生捐赠书籍一起，专门设立了“来新夏方志馆”，并于2007年2月开馆。

《萧山县志稿》是萧山旧修县志殿后之作，是民国萧山历史的详尽记载，是来先生的祖父来裕恂先生在极其困难的情况下撰成的。时值抗战时期，生计艰难，每纸张不继，即以杭城皮丝烟店“宓大昌”包烟纸书写，终于1948年纂成。《萧山县志稿》十四卷，《志余》一卷，约七十六万字。《萧山县志稿》原藏于

家，后归藏浙江省图书馆。1989年，作为长孙的来新夏先生据志稿抄本，历时数月，精心整理，并得到了萧山市人民政府资助，由天津古籍出版社印行问世。

来先生还为家乡蔡东藩研究效力。来先生在《蔡东藩研究》一书中的《通俗史学家蔡东藩》一文中说，蔡东藩是“我的一位乡先辈和远方姻亲……我学历史就是从蔡先生这套书入门的”。他评介蔡东藩，是一位具有高尚品格的通俗史学家，有一套通贯古今的《历朝通俗演义》。

为萧山地方史志作出重要贡献的另一方面，是来先生精心培养研究人才，表现在始终亲力而为地为乡人写序。他从不在他人代写好的“序”上签名，始终守着亲力而为的“底线”。来先生不仅为萧山大量地方志、谱写序，如《萧山市志》序、《萧山历史文化丛书》序、《萧山地图集》序言、《萧山戚氏家谱》序等；而且还为有志于地方史志研究者写序，像本人的《文脉湘湖》、《湘湖史》、《水脉萧山》，李维松的《萧山古迹钩沉》，陈志根的《追逐理性》等。这些都是来先生通读书稿后并倾注精力而为序的。来先生在《邃谷序评》的序中说，“为他人写序多以千字为常，有对学术著作的，有对随笔散文的，也有对古籍整理的。我写这些序都是很尽力认真”，“要看三分之二稿，最好全稿……再不愿由人代写好，只在成稿上签个名”，来先生说这是他的底线。

来先生为“纵横三学”的大家，但在写序中表现得很谦虚，足见大家风范。他说：“马齿日增，乡思益切。我籍隶萧山，少小离家，浪迹燕赵，谋食四方。俗务烦忧，无暇他顾。偶怀故乡，亦不过仰屋遐思，回味儿时祖辈于瓜棚灯下，口讲指画零星片段而已。”（李维松著《萧山古迹钩沉》）此尤可见先生对萧山故里的深厚感情。

原载于《湘湖视听》2013年9月

# 我们这一代知识分子，都在笑和泪间活过来

来新夏先生自称“90后”，过了九十岁依然在南开大学读书写作。他说：“我是一个读书人，什么头衔都是过眼烟云。我一辈子唯一干了一件正儿八经的事就是读书。咱们知识分子最本分的事情就是读书，至于写作，是至死不休。”

## 天津有杂糅各方的文化

来新夏祖籍萧山，童年随家在天津定居。“天津是我的第二故乡。我父母都在天津，我大学毕业当然就回到天津来了。我始终认为是客居天津。我待的时间长，对天津人、天津事比较熟悉。”天津的民间刊物《天津记忆》，便是请来新夏牵头。在来新夏的记忆中，小时候的天津到处都是租界。“他们说天津是海河文化，甚至有人说是殖民文化。实际上天津是很包容性的文化，能把各种东西都拿进来，有很好的美食，也有西餐，可以玩乐，西方的东西也可以在租界享受到。各地来人也不排斥。天津比较包容，是一种杂糅各方的文化。”

1942年，来新夏考入辅仁大学历史系。当年辅仁大学名师云集，校长陈垣亲自给学生上课，目录学家余嘉锡对来新夏教益良多。来新夏比启功小十一岁，但是私交很好，几乎每个礼拜都到他家里去请教，曾经跟他学过字画。来新夏回忆：“启功先生当时是以画名，他是解放以后不画画，写字了。他最好的字是解放初期，后来是干枯了，这也是年龄大了。他当时说：不画了，是因为解放后很多政要向他要画，一张画要花很多时间，所以他改为写字，写了字很快就拿走。因此，现在他的画更值钱，因为他晚年几乎不画了。”

## 和巫宁坤对门，跟穆旦一块劳动

毕业后，来新夏到天津工作，每到北京，必到启功家。后来大家落魄，情谊不绝。“我们两个都是被压的，他是右派，我是内控，就是问题不能做结论，也不能自由。虽然我们途径不同，但我们的愁苦是一样的。有时到北京还偷偷相会，吃一顿。”来新夏说，“我七十三岁的夏天去看他，他刚从医院回家，他非要拉我坐在沙发上照了个相。他哈哈大笑说：你七十三岁，我八十四岁，都是坎儿。我们这一碰撞，坎儿就过去了。我们常常说一些笑语。这一代凡是有良知的知识分子，大概都是在笑与泪之间活过来。”

来新夏奉调至南开大学历史系任教后，一度和巫宁坤住对门，也跟穆旦一块劳动过。“穆旦确实受了很多冤屈，他的前半生是非常潇洒，后半生几乎没有一天好日子。后来有一个排名说他是二十世纪中国第一名的新诗人，我觉得是过了一点头，就是出于一种同情弱者的情怀，大家怀念他。”来新夏说，“这些人跟当时的政治环境是不相合的，但不能掩盖他们的才华。大家一起瞎扯淡的事也不可避免，就看当政者的宽容程度，也可以认为他们是书生漫谈，运动以后书生之间不乱说了。以前旧知识分子在一起就是畅所欲言，喝点酒，吃点东西，一聊半夜，这些毛病是所谓知识分子的劣根性。书生就是一支笔，一张嘴，不让他写，不让他说，他就难受。”

来新夏自认一生最好的光阴都在政治运动里，但始终不忘读书。“‘文化大革命’还继续读书，读《毛选》也读出名堂来，当时红卫兵对我没有办法，因为我背《毛选》很熟。读书是一大乐趣，也是一个苦差事。一天到晚在看书分析多累啊，不如一天悠闲多好呢。其实深入辩解与辨识，读书也非常苦的，当然这是说真正读书，如果浏览性质的，大概不会太苦，但是过目即忘了。读书很快乐，但是也很费脑子。”

## “恢复高考后的中年学人出大学者不多”

近年，来新夏用电脑写稿。“我对新鲜事物很好奇，倒不是接受，我是试试，玩一把。”但他对电脑自有看法：“我认为电脑是个手段，不是学问。现在，年轻人把这点忘了，以为有电脑可以不读书，不对的。因为电脑上的文章是别人给你加工做上去的，不是影印本，你自己又不知道前后截取得对不对。现在年轻人三天就能出一篇论文，从电脑上这切一段那切一段，焊接到一块就成了文章，当然跟我们体制有关系，要求学生多少论文，量化。可以用电脑做科研，可以当检索工具来使用，但是做精心研究以后，在成文以前，一定要看原来的经典著作。因为电脑上转录的文章差错率还是有的，所以不要迷信电脑，电脑是使用的工具，而不是研究学问的资源。”

如今，来新夏笑称每天的生活是吃饭、睡觉两大主题。“我能吃能睡，间或看点书，书不拘主流与非主流，不拘好坏。但我也不是空坐着消耗时光，做点事，整理旧的东西。”他家也常有年轻人来聊天。“我很喜欢跟他们交流，因为从他们那里知道一些外面的新鲜事物。”对恢复高考以后成长起来的中年一代学人，来新夏说：“这一代应该说是精英分子，但是出大学者不多。现在也有人在仕途上失足。”

回顾一生经历，来新夏看得颇淡：“很多人劝我写回忆录，我不赞成写回忆录。一个人写回忆录，固然可以反思，反思不一定要写出来，自己明白就可以了。特别像我们高龄，九十岁的人，总有难过的事，等于在自己伤口上撒盐，何必呢？”

## “该写的写了，该说的说了，该做的做了”

**时代周报：**你研究的学术领域颇广，到南开大学任教后，从哪里起步？

**来新夏：**我到南开大学开始教近代史，从北洋军阀开始着手。因为我在解放以后调到近代史所，我是从近代史所到了南开。最早的研究方向是北洋军阀，因为我给范文澜先生当研究生，他当时就从整理北洋档案开始。后来我搞起古典目录学这些东西，也是歪打正着。那时候把我“内控”起来，认为近代史政治性强，不让我教近代史，后来我开课就开目录学，大家莫名其妙，很多人不知道目录学为何物，以为是图书馆的编目，也就让我开，所以成了我的学术领域。其实我在大学的时候学得不错，我的老师余嘉锡先生亲自教目录学，他说：你可以对这个东西做点长年的工作。所以我一直弄了五十年，也在中华书局出版过《古典目录学》的入门读物。

**时代周报：**现在学界有一种粗浅的看法，好像是北洋军阀混战时期乱得不得了，但当时的学术文化还是蛮有生机的？

**来新夏：**这个文化生机，有限制，但是没有像后来这么严。对报刊有禁令，也有法令，也有管制。但是，一方面那时候的官员文化水平没有那么高，只要稍微调一下笔头也就过得去了；二则无官不贪，稍微走动走动，搞点小动作什么事也就解决了。北洋军阀这问题，在“文化大革命”当中是我罪状之一，为什么放着好好的人不研究就研究坏人的历史，是你的阴暗心理作怪。我认为历史总是两面的，历史不是单一的“好就是好、坏就是坏”，我说：没有坏还显不出好来。北洋军阀的情况很混乱，各种派系交错，我觉得把这些东西理清也很重要，所以后来写了北洋军阀史。我研究北洋军阀也致力五十年之久，开头写了一本《北洋军阀史略》，后来又改成《北洋军阀史稿》，最后写了一部《北洋军阀史》，100多万字，自己觉得算把这个事给结束了。

**时代周报：**如何研究《近三百年人物年谱知见录》？

**来新夏：**开头我教近代史，总想有些新的东西给学生，读书都要写笔记的，所以我每看一书就写一篇读后的内容大要。开头也没有太注意，后来慢慢就稿子堆得越来越多，就觉得这些东西自己看过了，将来别人是不是还去看这个书，有没有人这么花心思去看，所以我就继续把这些做下去。我读过这个年谱，都是亲自检验的资料，一方面可以给后人学习，作为索引，一方面也是自己的积累。这个稿子也遭受厄运，在“文革”中大部分被烧。后来我又把它补齐了。所以，烧东西不怕，有人在就有脑子，有脑子就可以恢复。

**时代周报：**沈从文先生写《中国古代服饰研究》，稿子也丢了，后来靠记忆又重新写了出来。

**来新夏：**重新写书这事在知识分子里面不少。除了把这个人消灭，不消灭他人，还有脑子，还有记忆，还可以恢复。当然恢复期间是含泪的，是痛苦的。

## "不做奉命文学"

**时代周报：**目录学是很古老的学科，现代人反而比较陌生？

**来新夏：**我在上大学时研究过，跟余嘉锡先生读过两年。解放初期这种东西属于"封资修"，这些课程都没有了，那时候不讲方法，不讲手段，不讲要素，等到上世纪八十年代以后课程又开放了。我在历史系讲了三遍，但是后来我调去当官了，就停了，到现在历史系开不出这个课来。

**时代周报：**你的著作那么多，觉得自己的学问重点在哪几方面？

**来新夏：**在历史学、方志学和文献学，知道得比较多一点，但是不敢说学问如何。我只承认是一个读书人。我读什么书都可以。我认为读书是不要分主流和非主流，也不要分领域，有书就可以读，读任何书都可以有收获。

**时代周报：**你沉浸于历史的研究中，对中国社会的看法会不会有更深透的看法？

**来新夏：**也没什么更深透的看法，我认为历史总是要前进的。司马迁早就说了："究天人之际，通古今之变，成一家之言。"这三句话概括了学习历史的全部。究天人之际，你要去研究明白了解人和自然的关系；通古今之变，你要知道历史发展的渊源；成一家之言，可以形成自己对事情的看法。我是主张中的，既不左也不右。我主张中庸的，换句老百姓的话，我喜欢喝温吞水，太热水烫，太凉水冰，不凉不热温温吞吞，我的人生也是温吞水的人生，我不希望太张扬。但是我也不希望无所作为，所以这是我现在这样的生活。我在公众场合不常出面，我不希望自己成为公众人物。但是我希望自己成为一个认真读书的人，能知道很多，知识广博，我对自己要求是勤奋，因为我认为我不是天才，必须以勤奋来补拙。我认为我的人生要有韧性，能屈能伸。不是一往直前，是能屈能伸，善于保护。我对学问是主张博，但是要求有各个专业方面的精，博而后精。所以，知足常乐，怡然自得，很悠闲。比如别人求我写的东西，我可以有选择，我愿意写就写，不愿意写就不写。我不做奉命文学。天津市要我写有关天津环境改造的一篇文章，我说：我写不了，我不会写。这种颂圣的文学就不会做。

以我的文字、能力、水平，如果"文革"中没有被打倒，"四人帮"选一批文人当"罗思鼎"，去"梁效"，也有这个可能。我们同行有很多人去，冯友兰比我们大，资格比我们老，他去了。他敢不去吗？打着红旗来的，"毛主席说让你去"。现在就怪冯友兰、周一良。我好几个同学也到"梁效"去了。所以，把世事看得淡泊一点，把许多事情看得恬淡一些，心自然就静了，对名利什么东西都放得下。普通人叫作淡定。

**时代周报：**非常可惜，很多人美好的年华都在运动里面。

**来新夏：**我正好是四十岁到六十岁之间，四十岁不到就被控制了，一直到五十九岁起用，所以我有一句话：人到退休之年，我方起用之时。当时就任命我很多职务——图书馆长、出版社长、系主任、校务委员，弄得好像"辉煌"一时，其实都是过眼烟云。这些事情我为什么要去做，就是那句话：证明一下我还是有作为的。因为我是南开大学有争议的人物。

**时代周报：**为什么有争议呢？

**来新夏：**大家认为我有点狂傲吧，但是业务上又不好否定，有人又嫉妒，又恨我出头，所以排挤。我教课非常好，因为我口才比较好，比较流利，并且给人家认认真真教书，给别人一些真材实料吧，所以学生也很仰慕我。

**时代周报：**你有二十年光阴在运动里，怎么熬过来？

**来新夏：**就熬嘛。我还下乡四年，当农民四年，1970年到1974年。我的《古典目录学》就在农村写的。反正现在也养成了遇事不惊的性格。来事了，惊又怎么着，反正也来了。我们当时就是：不对抗，不自杀。不对抗，免得吃眼前亏，打你一顿，骂你一顿，把你关起来，或者扣上什么帽子；不自杀，等着总有一天会昭示天下。这实际上是阿Q，自我安慰，自己宽解。留得青山在，不怕没柴烧。我没被打成右派，原因就是我从历史上看来，没有一个国家的政权是责怪自己，让大家帮助骂自己、提意见的。即使罪己诏也是挽救皇帝的危机，在初胜的时候没有罪己诏，没有哪个新君上来以后下一个罪状。只有到了末年就说：天下事都是我错了，道歉了。历史上任何一个政权，都是自己烂掉，而不是别人，别人推一把是助力，国共战争是国民党内部自己瓦解，自个儿腐烂了，然后推倒就如泥一般了。堡垒是从内部轰破的。

**时代周报：**你在"反右"的时候已经看得很明白？

**来新夏：**曾经想让我上钩，让我参加各种座谈会，我听听，笑笑。

## “如果能活到100岁，我也还在写”

**时代周报：**你快六十岁的时候学校希望你出来做行政方面的工作，是什么样的机缘？

**来新夏：**这是笑谈，人们都该退休了，我才出来驰骋。那时候认为我还可以做点事，但总的趋势是我不容于某些权贵。人家在系里头排挤我，总觉得我在业务上比较强，因此武大郎开店。所以，他们问：你为什么能当领导？我说：我不是爬上去的。我主持学校图书馆和出版社，各建大楼一幢，清理积弊，过去有好多图书馆买了几十年的书，好些书有十几年都没有编目的。我就调动人马，限定多少天把这些给我清理清楚，我对部下的部署就是：少有所学，中有所为，老有所安。所以，至今单位每年都要来看看我，我没有拿过分外钱，我只拿最低的基本工资，还算清廉。

**时代周报：**近年来中国大学的图书馆建设发展比较快？

**来新夏：**原来是什么人有问题了，有什么毛病，不能教书，就去图书馆吧。近三十年不是，确实改变了。1980年以后，图书馆声望在国人的心目当中也逐渐起来了，现在图书馆请人都是硕士。现在经费比较充足，也都是高科技的管理了。

**时代周报：**你当过大学出版社的社长，认为现在的出版行业有什么变化？

**来新夏：**我曾主张小有余，不要搞成暴利。对书，我认为是搞长销书，不要光搞畅销书。出版社唯利是图是一个弊病，出版社应该办成学术性机构，而不应该仅成为商业性机构。所以，我认为现在的出版社利益心太重，无论那本书学术性多强、价值多高，如果不赚钱绝不接受，对作者是不公的。掌管出版社的人如果不是学者，必定糟糕。因为给编辑规定了指标，有指标，编辑就有对付的办法，有些编辑甚至让作者去校订。

**时代周报：**你说读书是乐事也是苦差事，编书也是吗？

**来新夏：**看怎么编。让编辑从根做起，不要飘在上面。编辑最大的成就是能从很多书稿中发现新人。巴金他们做编辑的时候，很多作家从他们手下出来，他们看得出苗头来，咱们现在大多编辑不是。

**时代周报：**八十岁以后还是不断地写作？

**来新夏：**对，我有一本书叫《80后》，是八十岁以后写的文章集在一起。如果我能活到一百岁，我也还在写，只能说量少一点，不能说不写。现在我写文章慢多了，三五天一篇，过去两天就可以写一篇，只好随它了。我现在是放宽了心，什么事不要在意。你们在职场，常常会为一些不必要的事缠扰，计较这些细微末节，徒劳精神。

**时代周报：**近年还有专门研究的题目吗？

**来新夏：**没有，我过了九十岁以后就不开新的事了。有时候拿出来旧的包好的东西，打开看看有什么旧稿没完，把它补充完整就算了。自己生前把事都办了，别给后人留事。所以，我把书都处理了，把该写的东西写了，该说的话说了，该做的事做了。一个人在自己的时代，把该做的事做了，做了不该做的事就道歉，就算完人。

原载于《时代周报》2013年12月20日

# 来新夏：九旬“老骥”犹“出枥”

**采访者**：张春海（《中国社会科学报》编辑、记者）
吴文康（中国社会科学杂志社导播、摄影记者）

冬日午后，记者走入位于南开大学北村来新夏先生的书房，九十余岁的来先生端坐在电脑旁，一篇稿件已完成。

头发皓白，神情静穆中带着几分平淡，先生给人的印象是严肃、安静，像是在沉思，谈起师友或趣事，才会淡然一笑，此时，令人觉得几许阳光在室内飘洒。

他告诉记者，“我七十多岁学用电脑，动机说来可笑，是预计到日后自己用毛笔、钢笔写字时手会颤抖；而点键盘，尽管手指会颤，但不会出错。”

## 寄身邃谷　纵横三学

邃谷，是来新夏先生的书斋名。这是一间朝北的书房，室名为启功先生亲笔题写，老师的书法对他是一种无言的鞭策。房间本就狭小，从过道开始，书籍占满墙壁。卧室也被书刊盘踞，确如幽邃的深谷。

书房同时也是客厅，除了来客的座位和电脑桌外，便是几盆绿色植物，勉强有下脚之处。在这间书房，来新夏先生轻敲电脑，笔耕不辍。

在后辈看来，他做了别人三辈子的事情。历史学、方志学、图书文献学，他的多部著作都是国内首部，被列为后辈必读的参考书或指定教材，故有“纵横三学”之说。他本人对此却不赞同，认为其中不乏赞誉、期望、鼓励：“不过都是别人那么说，实际并非如此。这些事是我该做的，不足道。后学对前辈不要过于迷信。我不过是略知一二、粗窥门径，知道学问该怎么做，至于学问做到什么程度，很难说。”

他毕业于辅仁大学，曾受教于陈垣、余嘉锡、启功、柴德赓等先生。后来，又在华北大学历史研究室范文澜先生指导下攻读近代史研究生。他是国内首位完成北洋军阀史专著的学者。“我进入北洋军阀史研究纯属偶然，此前历史研究只到清代为止，近代史研究只有蒋廷黻的《中国近代史》等寥寥几部，没有北洋军阀史的专著。”他的北洋军阀研究从整理原始档案开始，当时研究室收缴了一百多麻袋北洋旧档，当纷乱的原始档案落出麻袋，尘土飞扬，非常呛人，而仅有的防护工具是工作服和口罩。1957年，他出版《北洋军阀史略》，后经逐步修改、完善，写出《北洋军阀史稿》；最终“积五十年之功”写成《北洋军阀史》，结束了北洋军阀研究无通史的局面。他还爬梳史料，主编了《中国近代史资料丛刊·北洋军阀》。

研究北洋军阀这批“坏人”还曾被当作他的罪状。他说，这些将研究北洋军阀当作罪状的人不懂辩证法：没有坏人，哪有好人。他强调，不能以“坏人”简单地概括历史人物：“这牵涉到我对历史的基本看法之一，判断历史人物有两个标准：首先，一个人做了前人未做的事情，即做了在其所处的时代应做的事情；其次，不以其功掩其过，也不以其过没其功。”

他还完成了一个历时数十年的“长跑项目”。2011年，在韦力、李国庆等人的帮助下，他集数十年功力的《书目答问汇补》出版。该书从二十世纪四十年代策划，六十年代着手，二十一世纪初成书，中间时断时续，历时约六十年。此外，他还编撰了《清经世文选编》、《近三百年人物年谱知见录》等书。

## 学者当以知识反哺百姓

晚年，来新夏先生迎来了一生中唯一的“辉煌时期”，先后担任南开大学图书馆馆长、出版社社长兼总编辑、图书馆学系主任等，他的诸多作品都诞生于这个迟到的黄金时期。在历史学家等身份之外，近年来他又以“随笔作家”的身份闻名，出版了十多部学术随笔，不仅获得学术同道的好评，也赢得了普通读者的赞誉与喜爱。有朋辈称其为“衰年变法”，他欣然接受。

他认为，应当将学术成果通俗化，在公众层面传播学术。这种学术随笔沟通了学术与公众，起到了推广学术的作用。

“我们读了一辈子书，学术从哪里来？来自于公众。民众养育了学者，当后者学术小有所成，应当以知识回敬民众、反哺百姓。所以，我要回归民众。另外，旧的学术文章我写了不少，大家希望我改改笔调，写点老百姓能接受的文章，使学术走向通俗化。”他这样表达书写学术随笔的缘由与体会。

## 为老师整理讲稿的“老学生”

“陈垣校长”是辅仁大学、北京师范大学的毕业生对历史学家、教育家陈垣的尊称。在他们心目中，陈垣先生是“永远的校长”。

“陈垣校长的大部分课我都听过，虽然他是校长，但是他承担的教学任务与普通教师是一样的。”虽然已九秩高龄，来新夏这位“老学生”还对陈垣校长《中国史学名著评论》的课程讲稿进行了增补、核对。即将出版的这部书，收录了来新夏先生的听课笔记。对此，他说道：“《陈垣全集》出版之后，还在继续补充，如将当时讲稿与我们课堂记录对照。当时所用的文辞等与今天差别较大，现在的读者接受、消化可能存在困难，所以要加上注释、说明等。在北京师范大学教授郭预衡去世之后，我可能是听过陈垣校长课的最后一个学生了。这是一个老学生对于发扬老师之学应尽的责任。”

此外，他还关注个人文集的编选工作，该书总字数或达560万。一摞摞捆扎整齐的稿子放在地上，足有30多厘米高。他说，这是全部稿子的三分之一。

他从来没想过编自己的文集。这部文集由他的学生、南开大学教授徐建华倡议、组织并担任主编，但来新夏先生仍表示，稿子集齐之后，他要自己通读、修改一遍。

对于学术的未来，他充满期望：“你们年轻一辈太幸福了，你们应该出现大师。如果在事业上无成的话，真是愧对人生。”他以四句话与青年共勉：立足于勤，持之以韧，植根于博，专务乎精。

记者告辞后，先生又回到书房，投身工作。记者当即想到，他有本自选集名为“出枥集”，真是“老骥出枥，志在万里”。

原载于《中国社会科学报》2014年2月10日

# 附二　邃谷自订学术简谱

## 1923 年，一岁

夏历六月初八日（1923年7月21日），出生于浙江省杭州市中城三元坊，原籍为浙江省萧山县长河镇。

## 1927 年，五岁

春节，开始从祖父来裕恂先生受蒙学教育，以“三百千千”为顺序，朝夕诵读。

一年半，卒业。祖父又为讲解《幼学琼林》、《龙文鞭影》等蒙学书中历史故事。

## 1929 年，七岁

4月间，因父来大雄先生供职天津北宁铁路局，随母由杭赴津。为居津之始。

9月初，入天津扶轮小学，读一年级。开始接受正规教育。

## 1930 年，八岁

继续在扶轮小学读二年级。

## 1931 年，九岁

9月间，因父工作变动，去处未定，随母暂返原籍萧山，寄居西兴镇外祖家，入该镇铁陵关小学读三年级。

## 1932 年，十岁

9月间，因父仍回天津任职，又随母由原籍返津，转学天津基督教公理会所办的究真中学附小，读四年级。

## 1933 年，十一岁

6月间，父就职于江苏昆山。7月初，母携我赴昆山。8月底，父离昆去南京铁道部任职，又携全家赴南京。我转入南京新菜市小学读五年级。

## 1934 年，十二岁

继续在新菜市小学读书。

开始诵读《古文选钞》。祖父来裕恂先生从《古文观止》中圈选部分文章，函嘱用毛笔在毛边纸上手抄各篇，要求熟读背诵，并亲为选本题“古文选钞”，为我后来进业奠定初基。

开始临颜真卿《东方画赞》。

## 1935 年，十三岁

6月底，毕业于新菜市小学。

9月初，考入金陵大学附中，读初中一年级。

## 1936 年，十四岁

4月间，父受铁道部门委派，回天津北宁铁路局工作，偕母与二弟新阳同行。我因不便期中转学，遂寄住附中宿舍。由于无人管束，任性而为，经常挟中外小说数种，去玄武湖租船卧读，不意学年终结，因旷课过多，成绩不佳，得“留级”处分。自感愧恧，悄然离校，只身北归。父母虽未严责，但冷遇不交谈者逾月。

9月初，入天津究真中学，重读初中一年级。因留级打击而始知奋发。学期考试成绩，名列前茅。从此直至大学毕业，成绩未出前三名。

## 1937年，十五岁

7月7日，日寇在河北省宛平县卢沟桥无理制造事端，中华民族的全民抗战自此开端。

7月29日，日寇对天津狂轰滥炸，父母奉祖母携我与二弟新阳离家逃难，投奔居住意租界内之友人。中途因日机俯射，乃偕六岁二弟与父母走散，历经二日，辗转寻求，备尝艰险，始重获团聚。

8月间，全家僦居法租界。

9月初，考入旅津广东中学，插班初中二年级，直至高中毕业。

## 1939年，十七岁

年初，《古文选钞》全部修毕，进而读诵《古文观止》，并试写短篇文言文。

9月，升入旅津广东中学高中一年级。自武进谢国捷老师（时任国文老师）家借读藏书，于两年内读毕前四史与两唐书，并在谢师指导下，开始从两汉书与两唐书中搜集汉唐改元之有关资料。

## 1940年，十八岁

春，开始撰写《汉唐改元释例》。

9月，以优良成绩升入高中二年级文科班。

10月，全家由一般住房迁居楼房，我独居楼梯间。虽光线昏暗，却怡然自得，作为读书处，命名“邃谷楼”，并自撰《邃谷楼记》，寄请祖父删定，得到批改与鼓励。

冬，写成《诗经的删诗问题》一文，刊诸报端，为正式成文之始。

## 1941年，十九岁

1月，撰《清末小说之倾向》。

5月，撰《谈文人谀墓之文》。

7月至10月间，连续为《东亚晨报》副刊撰写《邃谷楼读书笔记》。

9月，撰《桐城派古文义法》等文。

同月，升入高中三年级。

岁末，完成《汉唐改元释例》初稿。

## 1942年，二十岁

3月，撰《记〈近事丛残〉》一文，为撰写笔记提要之始。

8月，考取北平辅仁大学史学系。

9月，就读于北平辅仁大学史学系。在学四年，先后受教于陈垣、余嘉锡、张星烺、朱师辙、赵光贤、启功、柴德赓诸先生之门，渐窥学术门墙。每年以全班第一名获“勤”字奖章并奖学金。

11月26日，所撰《萧山志要》一文刊于《晨报》第三版。

## 1945年，二十三岁

8月，日本宣布投降，中国抗日战争胜利。

10月至年底，在中国文化服务社北平分社兼任编辑部编辑员，筹办《文化月刊》。旋因未出刊而撤销，我即离职。

12月6日，撰得《中国青铜器的使用时代及其影响》一文，为攻习考古学作业。

## 1946年，二十四岁

2月至6月，因毕业前夕课程早已修满，论文亦基本通过，业余时间比较充裕；又因当时已有室家之累，极谋兼差以小补生计。经好友陈鍪介绍，到世界科学社主办之《文艺与生活》任助理编辑，参与了第一至三期编稿工作。不意后即成一历史问题。

4月，旧稿《汉唐改元释例》经陈垣师指导，重加修改成定稿，作为大学毕业论文。5月间口试时，陈师以“颇有作意”相勖。

5月底，以优异成绩毕业于辅仁大学史学系，获文学士学位。回天津谋职，以仰事俯畜。

9月间，开始谋职，但一则社会尚未稳定，二则缺乏奥援，终于走上毕业即失业道路。失望之余，复自谢师处借读二十四史。历时二年，大体浏览一过，得其大要，但不如读前四史及两唐书时之精细。

## 1947年，二十五岁

1月，所撰《谈谈文学与时代的关系》一文在《火把》月刊第一期刊出。

2月间，经亲友介绍，在华北兴业公司担任文秘工作，月入仅敷一人生活。半年后，公司以资金周转不灵倒闭。

下半年，赋闲家居，集中精力继续读二十四史。

## 1948年，二十六岁

2月间，应聘至天津新学中学任教，为从事教学工作之始。

11月，译自法文的短文《中学生的回忆》刊于《天津教育》创刊号，为首次译作。

## 1949年，二十七岁

1月中旬，天津解放，整个社会发生翻天覆地变化。“民主青年联合会”组织派人进校，宣传革命，领导旧校改造工作。

3月间，我和同事张公骕经驻校“民青”组织穆青同志动员，推荐至北平华北大学二部学习。为显示革命意志与旧我割裂，我改名“禹一宁”，接受南下工作的政治培训，学习革命理论和政策文件，做南下准备。全部人员集中住宿，享受大灶供给制待遇。

9月间，学习结业，大部分学员分配南下，到新解放区工作。我被留在校历史研究室，师从范文澜教授，专攻中国近代史。

10月1日，中华人民共和国宣告成立。原华北大学历史研究室改隶于中国科学院，易名为历史研究所第三所，我被分配为研究实习员（相当于助教）。

10月，开始整理北洋军阀档案工作。

11月，为纪念太平天国起义一百周年，所内在范文澜教授亲自主持下，组织撰写论文。我报认《太平天国底商业政策》一题。

## 1950 年，二十八岁

2月，完成《太平天国底商业政策》一文，为试用新立场、新观点、新方法所写的第一篇论文，也是在中国近代史领域中所写的第一篇论文。此文后收入三联书店出版的《太平天国革命运动论文集：金田起义百周年纪念》中。

5月，北洋军阀档案整理工作基本结束。得黄草纸写札记200余篇，积存卡片数百张。

6月，集中学习理论，指定《共产党宣言》、《反杜林论》、《论个人在历史上的作用问题》以及毛泽东著作中的《将革命进行到底》、《新民主主义论》、《论联合政府》等。以自学为主，每周讨论一次。

同月，抗美援朝战争爆发，不久中国科学院召开全院声援大会，并号召青年参军。我出于保家卫国的热情，当场报名，后以政审不合格，未遂初衷。乃转而投身于口诛笔伐行动中，奉范老之命开始撰《美帝侵略台湾简纪》一稿。

8月，开始读三朝《筹办夷务始末》。

10月22日，《太平天国的婚姻制度》一文载《光明日报》第六版，署名“禹一宁”。

12月，《美帝侵略台湾简纪》一稿完成，送请范老审阅。

## 1951 年，二十九岁

1月，范老将《美帝侵略台湾简纪》稿发还，同意出版发表。该稿主要内容于2月28日刊于《人民日报》第二版，题为“美帝武装侵略台湾的罪行”，署名“禹一宁”。

2月，范老旧交、南开大学历史系系主任吴廷璆教授来所邀聘教师。范老以我父母妻儿均在天津，遂推荐我应聘。吴先生欣然接纳。

2月下旬，按期到南开大学报到，任历史系教师，并兼系秘书。

3月，吴廷璆先生参加中国人民赴朝慰问团，将所担任“中国近代史”课程交我接手。从此中国近代史成为我教学工作中之主要课程。在几十年的教学生涯中，在历史系我还担任过“中国历史文选”、“历史文写作”、“档案学概论”、“鸦片战争史专题”、“北洋军阀史专题”和“古典目录学”、“文献整理”等课程。

8月，《美帝侵略台湾简纪》由天津历史教学月刊社出版，共25000字，印行5000册，为我于新中国成立后第一本著述。

9月，奉派参加全国土改工作第二十三团，赴湖南桃源三阳区青云乡参加土改，担任工作队秘书。访贫问苦，扎根串联，历时九个月。

本年，应邀兼任创刊不久的《历史教学》杂志编委和值班编辑。

## 1952年，三十岁

5月，土改工作结束，工作团解散，人员回本单位报到。

7月至8月，学校号召教师学习苏联，集中突击学俄语，每日强记单词100个，两个月过关，结业考试侥幸获全校第二名。

8月至10月，在《历史教学》杂志发表题为“北洋军阀统治时期”的讲课记录，为研究北洋军阀史的第一篇成文。

9月，继续在历史系讲授中国近代史课程。同时还为文学院各系一年级生讲授中国革命史公共必修课。每周赴京听胡华同志大课，再回津后备课讲授。

10月，为巩固俄文学习成果，学校要求参加俄文著作《美国是武装干涉苏俄的积极组织者与参与者》一书的翻译工作，参与者三人，由我主持其事并通读定稿。因初学俄文功力浅薄，借助字典，以意串译，进度极慢，历时四年始勉强完成任务。

12月，继续读三朝《筹办夷务始末》，并随读随写题录。

同年，加入中国民主同盟。后曾任民盟天津市委文教委员会委员。

## 1953年，三十一岁

教学工作同时继续读《筹办夷务始末》，并撰写提要。

## 1955 年，三十三岁

6月，在原有《北洋军阀统治时期》讲课记录的基础上，重新制定篇目，订补资料，条理文字，开始撰写《北洋军阀史略》一书，以应湖北人民出版社之约。

9月，北京通俗读物出版社为农村读者来系邀约编写“中国近代史丛书”，每册万字左右。我接受《第二次鸦片战争》一题，月余完成交稿。

同年，关注并参与中国近代史分期问题讨论。时任历史系中国史第二教研组副主任，并兼任中国史学会天津分会理事。

## 1956 年，三十四岁

1月，《第二次鸦片战争》由通俗读物出版社出版，共11000字。

2月，《北洋军阀史略》初稿完成，交湖北人民出版社审读。5月，出版社提出若干条意见，要求修改。9月，修改稿完成，交付出版社。

6月，为丰富中国近代史教学内容，开始检读校图书馆藏清人年谱，随读随写提要，为撰著《近三百年人物年谱知见录》一书之肇始。

10月19日至21日，南开大学第二次科学讨论会举行，在会上作“中国近代史分期问题”学术报告，提出“应以1839年作为中国近代史的开端年代”的看法。并于10月27日在《天津日报》学术专刊发表《读〈我们对中国近代史分期问题的初步意见〉一文的笔记》一文。

同月，《美国是武装干涉苏俄的积极组织者与参与者》一书翻译稿完成，交付三联书店。据后来知悉，该书又经三联书店邀请专家审改后始达出版水平，设非政治任务该书恐难出版。

11月10日，为纪念孙中山先生诞辰九十周年，所撰《尊重和纪念孙中山先生的革命事业》一文刊于校报《人民南开》。

## 1957 年，三十五岁

1月，主持修订《中国近代史教学大纲》，并选编《中国近代史参考资料》（上、下册，油印本），以供教学之需。

3月22日，《略论中国近代史的开端年代》刊于《天津日报》学术专刊，以应不同观点的讨论。

5月，《北洋军阀史略》由湖北人民出版社出版，共11万余字，印行25000册。这是新中国成立后第一本有关北洋军阀的学术专著，也是我研究北洋军阀史的第一本专著。

本年，辑注《程克日记摘抄》，其中多涉第二次直奉战争后北洋军阀各派系关系，后刊于《近代史资料》1958年第3期。

## 1958年，三十六岁

3月，《美国是武装干涉苏俄的积极组织者与参与者（1918—1920）》（苏·别辽兹金著）一书由三联书店出版，15万余字，印行2600册。

6月间，中华书局为出版《林则徐集》，曾将全部书稿送我审读。略加翻检，见其内容丰富，可供采择之资料俯拾皆是，于是在原有资料基础上，着手编纂《林则徐年谱》。

7月，参与编辑的《中国农民起义论文集》由三联书店出版。其中收入我撰《试论光绪末年的广西人民大起义》和《谈民国初年白朗领导的农民起义》二文。

12月，带领史三、史四年级同学到唐山开滦煤矿下井劳动，并编写《开滦煤矿史》。

## 1959年，三十七岁

4月间，《林则徐集》书稿审毕，送还中华书局。

5月至10月间，编纂《林则徐年谱》，完成草稿。

6月，应天津市京剧团之邀，为国庆十周年献礼，编写历史剧《火烧望海楼》案头本。

9月，京剧《火烧望海楼》在天津中国大戏院公演，历时一月，上座不衰，得到评论界及社会的肯定。

10月，《火烧望海楼》赴京献演，博得好评，获文化部二等奖。

## 1960年，三十八岁

2月，《火烧望海楼》经演出修订成定稿，由天津百花文艺出版社正式出版，列入"河北戏曲丛书"中，共6万字，与参与修改的天津京剧团编导张文轩共同署名。

2月16日至3月9日，奉派随同学到河北省献县五公人民公社进行劳动锻炼和社会调查。

6月，在全校统一布置下，与杨生茂、王玉哲先生和部分研究生及史一年级少数同学参加"中学历史课本组"，会同李光璧、吴雁南等北京、天津、山西、河北、内蒙古等地大学和中学历史老师编写华北地区中学历史课本。

9月，因1946年在《文艺与生活》杂志任助理编辑四个月的历史问题，在审干中受到严格政治审查，一时难以定论，但仍被剥夺教学与研究工作的权利，不能参与社会活动，不能写署名文章，生活待遇保留。此处理方式即所谓"内控"。自此至1978年，问题才得以落实解决。前后共十八年。

10月，处于投闲置散、百无聊赖境地，终日惶惶，无所事事。蛰居斗室，俯首书案，修订《林则徐年谱》。

## 1961年，三十九岁

12月，《林则徐年谱》稿经修订成初稿，近30万字。

## 1962年，四十岁

1月，对《林则徐年谱》进行再次修改清写，检校群籍，细加订正。

8月，经过五年多的不断工作，终于在读了大量清人年谱的同步，写了870余篇书录，用小学生作文本，手写成近50万字的10本草稿，定名为《清人年谱知见录》。

## 1963年，四十一岁

2月，《林则徐年谱》第二稿清写完成，当时已难付枣梨，只得贮之敝箧。不意在"文化大革命"之初，此清稿竟遭丙丁之厄。幸草稿捆束置乱书堆中，得免于难。

3月，检读校图书馆所藏清人文集与笔记，每读一种，辄写题录一篇。历时二年余，积稿盈尺，其文集提要名曰“结网录”，成二册，取“临渊羡鱼，不如退而结网”之意；笔记提要则名曰“清人笔记随录”，成一册。二者惜均于“文化大革命”时毁于火。

本年，历史系成立以杨志玖先生为负责人的“土地制度史研究室”，我被指派为成员之一。

## 1964年，四十二岁

2月至5月，先后被派至河北丰润、霸县参加农村“四清”运动。

9月，《清人年谱知见录》经两年修订，又手写清稿10册，是为定稿。因清初有一些人虽入清而不顺清，不得以清人名之，乃易书名为《近三百年人物年谱知见录》。

## 1965年，四十三岁

9月，奉派到河北盐山参加农村“四清”。

## 1966年，四十四岁

6月，由盐山回校，校园形势已大变，大字报到处可见，人际相对冷眼。系内大字报已对我点名揭发批判。

8月7日，“文化大革命”之火在南开校园全面开花，时称“八七开花”。我和郑天挺等17人被宣布为首批“牛鬼蛇神”，当日被剥夺人身权利，进行“劳动改造”，在红卫兵及校工监督下清扫校园。

8月中下旬，家中数次遭受红卫兵以“扫四旧”之名打砸抢，除财物外，包括二十四史在内的近千册线装书以及《近三百年人物年谱知见录》、《林则徐年谱》、《结网录》、《清人笔记随录》等手稿，均付之丙丁，存留者片纸寸笺而已。

## 1967年，四十五岁

继续在校园内清扫道路及厕所，不时被揪去接受批判。众“牛鬼蛇神”清扫校园时是南开大学校园最干净的年代。

## 1968年，四十六岁

2月，《北洋军阀史略》经日本明治大学教授岩崎富久男译为日文，易名为《中國軍閥の興亡》，由日本桃源社出版，颇为日本学术界所重视。当时岩崎教授无法了解我的处境，在其译序中深致关切之意。

## 1969年，四十七岁

9月，被确定为重点批判对象，隔离圈禁，与郑天挺、巩绍英等人共囚一室。我与郑老等五人随时被“提审”至“现场批判展览会”上示众，类似“天河配”之真牛上台，极尽污辱人格之能事。

## 1970年，四十八岁

夏历六月初八，即我生日当天，被勒令携妻李贞下乡，到南郊区太平村公社翟庄子大队插队落户。家具衣物多以低价处理，而残篇断章皆捆载偕行。临行，唯挚友巩绍英教授不顾风险，亲来相送，并谆嘱务必将《近三百年人物年谱知见录》恢复重写，认为此书必为传世之作，内心颇受鼓舞。从此乡居四年，除每日照章下地劳动外，每日晚间一心整理残稿。《林则徐年谱》草稿和《近三百年人物年谱知见录》初稿虽均纸断笺裂，点划斑驳，唯字句犹能辨识，于是依次清正，历时三年，相继完成是二书第三稿。在厄运中得大安慰。《结网录》与《清人笔记随录》则无片纸遗存，惟俟诸异日。

## 1971年，四十九岁

依然农耕。农民宽厚，不以下放人员为异类，得免批判之苦。坚信苦风凄雨终将过去，天生我材必有用。心情豁达，身体日健。

## 1972年，五十岁

10月30日，太平村公社召开下放人员会，传达天津市委关于下放人员回城政策文件。村内盛传下放人员将陆续调回，部分人已奔走于城乡间，以求早日回城。我则淡然处之，静待其变，继续整理、恢复旧稿。

## 1973年，五十一岁

在乡农耕。

2月，因残稿《林则徐年谱》及《近三百年人物年谱知见录》已整理完成，农事亦渐娴熟，非如初下乡时之艰难，时间更见充裕，乃就下乡时随身携来之有关古典目录学之卡片与笔记，开始撰写《古典目录学浅说》。

## 1974年，五十二岁

3月，《古典目录学浅说》初稿完成，10余万字。

5月间，学校通知我回校，开始办理返城各种手续，特别是办理“农转非”户口一事，孰知我于四年前已被销除城市户口。暗改个人户籍，实欠磊落，足见造反者之虚怯。

9月下旬，举家迁回，安置于校农场由牲口棚改造之简易平房内。无牛棚之名，有牛棚之实。地面铺以煤渣碎石，夯平而已，阴天返潮之日，时有丝丝牛粪气息刺鼻，久之泰然。年余，方迁入校内。

10月初，奉派参加法家著作《曹操诸葛亮选集》的校注工作。

“文化大革命”仍在进行，我非革命群众，又尚无定论，管束较宽，但仍在另册。路遇旧识，颔首而已。

## 1975年，五十三岁

1月，由于工余时间较充裕，参考图籍也较前方便，于是又将《林则徐年谱》三稿再加参校订正，计检校图籍168种，成文34万余言。是为第四稿，亦即定稿。

## 1976年，五十四岁

调回历史系中国古代史教研室，承担为他人搜集资料工作。

## 1977年，五十五岁

奉命参加由刘泽华主编、东站铁路工人参与的《中国古代史》新教材编写工作，主要为代他人撰写一些篇章，但不得署名。

## 1978年，五十六岁

3月，为历史系75级中国史专业开设“史籍目录学”课程，颇受欢迎。外系、外单位来听课者甚众，因解放后尚无人开过此类课程。此为1960年被“内控”后第一次重登讲台。

10月，南开大学历史系党总支宣布《关于为“八七开花”中我系被迫害的同志平反的决定》。《决定》中说：“经复查：此案纯属冤案。根据党委决定，党总支为上述十七位同志公开平反，恢复名誉，强加给这些同志的一切诬陷不实之词，全部推倒。与此有关的材料全部销毁，并为受株连的亲属消除影响。”我为十七人之一。

## 1979年，五十七岁

3月，历史问题查清，做出结论，恢复原有教学工作。

7月，赴山西太原出席中国图书馆学会第一届学术会议，为自1960年被政治审查后近二十年来第一次参加学术活动。

8月，《清人年谱的初步研究》一文在《南开学报（哲学社会科学版）》1979年第3期刊出。此为“落实政策”后发表的第一篇学术论文。

9月，奉派在南开大学分校创建图书馆学专业，被委任为专业主任。

10月，应历史系57届学生胡校之邀到山东枣庄师范专科学校讲学，为二十年来第一次外出公开授课。

## 1980 年，五十八岁

2月，应天津师范学院政史系主任陈继揆之邀，开始在该系兼课，讲授古典目录学。

5月，出席在湖北武昌举行的中国历史文献研究会第一次学术年会，被补选为第一届理事会理事。该会系以发掘、整理和研究中国历史文献为宗旨的全国性学术团体。

6月，整理点校清人叶梦珠所撰《阅世编》完成，交上海古籍出版社。

8月，《试论〈中国古代图书事业史〉的研究对象与划阶段问题》一文撰成，并在《学术月刊》8月号发表，即日后撰写《中国图书事业史》之大纲。

9月，《古典目录学浅说》油印稿用于教学，并征求意见。

10月，《清代目录学成就浅述》一文完成，作为中国图书馆学会第二次科学讨论会论文。此文后刊于《历史研究》1981年第2期。

## 1981 年，五十九岁

4月，晋升副教授。

6月，《阅世编》由上海古籍出版社出版，16万余字，印行8000册。

7月25日至8月1日，在山西太原出席中国地方史志协会成立大会暨首届地方史志学术讨论会，当选中国地方史志协会理事。并受大会委托，起草有关文件。

9月，天津市高校图书馆工作委员会成立，经市文教委员会批准，任常务副主任。

10月，《林则徐年谱》由上海人民出版社出版，共34万字，印行7000余册。

同月，《古典目录学浅说》由中华书局出版，15万字，印行13000册。

11月初，受中国地方史志协会委托，邀集安徽大学、宁夏大学等八院校有关人员，在南开大学举行《方志学概论》编写工作会议。确定编写方针、编写大纲，分配编写任务，并被推任主编。

## 1982 年，六十岁

1月，参加天津地方史研究年会，提交论文《漫话地方志与文史资料》（油印本）。

5月间，受中国地方史志协会委托，在苏州师范学院主持全国第一期地方志研究班。其间以《方志学概论》草稿第一次油印稿为教材，在研究班上试讲，又征求有关人员意见，进行修改。6月间印成第二次油印稿，7月间在太原、10月间在蓟县的两期研究班上试用，由学员逐章讨论，并经梁寒冰、傅振伦数位专家审定，由我作最后一次修改后定稿，交福建人民出版社出版。

同月，应邀至浙江萧山指导编修县志工作，自少小离萧后第一次返回故乡。

6月，《近三百年人物年谱知见录》经修改后，即交上海人民出版社。

7月，中国历史文献研究会第三次学术年会在兰州举行。此次会议讨论修改了学会章程，并产生第二届理事会，当选该会常务理事。

8月，西南军阀史研究会第二次学术讨论会在贵阳举行，向会议提交与焦静宜联合署名的《近年来北洋军阀和地方军阀史的研究》一文，后收入《西南军阀史研究丛刊（第二辑）》。

9月，在北戴河参加全国第一次清史学术讨论会，提交论文《清代前期的商业》。

10月，整理点校清人周亮工所撰《闽小纪》完成。

11月，在福州召开的“鸦片战争与林则徐学术讨论会”上决定增订《林则徐年谱》，并列入将于1985年召开的“林则徐诞辰二百年纪念学术讨论会”的出版规划中。

## 1983年，六十一岁

1月，开始增订《林则徐年谱》。

4月，《近三百年人物年谱知见录》由上海人民出版社出版，共56万字，印行精、平装本共32000册。

同月，以1980年发表的有关中国图书事业史的论文为基础，撰写了近4万字的提纲，并油印成册。

6月8日，晋升教授。

8月，《方志学概论》由福建人民出版社出版，共22万字，印行3800册。

9月，《中国近代史述丛》由齐鲁书社出版。该书共收录了五十年代以来在近代史方面的习作23篇和一组读书笔记，30余万字，印行5000余册。

同月，受中华书局邀约点校注释之《史记选》完成，并交稿。

同月，赴昆明参加西南军阀史研究会第三次学术讨论会，在大会作“关于军阀史的研究”主题发言，后经整理收入《西南军阀史研究丛刊（第三辑）》。

11月，《北洋军阀史稿》由湖北人民出版社出版，共36万字，印行7000余册。

12月，经天津市教委及有关部门批准，创办图书馆学、情报学、档案学专业期刊《津图学刊》，并任主编。开始为内部准印小32开本，后于1993年获准正式刊号，改为国际16开本公开发行。

年底，整理点校清人施鸿保所撰《闽杂记》完成。

本年，与焦静宜联合署名的《鸦片战争前的地主与农民》一文在《南开史学》1983年第1期发表。

## 1984 年，六十二岁

1月，被任命为南开大学图书馆学系系主任。

2月，被任命为南开大学图书馆馆长。

3月，被评为天津市级劳动模范。

4月，筹建由全国高等院校古籍整理与研究委员会直属南开大学地方文献研究室获批准，担任室主任。

5月，《林则徐年谱》增订本完稿，计参阅书刊229种，较原谱增益60种；成文45万余字，较原谱约增近10万字。即交上海人民出版社。

同月，在南京参加首次中华民国史学术研讨会。

同月，《近三百年人物年谱知见录》获天津市哲学社会科学优秀成果二等奖。

8月，被任命为南开大学出版社社长兼总编辑。

9月，修改1983年所撰有关中国图书事业史油印稿，定名为“中国古代图书事业史讲话”，并邀集合作者以此为基本依据，开始分头撰写《中国古代图书事业史》。

同月，经申请获教育部批准由图书馆学系主办高校图书馆专业教师进修班，第一期学员60人，学期一年。自此连续十年，培养全国高校专业教师及图书馆工作人员550人。

10月，《结网录》由南开大学出版社正式出版，20余万字，印行7000册。该书是1980年至1983年间所写有关清史方面文章和札记的选集。以“文革”被焚读书笔记稿之名名之。

同月，在上海出席第一届中国会党史学术研讨会。

11月，加入中国共产党。

12月，天津市图书馆学会第二次代表会议举行，当选该学会副理事长。

## 1985 年，六十三岁

2月，《中国古代图书事业史讲话》稿在《津图学刊》1985年第1期刊出，至1986年第2期连载。

4月26日，天津市出版工作者协会第一次代表大会举行，当选该协会副主席。

同月，主编“天津风土丛书”，开始分工点校。

5月中旬，参加南开大学赴美教育考察团，历访旧金山、明尼苏达、堪萨斯、印第安纳、宾夕法尼亚、密歇根、纽约、洛杉矶等地10所大学。6月初返校。

7月22日，在京发起筹备华北地区高等学校图书馆协作委员会（简称“华北图协”），9月在津召开成立会议。南开大学图书馆为第一届值年单位。

7月，《林则徐年谱（增订本）》由上海人民出版社出版。45万余字，印行精、平装本5000余册。连初印本计，共12000余册。

8月，《闽小纪》与《闽杂记》点校本合为一书，由福建人民出版社出版，共21万字，印行20000余册。

9月，上海人民出版社副总编辑叶亚廉专程来津寓面商“中国近代史资料丛刊”最后一种《北洋军阀》的编辑出版问题。

10月，筹建南开大学新图书馆，设计初稿完成。

本年，组织图书馆特藏部整理编辑《南开大学馆藏家族谱目录》和《南开大学馆藏古籍善本书目录》，并刊印使用。

## 1986 年，六十四岁

1月，在广州中山大学召开的《理论图书馆学教程》审稿会上，与会之南京大学、中山大学、湘潭大学等12所院校图书馆学系一致赞同编纂一部《图书馆学情报学档案学简明辞典》，由南开大学图书馆学情报学系负责筹组编委会，并推我任主编。

同月，在上海出席由复旦大学主办的首届国际中国文化学术讨论会，以论文《清代前期的图书事业》参会，并作专题发言。

同月，借赴沪参会之便，与上海人民出版社负责人就编辑出版北洋军阀资料问题作具体磋商，并订立了编辑出版协议，即开始工作。

4月，主持制定《南开大学图书馆工作人员服务规范》并实施。自1日起自觉遵守规定，佩戴编号为“南图001”的馆徽接受读者监督。

春，《中国古代图书事业史》分撰各章陆续交齐，集成初稿约70万字油印本。经我初审，并再次订正提纲，退请原撰者修改；第三次集稿后，由我全面删订为50余万字，成油印二稿，分寄有关专家审定。

5月，主编“天津风土丛书”各种相继完稿，为丛书撰写总序一篇。本丛书含天津地方文献10种，由天津古籍出版社陆续出版。

6月，与惠世荣、王荣授合著《社会科学文献检索与利用》由南开大学出版社出版，共23万字。至1988年先后3次重印，达14000册。该书为我主编“图书馆学情报学系列教程”之一种，被列为高校图书馆学专业通用教材。

同月，全国高校图书馆第三次工作会议在北京召开，被聘为全国图书情报工作委员会常委。

同月，在天津主办华北图协第一届学术年会，在大会作题为“当前图书馆工作与专业人员素质要求”主题报告。

7月，在承德召开《图书馆学情报学档案学简明辞典》第一次编委会，讨论编写体例及专题划分，议定词条具体内容。

同月，将历年与学生谈论关于整理历史文献的讲稿和笔记整理成《文献整理十讲》油印本，备开设研究生“文献整理”课使用。

8月，赴新疆伊犁参加“林则徐遣戍145年学术讨论会”。会后考察林公兴修水利遗迹，并应邀在乌鲁木齐为新疆编修新志工作者作“有关编修新志诸问题”报告。

夏，黑龙江方志学者齐红深倡议编纂《中国地方志综览》，由黑龙江省地方志研究所和南开大学地方文献研究室全面主持工作。我被推任主编。

秋，牵头组织南开大学、北京大学、中国人民大学、武汉大学四校出版社联合编辑出版《大学生知识丛书》，并在承德避暑山庄召开选题会，国家教委教材司司长季啸风应邀与会。

## 1987 年，六十五岁

2月，各方对《中国古代图书事业史》的审读意见及建议基本集中，开始对全书修改，统一体例，查核史料，修饰文字。

3月，主编《天津近代史》完成，由南开大学出版社出版，28万余字，印行50000册。

4月下旬，在武汉召开《中国地方志综览》编辑筹备会议，制定书稿纲目，进行初步分工。10月中旬，在桂林召开编务会议，确定全书撰稿篇目。

5月，在湖南湘潭大学召开《图书馆学情报学档案学简明辞典》第二次编委会，审读词条初稿，进一步统一体例，最后确定词条，并分头修订。

7月，在兰州大学召开《图书馆学情报学档案学简明辞典》第三次编委会，按专题审查书稿，全稿原则通过。确定委托主编单位收尾定稿。

9月，在山西大同出席华北图协第二届学术年会，在大会作“进一步发挥高校图书馆两个职能”专题发言。

10月，《中国古代图书事业史概要》由天津古籍出版社出版，共5万字，印行3000册。此为编写中国古代图书事业史所写的细纲。

同月，《谈史说戏》一书由北京出版社出版，系多人合集，共22万字，印行2000册，其中收录我所写有关文章13篇。

同月，《北洋军阀》（“中国近代史资料丛刊”之一种）第一、二册稿完成。撰写前言，说明编辑缘由及主旨体例。交上海人民出版社。

11月，南开大学新图书馆奠基开工，争取到香港邵逸夫先生捐款1000万元港币，国家投资300万元人民币，馆舍面积11150平方米。后于1990年5月建成并投入使用。

冬，《中国古代图书事业史》定稿，共30万字，交上海人民出版社。

## 1988 年，六十六岁

2月，在南宁召开《中国地方志综览》定稿会，经各副主编分工审阅和主编审定成稿后，交黄山书社。

同月，筹建南开大学出版大楼。经努力，申请“世界银行贷款教材建设项目”获准，并被任为筹备组负责人之一。

8月，《北洋军阀》（“中国近代史资料丛刊”）第一册由上海人民出版社出版，共77万字。

秋，开始策划撰写《中国近代图书事业史》，拟定专题，确立大纲，由历年研究生分题研究，撰写初稿。

10月，《中国地方志综览（1949—1987）》由黄山书社出版，共76万字，印行5000册。

同月，出版大楼基建开工。争取到世界银行贷款56万美元，获准总建筑面积6900平方米（含出版社、印刷厂），并购置先进彩印设备2台，派遣出国进修人员1名。该楼于1991年3月建成并投入使用。

年底，《图书馆学情报学档案学简明辞典》稿修订完成，交南开大学出版社。

## 1989 年，六十七岁

元旦，浙江图书馆所藏先祖遗著《萧山县志稿》手稿整理完成，并撰说明一篇置于书前，交天津古籍出版社。

1月，《北洋军阀》（“中国近代史资料丛刊”）第三册成稿，交上海人民出版社。7月，第四、五册成稿。至此全部交稿。

2月，应齐鲁书社之约，主编《清代目录提要》。

7月，出席在烟台师范学院举行的全国首届中国近现代史史料学研讨会，参与发起中国近现代史史料学学会筹备工作。

9月5日，应香港中文大学之邀访问该校图书馆，为期一周。

10月，《北洋军阀史略》日译本（译名《中國軍閥の興亡》）由日本光风社出版。

12月，应邀出席在复旦大学举行的“儒家思想与未来社会”国际学术讨论会，提交论文《儒家思想与〈史记〉》。其时其会，很有必要。

## 1990 年，六十八岁

1月，经多方协调、筹备，校图书馆第一个计算机借书处开始使用。

同月，南开大学图书馆馆长届满离任。

2月，主编《史记选》历时几近十年，终于由中华书局正式出版，共26万字，印行2500册。该书为“中国史学名著选”之一种。

3月，校出版社社长兼总编辑任职期满，离任。

4月，《中国古代图书事业史》由上海人民出版社出版，共26万字，印行3500册（内含精装1000册）。为“中国文化史丛书”之一种。

8月，出席《中国大百科全书》图书馆学分编委会在中国人民大学召开的审稿会，讨论分类目录及重要条目。该书第一版共74卷，于1993年出齐。

本年，“图书馆学情报学系列教程”由南开大学出版社已先后出版8种。

## 1991年，六十九岁

1月，《图书馆学情报学档案学简明辞典》由南开大学出版社出版，共89万字，印行精、平装本共8000册。

3月，《古典目录学》由中华书局出版，共19万字，印行2000册。本书为国家教委“七五”规划教材。

4月至6月，应美国哥伦比亚大学东方图书馆及东方研究所之邀赴美访问讲学。其间，奉派任天津高校图书情报工作委员会访美考察团副团长。6月5日，由纽约赴哥伦布市迎候代表团，对俄亥俄州六所高校图书馆进行对口性访问交流。20日，访问结束，代表团回国，我仍回哥伦比亚大学继续访问讲学工作。月底归国。

9月18日，应日本独协大学之邀赴日，与该校齐藤博教授合作进行日本文部省科研项目“中日地方史志比较研究”。

9月至次年3月，应聘任独协大学客座教授，为大学院生讲授“中国地方志”及“中国传统文化的传递”二课。

10月，先祖遗著《萧山县志稿》整理本由天津古籍出版社出版，共80万字，自资印行500册，分赠修志单位。

同月，与徐建华合著《中国的年谱与家谱》一书由山东教育出版社出版。共5万字，印行14700册。该书是“中国文化史知识丛书”之一种，我撰写年谱部分。

同月，列入“中华文化集粹丛书”之《薪传篇》（12万字）、《明耻篇》

（14万字）二书由中国青年出版社出版。

## 1992年，七十岁

2月，南开大学图书馆学情报学系系主任任期满，离职。

3月底，独协大学客座教授任满回国。

7月，修改《文献整理十论》油印稿。改定为八论，即论分类、论目录、论版本、论句读、论工具、论校勘、论考据、论传注等八篇，易名为《古籍整理散论》，交书目文献出版社。

9月，被评定为享受国务院特殊津贴专家。

10月，中国近现代史史料学学会成立大会暨第二次学术研讨会在烟台举行。该会系以推动中国近现代史史料学研究为宗旨的全国性学术团体。当选该会副会长。

## 1993年，七十一岁

3月至4月，《北洋军阀》（“中国近代史资料丛刊”）第二至五册由上海人民出版社陆续出版。至此，本套资料共5册，330余万字，历时五年，全部出齐。

5月，整理编辑近十年来参与地方志编纂与研究活动所写的文章与发言稿成《志域探步》一书，9月由南开大学出版社正式出版，15万余字，印行2000册，为七十周岁纪念。

同月，《薪传篇》与《明耻篇》二书繁体字本由台湾书泉出版社出版。

7月，为提高图书馆中级职称人员科研水平，组织以天津高校图工委、《津图学刊》编辑部牵头举办的天津市首届图书情报工作人员论文写作研讨班，我作首讲“论文选题”。

10月，应美国俄亥俄大学图书馆馆长李华伟博士之邀，任该馆顾问，负责该馆海外华人文献研究中心资料征集工作。

11月1日至10日，赴台湾淡江大学参加第一届“二十一世纪海峡两岸高等教育学术研讨会”，作题为“中国的图书馆学情报学教育及其未来”的演讲。会后，由定居台北之二弟来新阳陪同游览太鲁阁等名胜。月底离台返校。

岁末，《清代目录提要》初稿完成，历时五年。交齐鲁书社。

## 1994年，七十二岁

年初，《北洋军阀史》编写工作启动，要求各分撰者焦静宜、张树勇、莫建来、刘本军按照提纲，分头搜集资料，撰写初稿。

2月，《中国的年谱与家谱》经修改增补后，由台湾商务印书馆以繁体字正式出版。

4月，邀约友人商讨编辑“中华幼学文库”，包括《三字经》、《百家姓》、《千字文》、《千家诗》以及《杂字》等五种传统幼学读物，每种收集多种版本及注本于一书，每种卷首撰写前言一篇，说明主旨，为全书作导读。正文加标点和必要的注释与校勘，并附繁体字对照。

6月，《古籍整理散论》由书目文献出版社正式出版，分8篇，共13万字，印行800册。

9月，天津科学技术馆落成，所撰《天津科学技术馆落成碑记》在馆前上石。

同月，与日本史志学家齐藤博教授合作项目“中日地方史志比较研究”分别完成中、日文本。

12月，据《中国图书馆学刊》本年第4期刊布，经对全国图书馆学期刊统计、评比，主编之《津图学刊》列全国第十九名，为高校第二名。

## 1995年，七十三岁

年初，“中华幼学文库”诸作者相继交稿，经依次审定，4月间全书告成，撰《总序》一篇。9月，由南开大学出版社出版，共70万字，印行4000套。

5月，出席在黄山举行的中国近现代史史料学学会第四次学术讨论会。同年，此次会议论文集《抗日战争史料研究》由南开大学出版社出版，为学会第一部学术论文集，我撰序《永不忘记的黑色数字》以祭南京大屠杀死难的30万同胞。

6月，日文本《日中地方史誌の比較研究》由日本学文社出版。

9月，所著《中国地方志》由台湾商务印书馆出版，共20万字。

秋，在福州召开的“林则徐诞辰210年纪念会”上，林公后裔凌青先生、子东女士与林则徐基金会以香港回归在望，林公夙愿得偿，遂议定新编《林则徐年谱》以作纪念。

冬，应河西区政府之请，为正在复建的挂甲寺撰《津门挂甲寺沿革碑记》、《重建挂甲寺碑记》。新寺于1997年7月底成。

## 1996年，七十四岁

1月，中文精装本《中日地方史志比较研究》由南开大学出版社正式出版，共27万字，印行1200册。

3月，60余万言之《林则徐年谱新编》定稿，参阅资料达271种，较增订本扩增一倍。

4月，《北洋军阀史》部分章节完稿。

6月8日至16日，再次访问日本独协大学，赠送中文本《中日地方史志比较研究》。与日本我孙子市市史编委会、京都市史编委会交流编史修志经验。其间参观京都、东京及奈良等地博物馆。

9月，华北图协第十届学术年会在天津举行，主持编辑出版学术论文集《面向21世纪的大学图书馆》一书。

10月，在中国近现代史史料学学会第二次会员代表大会暨第五次学术讨论会上当选该会常务副会长。

11月，开始策划进行《天津通志·旧志点校卷》点校工作。我于1985年首倡此事，今幸得市志办主任郭凤岐君响应。

## 1997年，七十五岁

1月，与《北洋军阀史》各分撰者讨论撰写中有关问题，调整任务，确定完稿时间。

同月，《冷眼热心——来新夏随笔》由东方出版中心出版，20余万字，印行1万册。该书为“当代中国学者随笔”之一种，是我第一本结集成书之随笔集。

同月，《清代目录提要》由齐鲁书社出版，共37万字，印行1700册。

2月，《天津通志·旧志点校卷》正式启动。邀约专人，分头承担天津 12部旧志及相关著述的点校工作。该书被列为教育部古籍整理研究工作委员会资助项目。

3月，《古典目录学研究》一书由天津古籍出版社出版。共28万字，印行1000册。该书为国家教委人文社会科学规划项目，是有关古典目录学若干专题的论文集。

4月15日，飞抵美国亚特兰大。访问佐治亚州州立大学，在该校汉学研究中心作题为“中华文化与海外文化的双向关系”的演讲，并参观亚特兰大奥运场地。24日，离亚特兰大去俄亥俄州，访问俄亥俄大学图书馆，考察图书馆网络化问题。27日，离俄州去华盛顿，参观名胜。

5月1日，由华盛顿乘火车抵纽约，访问亲友。

5月5日至9日，应加拿大温哥华中华文化协会邀请，由纽约顺访温哥华。其间访问大不列颠哥伦比亚大学图书馆，在中华文化协会作题为“中华传统文化与海外文化的双向关系”演讲，并与温埠华人华侨学者座谈。

5月14日，由纽约起程回国。途经香港时访问香港大学、浸会大学等校，并应邀在浸会大学历史系作题为“中华文化的跨世纪展望”的演讲。18日，由香港飞返天津。

6月，《林则徐年谱新编》由南开大学出版社出版，以纪念一代伟人林则徐，庆祝香港回归祖国。全书共67万字，印行精、平装本3000册。

7月，《路与书》（“老人河丛书”之一）由中国青年出版社出版，共16万字，印行5000册。

同月，组织《津图学刊》与《大学图书馆学报》联合发起召开首届全国高校图书馆学专业期刊研讨会，全国12家高校期刊编辑代表参会，就提高办刊质量和今后发展进行深入探讨。

12月29日至1998年1月3日，参与组织在天津召开“中国海峡两岸地方史志比较研究讨论会”，作题为“关于比较方志学建设的思考”的大会发言。

## 1998年，七十六岁

年初，《北洋军阀史》全部草稿完成，在百万字左右。由我通读全稿，审定内容，划一体例，润色文字，历时年余始成初稿。

2月，《依然集》由山西古籍出版社与山西教育出版社联合出版，共21万余字，印行5000册。该书是“当代学者文史丛谈”之一种。

3月，美国俄亥俄大学图书馆馆长李华伟博士面临退休，我相应辞去该馆顾问职务。

4月，受约主编的《史记选注》由齐鲁书社出版，共37万字，印行5000册。该书为“中国古典名著普及丛书”之一种。

春，《中国近代图书事业史》历时十年，经三代师生苦心经营，终于完成初稿，由我通读终审。

8月，应新疆维吾尔自治区党史办、新疆生产建设兵团党史办和乌鲁木齐市志办之邀赴乌市在讲习班主讲“史料学概论”，中国近现代史史料学学会秘书长李永璞教授同往。

10月，所撰《长寿园碑记》镌刻于蓟县长城黄崖关景区长寿园内。

同月，《枫林唱晚》由南开大学出版社出版，共17万字，印行2000册。该书为“学识走笔·大学生文库”之一种。

11月30日至12月2日，赴台湾中兴大学出席“海峡两岸地方史志地方博物馆学术研讨会”，作题为“论新编地方志的人文价值”的演讲。会后环行台湾全岛名胜遗迹。10日，会议全部结束，回台北探望二弟。

12月17日，由台北飞抵香港，应香港博物馆之邀，参加18日至19日举行的“林则徐·鸦片战争与香港”国际会议，作题为“林则徐禁烟肃毒思想的历史与现实意义”的大会发言。

12月20日至25日，应澳门哲学会之邀，由香港去澳门参加“张东荪哲学思想讨论会”，作题为“张东荪其人其学”的演讲。25日会议结束，返校。

## 1999年，七十七岁

3月，《邃谷谈往》由天津百花文艺出版社出版，共17万字，印行4000册。该书为“说文谈史丛书”第二辑之一种。

4月，《北洋军阀史》初稿完成，又请分撰者传阅、提出意见，我作最后一次修改。

5月，《一苇争流》由广西人民出版社出版，共20万字，印行5000册。该书为“历史学家随笔丛书”之一种。

10月，《天津通志·旧志点校卷》上册由南开大学出版社出版，共247万字，印行1500册。中、下册已在校对中，全书出齐约700万字。

同月，因高龄不再担任中国近现代史史料学学会职务，被聘为该学会名誉会长。

## 2000年，七十八岁

1月，开始为自选文集《邃谷文录》搜集相关资料。

2月，《北洋军阀史》修改稿完成，交南开大学出版社。

夏，《中国近代图书事业史》经反复补订校核，终于定稿，交上海人民出版社。

6月，《天津大辞典》开始编撰，由天津市地方志办公室具体负责，我任主编之一。于12月底成稿。

10月，《来新夏书话》由台湾学生书局正式出版，共25万字，印行精、平装两种版本。

11月11日，所撰《兴建天津邮政博物馆刍议》一文刊于《今晚报》，倡议以“大清邮政津局”遗址兴建天津邮政博物馆，以纪念天津作为中国近代邮政发祥地的历史，并丰富津门文化生活。

12月，《中国近代图书事业史》由上海人民出版社出版，共30万字，印行5100册。

同月，《北洋军阀史》（上、下册）由南开大学出版社出版，共102万字，印行精、平装本3000册。

## 2001年，七十九岁

1月至4月，《邃谷文录：来新夏自选文集》编选工作结束。分4卷，即历史学卷、方志学卷、图书文献卷及杂著卷，170余万字。

3月，《天津大辞典》由天津社会科学院出版社正式出版，收词条万余，共285万字，印行2000册。

4月，组织天津高校图工委所属13所院校图书馆馆长访问团赴沪、宁访问、调研复旦大学、南京大学等校图书馆数字化建设与管理情况。

5月，与江晓敏合作《清文》选注本，由河北教育出版社出版，共22万字。为该社出版“历代文选”之一。

7月，在大连主持召开华北五省、市、自治区“高校网上图书馆”馆长研讨会，以此推动高校图书馆网络化建设。各地高校图书馆长及业务骨干60余人与会。

## 2002年，八十岁

6月，《邃谷文录：来新夏自选文集》（上、下册）由南开大学出版社正式出版，作为八十初度纪念。扉页有邃谷弟子以名画《白头红叶》致贺。

6月8日，“来新夏教授学术研讨会”在津召开，各方学者、友朋近200人莅会。

6月16日，获美国华人图书馆员协会（CALA）2002年度“杰出贡献奖”。

同月，《出枥集》由新世界出版社出版。共19万字，印行6000册。专页惠题“谨以此书献给来新夏先生八十华诞”。

8月，《来新夏教授学术讨论会论文集》由新疆大学出版社正式出版，南开大学地方文献研究室编，收录友朋评论50余篇。

同月，《三学集》由中华书局出版，共43万字，印行1500册。为“南开史学家论丛”之一种。

10月16日至25日，应台湾汉学研究所之邀，赴台出席地方文献学术研讨会，并在大会作题为“地方文献与图书馆”的专题学术报告。焦静宜女士一同赴会，并作大会发言。会后，在台湾大学、政治大学及淡江大学等校作学术报告，并应邀访问台北大学。

10月29日至11月2日，应绍兴图书馆之邀，出席该馆百年纪念，并在学术讨论会上作题为“古越藏书楼百年祭”的学术报告。

12月28日，今始在天津图书馆历史文献部为天津师范大学研究生班讲授“古籍整理”课程，每周一次，历时半年。

## 2003年，八十一岁

春，为纪念天津建卫600周年（1404—2004），邀约津沽名流学者，相与咨谋，共定编纂“天津建卫六百周年”丛书，以为文献积存之祝，我被推任主编，共定8题，每册10万字，分头撰写，期以一年。

7月3日，《北洋军阀史》一书获教育部颁发第三届中国高校人文社会科学研究优秀成果奖著作类历史学二等奖。

10月15日，先室李贞女士卧病七年，医治无效，于本日午时辞世，享年八十岁。风雨共济近六十年，撰《空留寂寞在人间》一文，以示悼念。

同月，《古典目录学浅说》由中华书局重新出版，收入“国学入门丛书”，共16万字，印行4000册。距1981年初版已十二年矣。

11月，《古籍整理讲义》由福建鹭江出版社出版，收入“名师讲义丛书”，共29万字，未标印数。该书为《古籍整理散论》增订本。

12月，应邀赴宁波参加天一阁举办的第一届藏书文化节，在大会作藏书文化报告。会后赴普陀朝拜观音。归途经绍兴，拜谒明徐渭青藤书屋。

## 2004年，八十二岁

春，“天津建卫六百周年”丛书各分册陆续交稿，我即投入审稿、通稿工作。6月中旬，全部定稿工作完成。交天津古籍出版社出版。

5月18日至20日，应邀赴浙江海宁市，出席海宁市图书馆百年纪念，并在大会作题为“海宁藏书家浅析”的学术报告。该馆为中国第一家县级公共图书馆。因先祖裕恂先生曾于海宁任教，故赠先祖遗著《汉文典》、《匏园诗集》、《萧山县志稿》等书。其间，参观王国维、徐志摩、张宗祥等人纪念馆。21日，归途道经嘉兴，至南湖，登中共第一次全国代表大会游船会址，并参观纪念馆。

7月，《学不厌集：来新夏学术随笔自选集〈问学编〉》由海峡文艺出版社出版。共24万字，未标印数。

同月，《中国近代图书事业史》获中国图书馆学会第二届图书馆学情报学学术成果奖著作一等奖。

8月，“天津建卫六百周年”丛书由天津古籍出版社出版，共八种：《天津的城市发展》（郭凤岐）、《天津的方言俚语》（李世瑜）、《天津的九国租界》（杨大辛）、《天津的园林古迹》（章用秀）、《天津的邮驿与邮政》（仇润喜、阎文启）、《天津的名门世家》（罗澍伟）、《天津早年的衣食住行》（张仲）、《天津的人口变迁》（陈卫民）。共百余万字，印行3000套。

10月，《只眼看人》由东方出版社出版，收入“空灵书系”。共15万字，印行5000册。

10月11日至14日，应国家图书馆之邀，赴北京出席地方文献国际学术研讨会，并在大会作主题报告“中国地方志的史料价值及其利用”。

10月22日（重阳节），在亲友、家庭成员和早年弟子的理解和支持下，与焦静宜女士在天津履行结婚登记手续。

10月31日，今日为图书馆学系二十周年系庆，参加纪念活动。1984年只手创办，二十年风雨艰辛。应邀发言，不谈既往，只致感谢之意而已。

11月16日，为《津图学刊》写停刊词，拟发在年末终刊号上。此刊自创刊至今二十余年，耗费心血甚多，为图书馆界同仁谋一园地，不意于6月间被出版管理机关以上级要求压缩、整顿为借口着令停刊。

11月下旬，校《清人笔记随录》多日，讹误处甚多，唯细心从事。

同月，应中国政法大学杨玉圣教授之邀，担任《社会科学论坛》编委。

12月3日至15日，偕静宜开始婚后杭嘉湖之行。历经上海、嘉兴、湖州、安吉及故乡萧山等地，访景寻情。其间要事：5日访上海图书馆，协商就其馆藏补订《近三百年人物年谱知见录》。6日，上午出席嘉兴市图书馆百年纪念大会，该馆为历史上第一个地级市公共图书馆；下午在该馆作“新时代的图书馆人”的学术报告。9日，去富阳参观华宝斋制纸刊印公司。10日，上午抵湖州师范学院，下午为文科师生作“中国新文化建设问题”的报告，强调应建设民族主体精神的文化架构。次日上午，为该校人文学院学生作“读书与做人”演讲，后游览乌镇。12日，离湖州到安吉，参观吴昌硕纪念馆、竹博园、天荒坪水电站。13日，至萧山。下午即偕静宜、侄女明敏及大生叔祖孙，同往包家湾墓地祭祖父坟茔。晚，区志办设喜宴代表故乡补祝与静宜婚礼。次日上午，到区志办与修志人员座谈有关第二届修志工作问题；下午到萧山古籍印务有限公司参观。

12月15日，上午参观江（淹）寺、梦笔桥。午饭后至杭州乘火车赴南京，车程五小时，抵宁时徐雁来接，由江苏教育出版社总编辑徐宗文安排入住凤凰台大酒店，徐赠其学术随笔集《三余论草》，并邀作书评。

12月16日至19日，赴扬州，应邀参加新编《清史》典志组研讨会，评论《朴学志》样稿。与会者有汤志钧、成崇德、郭成康、赫治清等人。争论热烈，我提出应加古学之说，增强汉宋之争及朴学源流部分。

12月22日，收到清史编委会寄来《清代闺阁诗集百种选目》，请评审。

12月23日，今日为天津设卫筑城600周年纪念日。

## 2005年，八十三岁

1月8日，下午应“缘为书来”网站之约，与网友对话。这是我第一次上网对话，所提问题涉及家世、师承、著述、人生等。

1月15日，应中央电视台之邀，在故宫拍摄《故宫》文献片一段落。

同月，经营二十年之《津图学刊》于2004年底被出版管理部门无理由停刊。已完成善后工作，一切尚称顺利。

同月，《清人笔记随录》经数十年之积累成书，由中华书局正式出版，列入国家清史编纂委员会“研究丛刊”。共50万字，印行精、平装共3000册。

2月18日，为友人林天蔚所著《地方文献论集》写序一篇。该书将由北京图书馆出版社正式出版。

2月中旬，开始拟定《清代经世文选编》计划，撰写申报项目文字材料，说明编纂理由、全书规模和所需经费等内容。3月18日向清史编委会正式递交整理《清代经世文选编》申请表。

2月25日，为早年学生马铁汉所著《品邮说戏》一书撰序。

2月28日，为南京大学教授徐雁所著《苍茫书城》写序。

3月6日，近日《中华读书报》等书刊宣传许嘉璐倡导主持之二十四史全译一事，声势甚大。我以为全译是整理古籍中最不明智的做法，耗财而多误。特撰《全译，到此打住！》一文，投诸《中华读书报》。

4月22日，晚七时，应校团委邀请，在伯苓楼报告厅为学生作题为“倾听历史的声音”的演讲。题目一语双关，主要涉及治学与人生。

5月初，《邃谷书缘》由河北教育出版社出版，共23万字，未标印数，被列入“书林清话文库”。18日，该社在天津图书馆召开“书林清话文库”主题品评会。

5月15日（农历四月初八日），应大悲禅院住持智如法师之邀，出席浴佛节法事盛会，并举行由我敬撰碑文《天津大悲禅院沿革记》之纪念碑揭幕仪式。

5月20日至21日，应邀赴济南出席孔子家谱编撰会议，参加讨论编撰原则等问题。会后，早年研究生王红勇陪同去章丘，游览该地古镇朱家峪。该镇设有具博物馆性质的展室四间，以保存乡土文献。

6月20日，清史编委会通知，《清代经世文选编》项目已获批准，并已拨第一次经费。

6月30日，从凤凰卫视新闻报道中获知启功老师于凌晨二时逝世。一代宗师遽然陨落，不胜痛悼。次日高温，挥汗含泪写悼念文章，至晚完成，即寄上海《文汇读书周报》，以志哀思。

7月14日，应邀至津南区参加“小站练兵园”建造论证会。袁世凯虽史有訾议，但清末小站编练新军一事，功绩不容抹杀。

8月29日，赴北京香山饭店参加“林则徐与近代中国”研讨会。次日上午在全国政协礼堂举行纪念会，后为研讨会。我在研讨会上作“林则徐与林学研究”之主旨报告。9月1日闭会。

9月2日，去中华书局，谈“皓首学术随笔丛书”策划一事。下午返津寓。

9月3日，今日为抗日战争胜利60周年，北京举行有6000人参加的盛大纪念会。

9月10日，今日为教师节，在图书馆会见信息资源管理系（图书馆学系5月更名）博士、硕士研究生。学生献花，祝贺节日。向学生主要讲一根二翼问题：一根是做人的根本要永不忘记自己是中国人这个根，中国人是历史和现实的结合体，既继承优秀传统，又面对现实，体现时代精神；二翼是“勤”和“韧”，“勤”是立足之本，“韧”是不拔之志。有此一根二翼，可无往而不利，成为真正的中华儿女。

9月14日，应教育部古籍整理研究工作委员会曹亦冰女士之邀，担任《美国国会图书馆藏汉籍善本（宋元部分）》项目顾问。

9月15日，赴北戴河出席华北地区高校图书馆协作委员会成立20周年纪念会。华北五省市高校图书馆人员170余人参会，特邀诸位老友见面。

9月22日，应河北工学院廊坊校区之邀，向该校学生作公开演讲，围绕林则徐生平阐述以爱国主义为核心的民族精神。次日返津。

10月7日上午，出席在行政楼会议室召开之清史项目座谈会，凡我校承担项目人员均参加，国家清史纂修领导小组副组长、文化部副部长周和平莅会，对各项目情况进行交流。

10月8日至10日，在安徽合肥参加《李鸿章全集》评审会。应邀专家提出对全集的评价和建议，均中肯可取。

10月11日，转移至刘铭传学术研讨会会址，并参观李鸿章享堂。墓地面积较大而遗物不多，仅有棺木一片及残碑一块。

10月12日，刘铭传学术研讨会正式开幕。次日，在会上作题为“刘铭传与台湾开发”的专题发言。

10月14日，会议结束。上午，乘车去肥西，访问刘铭传旧居。又至小井村，该村为实行包产到户的起源地，陈列有当年村领导与村民决策旧物。中午，访三河镇，该镇为当年曾国藩与太平军激战重镇，现仅存老街。下午由合肥乘飞机赴萧山。

10月17日上午，应邀为萧山修志人员再讲关于对第二届修志有关问题的思考。下午离萧赴淳安千岛湖休养，22日由杭返津。

11月12日，由津抵沪，参加顾廷龙先生纪念会。次日开会，在会上作题为“顾廷龙先生与版本目录学”的报告。16日晚乘火车返津。

11月19日，在北京参加唐魏征学术研讨会，并就魏征民本和谐思想及其书法鉴赏水平作主要发言。午后返津。

## 2006年，八十四岁

3月4日，连日审读《清史·朴学志》样稿。

3月24日，赴济南参加清史编委会文献组汇报会。次日开会，各项目负责人相继汇报，我亦将《清代经世文选编》选目、点校及三审制等情况作一汇报。26日返津。

3月28日，清史编委会典志组郭成康由京来津，商谈典志编写问题，并邀在近期评议会上作主要发言。

4月1日晨，乘飞机至萧山机场转赴绍兴，应绍兴市政府之邀陪祭大禹祭典。次日上午9时，出席祭典。仪式隆重肃穆，与会群众达数千人。祭后又拜谒禹陵及禹庙。4日返津。

4月7日，教育部古籍整理研究工作委员会主任、北京大学教授安平秋及随行人员来舍，代《儒藏（精华编）》编纂委员会聘我为顾问。

4月17日，校宣传部介绍《南方都市报》记者采访，历时两小时。

4月20日，应清史典志组之邀，在京参加典志评议会。21日，中华书局柴剑虹、李晨光来会上谈“皓首学术随笔”事。22日，离会返津。

4月28日，应河北省河间市文化局田国福局长之邀，赴河间市参观田氏私藏有关《诗经》著作和文化局收藏石刻碑版，并商议《冯国璋年谱长编》编写问题。次日，参观冯国璋故居与墓地，大都已破坏，仅存数处遗迹。又至汉毛苌墓，仅有一新立碑。30日上午，驱车回津。

5月10日至12日，赴京停留三日，与有关各方商谈：一与清史文献组谈《清代经世文选编》召开初审会事；二与中华书局谈《皓首学术随笔·来新夏卷》核红事及《清人笔记随录》再版校订事；三与马铁汉谈《谈史说戏》一书增订与插图事。

5月22日至24日，在津主持召开《清代经世文选编》初审会。清史文献组、中华书局编审及点校人员共20余人到会。由我向与会者汇报项目筹备经过及整理点校计划等，与会者讨论类目与选编。

6月27日，被甘肃《四库全书》研究会聘为顾问。

6月，《书文化的传承》（插图本）由山西古籍出版社出版，共15万字，印行2500册，装帧印刷尚称精美。妻子焦静宜所著《星点集》亦由南开大学出版社同时出版，60余万字，为其一生心血所在，我为其题写书名。

7月3日，《南方都市报》以两版篇幅发表对我的采访记，题目是“我们扫地那些年是南开最干净的几年”，颇著影响。

7月12日，萧山区文化局局长任关甫及萧山图书馆党委书记方晨光来津舍，商谈在萧山图书馆内设“来新夏著述专藏阅览馆”一事，达成协议。由我捐赠首批图书6000册（后当续捐），由萧山图书馆负责设计、安排及经费支出，确定次年初开馆。

7月28日，在天津市和平宾馆参加“大户人家”系列丛书启动新闻发布会及写作研讨会，并作主题发言。

7月，应天津高校图工委之请，为华北图协第二十届学术年会论文集作序《把高校图书馆办成研究型图书馆》。

8月31日，萧山方志办来电，拟设立“来新夏方志馆”。我以前曾答应将所藏新编方志及有关方志著述捐赠，今仍维持原承诺。

9月3日，开始整理捐赠书籍，甚纷乱烦扰，幸得焦氏姐弟相助，前后历十余日方竣事。共捐出图书40余中型纸箱。另有书桌、书架、文具、手稿、挂轴等物多件。15日，萧山图书馆派专人专车来津运回。

9月19日，下午二时乘车去蓟县盘山度假村参加华北图协第二十届学术年会。次日，在大会作题为“应该重视图书馆员的权利与需求”的发言。下午，会议派车送归。

10月26日至30日，在萧山。27日，与图书馆及方志办晤谈“来新夏著述专藏阅览馆”及“来新夏方志馆”筹建有关事宜。28日，去临浦参加《蔡东藩研究》一书首发式并在会上对乡贤蔡氏人品、学术、成就等作了发言。29日，上午出席滨江区历史文化丛书座谈会，下午访问故乡长河小学。30日，乘飞机返津。

同月，《皓首学术随笔·来新夏卷》由中华书局正式出版，共25万字，印行4000册，装帧设计尚典雅。这套书收季羡林等年逾八旬的学者八人所著。

11月9日，飞赴宁波，出席为纪念天一阁建阁440周年而举行的“中外藏书文化研讨会”。次日，在大会作题为“综论天一阁历史地位”的报告。11日，参观慈城、保国寺，均甚有特色。

11月12日，应励双杰君之邀，离宁波去慈溪，与励交谈家谱收藏与研究问题，并参观其收藏的近万种家谱。

11月13日，由慈溪至萧山，与区志办主任沈迪云再谈关于捐赠私藏方志及在萧开辟方志馆具体事宜，达成协议。14日，去滨江区，与该区社会发展局局长丁幼芳谈先祖《匏园诗集续编》出版事宜，丁慷慨承诺。15日，应中共萧山区委宣传部之邀，出席《湘湖文丛》首发式。在会上针对萧山重经济轻文化之偏向，提出经济、文化不得偏废，避免出现社会发展中“跛足”现象的建议。16日返津。

11月21日，上午出席“天津滨海新区文化定位论坛”，发言阐述经济与文化齐飞的关系，认为文化定位应虚实结合，应选择既为百姓接受，又有概括抽象意义者。下午，应邀到天津城市管理学院参加该校文化节，向全体学生作题为“传承文明，起飞理想”的演讲。

11月27日，赴京出席全国高校古籍整理研究工作委员会主办之“中国古文献与文学研究”国际学术研讨会。次日在大会作题为“地方志与文学研究”的发言。此文后由《中国文化》发表。

11月30日，上午至京，与中华书局谈《近三百年人物年谱知见录》（增订本）出版一事，达成初步协议。下午返津。

12月7日，在京出席中华书局召开之“皓首学术随笔”座谈会，到会者有刘梦溪、冯其庸、戴逸、张梦阳、韦力、韩小蕙、杨玉圣等人。有多家媒体参加。

12月22日，绍兴失地农民孙伟良，笃志好学，我曾捐赠多批图书，今再捐书390余册，希望其在乡间普及文化。经其筹备多时，拟在其家乡群贤村成立“来新夏民众读书室”。

12月30日，应天津市教育基金会之邀，在市政协礼堂向全市中学文史教师作“中华传统文化”讲座，题目是“国学与国学热”。

## 2007年，八十五岁

1月，《谈史说戏》增订本由山东画报出版社出版，与早年学生、戏曲家马铁汉等合作，共18万字，印6000册。

2月1日上午，萧山“来新夏方志馆”开馆，在馆外举行剪彩仪式，来宾数十人，现场群众很多。由区领导致辞，并颁发捐赠证书。方志办特制银牌及首日封以资纪念。

2月2日上午，萧山“来新夏著述专藏阅览馆”开馆，在萧山图书馆举行捐赠仪式。邵燕祥乡兄亦有捐赠，另设有专柜。

2月3日上午，去绍兴县群贤村，参加“来新夏民众读书室”揭牌仪式。

4月3日，因心动过缓已住院一周观察，决定安装起搏器。上午由心外科万征主任主刀，经一小时完成，一切顺利。

4月19日，北京大学中国古文献研究中心主任安平秋等四人来津探视，并致送该中心兼职教授聘书。

5月20日，向萧山方志馆捐赠天津区、县、乡志及专业志等志书70余种，今日送物流托运。

5月，向绍兴“来新夏民众读书室”捐赠方志类图书1箱。

7月5日，本校历史学院博士生夏柯、厦门大学历史学系教师刁培俊二君来舍，代上海华东师大《历史教学问题》杂志采访，主要谈我的学术历程和对中国近代史一些问题的看法。后访谈录《纵横“三学”求真知》刊于《历史教学问题》2008年第1期。

7月27日，清史编委会典志组郭成康等二人由京来津，征询对《朴学志》与《思想志》的意见，我就所见坦率陈述。

8月，随笔集《邃谷师友》由上海远东出版社出版，共22万字，印行5100册，为该社“远东瞭望丛书”之一种。

9月，《阅世编》系二十年前所点校（原由上海古籍出版社出版），近又重加点校，并改写说明，由中华书局再版，共17万字，印行4000册。

10月16日，在京出席国家图书馆主办之“地方文献国际学术研讨会”，作题为“地方文献的学科建设与人才培养”的大会发言。

10月21日，飞赴杭州。次日审读先祖《匏园诗集续编》整理稿，分卷清楚，编次合体，皆整理者吴云先生之功。23日，上午参加“滨江区历史文化丛书”首发式；下午到萧山区，与区志办商讨明年3月召开之“地方文献国际学术研讨会”筹办事宜。24日，上午在区志办与全体编志人员座谈第二届修志若干问题，下午乘车赴慈溪。

10月26日，在慈溪坎墩镇参加《十里长街——坎墩》一书的评论会。

10月27日，离慈溪赴湖州。次日下午，在湖州师范学院图书馆作题为“图书馆人的再塑造”的学术报告，提出新时代图书馆人的素质标准。

10月29日，“皕宋楼百年纪念会”开幕。我发言题目为“关于‘皕宋楼事件’罪责之我见”，主张日人岛田翰应负首要罪责。与会者看法不一。会上与美国普林斯顿大学马泰来及艾思仁等会晤。

11月8日，将《清代经世文选编》稿8册派人送至北京清史编委会文献组。此为该项目第二阶段成果。

11月15日至20日，应邀赴澳门大学讲学、访问。其间，访问澳门大学图书馆，为澳门图书馆员培训班讲授古典目录学与方志学，历时五日，反映尚佳。

12月29日，清史编委会文献组寄来正式公函，告知《清代经世文选编》稿已通过第二阶段验收，并寄来样稿第一、三两册，要求参读稿面所注专家意见。

12月，应上海科学技术文献出版社之约，与静宜分头开始写《来新夏说北洋》一书。次年2月完成，交付出版社。

## 2008年，八十六岁

1月2日，动手整理旧稿《太史公自序笺释》，历时一周，得6万余字，当再增补。

1月13日，中国第二历史档案馆毛毅来访，代表该馆邀我出任该馆所编《北洋政府档案史料丛书》主编，婉谢其请。后允担任名誉主编，3月初收到中国第二历史档案馆编审委员会寄来丛书名誉主编聘书。

同日，委托王振良君整理之先祖《中国文学史》稿，今整理竣毕送来。此书将由岳麓书社出版。

1月14日，出席《天津历史与文化》写作提纲讨论会。

1月，与萧山区史志办主任沈迪云及童铭等函电往来，筹备由北京大学中国古文献研究中心与萧山区政府主办、萧山区史志办与南开大学地方文献研究室承办之地方文献国际学术研讨会事宜。

3月12日，被蓟县志办聘为《盘山志》整理本顾问。

3月16日，“地方文献国际学术研讨会”在萧山宾馆隆重举行。由区领导致欢迎词，安平秋教授致开幕词。大会分组会发言进行讨论，至17日闭幕。会后，各地学者游览湘湖。

3月18日，陪同台湾来的二弟新阳全家去绍兴，参观鲁迅故居、秋瑾故居等名胜及绍兴县群贤村农民孙伟良所设之“来新夏民众读书室”。之所以协建此读书室，主要是为在底层普及文化，提高公民素质，以尽个人社会职责。

3月19日，我夫妇偕二弟全家到先祖来裕恂先生墓地扫墓，敬献花圈。又到故乡长河祖居访问、到西兴探访外祖老屋，均得当地政府、亲友隆重接待，至感盛情。

4月7日，日本关西大学大庭修教授的夫人大庭博子寄来大庭修教授遗集。老友大庭修先生专研竹简及秦汉法制，是学识渊博的真正汉学家。

4月22日，为王振良君正在筹办的《天津记忆》题签。

春，向“来新夏著述专藏阅览馆”、“来新夏方志馆”和绍兴“来新夏民众读书室”再分别捐赠图书。

5月13日，林则徐基金会来函，得知被推为该会学术顾问。

5月17日，天津成立国学研究会，聘我为首席学术顾问。31日，召开成立大会。

5月19日，收到《中国典籍与文化论集》与期刊，分别刊出《书目丛刊拟目》及《〈书目答问汇补〉叙》二文。

5月25日至28日，应黑龙江文史馆之邀，在哈尔滨出席流人学研讨会。26日至27日正式开会，以李兴盛先生的流人学研究为主题。28日，大会安排学术考察，上午到阿城金上京展览馆，此为全国唯一金源史展览。下午参观日寇731部队遗址，此为日人细菌战之细菌制作所，以抗日志士及一般无辜平民做非人试验，血迹斑斑，令人发指。如此暴行，后代莫忘。

5月29日，小友许隽超教授来接移住哈师大宾馆。下午为该校文史二系师生作题为“我之国学观”的演讲，主张“国学就是经史子集之学”，历时两小时。次日回津。

6月5日至9日，静宜校《来新夏说北洋》清样竣事，寄还上海科学技术文献出版社。

6月14日至15日，清史编委会在南开大学召开《清代经世文选编》座谈会，讨论有关《选编》体例、选文及点校等问题。清史编委会有马大正、王汝丰、陈桦等出席，邀请专家有王思治、刘志琴、徐建华等。

7月28日，应内蒙古张阿泉之邀，为其“纸阅读文库”编一小集，由内蒙古教育出版社出版。拟选近期所作数万字，初名“说长道短”，出版时名为《砚边馀墨》。

8月3日，韩国女学者朴贞淑（南京大学博士生在读）来电话告知拟翻译拙作《古典目录学浅说》，并请为韩译本撰序。后致专函并另附其导师张伯伟教授证明信。允之。

同日，多年前点校之《清嘉录》（原由上海古籍出版社出版），今由中华书局重版。

8月8日晚，奥运会在北京开幕，实现中华民族百年梦想。

8月19日，《启功书信选》由北京师范大学出版社正式出版。我受委托为该书作序。

8月27日，先祖所著《中国文学史》由岳麓书社正式出版，本书由王振良君整理，陈平原教授撰序，潘友林君校核，由我写后记以记其成书面世始末。

9月10日，应邀为南开大学信息资源管理系同学作“闲话读书”讲座。

9月28日，《南开大学报》发表《闲话读书》一文。

10月5日，向萧山“来新夏方志馆”寄赠史志著述，自今春以来已130余种。

10月9日，上海人民出版社虞信棠与毛志辉二先生将多年前拙作《中国古代图书事业史》及《中国近代图书事业史》删繁就简，合为一书，题名《中国图书事业史》，已列入该社专史系列。今寄来清样，11日校竣即寄还。

10月13日至14日，应邀为萧山乡镇党政干部集训班讲授北洋军阀简史。其间与有关亲友在住所相晤。

10月15日，为参加第六届全国民间读书年会，下午自萧山飞抵济南，即改乘汽车至淄博。16日，参观足球博物馆、古车博物馆及古都博物馆等处，增加很多历史文物知识。

10月17日，第六届全国民间读书年会开幕，出席者有读书界知名人士及各民间刊物主编，共60余人。次日，访问赵执信纪念馆、蒲松龄故居及周村老街。

10月21日，《80后》由北方文艺出版社正式出版，系收我八十岁以后随笔之小集。共15万字，印数未见版权页。

10月24日，应校图书馆之邀，为全馆人员作“论国学”之学术报告。

10月31日，为《中国图书事业史》写后记，该书不日即可付印。

11月2日，在津参加由民间志愿者举办的第一届中国文化遗产保护天津论坛，文物界专家谢辰生等多人出席，我就“不忘历史，追求记忆”为题发表意见。谢辰生先生是我高中时国文老师谢国捷先生之弟，已近六十年未见面，畅谈甚欢，兴奋不已。

11月6日至7日，应国家图书馆之邀，在天津图书馆为整修图书培训班讲“经史子集概要”一课。

11月11日，在杨村附近之沙庄宾馆出席全国图书馆古籍年会，在大会作题为“古籍整理与保护”的发言，历时二小时。

11月30日，岳麓书社寄来《访景寻情》清样，至12月2日校竣，并配插图寄还。

12月5日，与上海交通大学出版社签约，编著《目录学读本》。为该社组编之“当代大学读本·国学基础系列”一种。

12月10日，审读《萧山市志》，并提出书面意见。

12月11日，出席校新图书馆建筑咨询委员会议，提出修改方案，被部分采纳。

12月19日至20日，应浙江桐乡市志办邀请，在桐乡市银园宾馆参加桐乡《洲泉镇志》评稿会。其间探望堂弟新铭一家和堂妹新华一家。会后赴萧山。

12月22日至23日，在萧山。与区志办沈迪云主任商谈整理点校《萧山县志稿》（民国二十四年本）工作，评论《萧山市志》部分稿件，并初步商讨编纂《萧山丛书》规划。

12月25日，阅读有关《清代经世文选编》资料，准备撰写该书前言。

12月26日，上午与南开大学分校图书馆学系首届毕业生（1979级）聚会，共庆入学三十周年毕业二十五周年。

## 2009年，八十七岁

1月4日，受聘为天津市建筑遗产保护志愿者团队顾问。

1月5日至10日，北京超星数字图书馆来家为《来新夏说北洋》做讲课录像，每日两小时，中间休息一刻钟，已感疲劳。

1月10日，参照按清史编委会文献组意见，修改所撰《清代经世文选编》前言。

1月13日至14日，以牛年将至，应《今晚报》约稿写《牛年颂牛》一文。

1月16日，收到老友凌青所著《从延安到联合国》一书。凌青是林则徐五世孙，曾任中国驻联合国大使。该书自记其外交官生涯。

1月18日至20日，整理旧物及藏书，挑出一批赠书，分赠萧山方志馆、图书馆及绍兴“来新夏民众读书室”。

1月21日，应堂侄来明强之请，将祖父所著《萧山县志稿》、《匏园诗集》正续编、《中国文学史》等经我出资出版诸书一套寄其存念。

1月24日，《清代经世文选编》初稿完成，装订成册，拟送往清史编委会审定。

1月25日，今日为戊子年除夕。中华书局李晨光自京分卷寄来《近三百年人物年谱知见录（增订本）》校样。蓄志多年，今见实现，实感忻然。翌日为庚寅虎年元旦，虎虎生气，预兆明年学术事业，皆能有成。《知见录》清样每页皆有错漏，逐一改正。全书共6卷，迁延至5月方校完，但仍不免有错。校书如扫落叶，随扫随有，信然！

2月2日，收到由我和静宜合写的《来新夏说北洋》一书之样书。上海科学技术文献出版社出版，17万字，未注印数。本书为专题结构之普及本，入该社“大家说历史”系列。

2月3日，香港学者林天蔚逝世后，其台湾友人曾一民筹划编印纪念集，林夫人征稿及我。我与林氏交往甚多，友情至密，乃写悼文《学兼史志的林天蔚》寄去。

2月4日，《博览群书》杂志拟发《闲话读书》一文，并邀题写“博览群书”四字及“临渊羡鱼，不如退而结网”小幅，插入文内，应之。

2月6日至10日，应南京大学博士、韩国女学者朴贞淑之请，为其所译拙作《古典目录学浅说》韩文本写序，略述古典目录学之源流发展及作用等。

2月19日至20日，应浙江桐乡市洲泉镇之请，为《洲泉镇志》写序。

2月27日，南京大学徐雁教授电邀加盟其“观澜文丛”，允之，拟选编一文史随笔集，题名“交融集”。袁逸亦有一书入丛书，请我作序。

3月6日，应福建教育出版社林冠珍编审之请，为《莫理循1910年西北行》一书写书评。9日完成付邮。

3月7日，校山西三晋出版社即出版之《书前书后——来新夏书话续编》清样。15日全稿校完寄还。

3月16日至18日，为袁逸《文澜阁上说书事》一书作序。出版时书名为《书色斑斓》。

3月30日至4月24日，因感冒、咳嗽转肺炎并心力衰竭住院，经抢救、医治二十余日，始出院回家休养。萧山沈迪云主任专程来津探望，表达家乡情意。

4月，原主编之《史记选》，经部分修改后，中华书局再次出版，共26万字，印行6000册。

同月，《中国图书事业史》由上海人民出版社出版。共39万字，印行3250册。

5月6日，《访景寻情》由岳麓书社出版，即我在国内外游学所经记录，16万余字，印行5000册。

5月13日，北京师范大学出版社寄来《启功全集》6册，我忝列编委会成员。全集共20册，编排有次序，但出版时未按顺序推出，成一卷出一卷。

6月3日，应海源阁杂志约请，写《林则徐与杨以增》一文，于6日完成寄《中国文化》杂志。

6月13日，第三次修改拙作《太史公自序笺释》稿，仍需补充。

6月19日至23日，终校《书目答问汇补》清样。

6月25日至27日，为校图书馆90年纪念集写序。

6月，为答谢杭州图书馆多年支持，特捐赠自存社科类专业著述120余种。

同月，向绍兴“来新夏民众读书室”捐书刊100册。

7月6日，为纪念《博览群书》300期，应邀写《我与〈博览群书〉》稿。次日完成寄出。此文后于该刊第12期刊出。

7月19日，“溥仪出宫”7篇，开始由《紫禁城》连载。

7月26日至30日，整理写定《张履祥年谱考略》，由《中国文化》杂志发表。

8月9日，为山东阿滢所编《我的中学时代》一书写序。

8月14日，受家乡萧山方志办委托，主持整理点校《萧山县志稿》（民国二十四年本），组织人员开始工作，并写前言。已与南开大学出版社签订该书出版合同。

8月31日，参与编辑之《近代中国看天津》一函4册由天津古籍出版社出版。

9月1日，写《我对二轮修志的一些看法》，交《中国地方志》发表。

9月3日，晚八时启程与静宜乘火车赴内蒙古包头，应邀出席第七届全国民间读书年会。5日上午九时，大会在鄂尔多斯正式开幕，我作有关读书之发言。次日，冒雨谒成吉思汗陵及博物馆。7日上午，大会学术讲座，为与会者作“北洋军阀史要略”演讲。两小时畅说北洋兴衰，亦一快事。8日返津。

9月11日，《人物》杂志刊出刘刚、李冬君夫妇合写的《瞧！那80后》一文，记述我的生活片段。值教师节得此一文，亦是一巧。

9月11日至14日，应崔国良之邀，为其所编《南开话剧史料丛编》（三册）写序近3000字。自以为尚能撮其要。

9月13日，收到朴贞淑女士自韩国寄来其所译拙作《古典目录学浅说》（二册），惜不通韩文，仅作收藏，以备一格而已。

9月14日，王振良转来谢辰生先生题赠诗笺，诗曰："而今垂老尚何求，维护原则敢碰头。污吏奸商榨民脂，精英文痞泛浊流。群邪肆虐犹梼杌，正气驱霾贯斗牛。蒿目层楼忧社稷，坚持信念度春秋。"

9月18日，先祖遗著《易学通论》将由广东人民出版社出版，为之撰《后记》一篇，记其始末。

10月13日，为老友崔文印夫妇所著《籍海零拾》写序言。

10月23日至29日，因感冒发烧，住院一周。

11月3日，应《今晚报》之约，为撰《名镇小站》一文。

11月5日，《书前书后——来新夏书话续编》由三晋出版社出版。共14万字，未著印数。

11月12日，应南开大学出版社之约，整理编次《来新夏谈书》一稿，加盟"大家谈丛书"。从旧存稿中甄选，亦甚费周章。

11月22日，北京超星数字图书馆来录制我与宁宗一先生交谈读书与治学。

11月26日，撰《岛田翰的才与德》一文，与钱婉约女士商榷。

12月1日，为《南开大学图书馆藏稀见清人别集丛刊》写序。为张元卿、王振良主编《津门论剑录》题签。

12月3日，为刘刚、李冬君夫妇所著《文化的江山》写书评《期待美的历史——读〈文化的江山〉》。此书评后发表于《读书》2010年第6期。

12月4日，开始审校《萧山县志稿》（民国二十四年本）清样，共百余万字，又需数月之功。由繁改简，由直易横，极易出错，当敬谨从事。

12月16日，香港凤凰电视台《凤凰大视野》栏目来家录制有关袁世凯生平专题，讲"小站练兵"、"辛亥革命"及"洪宪帝制"三题，约一小时半。

12月19日，应北京中央美术学院画家赵胥之请，为其所藏饶宗颐诗题跋。

12月20日，应上海交通大学出版社之邀，开始启动《林则徐年谱新编》增订工作，易名为《林则徐年谱长编》。

12月21日，海宁虞坤林寄来其所编《陈乃乾文集》。陈氏为文献学前辈，一生致力学术。虞君所编，搜罗甚备，有许多可供参考的内容。

## 2010年，八十八岁

1月1日，校读《书目答问汇补》史部清样。

1月9日，《交融集》由岳麓书社出版，今日在京首发。全书20余万字，由宁宗一先生作序。

1月12日，周轩、茅林立、林子东诸友人为林则徐年谱寄来增订意见，皆有可取。增订工作，日日进行，但进度甚慢，每增订一处，需翻检多种书籍。增难删亦难，校核文献尤难，因目力较差之故，更需加紧以抢时间。

1月13日至15日，暂停《林则徐年谱长编》增订工作，集中力量审定《书目答问汇补》子部、集部和附录，悬疑问题不少，应尽量消灭。

1月22日，静宜赴京，午夜登机赴埃及参加开罗书展。顺访南非。

1月29日，为《南开大学图书馆藏清人别集161种提要》写序，历时二日完成。

2月14日，夏历新年，各方好友纷来贺年，我亦以电话向亲友贺年。

2月22日，《书目答问汇补》定稿，明日将请天津图书馆李国庆君亲送中华书局，交崔文印兄编辑处理。李亦系《汇补》一书作者之一。

2月26日，为纪念南开大学校父严修150周年诞辰，开始写《应该怎样评价严修：纪念严修先生一百五十周年诞辰》一文，批评近年评价严修之欠公允。3月2日完成，寄《社会科学论坛》。

2月27日，收到邵燕祥著作的电子版。主要记述其个人自1945年至1958年十三年间的经历，系其自传的一部分。真情吐露，颇具胆识。

3月1日，应山东图书馆馆刊韩淑举女士之邀，采写访谈录《人生就是如此》，此文后刊于《山东图书馆学刊》本年第4期。

同日，《今晚报》王振良君送来《天津记忆》4卷，并就评选天津十大藏书家及召开严修150年诞辰纪念会等事交换意见。

3月4日，天津图书馆李国庆君赠《三十三种清代人物传记资料汇编》全文影印本，对研究清史颇有参考价值，深表感谢。

3月5日，岳麓书社社长曾主陶由长沙来探望，赠《陶澍集》一套10册。陶氏著述大致收齐。

3月9日，为校图书馆编辑之《南开大学图书馆藏稀见清人别集丛刊》写序，题为“清人别集的价值”，在《南开大学报》发表。

3月10日，补写2009年个人学术简谱。

3月11日，校图书馆办公室人员刘忠祥陪同静海县梁头镇书记王台博来舍，要求为该镇撰《迁坟记》碑文。事关公众，允予考虑，待实地考察后再谈。

3月23日，清史编委会文献组王汝丰及宝音二先生来津，转达专家对我主持编纂之《清代经世文选编》的意见。此为第三次送审回馈意见。文献组要求在3个月内修改完毕。25日，即开始终校《清代经世文选编》稿第一册。

3月28日，继续整理增订《林则徐年谱长编》，发现原作问题不少。文章千古事，得失寸心知，幸有此次增订，得以改正若干误处，稍赎前愆。

3月29日，《萧山县志稿》（民国二十四年本）由南开大学出版社正式出版，共百余万字，印制、装帧质量精良，即请社内经物流运往萧山。

4月2日，下午，应崇化学会等民间组织之邀，参加纪念严修150年诞辰座谈会。我在会上作题为“怎样评价严修”的发言，主要阐述严氏对南开大学的创建之功。

4月9日至10日，应商务印书馆之邀，赴京参加“中华现代学术名著丛书”论证会，到会者各推荐名著。南开尚有冯尔康教授与会。

4月14日，收到戴逸教授寄来所著《涓水集》，约40万字。主要为其主持清史编纂工作以来所写之文章，颇有参考价值。

4月21日，审定《近三百年人物年谱知见录（增订本）》最后样稿，查证核对，历时十日，订正错讹多处。著书之难如此！

4月25日，山东夏津潘友林持其笺释之《德州旧志十种》定稿来请序。潘君整理编次此书十多年始成一书。

4月30日，国家文物局顾问谢辰生先生来访。辰生先生是我中学时业师谢国捷先生八弟，与我同龄。他历年为保存古建筑遗产竭尽心力，今垂垂老矣，犹在奔走四方，呼吁抢救，的是难得。

5月7日，撰写《静海梁头镇南五村迁坟碑记》。由平遥冀有贵书丹，9月勒石。

5月10日，美国俄亥俄大学图书馆原馆长、现美国国会图书馆中文部主任李华伟博士来津商谈中美合作交流项目，特邀共进晚餐，老友重逢，交谈甚欢。

5月20日至26日，应江苏《泰州日报》邀请，参加《泰州城脉》一书的评论会，有泰州、兴化、苏州、常熟一行。21日，上午参加《泰州城脉》一书评论会。下午参观国家主席胡锦涛旧居，为两进瓦舍；又参观梅兰芳纪念馆。22日，上午离泰州去兴化，参观郑板桥、施耐庵纪念馆。郑板桥故居，简洁有趣，想见板桥当年风范；下午到苏州。23日，上午在拙政园与常州谱牒学会会长朱炳国晤面。彼此交谈有关谱牒收藏、研究、推动等问题。24日，上午去留园游览，下午在太湖西山雕花楼入住。经王稼句等人介绍，静宜夫人同意，收“吴门小女子”吴眉眉为女弟子。晚餐前行传统拜师礼，我赠以“博观约取，好学深思”八字为勉。25日，上午参观雕花楼。该楼原系徐氏仁本堂旧产，历康、雍、乾、道、咸五朝始修成，以雕花胜。惜“文化大革命”中破坏严重，幸存者十不一二。阅残破情状照片，不禁欷歔。应现业主黄涛之请，为写“燕怀堂”匾额一方。下午去常熟理工学院，并参观新校园。26日，上午参观瞿氏铁琴铜剑楼。瞿氏四代藏书，为晚清四大藏书家之一。藏书楼已修缮一新，惜内部旧藏均为再造善本及复制品，仅有一处为旧宅，可付一叹。出铁琴铜剑楼到脉望馆，此楼为明人赵用贤父子藏书所也。楼已被官方用作古琴研究会会所，楼中空无一物，即复制品亦无，较铁琴铜剑楼尤惨。出脉望馆到翁同龢纪念馆，翁氏为当地望族，翁同龢系清末名公。馆内尚有若干件遗物。应馆人之请，为题“两朝帝师，一代荩臣”八字。明清名藏，落此境况，不悦者终日。午后，乘车去杭州转至萧山。

5月27日，与萧山志办沈迪云君谈《萧山丛书》编纂问题，有共同意向，细节尚待磋商。

5月28日，萧山志办来人拍摄口述史录像，谈三点内容：一谈童年在萧故事；二谈目睹故乡经济发展感受；三再提出注意“跛足经济”问题，即不能注意发展经济而忽略文化建设。

5月29日，绍兴图书馆馆长赵任飞来萧采访我对古越藏书楼的评说。徐树兰父子出其家藏，益以资金，建楼设馆，化私藏以济公众，开中国近代图书馆之先声。其理念与事迹，确应广为宣扬。次日，由萧山乘机飞返天津。

6月2日，约信息资源管理系主任柯平谈《目录学读本》的编纂方法。10日柯平即送来《目录学读本》大纲，相互切磋后确定。由柯平邀约国内目录学学者分工撰写，定6月下旬集会分任务。

6月5日，《清代经世文全编》竣事，由我执笔写序。全稿已交学苑出版社。

6月8日，中央美术学院赵胥送来其为祝米寿而作我的油画肖像一幅，高约

1.5米，形神具备，其情可感。

6月10日，因事务较繁，《林则徐年谱长编》增订工作已停顿数月。今日重新启动，已至“道光二十一年”。

6月11日，收到苏州王稼句所著《端午》一书。

6月12日，参加由《云梦学刊》与《南开学报》共同举办之“名校与学术发展”讨论会，我就南开大学有关学术弊端作了半小时发言。

6月13日，收到《人民日报》李辉寄来所著《胡风冤案始末》及《绝唱谁听》二书，皆独抒己见之作，斯人也而著斯书。

6月18日，应在宝坻区任职贾凤山、张殿成二生之邀，到宝坻温泉城度米寿。静宜恰为六十大庆。

6月22日，为江山方东武著《方志语言学》撰写序言，以其书资料丰富而有创意也。

6月25日，出席天津北塘民俗文化协会揭牌仪式，会上作题为“民俗文化的意义与北塘文化传统”的发言。

6月28日，受聘为今晚报社等单位合办的天津市藏书家评选活动顾问。

7月1日，邀山东夏津潘友林来津，助编《近三百年人物年谱知见录》（增订本）索引。

7月2日，收到苏州王稼句选编之《苏州山水文选》。

7月8日，中央电视四台来家采访中国地方志发展情况，主要谈及地方志的三大功能及新编志书的要求等问题，历时三小时。

7月10日，召开《目录学读本》编写工作会。就《读本》体例、编写有关问题，以及个人承担章节、交稿限期等事，进行研讨分工。

同日，收到广东人民出版社寄来先祖来裕恂先生遗著《易学通论》样书。

7月13日，完成《林则徐年谱长编》第一轮修改增订工作，交付打印。

7月27日，为《中国德奥战俘营》（福建教育出版社出版）一书写书评。此书发掘新史料，论证中国对战俘之人道行为。

7月31日，去蓟县黄崖关半山坳休暑假。

8月1日至5日，受清史编委会委托，审定《朴学志》稿。此稿虽经多次修订，但仍有小疵多处，提请主编祁龙威先生参考。

8月8日，收到湖州张建智撰《王世襄传》，内容充实，文笔流畅。惜传主未能于身前见书。

8月16日，写《林则徐年谱长编》序。

同日，《来新夏谈书》由南开大学出版社正式出版，书品甚佳。

8月26日，参加在天津图书馆召开的“中国私家藏书文化论坛”，与会者有江、浙、闽、鲁、京、津、内蒙古等地藏家。我在会上作关于藏书文化的主题发言，并向大会赠《来新夏谈书》60册。会上宣布“天津十大藏书家”评选名单，百岁卞慧新先生获榜首。

8月27日，下午由王振良和李国庆主持在天津图书馆会议厅举办“来新夏教授米寿纪念会”。参加藏书论坛的各方人士均来祝贺。

9月3日，天津地方政府修复旧公园宁园（原称“北宁公园”）。应《今晚报》之邀，为写《宁园八十年》一文。

同日，收到古建筑保护专家、国家文物局顾问谢辰生所赠《谢辰生先生往来书札》（中华书局出版）。

9月12日，整理校对八十年代初选注的讲义《中国图书文献选读》，并编目录，拟自费家印200册，供编写《目录学读本》诸君参考并赠后学。

9月15日至16日，下午应中国地方志指导小组邀赴京，在怀柔宽沟招待所参加《方志百科全书》编委会。由主编朱佳木阐明主旨，编纂起草人作说明后进行讨论，在各说各话的基础上有所争论，尚称平实。

9月19日，因宣传、推动藏书活动及参与藏书家评选，被十大藏书家评委会授予“特殊荣誉奖”表示慰问。

9月25日，澳门大学邓骏捷来访，受聘为澳门文献学会顾问。

10月9日，应邀出席天津邮政博物馆开馆仪式，展品中有多件不可多得之佳品。

10月12日，从网上购得林则徐父之《林宾日日记》甚便捷，价亦合理，较自图书馆借书方便多多矣。

10月13日，应中国第二历史档案馆之请为《北洋政府档案史料丛书》题“北洋档案，史学宝藏”八字。

10月18日，北京赵胥送来学人致陈垣师信函复印件一束过目，约有十几封。原件得自潘家园，藏北京韩斗处。写信人有伦明、朱师辙、谢兴尧等。此束函件均见于陈智超所编注《陈垣来往信札》一书。应允为“学人致陈垣师函件”题跋。

10月19日，再校《林则徐年谱长编》，仍有明显错误，著书之难可见。

10月30日，老友孙致中整理《沈约集》完成，请我作序，应之。

11月9日，上海东方出版中心编辑王卫东来访，约将《北洋军阀史》加盟“中国文库”，可略加修改，不动架构，年终交稿。与静宜、莫建来商量，由他二人负责校订。与王卫东签约。

11月11日，修订《清代经世文选编》结项书及汇报稿。

11月12日，收到海宁图书馆所编《馆藏金石拓片集》，有较多珍品，不可等闲视之。

11月15日，下午李国庆送来《书目答问汇补》索引稿，请我最后审定，并商量确定向清史编委会文献组汇报稿。

11月18日，校图书馆古籍部主任张伯山等人来家采访，为家谱库制作视频。

11月21日，应山东于晓明之约，写《我与日记的因缘》一文，为其所编日记丛刊作代序。

11月27日，清史编委会文献组在京召开《清代经世文选编》结项会。因身体不适，由李国庆代表出席，听取各方意见。

12月3日，应萧山方晨光之请，为写《水脉萧山》序言。

12月10日，开始对《林则徐年谱长编》作最后一次校订，年末始完成。抽查浏览，尚有误处，拟再翻检一通。

12月15日，应浙江省方志办老友魏桥之邀，为写《浙江历史大事记》评论。

12月17日，常州朱炳国寄来《钱塘孔氏宗谱》，共两大册，黄绸封面，装帧讲究，捐赠萧山方志馆。

12月20日至21日，校订《中国图书文献选读》校样，并写前言、题书签后，即付印发。

12月24日，为母校旅津广东中学（现天津市第十九中学）90年校庆撰文。

## 2011年，八十九岁

1月5日，收到中华书局寄来之《近三百年人物年谱知见录（增订本）》样书一册，惜封面印制有差错。据责任编辑李晨光告知已重作，特寄我一册，留作版本参考。

1月12日，《林则徐年谱长编》再次校订完成，待上海交通大学出版社责编冯勤君来津自取。

1月19日，《姚灵犀与〈采菲录〉》一文已完成，交《博览群书》发表。姚氏一生坎坷，为人诟病，以其对缠足之研究为不屑，此文则特表其事于世。

1月22日，整理图书。向萧山图书馆、方志馆及绍兴民众读书室分别捐赠图书200余册。

1月26日，上午，中华书局李晨光等人来津送《近三百年人物年谱知见录（增订本）》样书。下午，商学院李维安院长来家慰问。

2月8日，上海交通大学出版社冯勤到津，取《林则徐年谱长编》校定稿，并交换意见，取得一致。居二日返沪。

2月19日，赵胥、臧伟强、韩斗、赵鹏飞等四人由京来津。臧君收集民国期间名人著述及刊物成一书，请作序。我对其所著建议四条，并允改订后作序。为赵胥君书“朴庐”匾一幅。

2月28日，复香港浸会大学刘咏聪教授函，告知已收到《中国妇女辞典》，其中有我所撰数条。

3月2日，中华书局李晨光送我自购《近三百年人物年谱知见录（增订本）》100册来津。

3月3日，故友张公骕之子张智恺等人来舍，为纪念其祖上张之万二百年诞辰所编纪念集请序。张之万为公骕之祖父，情不可却，允之。

3月10日，超星公司来为我与宁宗一先生做对谈录像，主题是论“国学与国学热”。今日之谈国学者滥矣！谈者多不知何为国学，又何能界定国学？我以为国学者经史子集之学也。

同日，为天津市历史学会艺术史专业委员会“天津雅集”活动题词；为王振良著《稗谈书影录》题签。

3月25日，国家版本图书馆馆长左晓光等三人来访，咨询有关版本图书馆建立诸问题。

3月28日，清史编委会文献组王汝丰等二人来津，商谈《清代经世文选编》结项问题。五六年辛勤劳动，终有眉目。

3月29日，为岳麓书社写《李文清公日记》推荐书。认为此书有史料价值，并按古籍整理则例行事，但建议书名可不必用谥号。

3月31日，国家图书馆善本部李际宁等三人来津相谈，主要内容是：一、鉴定《绍英日记》的史料价值。二、为纪念冀淑英师姐逝世十周年，邀我题词，遂以硬笔书“重笔无锋”四字，并题跋语以赞扬冀师姐谦抑高风（此题词后刊于

《文津学志》第四辑）。三、征集手稿，允找到后即捐赠。

同日，中华书局编审崔文印先生为《近三百年人物年谱知见录（增订本）》所写评论在《中华读书报》发表。崔为三十余年来支持本书撰成之老友，并以古稀之年亲任该书责编。

4月1日，应南开大学北村离休支部与政府学院研究生支部之邀，演讲“辛亥百年”，颇得好评。

4月3日，写《说“三正”》一文，经二日完成。

4月11日，应解放军交通运输学院之邀，为师生演讲“我的国学观”。

4月13日，洛阳市志办主任来学斋来访。他是我来氏洛阳宗脉，书信往来已久，今始晤面。

4月16日至17日，在津召开《目录学读本》研讨会，有南京大学、郑州大学、黑龙江大学及中华书局、天津图书馆等多位专家参加，对《读本》成稿进行全面审定。

4月20日，应宝坻区政府之邀，审订《天津市宝坻区文化广场建设规划》，从历史文化角度提出意见。

4月21日，“世界读书日”（4月23日）之际，应天津财经大学图书馆馆长唐承秀之邀，前往演讲“读书与人生”。除财大师生外，附近各校师生亦来听讲，有500余人。

4月29日，参加南开大学主办之“天津城市形象论坛”。我发言提出天津应属“河海文化”，方能与天津城市发展状况相合。

4月间，为《中国社会科学报》撰《以旧志考辨　以新志存史》一文，供该报地方志专刊使用。

5月6日，应南开大学图书馆之邀，与馆员及学生座谈读书问题。此虽老生常谈，但每有新意触发，如据蒋、毛同样读《曾国藩集》而得不同实效之事，分析如何读书方能有得等问题，极为有趣。

5月9日，完成张之洞致张之万函之注释，寄澳门邓骏捷，拟发《澳门文献信息学刊》。

5月17日至18日，与天津市地方志办公室原主任郭凤岐由津赴京出席“地方志条例颁布五周年暨地方志协会成立三十年纪念会”。我在发言中回顾三十年来新地方志编修之艰辛历程，对《条例》之颁布表示祝贺，有规可遵终胜无例可循。

5月27日，应南开大学历史学院之邀，为中国史方向研究生作近现代史讲座，讲题是“历史的转折”，将中国近代史上的鸦片战争、辛亥革命及中共建党作为三个历史转折点，进行史事论证。

5月28日，读清乾隆时人徐文斌所著《莅任初规》，将其中《览志书》一则影印，寄广东省志办陈强，应其所请。

同日，读《萧山市志》第四册，为调查研究专集，内容充实，为新编方志又一创新发展，值得肯定。

6月3日，内蒙古教育出版社寄来新出版随笔集《砚边馀墨》样书5册，13万字，未知印数。

6月8日，在京出席中华书局召开之“《书目答问汇补》、《近三百年人物年谱知见录（增订本）》首发式”。《书目答问汇补》历六十余年，又得韦力、李国庆二君契洽合作而成书，此书（全二册）120万字，印刷3000套。《近三百年人物年谱知见录（增订本）》110万字，印刷3000册。刘梦溪、王汝丰、刘玉才、黄曼萍、孙文泱、冯尔康、李岩、徐俊等20余人出席，对《知见录》及《汇补》二书给以鼓励。

6月12日，出席西泠印社和阅读学会共同举办的“顾批黄校学术讨论会”，会议在杭州西湖畔举行。应邀以到会学者代表发言，发言者还有艾思仁（美）、姚伯岳、李庆、刘尚恒等中外专家。午后去萧山。

6月13日上午，区志办沈迪云主任来访，商定编纂《萧山丛书》，以萧山区志办与南开大学地方文献研究室共同署名，聘我为主编，由萧山区志办申请专款。

6月14日，在萧山图书馆与老友浙江大学毛昭晰教授会面，并陪同参观我向馆内捐书之专藏馆。

6月15日，上午由萧山图书馆孙勤馆长陪同赴绍兴，与绍兴图书馆馆长赵任飞就绍绅徐树兰古越藏书楼评价一事探讨商榷。下午，南开大学校友潘建国来车接往其所经管之法华寺工地参观，并见习禅修过程。

6月20日，请市图书馆李国庆来舍谈《萧山丛书》有关事宜，即着手制作样书二种。

6月22日，湖南《书人》杂志萧金鉴来函，约稿一束及照片，拟出一专辑。

6月29日，中华书局李晨光送《书目答问汇补》百册来津。抚摸新著，内心喜悦，等待各方评论。

7月1日，开始陆续向各方友人致送《书目答问汇补》一书。

同日，撰写《中国近代史上的两个重要标识》一文，为纪念今年辛亥革命百年及中共建党90年而作。后由《博览群书》发表。

7月13日，山西冀有贵先生为当地著名书法家，曾主编《平遥县志》，甚得好评。今又自《汾州府志》中辑出《平遥篇》单册出版，请我作序。今完成寄冀氏。

7月15日，为庆九十初度，特自近年随笔中选辑《不辍集》一册，30余万字。经柴剑虹师弟介绍，由商务印书馆江远先生接受出版。

7月20日，华北地区图书馆协会年会将在津召开，征集五省市人员撰写论文，集成《华北高校图协第二十五届学术年会论文集》，请我作序，乃述二十余年协会发展变化状况及个人感受以应。

7月21日，为中学母校旅津广东中学（现天津市第十九中学）九十年校庆书“百年树人”四字以贺。为广东人民出版社卢家明书《词林别裁》书名。

7月22日，中华书局李晨光先生携孔夫子网人员运《近三百年人物年谱知见录（增订本）》及《书目答问汇补》二种各百册来津，请为网购读者签名，各签50册即感疲劳停止。

7月25日，接受孔夫子网书面采访，按孔夫子网提出的书面问题作答，主要谈家学、师承、二书撰写经历及自我评价等。

7月28日，为旧友海宁陈伯良的《海宁文史丛谈》写序，成文后即寄陈氏。

同日，读窦坤所著《莫理循与辛亥革命》一书。此书为应辛亥百年而集莫氏有关辛亥之报道、论述等内容。

7月30日至8月3日，去蓟县休养。其间整理《不辍集》篇目。

8月4日，徐建华派学生冯恺悦及鲍天罡二人协助《来新夏文集》搜集资料工作，开始按文集纲目从各书刊中搜求。

8月7日，《不辍集》基本编次成稿。

8月12日，为中华书局百年纪念，李晨光与梁彦来家访谈我与中华书局五十年交往，并请题词。为书“互为衣食父母”，并允以此为题撰文祝贺。

8月14日，校读上海交通大学出版社将出版之《林则徐年谱长编》稿，错误较少，进度较快，18日完成。即寄责编冯勤。

8月17日，韦力君介绍加拿大华人学者沈迦先生来访，其收藏林则徐手迹便笺若干页，请我过目。

8月21日，为萧山方晨光乡友写《湘湖史》序。

8月22日，为山东自牧君《自然集》写500字小序。

8月27日，应福建教育出版社林冠珍女士之请，为闵杰先生所编著《影像辛亥》一书写书评，再倡“亟待建立‘照片学’”。

8月31日，撰《书名异同及其他》一文（9月14日发表于《中华读书报》），以应钟叔河先生。

9月3日，为清华大学刘蔷女士所著《天禄琳琅书目研究》一书写序。

9月5日，开始审读《目录学读本》前半部分。

9月8日，市图书馆李国庆君陪同北京文明书局人员来舍，请我任《中国地方志文献·学校考》顾问，并请写序，允之。

9月10日，信息资源管理系博士、硕士生来家祝贺教师节。

9月14日，华北地区图书馆协会第二十五届学术年会在津开幕。应邀以创建人身份出席并讲话，谈人脉与学术二题。

9月25日，整理早年所著《太史公自序笺释》。

9月27日，出席由中华书局在天津孔庙召开的《君子之道：中国人的处世哲学》一书的研讨会。

9月，《北洋军阀史》被列入中国出版集团发起并组织的“中国文库”（第五辑），由东方出版中心出版面世，为精、平装二种。

10月5日，连日读祝勇著《反阅读》一书。此书写二十世纪六七十年代中国局势，虽多异说，但颇有新意。

10月14日至23日，在天津武警医院住院全面查体。

10月28日，应王振良之请，写《天津记忆》百期纪念短文，并为其拟办之新刊题“问津”二字。

10月31日，为国家图书馆博士后山东丁延峰君著《海源阁藏书研究》撰序。

11月2日，商务印书馆寄来《不辍集》校样，开始校核。

11月4日，李国庆君来舍，告知《清代经世文选编》已结项，并将由黄山书社出版。

11月5日，应王振良之邀，到南开大学专家楼参加《天津记忆》百期纪念会，到会者有天津民间文史工作者30余人。

11月7日，柴剑虹师弟介绍海盐朱岩先生持其所著“海盐历史文化丛书”来舍请序其书。11日完成寄发。

11月11日，下午应南开大学历史学院研究生会之邀，为该学院硕博生讲述“我的治学经历”，主要为治学方法及入门门径。

11月12日，北京师范大学为筹办明年启功老师百年冥诞纪念活动，邀我撰写纪念文章，拟题为“七十年师生琐碎情”。回首往事，多有感慨，月末成稿寄出。

11月15日，拟定《萧山丛书》第一辑选目21种，送萧山审定。

同日，收到清史编委会颁发之《清代经世文选编》结项证书。此项目历时五年，终于告成，甚感喜悦。

11月19日，接待天津《渤海早报》采访有关读书问题，历时三刻。

11月22日，北京赵胥来舍，谈及在广州收集到杨鸿烈所撰《孙中山年谱》稿。

11月24日，为所著《书文化九讲》题书签、写前言。

11月29日，前允《互为衣食父母》一文完成，寄中华书局。

12月3日，补写自传中之一节，题为“土改九月”，系回忆性长文。当年留存资料多被“文革”毁掉，历经六十余年，一事回忆即需多日，甚为艰难。此文至23日方成稿。

12月8日，天津电台记者来采访，谈有关北洋军阀在天津诸事，历一小时。

12月13日，应乡友沈迪云先生之请，为其家祠题“永义堂”匾额。

12月15日，中国地方志指导小组领导层更迭，新班子来津舍慰问，并征求意见。

同日，《萧山丛书》第一辑选目确定。

12月23日，首都师范大学孙文泱先生寄来《书目答问补正（增订本）》，所补为新出古籍，与《书目答问汇补》正可互补。

12月28日，为《编辑之友》写卷首语《编辑的苦乐》一文。

## 2012年，九十岁

1月13日，国家图书馆李际宁先生来家洽谈捐赠手稿事，允将《林则徐年谱》和《近三百年人物年谱知见录》二书手稿捐赠。

同日，深圳图书馆原馆长吴晞先生来访，谈编辑出版《来新夏文集》事。我将选编工作全部委托徐建华教授承办。

1月16日，旧友天津大学校长李家俊教授来访，畅谈大学教育问题。

1月19日，市图书馆李国庆先生来谈希向新馆捐书事，允之。经整理，3月9日向市馆赠书1000余册，为在新馆开设“名人书房”之用。

2月6日至13日，又校订已出版的《近三百年人物年谱知见录（增订本）》。

2月15日，中华书局版之《清嘉录》点校本再版。

2月16日，小友赵胥君开始编选《来新夏随笔选》，祝我九十生辰。此书为繁体字竖排精、平装本，谢辰生先生题签，5月由朴庐书社印行。甚感。

2月18日，绍兴图书馆副馆长王以俭寄来《浙江藏书楼》光盘一套，内有对我的访谈。

同日，中华书局通知拟再版《古典目录学》。

2月25日，李孟明君送来南京齐先生所赠新印线装书二种。一为汪兆铭的《双照楼诗词稿》；一为袁寒云所藏善本书提要29种，所藏善本早已散去，仅遗提要稿，周叔老为之印行。

2月27日，山西张继红兄寄来拙著《书文化九讲》样书20册。该书原为山西古籍出版社2006年版《书文化的传承》，校订后易名由三晋出版社再版。

3月14日，南京董宁文邀加盟“开卷书坊”，选编《邃谷序评》以应。

3月15日，国家图书馆陈红彦等三人来家取所捐《林则徐年谱》、《近三百年人物年谱知见录》等手稿，并致送捐赠证书。

3月19日，择选中外图书馆学有关著述170余种捐赠萧山图书馆。同日，向绍兴民众读书室寄赠书刊50余册。

3月28日，《不辍集》出版，商务印书馆陈洁编辑亲自送来样书。版权页标注31.25印张，未标注字数、印数。

4月1日，接受《南方都市报》记者赵大伟采访，谈学者书房问题。

4月2日，为湖州师范学院图书馆原馆长王增清所著《湖州文献考索》写序。

4月11日，近日捐赠书较多，以致自用不便，内心未免吝惜，写《散书之痛》一文。

4月13日，为上海作家韦泱题“东临轩”；为南开校友捐建的湖北南漳“漳河源南开桥”题写桥名。

4月21日，萧山申屠勇剑来舍。申屠多年收集萧绍地区各种文书契约，积有成数，在萧自建一博物馆展出，并为展品写说明。近将图文印成一册，名《白纸黑字》，我为作序。

4月23日，为《中国文化》写学人寄语《从根做起》。

5月7日，吴眉眉写成《桃花坞岁时风情》一书，图文并茂，流畅可读，为写书评一篇。

5月上旬，孙勤主编《友声集——来新夏教授九十初度暨从教65周年纪念集》由中华书局出版。承各方友朋厚谊，收录评论文章80余篇。

5月21日至22日，故乡萧山举办“来新夏教授学术思想研讨会暨九十华诞庆典”，与会者近百人，江南朋友大多莅临，乡情何以回报！

6月1日，校图书馆在新馆大厅举办“一蓑烟雨任平生——来新夏先生九十初度著述展”，副校长佟家栋出席开幕式并讲话。

同日，受聘任福建严复研究会名誉顾问。

6月8日，上午，校院主办之“南开大学来新夏教授九十初度暨从教65周年学术研讨会”在商学院礼堂举行。校长龚克到会致贺并讲话。家乡萧山区政府代表沈迪云和童铭专程来津贺寿。甚感同仁、嘉宾及弟子盛情。

6月9日至10日，王振良等友人组织“弢盦九秩诞辰系列庆祝活动”，长江以北友人近百人到会致贺。

6月20日，为萧山区方志办莫艳梅女士方志论文集写序。

6月26日，为赵胥《朴庐藏珍：近现代文人学者墨迹选》写序。该书收录民国时名人手札原稿近百件。

7月2日，为宁宗一教授《心灵投影》一书写序并题书名。

7月3日，就京剧《火烧望海楼》创作前后情况，接受天津市历史学学会艺术史专业委员会和今晚报社记者联合采访。

7月13日，审读高校古委会所编之《美国图书馆藏宋元版汉籍图录》稿，并为之作序。

7月15日，为天津师范大学教授谭汝为主编《天津方言词典》一书写序。

7月17日，为王振良题“饱蠹斋”匾。

8月16日，审读《〈太史公自序〉讲义》稿。该稿原题“《太史公自序》笺释”，以尚难名实相符，改易现名。

8月26日，写《天外有天》一文，以补订对明人柳稷生平之不足。

9月5日，写《说写书序》一文，寄《中华读书报》发表。

9月5日至7日，《读〈太史公自序〉札记》一文完成，万余字，寄《中国文化》。

9月23日至月底，读清人程余庆辑《历代名家评注史记集说》，随读随补订

《〈太史公自序〉讲义》内容。

9月，《书目答问汇补》一书获2011年度全国优秀古籍图书奖一等奖。

10月3日，为河北彭秀良所撰《王士珍传》书名题签。

10月5日，为常州朱炳国君所著《常州宗祠》写序，并题书名。

10月9日，与吴天颖先生在电话中交谈有关其所著钓鱼岛专著中若干问题，并将整理成文以备其参考。

10月14日，写《赠书后篇》，指陈其事之弊端。

10月17日，北京刘梦溪先生寄来所著二书，一为论陈宝箴与戊戌变法，挖掘甚深，史料亦丰，颇有新意；一为论知识分子之狂放，亦别具特色。

10月21日，南京张元卿君来探望，对其博士论文选题进行交流探讨。

10月22日，写《〈冀州市志〉序》，应乡友周金冠之托。

10月24日，与市图书馆历史文献部主任李国庆共商《萧山丛书》编纂工作。

10月26日，为天津文化耆宿、已故龚望先生百年纪念书画展题词。

10月28日至11月1日，应《北京日报》之约，为写《清人笔记与经济学研究》一文。

11月2日，写《重回翟庄子》一文，回忆“文化大革命”时在农村下放劳动的往事。

11月8日，向萧山方志馆寄赠修志早期各地自办刊物2100余册，以作历史文献留存。

同日，应王君振良之请为问津书院题写“问津书院”一幅，下午振良取走。

11月10日，应邀出席绍兴图书馆举办“古越藏书楼暨绍兴图书馆110周年纪念会”，在学术研讨会上作“古越藏书楼对阅读的影响”专题发言。

11月11日，上午会议结束，离绍赴萧。下午，杭州政协徐敏、十竹斋魏立中二君来接，陪同赴杭州访寻出生地——中城三元坊。旧巷尚在，故居则已换矗然高楼，坊邻旧有中国银行，今经整修，仿佛旧物。14日回津。

11月27日，邀人为《萧山丛书》第一辑所收录各书撰写前言。

12月1日，应侄来明敏姐妹之请，寄赠先祖来裕恂先生著述《萧山县志稿》等5种各5册及自著《邃谷文录：来新夏自选文集》、《三学集》至杭州。

12月6日，接待《中国研究生》杂志的采访。

12月15日，为武汉大学教授司马朝军所著《续修四库全书杂家类提要》一书写序。

12月21日至28日，总医院安排住院进行全面体检，结果是大病不重，小病不少，多为退行性变化，善养而已。

12月31日，中华书局再版《古典目录学》，寄全份清样供订正。

## 2013年，九十一岁

1月1日，今日为元旦，晨起与妻互贺新年，与在台湾二弟新阳通话贺年。

1月2日，向市图书馆和校图书馆借书，校《〈太史公自序〉讲义》稿。

1月3日，为天津艺术史料中心书写牌匾，连写二次即成，心中高兴。

1月4日，李孟明君来舍，代南京齐新民、齐康父子转送所刻印戏剧资料，回赠齐氏父子《来新夏随笔选》一册。

1月5日，校读李笠《史记订补》一书，又补充拙作一次。

1月6日，自市图书馆借得《半岩庐遗集》，撰者为邹懿辰，我误为邹懿行。出此一误，实为轻心。

同日，下午，于良芝送来李华伟博士函。三十年老友，现已退休，尚有音问。近日收到各地贺年卡，一一回复。

1月7日，刘刚、李冬君夫妇来家，告知为我写传的初步架构。该夫妇多有著述，当听其信笔，待其成作。

同日，校图书馆文献部张伯山又设法找到《观堂集林》，用以补《〈太史公自序〉讲义》稿中缺字，并派专人送来，甚感。

1月9日，上午抓紧时间以校图书馆借来之《观堂集林》校正《〈太史公自序〉讲义》稿，历四小时而毕。至此，讲义稿已基本定稿。此稿初撰于二十世纪六十年代，近又历时三年整理修改始成。

1月10日，王振良来，告知拟接编《藏书家》杂志并约稿，允之。

1月11日，为司马朝军著《续四库全书杂家类提要》撰序完成，即日寄出。其间向市馆借阅《续四库全书提要》以参阅核正原稿，得李国庆君大力支持。

1月16日，向萧山方志馆、萧山图书馆捐赠图书5箱，今由物流发寄。

1月17日，整理内务，发现一袋有关年谱的资料，未知是否用过，请文学院刘运峰教授来家，将此资料相赠。刘君对年谱有兴趣，可由其定去取，续作年谱提要。

同日，陈智超先生电话，商务印书馆拟出版陈垣老师《中国史学名著评论》

一书，现仅存提纲而无具体内容，知我保存当年课堂笔记稿，希能提供，作为陈师讲稿的补充。遂听之下，以能附骥陈师遗作之后而兴奋，既传承师教，又有益后学，当即表示同意。

1月18日，寻出七十年前课堂笔记，往事历历在目，不胜感慨。听陈师"中国史学名著评论"课于1943年9月至1944年6月，当年课后恭楷誊清，并装订成册。现虽纸已黄脆，却清晰可辨。弘扬师门亦人生一大幸事，拟将以两月之力重新审读，整理订正。

1月22日，连续订正课堂笔记，逐一查核引文，并加标点，煞费苦心，也颇有收获，确有误处与漏失，唯进度较慢。

1月24日，拟编《旅津八十年》一书，收录所撰有关津沽之文字，初编目录得五六十篇，经振良搜集又增若干，已得10余万字。

同日，订正课堂笔记已至《汉书》，暂停。

1月26日，徐建华挈学生二人来家核对《来新夏文集》所收各文所缺出处者，约有百篇，已查出30余篇。编我文集为建华创意主张，拟由中山大学出版社出版，约编为六册，自忖名实不符，甚感愧恧。

1月28日，继续核订课堂笔记，有几处托请校图书馆文献部主任江晓敏协助查对。

同日，涂宗涛先生派其子送来新作《苹楼藏书琐谈》，以谢为其书作序。

同日，朱炳国自常州寄来我作序之《常州祠堂》一书，朱君对地方文献搜求用力甚勤。

1月末，张玉利院长等代表商学院，穆祥望、董蓓代表图书馆先后来家探望并送年礼，离任多年而犹得关注，实感欣慰。

2月2日，补写《关于〈火烧望海楼〉一剧的编写》一文，因视力不佳，整天不过数百字。

同日，徐建华研究生冯凯悦帮我在电脑上整理编次《旅津八十年》稿，二小时即竣事，甚可嘉。

2月4日，上午续写《悼伯良》一文，对当地官员恃权欺人发不平之鸣。

2月9日，除夕。贺岁电话自晨至夜接连不断，甚有年味。

2月10日，今日为农历元旦，一天门庭若市，新朋旧雨，喜气洋洋。

2月13日，连日来客较多，"中国史学名著评论"课堂笔记整理时续时辍，今日正式恢复工作。

2月15日，上午，大悲禅院住持智如法师来贺年，送福果三件，互谈人生哲理。智如法师为禅院正在复修之清代佛殿求写“一层楼”匾。

2月18日，今日开学。本年度学校实行三学期制。

2月19日，徐建华、王茜师生来谈《来新夏文集》事。我提出小编编制，以便归类，建华同意再加整理。

2月20日，拟以原作《一蓑烟雨任平生》作为《来新夏文集》代序，补写祖父著作部分。出版社谢芳周送来有关我的图像光盘，供《来新夏文集》用。

2月21日，读《一蓑烟雨任平生》，补“文化大革命”中事。

2月23日，校核《自订学术简谱》。

2月24日，今日元宵节，“文革”期间下放时所在翟庄子乡友赵万新携眷探视，并送来白菜、大葱等土产多种，为题书页并赠《依然集》一册。回忆下放至今已四十余年，当时尚不到五十岁，而今年登九十，大好时光，荒废学业，诚可慨叹！

2月25日，整理校订《自订学术简谱》旧稿毕，只待补足最近一年（2012），幸有简单日记可据。

同日，送回校图书馆借书，并再借《史通》及通释，以校陈师课堂笔记。

同日，与少小结义之老友张兆栩通电话。其患病卧床，愧莫能助。

2月26日，三晋出版社社长张继红代山西忻州市政府为元好问纪念馆邀写碑文，又请参与《三晋文库》编撰事宜，并告知山西古籍出版社已印阎锡山日记，将寄来。

3月1日，静宜为《文集》整理照片及撰写说明文字，择选自幼至今照片百余帧，已基本就绪。

3月2日，李国庆君送来《萧山丛书》第一辑所列入各部古籍前言，待我审定，粗看质量较好。

3月4日，写2012年地方文献研究室工作汇报，寄交高校古委会。向《中华读书报》发出《说杂家与杂家提要》一文。

3月5日，《自订学术简谱》2012年补写工作完成，断断续续已一月余。

3月6日，寄出《土改九月》一文，以应天津《中老年时报》约稿。

3月7日，整理近刊出的各文剪报，并回复积攒各地来函多封。受《方志百科全书》编委会委托对该书条目的审查意见今寄回。

3月9日，天津教育出版社编辑田娜来告知该社拟重版二十年前中国青年出版社版“中华文化集粹丛书”中南开学人所著各书。最近常有旧著再版或重印，亦算一幸事。

3月10日，应智如住持之约，为大悲禅院题写“一层楼”匾一方。

同日，静宜赴京参加马光琅追悼会。马为南开大学出版社旧袍泽，处事无心机，靠谱之人，不久前患癌症，不意迅即辞世，老友又弱一个。

3月11日，整理陈师课堂笔记已至《宋史》。南开大学出版社成立三十周年邀我为文，近日较忙，拟入4月动笔。

3月15日，老友李原为其照片集《记踪寻影》约写序言已近一月，今终成稿，通知其秘书取走。

3月17日上午，学人朱岩等自京来津送《古海盐文化实录》一匣，装帧甚美，内文附原件书影，樟木函装，古香古色。两年前应邀为该书作序，今见其成，甚感欣喜。

3月18日，继续整理陈师“中国史学名著评论”课堂笔记，已近尾声，核对引文颇费神，体力不复当年，可叹。

3月20日，整理陈师课堂笔记竣事，心稍安，再写一后记即可寄出。

同日，上海辞书出版社寄来《邃谷序评》校样，要求10日内返回。幸由静宜承担一半，当可按时完成。

3月21日，收到黑龙江李兴盛寄来《中国流人史》（上、下）两厚册。李以专攻一经精神，数十年专注于此，终成巨著，亦可垂范后学。

同日，收到《方志百科全书》编辑部来函，应主编段柄仁意见，寄去我著台湾商务版《中国地方志》一书。

3月22日，就《文集》进行中问题与徐建华通话，告知《一蓑烟雨任平生》已补充完成。

3月24日，文学院张学正教授持所作论孙犁文章来访，就孙犁在“文化大革命”后的思想倾向进行商讨。我以为孙在晚年尚能谈书，说明并未对人生完全绝望。

3月25日，书金人元好问《山居杂咏》诗一幅，为山西忻州元好问故乡拟建碑林之用。此乃善举，一月前已应允，近日连写三次方觉尚能入目。

3月27日，《邃谷序评》校竣，并核对静宜所校部分提出的质疑之处，明日即可寄出版社。

3月30日，山东作家郭伟（阿莹）君寄赠《新邑郭氏族谱》六卷，今转赠慈溪家谱收藏家励双杰，以得其用。孙伟良寄其所作希改并为收藏之拙著求签名，今复信肯定其成绩，但体力欠佳，难以逐一改订。

3月31日，王茜送来《文集》的分卷目录，较前大编合理，但卷内次序尚乱，请建华主持再行编次。

4月2日，李国庆来家，商谈《萧山丛书》编辑中诸问题，又谈及我所赠书流入旧书摊事。

4月5日，连日校订《〈太史公自序〉讲义》简体字本，下午完成。如今繁体字成青年学者一难题，对文化传承实一损失。

4月7日，离退休总支书记孙公颐、胡占彩来家约写十八大感想文章，定于4月25日集稿，因有静宜协助，允诺。

4月8日，收到河南范凤书等人文章及图书，希能评论。积债较多，只能慢慢读，慢慢复。

4月11日，刘运峰送来《中国研究生》杂志，其中有对我的专访文章。所写近实，但也有过誉之处。赠运峰近收到的《萧山记忆》第五辑，内刊有《汤金钊自订年谱》。

4月13日，应邀写《我与南开大学出版社——贺南开大学出版社30年社庆》一文。当年出任首任社长兼总编辑时为创业之始，虽事业艰难，却果敢应对，而今回忆历历在目，特记其事以作纪念。

4月15日，《萧山丛书》第一辑所收录各书前言14篇日前全部交稿，今交国庆初审，然后再返我审定。

同日，向高校古委会申报去年科研成果，填表等手续完成，今日快递寄去。

4月17日，河北区志办及天津电视台来人采访并录像，主要谈对第二届修志的看法。

4月18日，静宜协助完成学习十八大文件心得一篇，上午送交离休干部支部。

同日，萧山图书馆馆长孙勤专程来津慰问，转达政府问候之意，并希进行合作项目，我建议以“我爱萧山”或“我与萧山”为题进行征文活动，期能进一步推助萧山地方文化事业。

4月22日，前日四川雅安发生7.0级地震，灾情严重，连日关注，今捐款千元。

4月25日，出版社通知社庆定于5月24日举行，并请题词，即题写“多出书，出好书”六字以贺。

4月27日，开始撰写《辅仁四年》一文，记述大学生活。

同日，与学苑出版社正式签订《萧山丛书》第一辑出版合同。

4月29日，徐建华来谈邀5月下旬赴岳麓书院讲学一事，初拟题目为“北洋军阀兴衰与北洋军阀史研究”。

5月1日，日前赵万新夫妇有再访翟庄子之议，今晨八时半来接。先至老房东白树发家，赠礼金表示心意，中午在赵父家吃农家饭，此行见到多位乡亲。

5月3日，请李国庆代印制《天津艺文志》一书今日送来，通知陈鑫来取，为其研究天津地方文献之需。

同日，开始审阅《萧山丛书》第一辑所收录各古籍底本，同时对照审订所撰各篇前言。

5月4日，前日出行，甚感疲惫，湖南岳麓讲学之约恐难实现，请静宜告知建华我身体近况，婉谢邀请。

5月6日，约李国庆来家，讨论对《萧山丛书》第一辑各篇前言的意见。下午与萧山方志办沈迪云主任电话商谈丛书编委会人员诸事，尚需其与有关方面协商后决定。

5月8日，收到商务印书馆编辑丁波寄来《中国史学名著评论》校样，拆阅后见为大字本，系体谅我年高目眊，甚感。

5月9日至12日，袁逸寄来由我作序的《萧山地图集》二册，编印精致，专业水准。朱自奋寄来《文汇读书周报》，已刊出《南开大学出版社三十年》一文。收到陈智超先生寄来《殊途同归：励耘三代学谱》一书，历述自援庵师以后三代事迹，以援庵师为主，即读之。收到萧山申屠勇剑寄来其主编《文华阁百联集》多册，甚感乡谊。收到辅仁校友会侯刚先生寄来其与章景怀编著《启功年谱》，尚称详尽。

5月13日，近日集中精力校正“中国史学名著评论”课堂笔记。今与陈智超、丁波分别通话，交流意见后，将课堂笔记校定稿寄陈智超。

同日，王振良前送来其撰写关于我的学术述略，今日才抽空读完，内容充实。

5月15日，已就现有文章列出《旅津八十年》目录，同意交南开大学出版社出版。

同日，商务印书馆编辑丁波来电话，希将我谈人物诸稿整合后题名《古今人物谭》，并以小开本形式出版。

5月16日，完成《辅仁四年》一文。

5月19日，开始撰写《萧山丛书》总序，拟为三部分：一简论丛书之起源，次论《萧山丛书》之初印，三为本版《萧山丛书》介绍。

5月22日，学校安排到总医院体检，上午由静宜、大为陪同将主要项目完成即离去。随后到金街标准眼镜店配镜，年老目眊，只求合用。中午在苏彝士西餐，饮德产黑啤，尽兴而归。

5月24日，涂公宗涛派子送来《文史纵横谈》一册。

同日，萧山图书馆寄来2007年和2012年在萧重要活动照片光盘。

5月25日，王振良接赴问津书院参观。书院为民间读书人活动场所，得民企支持，布置甚佳，振良等颇用心经营，为天津地方文化添一亮点。

同日，应二弟新阳之请修改其生平纪事稿，增加早期生活内容若干，今发航空函寄台北。

5月29日，《萧山丛书》总序撰写耽搁于《萧山丛书》最早编者鲁燮光生年之考订，经几方查找终有结果。今日完成，寄萧山志办审订。因继红兄正在筹备出版《三晋文库》，对文献整理出版多有经验，特将《萧山丛书》总序稿寄其征求意见。

同日，翟庄子房东白树发之子青俊受其父母之托携女儿来家探视，谈往事甚久。当年下放时，此子年仅三岁，而今其女已大学毕业矣。

6月2日，补订《旅津八十年》各文，删定《旅津八十年记事》作为附录。

6月3日，下午出席南开大学出版社三十年社庆，应邀以首任社长身份代表老员工致贺。见到若干老同事，皆白发蹒跚，人生沧桑于此可见。

6月4日，曾应弟子吴眉眉所请为苏州永慧禅寺墨笔题清人描写该寺诗句“湖山尽处听经声”一幅，今日收到眉眉寄来该寺僧人回赠手书《心经》一轴。

6月5日，商务印书馆丁波及其友人张建安来访，谈《古今人物谭》稿，拟按小开本分三册出版，每册6万字，希一个月后交稿。

6月6日，诗人邵燕祥寄来《邵燕祥自书打油诗》，由英国牛津大学出版社出版。

6月8日，今晚庆生聚会，我夫妇在静园餐厅邀静倩母女、若旸夫妇参加，晚辈共送生日蛋糕并点蜡烛，其乐也融融。

6月9日，《旅津八十年》全稿完成，打印纸样300余页，静宜再处理后交出版社。

6月10日，莫建来为《张伯苓全集》申请国家出版基金事请我写推荐函，义不容辞，就张“公能”思想理念论其对中国近代教育贡献，约1000字。

6月11日，再次斟酌《古今人物谭》选目。

6月12日，读张梦阳自京寄来叙事长诗《谒无名思想家墓》后颇感慨，写《感情的死灰复燃》一文寄《中华读书报》。

6月14日，将再整理过的《萧山丛书》总序交李国庆，请其订正。

6月16日，中华书局寄来《古典目录学》20册，虽为旧作修订本，却是较早此类出版物，即赠戴逸、刘梦溪等友人。

6月19日，《南开大学报》刊发《要把名著读到这种程度——读宁宗一先生的〈心灵投影〉》一文，编辑韦承金送来样报。刘梦溪先生寄来近作《大师与学问》一书，即读。

6月20日，中央办公厅秘书局主办《秘书工作》杂志来函索稿，寄去《地方官读志书》一文。

6月21日，辽宁省社科院主办《文化学刊》主编曲彦斌来舍约稿，并诚邀长期为该刊撰稿，允写《论文章之文采》一文。

6月23日，侄女若旸夫君郝志强经六年攻读，今始获南开大学理学博士学位，确是不易，亦为人生一大站。下午邀我至南开大学校门、物理学院等处合影留念。晚上，我请大家在静园共进晚餐以表祝贺。

6月26日，连日编选《古今人物谭》，并斟酌三册书名，拟采用陈鑫三书名建议。天气炎热，又因雨屋漏，修房者频来，不见成效。

6月27日，沈迦自加拿大回国，自沪来津探望，赠其中华新版《古典目录学》一册，并为其收藏拙著签名。刚得知韦力君访古时意外受伤，即电话询问病情，尚在疗养中，但情绪乐观。

6月29日，收到吴小如兄寄来《中国文史工具资料书举要》一书，旧著重印，裨益学人。

6月30日，《古今人物谭》书稿今寄商务印书馆。

7月2日，应约为《文化学刊》撰文，题为《言之无文　行之不远》。12日寄该刊。

7月3日，李某等在友人陪同下来家中，其持我在“文化大革命”中被抄的《叶伯英年谱》并内夹我墨笔所写长跋，索价6万元，拒之。

7月5日，整理九十岁前后所写各文，拟编一小集。

7月7日，今为全民族抗日战争爆发76周年纪念日，民族之痛，不能遗忘。

7月8日，师弟柴剑虹兄来电告知近所言及辅仁国文教材《论孟一脔》从国家图书馆找到，已请复印后寄来，甚感。多年搜求，得遂初愿。

7月9日，《旅津八十年》排版完成，纸样近400页，用一天时间将全稿理顺一遍。交静宜协助校对，并邀王振良提供书中插图资料、齐珏设计封面。

同日，《今晚报》刊出《感情的死灰复燃》一文，甚快，而有媒体对揭露“文化大革命”仍束手束脚。

7月11日，校订《旅津八十年》，附录《旅津八十年记事》尚需删削订正。

7月12日，萧山图书馆孙勤拟编《来新夏著述专藏阅览馆研究》一书，电传大纲，并希提供资料。

7月15日（农历六月初八），今日九十整寿，特做南味黄鱼卤面以庆。

同日，与静宜共校《旅津八十年》，进度较快，唯序言尚未确定。电话请忘年交王振良小友作序，得允。

同日，杨大辛兄撰写自传并自印成册，由静倩取回，其中提及贱名，甚感。同日，赵胥寄来由中华书局出版其编《朴庐藏珍：近现代文人学者墨迹选》，内选民国百名学人手札，甚精美。

7月19日至25日，到蓟县避暑，山坳凉爽，睡眠甚佳，神清气畅。其间为沈迦著《寻找·苏慧廉：传教士和近代中国》一书写书评一篇，题为“传教士的贡献不该被埋没”；写《保我钓岛　壮哉天颖》一文初稿，赞早年学生吴天颖民族正气与治学之勤；临摹米芾字若干幅，以改善字体结构；赶集购物，品尝近已难得一见之毛鸡蛋；雀战几次，均获小胜。

7月26日，上午返程至津，下午即整理多日积存报刊及信件，收到《光明日报》韩小蕙寄赠其新作《手心手背》。

7月29日，上海辞书出版社寄来我自购《邃谷序评》50册，将分赠各地书友。

8月1日，振良送来为《旅津八十年》选用插图照片若干及序言，题为“来新夏的第二故乡”。

8月5日，连日暑热高温，减少工作，以校读《旅津八十年》稿为消遣。

8月9日，上海人民出版社来约稿，拟分册出版我的随笔，并有简略方案。考虑后回复，初拟分为四册，每册60篇，约10万字，应具特色。

8月18日，再读《论孟一脔》，构思《说说“大一国文”——兼说〈论孟一脔〉》一文，以推荐《论孟一脔》呼吁重视大学生国学基础教育。

8月19日，徐建华来家汇报《文集》已基本结束资料收集整理工作，预计年内可得全稿。

8月25日，智超寄来其选注《陈垣往来书信集（增订本）》，请为该书写评奖推荐函。该书收录往来书信2000余件，类多民国名人，百余万字，浏览一过亦需时日。

9月1日至4日，陈师书信集推荐意见完成并寄志超。志超回赠陈师亲编《国文读本》复印件。

9月4日，为李兴盛《中国流人史》写评奖推荐意见，因曾见其著述多种，顺利完成。

同日，上海武警学院副政委萧跃华爱书之人，来请题跋。

9月5日，上海人民出版社寄来《来新夏随笔选》出版合同。

9月6日，李国庆送来刚出版《藏书家》杂志5册，阅知列我为该刊首席顾问。

9月7日，王振良来舍送《旅津八十年》需补充之插图，与其谈及董宁文所编《开卷》易主之事，如问津书院给予经济支持，此刊尚可维持。民间刊物生存不易，当予关注。

9月8日至14日，开始准备问津书院讲座稿，交甥女孙轶凡录入，《袁世凯与天津新政》一文基本框架完成。

9月10日，今日为教师节，信息资源管理系新入学硕、博研究生持花来贺，讲为人为学三要点相勖。

9月13日，天津教育出版社送来新版《薪传篇》、《明耻篇》样书两套。

9月14日，上午刘泽华教授来家小坐。刘方自美归来，所谈皆为历史系旧事。又请鉴定带来乡试卷一份及作文本，见往日塾师所作文之认真态度，令人惭愧。

9月16日，董宁文自南京来津，与振良谈妥《开卷》经费一事，我则居间搭桥任务完成，甚感欣慰。

9月19日，《〈太史公自序〉讲义》稿成，今寄《中国典籍与文化论丛》。

同日，应邀为《林则徐水利思想研究》一书写序，因史料熟悉，颇为顺手，今日完成，即寄海峡文艺出版社责编茅林立。

9月22日，《萧山丛书》第一辑（16开本精装10册）已发印刷厂，即可付印。

（《萧山丛书》第一辑于2014年8月由学苑出版社出版，第二辑于2016年2月出版，第三辑于2017年10月出版。）

同日，收到韦力君寄来《芷兰斋书跋》一书。

9月28日，下午问津书院讲座，题目是“袁世凯：在津推行北洋新政”。振良主持，三时开讲，历八十分钟。津门关注地方文史者甚多，讲座后合影留念。

10月1日，日前眉睫寄一书来，素不相识，请为其著《梅光迪年谱》题签。而立之年已著书多种，令人艳羡，真是英雄自古出少年。复函并题签后寄出。

10月2日，奉贤金峰寄来《美帝侵略台湾简纪》小册子。此为我于二十世纪五十年代初正式出版的第一本专著，“文化大革命”中散失，金峰以百元代价从上海地摊购得，并割爱寄我，可感。

10月8日，国庆长假期间已将上海所约随笔选第一册样稿整理完成，开始第二册整理工作，第三册已交打印。

10月9日，天津大学王学仲先生辞世。两年前同在天津武警医院疗养，今同辈人又弱一个，不禁怆然。

同日，一少年崔博来函问学，复之。

10月10日，静宜已将《旅津八十年》稿中插图位置处理完成并加文字说明，今送交改版。

同日，与李国庆研究《萧山丛书》第二、三、四辑选本问题，取得一致意见。

10月11日，随笔集第三册校完交回改版，开始整理第四册。

10月15日，《渤海早报》记者董云慧送来样报，该报刊有采访我的报道。

10月18日，与上海人民出版社编审虞信棠先生通话，告知随笔选四册已定稿，下周派人专程送沪。

10月20日，收到周芳芳为纪念其父周林百年所撰《打开尘封的记忆：忆我的父亲周林》一书。周林为新四军老干部，离休后被聘为全国高校古籍整理与研究委员会主任，颇多建树，南开大学地方文献研究室之建立得其支持。

10月22日至24日，萧山图书馆孙勤馆长及杭州桐荫堂文化创意公司俞宸亭女士并助理共四人到津，此行目的是为我夫妇撰写文艺传记搜集、采访资料，书名暂定为“一个人，一卷书，一座城，一种生活”，计划明年成稿出书。

（此书于2014年4月由杭州出版社出版，书名为《一个人的一座城——来新夏著述专藏阅览馆研究》。2017年3月再版。)

10月25日，出版社派焦若旸担任《旅津八十年》责任编辑，今送来清样，开始校对。

10月26日，《读〈清史·朴学志〉管见》一文定稿，寄《中国文化》主编刘梦溪先生。近日陆续整理积稿，先后寄发《藏书家》、《人民日报》、《今晚报》等报刊。

10月28日，写《先生与BOSS》一稿，批评学生称老师为“老板”之时尚陋习。

10月30日至11月4日，二弟新阳与侄明智由台湾回家探亲。其间谈家史，共忆少年风貌，深感手足之情。

10月31日，上月北京出版社编辑高立志来函希望出版《古典目录学浅说》一书，今寄来出版合同，签后寄回。

(此书列入该社“大家小书”系列于2014年7月出版，共17万字，未标印数。)

11月4日，收到温州图书馆所编《瓯风》第六集。该刊申其主旨为“以一地方视角来解读现实和历史，更是借此让更多的人了解温州”，值得一赞。近来多热心地方文化者办刊，《天津记忆》、《萧山记忆》皆属此类。

11月7日，应龚绶之请为《龚望先生题签集》作序。

11月9日，王茜送来《来新夏文集》稿大部分，约300万字，后续再送。一生不觉间竟写近千万字。

11月10日，收到萧山寄来《名人传记》，先祖见收其中。

11月14日，收到丁波寄来《古今人物谭》三稿校样，已经编辑审读，但仍需校核。22日校竣，经整理后封寄商务印书馆。

(“古今人物谭”丛书由商务印书馆于2016年3月面世，为32开精装本三册：《评功过》为古代人物部分，《辨是非》为近代人物部分，《述见闻》所收为卒于1950年后的人物。共31.8万字，未标印数。)

11月19日，章用秀先生来访，为其学术研讨会论文集《闲话定盦》请序。同日，商学院张伶拟将其博士后出站报告成专著出版，亦来请序。

11月21日，王茜送《来新夏文集》打印全稿，希我审订。颇具规模，需时难以估计。

同日，《中华读书报》刊发《读陈垣老师往来信函》一文。

11月22日，开始诵读陈垣师所编《国文读本》。

11月24日，改订《萧山丛书》第二辑选目及经费预算。

同日，应《寻根》杂志之请，为大家出版社成立三十年题词；又为王稼句兄题匾额三则，尚可入目。

11月26日，读完陈师亲编《国文读本》，拟撰《再说“大一国文”》，争取三日内完成。

11月27日，修改《怀念光琅》一文，以应其后人编印纪念文集。我夫妇各作一文。

12月1日，今发《再说“大一国文”——读陈垣师亲编〈国文读本〉》一文给《人民日报》罗雪村编辑。

12月2日，《徐州古方志丛书》序今始完成。主编赵明奇为徐建华友人，由徐转交。

12月5日，整理旧稿，完成《对〈清史·典志类〉总目的我见》一文，拟寄高校古委会主办《中国典籍与文化论丛》。

12月7日，初编《难得人生老更忙》（九十前后稿）目录，静宜协助整理。此稿原拟名“九十前后”，现取启功老师十年前赠诗首句名之。

12月11日，近见报刊谈及津门旧事，幼时在天津北站附近的旧居择仁里恍然在目，写《旧居》一文，交《今晚报》副刊。

同日，晚，老友王汝丰兄与中国社科院近代史所马忠文来家晤谈一小时。王等来津开会，抽暇探望，友情感甚。

12月12日，河北《冀州市志》主编常海成及乡友周金冠专程来津送最近面世《冀州市志》并致谢，周赠所著《任熊绘姚大梅诗意图赏析》线装一函二册，西泠印社版，华宝斋印制。

12月13日至15日，继续整理《难得人生老更忙》书稿，已基本定型。

12月16日，日前发现《溃痈流毒》复印资料一袋，为多年前美国国会图书馆亚洲研究部主任居蜜博士委托整理之该馆所藏鸦片战争史料，当时允诺，后因公私事务丛杂，至今未能实现，实感愧怍。拟暂搁诸事，抓紧完成此书整理、点校工作。

12月20日至25日，整理《溃痈流毒》复印稿，多数字迹模糊不清，辨认颇费力。虽进展较慢，但已形成关于对该书若干考订的构思。

同日，山西《编辑学刊》吕晓东约新年稿，拟写《过年读书》一文。

12月21日，收到罗文华寄来12月16日《天津日报》，《〈龚望先生题签集〉

序》已在副刊《满庭芳》刊出。

12月26日，《今晚报》发《再说“大一国文”》一文。

同日，刘春生整理孙子注多年，今为其《十一家注孙子集校》一书申请出版资助写推荐信。

12月31日，新著《旅津八十年》正式出版，责编焦若旸及时送来样书5册，心中甚喜悦，为2013年之愉快除夕。

## 2014年，九十二岁

1月1日，天津《中老年时报》今天开始连载我夫妇共同署名的《来新夏说北洋》，每天千字，约需百日载完。

1月2日，收到上海交通大学出版社责任编辑冯勤寄来《目录学读本》校样，已由柯平取去交各作者审读。

同日，王振良携湖南长沙青年书人黄友爱来家，送所编民刊《湘水》，为题字以赠。近代史所金依林托请马忠文邀题写页册已多次催促，今写“读书是福”。

1月4日，澳门文献信息学会邓骏捷君寄来《澳门文献信息学刊》第九辑，内载拙作《读〈太史公自序〉札记》一文。

1月6日，完成《关于〈溃痈流毒〉的几点考证》一文。

1月8日，农历腊八。备料多种煮腊八粥，效果甚佳，就近送亲友品尝。近日收到各方友好贺年卡较多，今年提倡节俭，故一般不复。

1月9日，李国庆来谈《萧山丛书》第一辑印制情况及第二辑编辑工作，进行较顺利。

1月10日，焦若旸送来其任责编应得样书《旅津八十年》多册，以备我用。市邮政局原局长仇润喜恰来贺年获赠，为友朋得此书第一人。

1月11日，广东人民出版社卢家明总编辑等二人由京专程来访，邀随笔集一册，将《难得人生老更忙》目录面交之。同时，卢拟接受《来新夏文集》出版，因较匆匆，待与建华商量后再定。

1月12日，上午召徐建华来，告知广东人民出版社邀出《来新夏文集》一事。徐因原定出版方遥遥无期，表示可予考虑。

1月14日，应《天津日报》罗文华之约写《节假日读书》，一日成文。

1月15日，《旅津八十年》样书200册由物流送来。王振良提供插图为本书增色，赠书30册以表谢意。下午振良来取书时见到陈鑫，为我有意安排，因二人均关注严修研究，从日记入手陈已进行，王表示相助，一大著述指日可待也。

1月18日，《目录学读本》经柯平诸君校读后，今寄回上海交通大学出版社。

1月19日，收到广东人民出版社寄来《来新夏文集》出版合同。近日将整理2013年文章列入《来新夏文集》。

1月20日，旧友张维绪送来所著《天津话语汇》。张在“文化大革命”中作为天津新华印刷一厂的工人代表来南开参加“评法批儒”时相识，自学成才。为此书作序已六年，可见出书之难。

1月22日，收到上海人民出版社《来新夏随笔自选集》合同，签后寄还一份。

（《来新夏随笔自选集》于2015年3月面世，编为三册：《书卷多情似故人》、《说掌故　论世情》、《问学访谈录》，精装本，共57.7万字。）

1月26日，近日原供职各单位现任领导先后来家慰问，今年尚俭，情意心领。

1月29日，萧山方志办寄来硕大咸鱼干两条，回电致谢。萧山图书馆为“来新夏著述专藏阅览馆”贴“福”字贺年，照片从网上发来，也是一喜。

1月30日，今日为癸巳年除夕，近年多为提前拜年，贺岁电话整日不断。今夜炮竹明显减少，群众认识雾霾之害，亦见一进步。

1月31日，今日为甲午年元朔，仍有亲来致贺新禧者多人。

2月5日，大悲禅院智如法师因其剃度师隆昌坐化，故依俗不能拜年，特委托居士龚绶昆仲代表送来佛果。我各赠《旅津八十年》为贺年礼。

2月6日至8日，撰写2013年地方文献研究室工作汇报及科研成果表。向外地亲友寄赠《旅津八十年》，主要是北京和萧山二地。

2月11日，《中国社会科学报》记者张春海寄来样报，日前采访已刊出，并配发照片，文为《来新夏：九十“老骥”犹“出枥”》。

2月15日，赵胥自辽宁返京过津，来家拜年，并代请为《缪钺先生编年事辑》一书题签。

2月17日，为《难得人生老更忙》写序，亦题“难得人生老更忙”，阐发我的老年之感。该书文字稿亦整理蒇事，近日即可寄广东人民出版社。

（此书于2015年8月面世，因列入该社“百家小集”书系，根据出版社建议更名为“邃谷四说”，精装本，14.9万字，未标印数。）

2月19日，《关于〈溃痈流毒〉的几点考证》一文完稿，今将电子稿发《中华读书报》编辑王洪波。

同日，杭州俞宸亭所写小传《一个人的一座城》稿电子版发至焦若旸邮箱，晚其夫妇送来纸本。

同日，天津电台编辑温光怡来商订下周录像事。该台拟请津门十位学者讲述有关国学专题，约我十讲，每讲20分钟，题为“书文化的传承”。

2月22日，昨晚忽感眩晕，晨起略减轻，至晚渐恢复。

2月24日，上午电台来人录音录像，今日开始第一、二讲，历一小时完成，讲后精神一振。

2月26日，上午九时至十时录制“书文化的传承”第三、四讲，进行顺利。

2月28日，昨晚睡前咳嗽有白痰，但睡后平稳。今晨静宜去总医院干部门诊见曹肇慧主任，取消炎、止咳药二种；又说上周头晕现象，认为是脑缺血，加银杏叶片口服。

上午录制第五、六讲，约一小时，感疲劳。晚体温38.8℃，咳嗽加剧。

3月1日，上午到总医院干部病房就诊，诊为肺部感染，住院治疗。

（补：）3月4日，下午二时突发急性心梗，入ICU抢救。四时半缓解，家属入内探视。

3月6日，《难得人生老更忙》一文在《海南日报·文化周刊》发表。

3月8日至14日，病情一度平稳，仍有低烧，偶发室颤。

3月15日，《目录学读本》出版，上海交通大学出版社寄来样书。

3月23日，《难得人生老更忙》一文在《今晚报》刊出。

3月31日，因心衰抢救无效，于十五时十分逝世。

*　　　　　　　　*

说明：来新夏先生曾撰《邃谷九十以前自订学术简谱》，后又有《旅津八十年记事》附录于《旅津八十年》（南开大学出版社2014年1月版）一书，记事均至九十岁，即2012年末。本谱系在此基础上稍作校补，其中2013年1月至2014年3月1日的内容据先生简要日记整理，3月4日至31日为补写。未及详考，尚欠周全，敬祈指正。

焦静宜谨识

2018年仲秋

# 附三　来新夏先生著述提要

## 编　例

1.《来新夏先生著述提要》所收之来新夏先生著述，均为绍兴孙伟良“来新夏民众读书室”所藏。

2. 提要所收条目，涵盖来先生所撰写、辑述、翻译、主编、校点之著述，凡150余种。

3. 提要所收来先生著述，出版日期截至2019年底，撰写采取编年体，以见先生一生之学术脉络。

4. 提要涉及之来先生著述，以公开出版物为主要对象。此外，酌情所收若干种著述：如《中国近代史参考资料》、《中国图书文献选读》及《文献整理十论》，系先生在南开大学历史系、图书馆学系教学时所编教材；《中华文化的传递》、《中国方志学概论》及《北洋軍閥と日本》等数种，是先生应日本独协大学之邀任客座教授期间，为研究生授课时校方所印的资料。

5. 相同书名之著述，例如《古典目录学浅说》、《北洋军阀史》、《谈史说戏》等，在不同出版社出版的，从图书在版编目（CIP）数据因素考虑，视为不同版本而分别作条目。

6. 提要条目内容，由著录项和“提要”两部分组成，著录项包括书名、责任者、出版者、出版年月、字数、印数、定价，以及统一书号或国际标准书号，原则上以所见图书原有款项著录。

7. 提要撰写不拘程式，因书而异，长短不一，间或有书话痕迹，以体现成书背景。

8. “来新夏民众读书室”所藏来先生著述，多有先生签名及题跋等等，弥足珍贵，随文录入。

# 正　编

## 目录

018　中国古代图书事业史概要（1987）
019　中國軍閥の興亡（1989，日文）
020　中国古代图书事业史（1990）
021　古典目录学（1991）
022　中国的年谱与家谱（1991）
023　薪传篇（1991）
024　明耻篇（1991）
025　北洋軍閥と日本（1992，日文）
026　清代前期的商业、商人和社会风尚（1992）
027　《中华文化的传递》讲授提纲（1992）
028　《中国方志学概论》讲授提纲（1992）
029　志域探步（1993）
030　薪传篇（1993）
031　中国的年谱与家谱（1994）
032　古籍整理散论（1994）
033　中国地方志（1995）
034　冷眼热心——来新夏随笔（1997）
035　林则徐年谱新编（1997）
036　路与书（1997）
037　中国的年谱与家谱（1997）
038　依然集（1998）
039　枫林唱晚（1998）
040　邃谷谈往（1999）
041　来——南迁萧山的来姓（1999）
042　一苇争流（1999）
043　来新夏书话（2000）
044　中国近代图书事业史（2000）
045　北洋军阀史（2000）
046　千年不灭的荣光（2001）
047　且去填词（2002）
048　来（2002）

049　邃谷文录：来新夏自选文集（2002）
050　出枥集：来新夏自选集（2002）
051　三学集（2002）
052　古典目录学浅说（2003）
053　古籍整理讲义（2003）
054　学不厌集：来新夏学术随笔自选集《问学编》（2004）
055　只眼看人（2004）
056　清人笔记随录（2005）
057　邃谷书缘（2005）
058　书文化的传承（2006）
059　皓首学术随笔·来新夏卷（2006）
060　谈史说戏（2007）
061　邃谷师友（2007）
062　80后（2008）
063　来新夏说北洋（2009）
064　中国图书事业史（2009）
065　访景寻情（2009）
066　书前书后（2009）
067　中国古典目录学（2009，韩文）
068　交融集（2010）
069　中国的年谱与家谱（2010）
070　来新夏谈书（2010）
071　谈史说戏（2010）
072　近三百年人物年谱知见录（增订本）（2010）
073　砚边馀墨（2011）
074　依然集（2010）
075　来新夏说北洋（2011）
076　书目答问汇补（2011）
077　北洋军阀史（2011）
078　北洋军阀史（2011）
079　北洋军阀史（2011）

080　林则徐年谱长编（2011）
081　书文化九讲（2012）
082　不辍集（2012）
083　来新夏随笔选（2012）
084　中国古代图书事业史（2013）
085　古典目录学（修订本）（2013）
086　书之传承：时间里的图书史（2013）
087　立身之本：知耻才能做人（2013）
088　邃谷序评（2013）
089　旅津八十年（2014）
090　目录学读本（2014）
091　古典目录学浅说（2014）
092　书卷多情似故人（2015）
093　说掌故　论世情（2015）
094　问学访谈录（2015）
095　邃谷四说（2015）
096　评功过（2016）
097　辨是非（2016）
098　述见闻（2016）
099　北洋军阀史（2016）
100　谈史说戏（2016）
101　古典目录学浅说（2016）
102　混乱中的行走：来新夏说北洋（2018）
103　古籍整理讲义（2019）
104　北洋军阀史（修订版）（2019）
105　来新夏文集（2019）

## 001　美帝侵略台湾简纪（一九四五——一九五〇）（1951）

来新夏编著。2.5万字。天津历史教学月刊社1951年8月出版，知识书店发

行，印行5000册。定价：2800元（注：旧币）。

来新夏，1946年夏毕业于北平辅仁大学史学系，获文学士学位。回津后曾任教于新学中学。1949年1月天津解放，他被所在中学的“民青”组织推葆到华北大学第二部学习，同年9月应选入该校副校长、著名马克思主义史学家范文澜主持的历史研究室做研究生，从事中国近代史研究。

1950年华北大学历史研究室改为中国科学院历史研究所第三所（后又改为近代史研究所），范文澜任所长。是年10月，抗美援朝战争爆发后，来新夏投身于口诛笔伐之行动，开始撰写《美帝侵略台湾简纪（一九四五——九五〇）》一稿，经范文澜先生审阅后同意出版。该书的材料，起自1945年日寇投降，下迄1950年止。5个章节的标题均摘自伍修权在联合国安理会控诉美国武装侵略台湾的发言中的语句，其中第一章和第四章的内容，曾在《光明日报》及《人民日报》刊登过。

本室藏本之封面钤有蓝色椭圆形“中国人民大学图书馆藏书”章。扉页跋曰：“此为我第一本史学著述，久已绝版，我亦未入藏，伟良以他书与北京李晓静君相易而得，特识其事，以见伟良搜求之情。来新夏　二〇〇九年三月。”

### 002　第二次鸦片战争（1956）

来新夏编。1.1万字。通俗读物出版社1956年1月第1版，第1次印刷，印行35000册。定价：9分。

书号0575

1955年9月，北京通俗读物出版社为农村读者编写中国近代史丛书，每册万字左右。来新夏先生接受《第二次鸦片战争》一题，月余完成交稿。

鸦片战争以后，外国侵略者虽然在我国取得了种种特权，但他们对我国的贸易并没有得到很大的发展。英国侵略者为了扩大它在我国的侵略势力，取得更多的特权，便勾结法国，对我国进行了武装侵略，这就是历史上的“第二次鸦片战争”。

本室藏本题：“为农民写书，此为试笔。来新夏　二〇〇七年十月。”

## 003 北洋军阀史略（1957）

来新夏编著。11.2万字。湖北人民出版社1957年5月第1版，印行25000册。定价：0.50元。

统一书号11106·32

1951年春，来先生执教于南开大学历史系。任教第二年，他的讲稿《北洋军阀统治时期》在《历史教学》杂志1952年8月号至10月号上连载，立即引起史学界同仁的关注。1956年伊始，学术界提倡“百花齐放，百家争鸣”。在此环境下，经荣孟源先生推荐，湖北人民出版社邀请来先生撰写一部关于北洋军阀的书稿。其时北洋军阀集团显然是中国近代史上的反面人物，研究的压力显而易见。但在荣孟源先生的鼓励下，来先生终于克服了不碰历史“阴暗面”的心态，在《北洋军阀统治时期》讲课记录基础上，又经进一步研究，于1956年2月成初稿，9月成修改稿，交付出版社，翌年《北洋军阀史略》出版。

《北洋军阀史略》根据具体的史料，运用新的观点，对北洋军阀的形成、发展、更迭、派系混战及其覆灭，作了较为全面的叙述。书末有附录二，一是北洋军阀时期大事简表，二是列出将近40种参考书目。此书是解放后在国内出版的第一部以历史唯物主义观点和方法来考察北洋军阀集团的兴衰变化、探求其成败兴亡的内在联系的著作，堪称为新中国史学工作者在这一领域的拓荒之作。

《北洋军阀史略》出版后，引起了海内外学者的注意。在国内，相当一段时期它被当作教学和科研中最主要的一种参考书。沈渭滨教授认为“这部著作的出版，不仅开拓了北洋军阀研究的新领域，而且也为今后学术界研究这段历史奠定了良好的基础”。在国外，日本明治大学岩崎富久男教授将它译成日文，增加了随文插图，易名为《中國の軍閥》，先后于1969年、1989年由两个出版社出版，成为日本学者研究北洋军阀史的案头用书。

来先生在《北洋军阀史略》扉页的跋为：“史略一书，为余涉足北洋史研究之第一部专著。久未见此书流传。伟良于网上购存，亦称难得。来新夏　2007.2。”

本室藏本钤圆形蓝色印“四川财经学院教务处图书馆藏书”。

## 004 美国是武装干涉苏俄的积极组织者与参与者（一九一八至一九二〇年）（1958）

苏·别辽兹金著。来新夏、魏宏运、吴琼译。15.5万字。三联书店1958年3月第1版，北京第1次印刷，印行2600册。定价：0.70元。

统一书号11002·185

北京市书刊出版业营业许可证出字第56号

1952年底，南开大学要求来先生领衔主持翻译俄文著作《美国是武装干涉苏俄的积极组织者与参与者（一九一八至一九二〇年）》，以巩固教师的俄文学习成果，兹事进度稍显缓慢，后经出版方三联书店再请专家审改，始达出版水平。本书根据苏联国家政治书籍出版局1952年增订第二版译出，译文略有删节。

本室所藏为原河北师范学院图书馆藏书，扉页钤正方形“河北天津师范学院藏书”章。题“伟良雅藏　来新夏　二〇〇七年十二月”。

## 005 火烧望海楼（1960）

“河北戏曲丛书”之一。来新夏、张文轩编剧。5.9万字。百花文艺出版社1960年2月第1版，印行5000册。定价：0.32元。

统一书号10151·149

来新夏先生对京剧情有独钟。1959年6月至7月，应天津市京剧团之邀，为国庆十周年献礼，以近代史上1870年发生的震惊中外的“天津教案”中心事件为根据，来先生与天津京剧团张文轩先生合作编写了反映中国人民反洋教斗争的历史剧《火烧望海楼》剧本，来先生在主题思想、故事编排、人物塑造上掌舵，张先生在唱、念、做、打上把关。9月在天津中国大戏院公演，著名武生厉慧良（1923—1995）导演并主演，红极一时。10月赴京献演，获文化部优秀作品二等奖。《北京晚报》1962年5月15日刊发一则本报讯：“天津市京剧团即将来京，著名演员厉慧良、张世麟等将同首都观众见面。天津市京剧团曾数次来京演出，已为本市观众所熟悉。去年10月份在京演出时，厉慧良主演的《长坂坡》、《火烧望海楼》、《钟馗嫁妹》和张世麟主演的《战冀州》、《武松》等剧，给首都观众留下深刻印象。”“去年10月份在京演出”事，天津市戏剧家协会主席高长德曾在来先生九秩诞辰庆祝会上有发言：“1961年奉调进京，参加纪念辛亥革命五十周年的活动，曾经在人民大会堂演出，此时人民大会堂刚刚建成不久，是全国人民心目中神圣的政治中心，能在那里演出无疑是巨大的荣誉。朱德、董必武、李先念、邵力之、廖承志等国家领导人出席观看，同行们给予高度赞誉，轰动一时，名垂京剧发展史，多年来这出戏始终让人念念不忘。”

先生曾撰《关于〈火烧望海楼〉一剧的编写》，发表于《百花》1959年第3期，入载南开大学出版社2014年版《旅津八十年》。又撰《论“天津教案”》一文，刊登在《天津师院学报》1980年第4期，此文收载于齐鲁书社1983年版《中国近代史述丛》。《辞海》1979、1989、1999及2009年版，均设“天津教案”条目。

《火烧望海楼》剧情为：天津的法国教堂为了强划教区，借口没落书生范永欠教民王三的债，将范永的房屋两间强行霸占。此时，范永之子龙儿被拐进教堂中的“仁慈堂”，范妻也被法国神父谢福音诱奸，同时，刁恶教民在教堂指使下屡屡欺压人民，人们告状又被清朝通商大臣崇厚拒绝。人们在走投无路之际，遂在码头工人马宏亮、棚匠刘黑、摊贩于麻子、崔大脚等率领下，去教堂进行说理。但法国神父蛮不讲理，而领事馆秘书西门竟开枪杀人，激起群愤，人们杀死了谢福音、王三和法国兵，并将法国教堂焚毁。厉慧良主演的是码头工人马宏亮。

剧本《火烧望海楼》的场次：第一场，赖资；第二场，骗产；第三场，驱贩；第四场，陷弱；第五场，诡辩；第六场，媚洋；第七场，勘尸；第八场，尾迹；第九场，奸败；第十场，愤控；第十一场，显形；第十二场，壮举。厉慧良改编的演出本，据笔者购自孔夫子旧书网的天津市京剧团的戏单，第一至第七场未变，第八场之后改为探堂、尾迹、奸败、愤控、壮举。据长春京剧团演出之油印稿《火烧望海楼》剧本，改12场为9场：第一场，赖资；第二场，骗产；第三场，驱贩；第四场，诡辩；第五场，媚洋；第六场，勘尸；第七场，尾迹；第八场，愤控；第九场，显形。而天津市京剧团1977年10月印制的标“近代革命历史剧”《火烧望海楼》戏单，亦将原12场改为9场及尾声：第一场，划界；第二场，骗产；第三场，驱贩；第四场，诡辩；第五场，媚洋；第六场，勘尸；第七场，尾迹；第八场，愤控；第九场，显形；尾声，烧楼。主要剧中人马宏亮的扮演者是马少良。又购得北京京剧院三团1986年4月印制的标“大型近代历史京剧”《火烧望海楼》戏单，它是根据天津市京剧团演出本整理，执排导演张松林，其场序同样是9场，但略有改动：第一场，划界；第二场，骗产；第三场，驱霸；第四场，诡辩；第五场，媚洋；第六场，勘尸；第七场，擒凶；第八场，义愤；第九场，险情。主要演员是李元春、周铁林。

本室所藏《火烧望海楼》扉页的跋：“此为我第一次试作京剧案头本，后由演员厉慧良、张文轩等制演出本。来新夏　二〇〇七年十月。”

## 006　中國軍閥の興亡（1969，日文）

编著者，来新夏。译者，岩崎富久男。发行者，矢贵升司。印刷者，奥村正雄。发行所，东京都中央区日本桥蛎鼓町1—12株式会社桃源社。昭和四十四年（1969）二月十日印刷。昭和四十四年二月十五日发行。定价：750日元。

日本明治大学岩崎富久男教授在研读来新夏《北洋军阀史略》时，认为“该书能够准确把握当时的社会、经济以及军事、外交等情况，加以犀利的分析，完全具有名著的水平”。

《中國軍閥の興亡・前言》中，岩崎富久男认为同时代还有陶菊隐《北洋军阀统治时期史话》的大部头著作，“为该领域的研究留下了很大的成绩”，然系统性的介绍以《北洋军阀史略》为最早，翻译此书也基于这个原因。在为日译本定书名时，考虑到读者未必都是专门的研究者或学生，应尽量避免常人陌生的“北洋军阀”一词，于是书名改为《中国军阀的兴亡》。

岩崎富久男教授在日译本前言大意说：“关于本书作者来新夏先生，译者眼下没有任何信息，诸如其履历、现在就职于什么单位、从事什么工作等，可以说一无所知。现在中国正值‘文化大革命’，很多著名学者有的作为‘资产阶级学术权威’，或作为‘反党修正主义者’正在遭受着严厉的批判，而来先生的情况又是如何呢？我无从得知。”在录存来先生《第二次鸦片战争》、《第一次国内革命战争史论集》、《中国农民起义论集》三本书名以及16篇论文篇名之后，译者接着说：“正如以上所述，来先生有很多的论著涉及中国近代史的各个领域。我想除此之外，先生应当还有其他论著，然而至今译者仅知上述有限的著述而已。尽管我很想得到一个直接拜访来新夏先生的机会，但是现在的日中关系似乎不可能实现。因此，我希望今后两国在文化、学术上的交流紧密起来，同时也祝愿先生在研究的道路上继续努力奋斗。”

《中國軍閥の興亡》策划室桃源社，为了帮助读者理解，随文增加了28幅图片。书末附有人名索引，涉及历史人物204个。

《中國軍閥の興亡・前言》载曰：“原书《北洋军阀史略》，是1957年5月由湖北人民出版社出版发行的，但是书后却写着1956年2月初稿，1965年9月修改。”需要纠正的是，“1965年”是译者的笔误。《北洋军阀史略》第175页载的是“1956年2月初稿，1956年9月修改稿”。应无误。

由马祖毅、任荣珍合著，湖北教育出版社1997年10月出版的《汉籍外译史》，在“历史书籍的翻译”一节载：“历史学家来新夏（1923—）在35岁出版的第一部著作《北洋军阀史略》，1969年由日本桃源社出版了日译本，改名为《中国的军阀》。”

## 007　古典目录学浅说（1981）

“中华史学丛书”之一。来新夏著。15.6万字。中华书局1981年10月第1版，北京第1次印刷，印行13000册。定价：0.74元。

统一书号11018・982

本书共4章。第一章概说，讨论目录和目录学的严格定义，探讨目录和目录学的发生与发展，介绍各种不同类型的书目。本章还详细讨论了古典目录学的体制，以及我国古典目录“辨章学术，考镜源流”的特点。第二章从目录学史的角度，勾勒了我国从两汉到清代目录学的发展概貌，揭示了我国图书分类从六分法到经、史、子、集四分法的形成，并评介了历史上具有代表性的书目。第三章介绍了与古典目录学相关的学科，主要介绍了图书分类学、版本学和校勘学。最后一章展望了古典目录学的研究趋势以及前瞻设想。

列入“中华史学丛书”的尚有《唐末农民战争》（胡如雷）、《历代笔记概述》（刘叶秋）、《袁世凯传》（李宗一）、《史部要籍解题》（王树民）及《中国古代医学》（赵璞珊）。

1970年，来先生被下放到南郊区太平村公社翟庄子大队插队落户。“坚信苦风凄雨终将过去，天生我材必有用”。农耕之余仍学习不辍。于1973年开始撰写《古典目录学浅说》，翌年3月成10万余字初稿。1974年调回南开大学历史系。

为了整理浩繁的典籍，人们把书目进行综合排比，分门别类，渐渐形成了一门专门的科学，这就是目录学。1978年3月，来先生在历史系开设“古典目录学”课程。外系、外单位来听课者甚众，因新中国成立后尚无人开过此类课程。本室藏油印稿《古典目录学浅说》一册，即是来先生根据在南开大学、天津师范大学等校历史系、图书馆学系等专业讲授《目录学》纲要的基础上经多次修订扩充而成。

该油印稿封面来先生的题跋为：“二十余年前，余初授古典目录学于南开大学，撰成此征求意见稿印发诸生参读，而余斋中已无此稿，今于绍兴县伟良小友斋中得见此本，若晤故友，不胜感慨，缀此数语，以志书缘。二〇〇七年二月　来新夏于羊石山房。”

油印本封面之“来新夏　著”，涂“来新”及“著”字，间插一“波”，成“夏波”；又钢笔书“南开历史系”字样。据查《南开大学历史学科人名录》（1950—1997），夏波是“80级”中国史专业学生，学号“800090”；“84级”硕士，学号“84153”。显然，《古典目录学浅说》（征求意见稿）是南开大学自编教材。而夏波同学之调皮之举，令人捧腹。

油印本系笔者在孔夫子旧书网于2006年12月底购自湖南宁乡县玉潭镇。据悉，夏波，1964年2月生，湖南长沙市人。硕士学位，工作于南开大学历史研究所，任助理研究员。曾发表《〈明史·河渠志〉河工程时间记载纠误》、《明代河工程述话》等文，并参加撰写《明史研究备览》部分章节。后转行从商，现不知所踪。

中华书局正式出版的《古典目录学浅说》，是在油印稿的章节上略微作了调整，如将原第二章“古典目录学的相关学科”，移至第三章；将原第三章“古典目录学著作和目录学家”，前移到第二章。《古典目录学浅说》出版后，立即赢得学术界一片赞誉。其中中华书局资深编辑崔文印发表于《读书》1983年第

1期《古典目录学津逮》一文，评价最为全面允当。文章开头即对《浅说》的学术意义作了定位："我国古代目录学的成就，除解放前姚名达先生写过一本《中国目录学史》外，解放后还没有人做过系统的介绍。南开大学来新夏先生的新著《古典目录学浅说》的出版，无疑填补了这一空白。"崔先生在文末说道："前人有所谓'津逮秘书'，津逮者，入门，且由此登堂入室之谓也。对于有志于古典目录学研究的读者来说，来新夏先生的新著《古典目录学浅说》不正是这样一部书吗？"《古典目录学浅说》在1984年获天津哲学社会科学优秀成果资料书三等奖。

本室藏本《古典目录学浅说》有先生签名"来新夏"。又从孔夫子旧书网淘得一册，扉页钤印篆体白文"桐乡县沈坤荣藏书印"及楷体"沈坤荣"私章；书有"一九八二、三、二十四于南开大学"、"一九八四——一九八五年学度第一学期由来先生讲授"并括注"教授"字样。据查《南开大学历史学科人名录》，沈坤荣为"81级博物馆专业"学生，则此本为当时的教学用书。沈坤荣现就职浙江省文物局。2014年11月17日上午笔者与沈先生通电话，他说：当时来先生名气很大，在讲目录学课时，有很多外系的人来旁听，受益匪浅。

## 008　林则徐年谱（1981）　林则徐年谱（增订本）（1985）

来新夏编著。34.6万字。上海人民出版社1981年10月第1版，第1次印刷，印行7150册。定价：1.65元。

统一书号11074・466

二十世纪五十年代初，来先生在魏应麒所撰《林文忠公年谱》的基础上进行补订。六十年代初，应中华书局赵守俨之邀，审读广东中山大学历史系所编《林则徐集》全稿后，遂编纂成《林则徐年谱》稿。"文革"中，原稿被毁。七十年代中期重加纂辑，于1980年冬定稿，翌年正式出版。

本室藏本扉页钤印"天津市南开区图书馆藏书章"，题有"伟良雅藏　来新夏　二〇〇七年十二月"。

1982年冬"鸦片战争与林则徐学术讨论会"在福州召开，《林则徐年谱》被列入1985年召开的"林则徐诞辰二百年纪念学术讨论会"的出版规划。于是来先生又进行了修订：其一是增补了新资料。其次是扩大征引范围，在原有参考文献资料的基础上，增多60种，总计达220余种。其三是订正部分失误。再是增写了大事年表索引。

《林则徐年谱》增订本字数为45.6万字，仍由上海人民出版社出版，其版权页为“1981年10月第1版，1985年7月第2版，1985年7月第2次印刷，印数7,151—12,150”。即二印5000册，连初印本7150册，合计12150册。增订本定价：4.25元。

本室藏本封面钤印“政协福建省委员会秘书处来信来访专用章”。

## 009 近三百年人物年谱知见录（1983）

来新夏著。56万字。上海人民出版社1983年4月第1版，印行精、平装本32000册。定价：2.20元。

书号11074·442

读书室藏有一份油印稿，为天津图书馆学会1979年5月印，纵27厘米，横19.5厘米，24页。题跋曰：“此为我经‘文革’落实政策后的第一篇论文。曾以此参加中国图书馆学会年会（在太原召开）。后以此文作《近三百年人物年谱知见录》之代序。久已无存。今伟良得之，因识数语，藉忆往事。二〇〇七年四月中　来新夏识于邃谷。”

二十世纪五十年代，来先生在南开大学教学中国近代史，常到校图书馆阅读一些清人年谱。其时馆长冯文潜先生建议：“这类书看的人不多，也无需人人都去看，你既然在看，何不把清人年谱清个底数，顺手写点提要，积少成多，将来也能为人节省翻检之劳。”（大意）来先生接受建议，历经寒暑五六，终成八百余篇书录，近五十万字。未几，不意遭散失之厄运，十册手稿仅存二。1970年，先生被下放津郊，农耕之余仍孜孜不倦于年谱整理工作，1975年完成未刊稿《清人年谱知见录》。1976年初，刘泽华应邀通读了全稿。来先生后撰《清人年谱的初步研究》，以此论文于1979年7月参加在太原召开的中国图书馆学会年会。论文经修改，刊登于《南开学报（哲学社会科学版）》1979年第3期。

来先生的书稿《清人年谱知见录》，在上海人民出版社正式出版时，以体例特色，易名为《近三百年人物年谱知见录》，将在《南开学报》发表的《清人年谱的初步研究》一文，经修改，作为该书的“代序”。如，原文曾谈到“为妇女立谱始于清”，在“代序”中修正为“为妇女立谱始于晚明，但盛于清”。

《近三百年人物年谱知见录》收录了自明清之际至生于清而卒于辛亥革命之后的人物年谱800余种，包括自谱、子孙友生编谱、后人著谱，以及校书谱、诗谱、图谱、纪年诗、年表、合谱、专谱等。每一年谱著录谱名、撰者、刊本，并注明各年谱专目中著录情况，记载谱主事略（即谱主姓名、字号、籍贯、生卒年、科分、仕历、荣哀及主要事迹与特长），还增录相关史料，简述年谱编著缘由、材料根据及编者与谱主关系等。南开大学教授冯尔康先生在其著《清代人物传记史料研究》（商务印书馆2000年版）中说：“《知见录》是一部研究性的著作，全面分析了近三百年人物年谱的总体特色和每一部年谱的具体特点，又是一部信息量很大的工具书。需了解清人年谱必须很好利用这部书。”

《近三百年人物年谱知见录》于1984年被评为天津哲学社会科学优秀成果资料书二等奖。1989年获中国图书馆学会优秀科研成果特别奖。

笔者庋藏的平装本《近三百年人物年谱知见录》之扉页来先生的题跋为：“伟良小友，《知见录》问世二十余年，久已绝版。伟良求诸书肆。余丙戌初夏过其居，属缀数语，以志书缘。八四叟萧山来新夏题识　二〇〇六年四月三日于羊山。”

## 010　方志学概论（1983）

高等院校教学用书。来新夏主编。22万字。福建人民出版社1983年8月第1版，第1次印刷，印行3800册；1984年3月第2次印刷，印行10550册。总计14350册。定价：1.20元。

书号7173·586

是书系统论述了方志的起源、发展，介绍了古、近代学者对方志学的研究，并重点阐述了新方志的编写要求和方法。书后附有自民国时期至1982年7月为止的方志学重要书目与部分论文目录。

1981年11月，来先生受中国地方史志协会委托，邀集安徽大学、宁夏大学、福建师范大学、苏州大学、辽宁师范大学、贵阳师范学院、杭州师范学院以及南开大学等八院校有关人员，在南开大学举行《方志学概论》编写工作会议。确定编写方针、编写大纲，分配编写任务，众推先生任主编。1982年4月间，《方志学概论》草稿第一次油印稿完成，并在其主持的苏州第一期方志学研究班上试讲，旋又吸收征求意见而修改。6月间印成第二次油印稿，7月间在太原、10月间在蓟县的两期研究班上试用，由学员逐章讨论，并经梁寒冰、傅振伦等专家审定，由来先生作最后一次修改后定稿。

《方志学概论》初版本的书名题签者是章友芝。章友芝（1917—1983），名沅，祖籍浙江绍兴，生于福州，著名书画家，曾任福州画院秘书长。尤以隶书成就辉煌，有"芝隶"之美誉。再版印刷的题签者是上海图书馆馆长顾廷龙先生。

该书是新中国成立以来第一本通论性的方志学著述。方志学家魏桥认为"《方志学概论》一书，简明扼要，深入浅出地阐明了方志的基本概念、发展简史、编纂要领等，对当时方志事业沿着正规道路前行起到不可磨灭的指导作用"。

1992年3月底，古稀之年的来先生应聘任日本独协大学客座教授期满，独协大学教授齐藤博"送来新夏教授回国致辞"中说："《方志学概论》是极其便利的入门参考书。"

本室藏初版本一册，扉页钤印椭圆形章"天津社会科学院图书馆图书资料专用章"；再版本三册，其一扉页题有"来新夏　二〇〇七年正月于萧山"。

## 011　中国近代史述丛（1983）

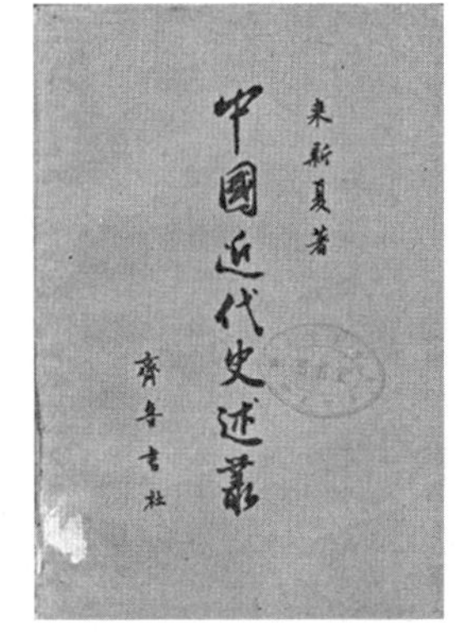


来新夏著。31.2万字。齐鲁书社1983年9月第1版，第1次印刷，印行5200册。定价：1.85元。

书号11206・71

该书收录了来先生从五十年代至八十年代在近代史方面的论文和一组读书笔记。其中六十年代至七十年代处于动乱，无法从事学术撰述活动，因而"述丛"大多是来先生五十年代十年间的学术研究留痕。例如《中日马关订约之际的反割台运动》，原载《大公报》1952年1月18日，后入编五十年代出版社1954年出版的《中日甲午战争论集》；《南昌教案》、《关于第二次鸦片战争后中外反动势力结合的问题》、《同盟会及其政纲》、

《鸦片战争前后银贵钱贱的情况和影响》、《反清的秘密结社》，载见《历史教学》1952年1月号，1954年11月号，1955年6月号，1956年9月号、10月号；《〈天朝田亩制度〉是农民革命的纲领》，原载《光明日报》1959年12月10日。而《太平天国底商业政策》，则是来先生作为范文澜的研究生，在导师指导下于近代史方面的处女作，署名“禹一宁”，刊载华北大学历史研究室编、三联书店1950年11月版《太平天国革命运动论文集：金田起义百周年纪念》。此论文集由三联书店列入“三联经典文库”第二辑，将原直排繁体改为横排简体，于2014年1月重新出版。

《中国近代史述丛》由书法家王颂余教授题写书名。书中的大部分文章，收载于南开大学出版社2002年6月出版的《邃谷文录：来新夏自选文集》之“历史学卷”。

本室藏本封面钤印为“南京大学历史学系图书室”，内页钤“南京大学图书馆藏书”，皆蓝色、椭圆形。

## 012 北洋军阀史稿（1983）

来新夏主编。36.4万字。湖北人民出版社1983年11月第1版，第1次印刷，印行7300册。定价：2.05元。

统一书号11106・162

无论是革命史还是民国史，都绕不过北洋时代。新中国成立后不久，关于北洋军阀史的书，除了陶菊隐的《北洋军阀统治时期史话》（三联书店1957年至1959年出版），另一部是来先生的《北洋军阀史略》。两者体裁不同，详略有别。陶著属于通论性著作，非专题研究，探讨的是1895年至1928年的政治史，并不专记军阀。书中也未注明资料来源，使读者不易查找、核对。来著在内容上侧重于以北洋军阀为核心，探讨北洋军阀的起源、发展和覆灭的历史，包括北洋军阀的统治与广大人民的反军阀斗争。来著有史有论，简明扼要。

《北洋军阀史稿》既是《北洋军阀史略》的发展，又是一次重新改写。在篇幅和内容上作了某些充实和改动。并附有“大事年表”和“北洋军阀人物小志”，方便读者检索利用。民国史专家孙思白教授（1913—2002）读完《北洋军阀史稿》后，把它与《北洋军阀史略》作比较认为有四点不同：第一，补充和运用了已刊的档案、未刊的资料和译稿；第二，吸取了回忆性文章和近年来的研究成果；第三，对若干问题作出了新的分析和论断；第四，丰富了若干具体情节内容。并称该书是“民国史研究领域中一个良好的开端”，“它将为后来的研究者起着提携与带头的作用”。

## 013　结网录（1984）

来新夏著。21.7万字。南开大学出版社1984年10月第1版，第1次印刷，印行7000册。定价：1.55元。

书号11301・5

该书是来先生1980年至1984年所写有关清史方面论文和札记的选集。文章包括《清代前期的商业、商人与社会风尚》、《清代前期江浙地区的饮食行业》、《鸦片战争前的地主与农民》、《清代康雍乾三朝官方整理古籍例目》等，如《清代前期江浙地区的饮食行业》，刊载于《中国烹饪》1982年第3期；《清宫廷学者高士奇和他的著作》、《清人北京风土笔记随录》、《读故宫藏林则徐书札手迹》，则序次发表于《故宫博物院院刊》1982年第2期、1983年第3期和1984年第3期。在收入《邃谷文录：来新夏自选文集》时，个别文章略有改写。书名《结网录》，乃源自《汉书・董仲舒传》所引古人格言：“临渊羡鱼，不如退而结网。”

本室藏本题有“伟良雅藏　来新夏　二〇〇七年十二月”。

## 014　社会科学文献检索与利用（1986）

来新夏、惠世荣、王荣授编著。23.1万字。南开大学出版社1986年8月第1版，至1988年11月第4次印刷，印数共19000册。定价：2.95元。

第1次印刷，统一书号：7301・14

第2次印刷，统一书号：7301・14，ISBN 7—310—00064—1/G・6

第4次印刷，ISBN 7—310—00064—1/G·6

本书共分7章，首先介绍了文献与文献检索的基本知识，然后讲述了社会科学文献情报组织与机构的概况，介绍了社会科学工具书的编排法，国内外主要检索工具书与参考工具书的内容、作用和使用方法，以及电子计算机社会科学文献检索系统，并在此基础上，根据实际需要和当时可能的条件适当论述了阅读方法与技巧，文献资料搜集、利用的一般方法，文献整理与综述，情报分析研究以及读书治学、论文写作等内容。书后附录有常用检索工具书刊、参考工具书举例、社会科学机读数据库简介等。来先生撰前言一篇略述成书缘起。

1979年，来新夏先生创办了南开大学分校的图书馆学专业，1983年又组建了校本部的图书馆学系。为了充实图书馆学教学的基本框架，来先生组织编写了一套专业教材——“图书馆学情报学系列教程”。这套教材共出版11种，为全国10余所大学所采用，并获得南开大学优秀教材建设奖。本书为“图书馆学情报学系列教程”之一种，系应教育部关于高校开设“文献检索与利用”课的要求而由来先生主持编写。该书被全国多所高校作为公共课的通用教材，并获得国家科委颁发的科技情报集体成果三等奖。

## 015 文献整理十论（1987）

来新夏著。油印稿。纵25.5厘米，横18厘米，174页。南开大学图书馆学系1987年1月印。

“十论”者：《论分类》、《论正史》、《论目录》、《论版本》、《论工具》、《论句读》、《论校勘》、《论考据》、《论传注》、《论类书与丛书》。

来先生将历年整理历史文献的讲稿和笔记，成此油印本，为研究生“文献整理”课使用。后略加修订，增入附录一篇，定名为《古籍整理讲义》，收录于《邃谷文录：来新夏自选文集》。

## 016 天津近代史（1987）

来新夏主编。28.9万字。南开大学出版社1987年3月第1版，第1次印刷，印行精、平装本计50000册。定价：平装2.50元，精装3.75元。

ISBN 7—310—00013—7

1985年冬，万里委员长视察天津时，向李瑞环市长建议："天津近代史是中国近代史的一个缩影"，可组织人员编写一部《天津近代史》。尔后中共天津市委、市政府选定南开大学图书馆馆长、出版社社长兼总编辑来新夏任《天津近代史》主编。

本室藏有《天津近代史》的征求意见稿，该稿扉页的题跋是："此为十余年前主编《天津近代史》时的蓝本，曾向各方征求意见，流传不广。伟良自网上邮购得之，亦可备版本之一格。二〇〇七年四月中旬识于天津　来新夏。"

《天津近代史》是在"征求意见稿"的十三章基础上，整合为十二章。该书参考了近200种图书资料，包括天津地方志书、前人诗文专集、专著和政书、外国人著作译本及近年来的科研成果，对自第一次鸦片战争前后至五四运动前夕天津近代历史中政治、经济、文化诸方面进行具体分析和系统阐述，并对若干重要史事和历史人物作出较恰当的评论。

参与《天津近代史》编写的人员还有林开明、张树勇、黄小同、娄向哲、林文军和王德恒。书法家启功先生为该书题签。

《天津老年时报》2003年2月26日有《编写〈天津近代史〉的前前后后》一文，此文收载于来新夏学术随笔自选集《学不厌集》（海峡文艺出版社2004年出版）。该书责任编辑焦静宜撰文《一部可信的乡土教材——〈天津近代史〉》，刊载于《文汇读书周报》1987年4月18日。

本室藏精、平装本各一册。精装本扉页有先生签名"来新夏"。

## 017 谈史说戏（1987）

来新夏、姜纬堂、马铁汉、李凤祥、商传等著。22.1万字。北京出版社1987

年10月第1版，第1次印刷，印行2000册。定价：2.30元。

ISBN 7—200—00037—X

书号11071・482

这是一本通过经典京剧而介绍历史的通俗读物，在介绍剧情和具体内容的同时，运用丰富的历史知识，详细考证了整个剧目的人物、情节和背景知识，在肯定其艺术真实的同时，也指出了其中的以戏为实、牵强附会之处。全书57篇文章，来先生撰《文昭关》、《赠绨袍》、《萧何月下追韩信》、《王昭君》、《战宛城》、《长坂坡》、《群英会》、《定军山》、《刮骨疗毒》、《空城计》、《汾河湾》、《贵妃醉酒》、《贺后骂殿》等13篇。

来先生在本室所藏《谈史说戏》一书的题跋："此为《谈史说戏》之初版本。二〇〇六年末又有增订，由山东画报出版社重出，惜原有作者中之姜纬堂君英年早逝，未及见再版。来新夏　二〇〇七年十月。"查《南开大学历史学科人名录》，姜纬堂是55级学生，马铁汉亦同级。是本钤印方形蓝章"云南人民出版社藏书"。

是书编者之一商传为中国明史学会会长，于2013年9月7日上午在绍兴图书馆二楼报告厅主讲"走进晚明时代"。笔者在听完商先生演讲后，请其题签，是为："孙先生指正　商传敬上　二〇一三年九月七日。"

## 018　中国古代图书事业史概要（1987）

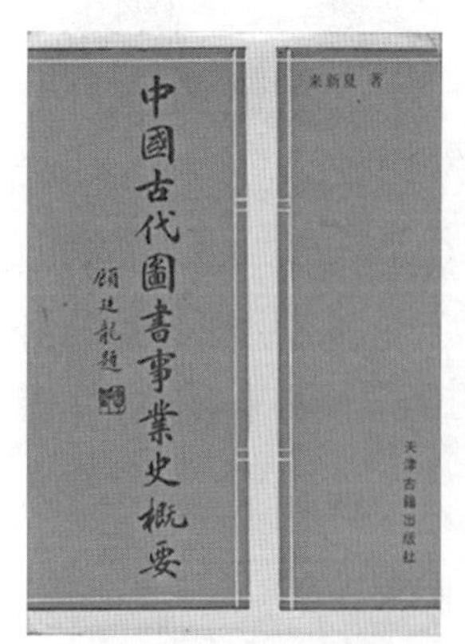

来新夏著。4.9万字。天津古籍出版社1987年10月第1版，第1次印刷，印行3000册。定价：1.90元。

ISBN 7—80504—022—2

本书主要内容包括：图书与图书事业；图书事业的创始阶段——周、秦；图书事业的兴起阶段——两汉、魏晋、南北朝；图书事业的发展阶段——隋、唐、五代；图书事业的兴盛阶段——宋、辽、夏、金、元；图书事业的全盛阶段——明、清。本书按上述中国古代图书事业的发展阶段划分，详细介绍了各个时期中国图书事业的发展概况，研究各个时期图书形态的发展，图书的聚散、典藏及其相应措施，图书的整理与编目，图书的流通与纂集四个方面。

来先生把书史、目录学史、图书馆史这三方面的研究综合为图书事业史，既可避免重复，使体系完整，又可改进教学。书前置图31幅，以达“左图右史之效”。版本目录学家顾廷龙先生题书名。《中国古代图书事业史概要》，收载于《邃谷文录》之“图书文献学卷”。本书为日后编纂《中国古代图书事业史》之大纲。

本室藏本扉页的题跋：“此书为《中国古代图书事业史》蓝本，印数甚少。伟良搜求得之，实为难得。来新夏　二〇〇七年十月。”

## 019　中國軍閥の興亡（1989，日文）

编著者，来新夏。译者，岩崎富久男。发行者，深见兵吉。印刷所，サンワード企划。制作所，越后堂制本。发行所，光风社出版（东京都文京区关口1—32—4）。平成元年（1989）十一月二十日印刷。平成元年十一月三十日发行。定价：1500日元（不加税为1456日元）。

ISBN 4—87519—017—4

来先生的《北洋军阀史略》，经日本明治大学岩崎富久男教授翻译成日文，易名为《中國軍閥の興亡》，于1969年由桃源社出版。该书成为日本学者研究中国军阀的一部重要参考用书，但久已绝版，故日本光风社于1989年11月再版印刷，并加副题“其形成发展与盛衰灭亡”。

《中國軍閥の興亡》初版中，译者坦陈并不知道《北洋军阀史略》著者来新夏先生的任何信息。十余年后，才知道来先生是天津南开大学教授。1982年夏，岩崎富久男携家人赴南开大学拜访了来先生，并将《中國軍閥の興亡》面呈来先生，至此，来先生才知道该书被翻译介绍到日本之事，非常高兴，热情款待了岩崎富久男及其家人。故此，在新版《中國軍閥の興亡》中，添加了作者简历：“来新夏，中华人民共和国南开大学历史系教授。历任图书馆长、图书馆学系主任（学部长）等职。作为中国历史学界的重镇而活跃。”还有是译者简历：“岩崎富久男，1931年生于东京。东京大学大学院硕士课程修了，曾任财团法人东洋文库研究员，现任明治大学教授。研究方向为中国文学，发表有论文《聂耳小传》、《冼星海的一生》等。”

当然，译者还将来先生1981年至1985年出版的著作《林则徐年谱》、《近三百年人物年谱知见录》、《中国近代史述丛》、《北洋军阀史稿》、《结网录》、《林则徐年谱（增订本）》等信息，加入到《中國軍閥の興亡・前言》中。并说“来先生有很多论著，涉及中国近代史为主的古代史和方志学等领域”，“不但是中国历史学的权威，还是中国图书馆学的权威”，另外又表达了一个愿望，即知悉来先生1983年出版有《北洋军阀史稿》，期待将来能有机会翻译它。

## 020　中国古代图书事业史（1990）

来新夏等著。26万字。上海人民出版社1990年4月第1版，第1次印刷，印行平装本2500册，精装本1000册，合计3500册；1991年7月第2次印刷，印行平装本1500册，精装本500册，合计2000册。两次印刷总计5500册。定价：平装9.20元，精装13.60元。

ISBN 7—208—00745—4

这是一本将中国图书史、中国目录学史和中国图书馆史三史合为一体的学术著作，基本内容是以图书为中心而涉及与图书有关的各种事业，包括搜求、典藏、管理、整理和编纂等。来先生发表于《学术月刊》1980年8月号的《试论〈中国古代图书事业史〉的研究对象与划阶段问题》一文，是《中国古代图书事业史》的最原始提纲。后以这篇论文为基础，撰写了近4万字的《中国古代图书事业史讲话》，在《津图学刊》1985年第1期至1986年第2期上分6次连载。后经删订增补，是为天津古籍出版社1987年版《中国古代图书事业史概要》，再在《概要》的基础上成为《中国古代图书事业史》。

《中国古代图书事业史》为周谷城主编“中国文化史丛书”之一种。本室所藏，为初版平装本二册，精装本一册；又1991年二印平装本一册。初版平装本签名“来新夏”；精装本先生跋曰：“图书馆学教育原设图书馆史、目录学史及书史，以致向歆父子多次见于课堂。余病其繁复，乃创三史合一之说，定‘图书事业史’之名，以概括三史而祛重出之弊，并著为一书，由上海人民出版社印行。问世后颇得佳评，至今近二十年，肆间久未获见。伟良自网上求得，因缀数语以记其事。来新夏识于天津　二〇〇八年五月　时年八十六岁。”精装本扉页有椭圆形章“安徽师范大学政教处资料室”。

## 021　古典目录学（1991）

高等学校文科教材。来新夏著。19.6万字。中华书局1991年3月第1版，北京第1次印刷，印行2000册。定价3.10元。

ISBN 7－101－00720－1

本书是国家教委“七五”教材规划用书。全书共7章，除第一章绪论、第七章结束语外，中间的五章系按历史发展顺序，有重点地论述了历代著名的古典目录和有成就的古典目录学家，使读者能对古典目录学获得比较完整而系统的认识。全书引用原始资料较多，论必有据。对时贤论著中的不同论点除撷取附入外，并多断以己见，以开启读者思路。书前以《我与〈书目答问〉》一文代序，向读者自陈致力于古典目录学的途径，或可备读者参酌。书后附参考书目提要，收录近、当代学者的主要论著，特别介绍了台湾学者的专著多种。另附《汉志》、《七录》及《隋志》代表性的三序作为阅读文献，以节省读者搜求之劳。

1986年，来先生依据国家教委“七五”教材规划的要求，在《古典目录学浅说》的基础上，重新撰写《古典目录学》，供高等院校历史系、汉语言文学、文献学、图书馆学等系科使用。资深图书馆学专家顾廷龙先生评定说：“此作广征博引，深入浅出，叙述简要，议论平实，颇多创见，足为研究古典文献及传统目录学者入门之阶梯。”

《文汇读书周报》2005年1月7日《顾老为我写书序》一文中，来先生说：“我写了几十本书，只有两本书请人写序。一位是中国近现代史专家、中国社科院近代史所研究员，与我情同手足的孙思白教授。他为我的《北洋军阀史稿》写了一篇较长的序……另一位是我的前辈顾廷龙先生，顾老是学术界耆年硕德的长者，他博涉群籍，精于鉴赏版本，娴熟文献掌故，是备受学人尊敬的著名学者。

他曾应请为我的《古典目录学》写了序。”

本室所藏《古典目录学》扉页来先生所书跋言是：“余少时从余季豫先生攻目录学。后又在南开大学讲授目录学课次多遍，成此讲义，或有裨于后来。来新夏 二〇〇七年十月。”

## 022 中国的年谱与家谱（1991）

来新夏、徐建华著。任继愈主编的“中国文化史知识丛书”之一。5万字。山东教育出版社1991年10月第1版，第1次印刷，印行14700册。定价：1.90元。

ISBN 7—5328—1304—5

（鲁）新登字2号

“中国文化史知识丛书”涉及历史、地理；文化、科技、教育；经济；文艺、体育；军事；生活习俗诸方面的内容，分110个专题。《中国的年谱与家谱》属“文化、科技、教育”类，列第39册。

该书详述年谱与家谱两种史体的起源、发展与演变，体裁与体例，史料价值和编纂方法等，使读者能对这两种重要而被忽视的史体有一完整的了解，作为进一步研究与探讨的基础。来先生撰年谱部分。

先生所撰年谱部分，以《中国的年谱》为题，收载于《邃谷文录：来新夏自选文集》之“图书文献学卷”。

本室藏本钤印“来新夏赠书”。

## 023 薪传篇（1991）

“中华文化集粹丛书”之一。来新夏著。12.6万字。中国青年出版社1991年10月北京第1版，山东第1次印刷，印行10000册；1992年5月山东第2次印刷，印行10000册；1995年2月河北第5次印刷。定价：4.55元。

ISBN 7—5006—0986—8

（京）新登字083号

中国青年出版社编辑部约请海内外的著名学者专家共同撰写的“中华文化集粹丛书”共15篇，计19册。是为《风云篇》（刘泽华著）、《山川篇》（杨兆三著）、《哲人篇》（上、下，方克立、李兰芝著）、《先贤篇》（苏双碧、王宏志著）、《英烈篇》（吴天颖著）、《睿智篇》（白尚恕著）、《神异篇》（袁珂著）、《诗馨篇》（上、下，叶嘉莹著）、《文馨篇》（上、下，宁宗一著）、《艺苑篇》（上、下，李希凡主编）、《工巧篇》（王振铎著）、《薪传篇》（来新夏著）、《恪守篇》（高占祥著）、《明耻篇》（来新夏著）及《砥砺篇》（冯尔康著）。

《薪传篇》分两部分阐述，上篇：从图书产生前的口传记事和图书产生后的简帛纸书说到图书的收藏、分类与流通等环节，以使人们了解中国传统文化传递的一条主干道；下篇：从启蒙读物和经史子集说到类书、丛书、方志、佛藏、道藏以及兄弟民族文献，以使人们了解中国传统文化的几个主要汇聚点。

目力所限，笔者仅知悉《薪传篇》的初印本是10000册，翌年再次印刷，“印数10001—20000册”，即又印10000册。而所藏1995年第5次印刷，未标注印数；第3、第4次何年印刷及印数均不详。

本室所藏《薪传篇》，为初印本一册；二印本一册；五印本两册。

## 024　明耻篇（1991）

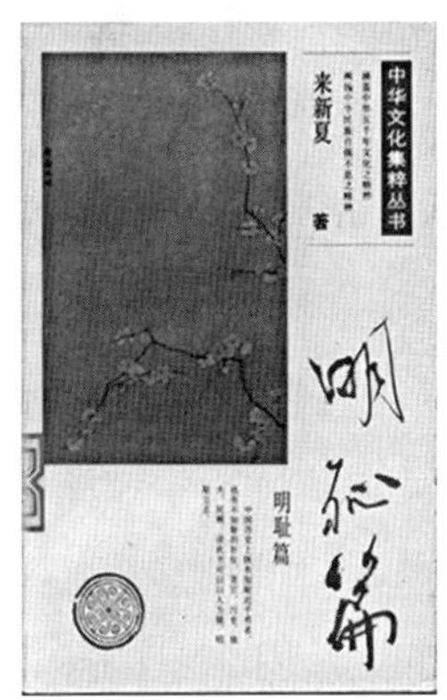


“中华文化集粹丛书”之一。来新夏著。14万字。中国青年出版社1991年10月北京第1版，山东第1次印刷，印行10000册，定价：4.90元；1993年7月湖南第3次印刷，“印数20001—24500册”。即止于第3次印刷，印数已达24500册。想到《薪传篇》有第5次印刷，《明耻篇》的最终印数，亦不敢臆想。

ISBN 7—5006—0978—7

（京）新登字083号

“耻”，一直是我国文化中流传久远，并备受重视的行为准则之一，历代都继承着“重耻”的传统，把“明耻”视作知人论世的准则，而“无耻”则是使人羞愧的唾弃之辞。《明耻篇》收录了古代“无耻”与“明耻”人物的故事，以教育激励广大读者。本书插图为天津新蕾出版社郭占魁先生绘制。

本室藏《明耻篇》三册，为第1次印刷本两册及第3次印刷本一册。

## 025　北洋軍閥と日本（1992，日文）

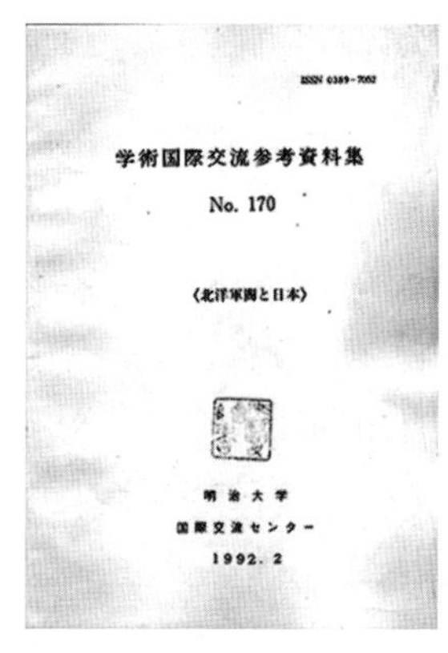


来新夏著。抽印本。16开，22页。此是日本明治大学“学术国际交流参考资料集”之一，No.170。ISSN 0389—7052。1992年1月25日发行。

1991年秋，来先生应日本独协大学之邀任客座教授，其间应邀在多所大学和研究机构进行学术交流。是年11月27日，应明治大学教授岩崎富久男教授邀请，来先生为该校研究生讲演“北洋军阀与日本”，兼及“近年来中国学者对此问题的研究”。本文即就中国学者对此问题研究的简要评述：一是日本对华政策与北洋军阀；二是直、皖、奉三派军阀与日本；三是军阀混战与日本；四是北洋军阀集团首脑人物与日本。将来先生的讲演稿译成日文的是明治大学菱沼透教授。

岩崎富久男教授曾译来先生著作《北洋军阀史略》，增加随文插图，易名为《中國軍閥の興亡》，于1969年由日本桃源社出版，1989年又由光风社再版。

本室所藏抽印本《北洋軍閥と日本》封面钤印“来新夏赠书”。

## 026　清代前期的商业、商人和社会风尚（1992）

来新夏著。抽印本。32开，32页。此文副标题为“清人笔记之研究”。原载日本独协大学经济学部编《独协经济》第58号第1页至第32页，1992年3月25日印刷，3月30日发行。

1991年9月至次年4月，来先生应聘日本独协大学客座教授，在学术交流期间发表此文。清代前期是指清朝于1644年建立全国性政权起，至1840年鸦片战争前的近二百年这一历史时期。本文以清人笔记为主要资料依据，论证了中国封建社会晚期资本主义经济的萌芽已经比较明显地在各个经济领域中出现和滋长。文末注录之参考文献达140种。

清代前期的商業・商人和社會風尚
——清人筆記之研究——
獨協經濟 第58号
1992年3月

本室所藏抽印本封面钤印“来新夏赠书”。

## 027 《中华文化的传递》讲授提纲（1992）

来新夏著。抽印本。32开，26页。此文刊载日本独协大学经济学部编《独协经济》第58号第173页至第199页，1992年3月25日印刷，3月30日发行。

《中華文化的傳遞》講授提綱
獨協經濟 第58号
1992年3月

来先生在日本任客座教授期间，向日本几所大学的大学院生以“中华文化的传递”为题作了连续性的讲座，此即讲授提纲。本提纲内涵丰富，共含八题：1. 序论；2. 从口碑到纪事；3. 中国典籍的制作；4. 中国典籍的整理；5. 中国典籍的收藏与流通；6. 中国典籍的再编纂；7. 中华文化的蒙学教育；8. 中华文化的主要汇聚点。后在此基础上，经充实而成《书文化的传承》一书，于2006年由山西古籍出版社出版。

本室所藏抽印本扉页钤印“来新夏赠书”。

## 028 《中国方志学概论》讲授提纲（1992）

《中國方志學概論》講授提綱
獨協經濟 第58号
1992年3月

来新夏著。抽印本。32开，15页。此文刊登在日本独协大学经济学部编《独协经济》第58号第201页至第216页，1992年3月25日印刷，3月30日发行。

来先生主编有《方志学概论》，福建人民出版社1983年出版。此讲授提纲，为独协大学大学院生授课所用，包括五个专题：1. 方志与方志学；2. 历代方志的编纂；3．历代方志学的研究；4．新编地方志的基本情况；5．旧志的整理与刊行。后在此基础上，著有《中国地方志》，台湾商务印书馆1995年出版发行。

本室所藏抽印本《〈中国方志学概论〉讲授提纲》扉页钤印“来新夏赠书”。

## 029　志域探步（1993）

来新夏著。15.8万字。南开大学出版社1993年9月第1版，第1次印刷，印行2000册。定价：7.00元。

ISBN 7—310—00617—8

（津）新登字011号

《志域探步》是著者当时近十年参与地方志编纂与研究活动中所写的文章与发言稿，比较集中地反映了来先生对地方志编纂与研究的一些见解和观点。1993年是来先生七十初度，也是先生曾供职的南开大学出版社十年社庆。来先生以文字自寿，乃以《志域探步》作纪念。

本室藏本题有“来新夏　2007.2.1”。

## 030　薪传篇（1993）

来新夏著。台湾书泉出版社1993年9月初版一印。定价：200元（台币）。

ISBN 957—648—271—2

是书版权页的“出版声明”：“本书业经作者暨北京中国青年出版社同意，授权本公司在台合法印行。若有侵害本书权益者，本公司当依法追究之。特此声明。（原丛书名：中华文化集粹丛书）。”

台湾版繁体字本《薪传篇》，书前置文学博士龚鹏程的推荐序《风雨中的鸡鸣》及台湾版序；附录《薪传的故事》，是止于清末的中国历代图书事业之大事纪要。

本室藏一册，有先生签名“来新夏”。

## 031　中国的年谱与家谱（1994）

来新夏、徐建华著。任继愈主编“中国文化史知识丛书”之一种。台湾商务印书馆股份有限公司1994年2月初版第1次印刷，2000年8月初版第3次印刷。定价：140元。

ISBN 957—05—0846—9

台湾版“中国文化史知识丛书”分九辑，每辑10种，合计90种。《中国的年谱与家谱》列第39册。本书详述年谱与家谱两种史体的起源、发展与演变，体裁与体例，史料价值和编纂方法等，内容依据翔实，概括比较完整，文字流畅可读，使读者能对这两种重要而被忽视的史体有一完整的了解，作为进一步研究与探讨的基础。

本室所藏为第3次印刷本。

## 032　古籍整理散论（1994）

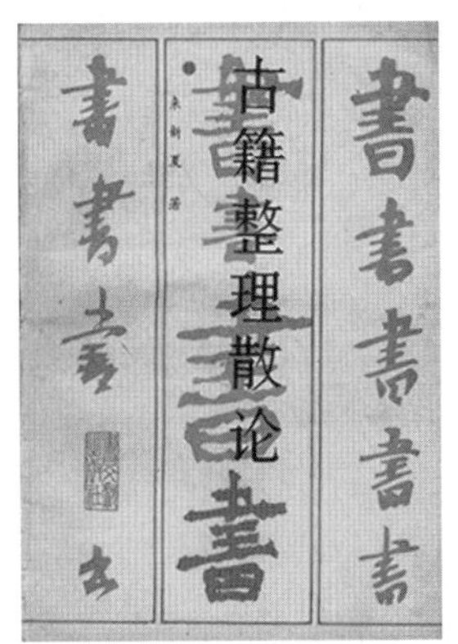


来新夏著。13.5万字。书目文献出版社1994年6月北京第1版，北京第1次印刷，印行800册。定价：6.00元。

ISBN 7—5013—1082—3

本书收录了来新夏先生编写的关于古籍整理方面的论文8篇，分别论及了有关古籍整理的分类、目录、版本、句读、工具、校勘、考据、传注等问题。它是根据南开大学图书馆学系1987年1月的油印稿《文献整理十论》增删而成。在收入《邃谷文录：来新夏自选文集》时，仍恢复《文献整理十论》原貌，增入“论正史”与“论类书与丛书”二章及附录一篇，易名为《古籍整理讲义》。

来先生在本室所藏是书跋言：“此书印数甚少，伟良搜求非易，心甚感念。新夏　〇七年十月。”

## 033　中国地方志（1995）

来新夏著。20余万字（版权页未标字数）。台湾商务印书馆出版发行，1995年9月初版，第1次印刷。定价：新台币240元。

ISBN 957—05—1168—0（平装）

应台湾商务印书馆之约，来先生对所著《志域探步》作了全面增补和修订，撰成《中国地方志》一书。全书共分六章，对方志与方志学的源流、类别特征，历代方志的编纂，方志学的发展与现状，地方志之整理与利用以及新方志的编纂诸方面，均有专章论述，并展望了今后的发展趋势。

《中国地方志》是来先生在方志学领域中一部有代表性的著作。该书收载于《邃谷文录：来新夏自选文集》之“方志学卷”。

本室藏本的扉页题“来新夏　二〇〇七年正月于萧山”。

## 034　冷眼热心——来新夏随笔（1997）

“当代中国学者随笔”之一。来新夏著。20万字。东方出版中心1997年1月第1版，第1次印刷，印行10000册。定价：16.00元。

ISBN 7—80627—117—1

此为来先生第一本结集成书之随笔集。辑录的83篇随笔作品，主要内容包括三个方面：其一，为有关传统文化与治学之道的申说。其二，辑录作者有关社会人生、世态、世情以及当今世界流弊的所思所感。其三，对中国历史上一些零星人物、史事以及与作者有关的师友的记述。

《冷眼热心——来新夏随笔》序，收载于《邃谷文录：来新夏自选文集》之“杂著卷”。该随笔集中《中国的私人藏书家》一文，黎先耀将之编入重庆出版社1998年7月出版的“中外名家书话经典”之《书林佳话》。

入列“当代中国学者随笔”尚有《书情旧梦——邓云乡随笔》、《岁华晴影——周汝昌随笔》、《未免有情——舒芜随笔》、《饮食男女——舒諲随笔》、《思想的风景——朱正随笔》和《喘息的年轮——王春瑜随笔》。

本室藏《冷眼热心——来新夏随笔》两册，各有先生题签，一为“伟良入藏　来新夏　二〇〇七年十二月”；一为“来新夏　二〇一〇年五月”。

## 035　林则徐年谱新编（1997）

来新夏编著。67.9万字。南开大学出版社1997年6月第1版，第1次印刷，印行精、平装本共3000册。定价：平装35.00元，精装38.00元。

ISBN 7—310—00964—9

《林则徐年谱新编》在香港回归之际得以面世，是南开大学出版社1997年工作的重点工程之一。自1985年《林则徐年谱》增订本出版以来，有关谱主新的奏牍、日记、信札、诗文、题字不时被发现，其他诗文集、笔记、方志及民间收藏的有关资料也时有所见。于是来先生重加编订，遂成《林则徐年谱新编》。《新编》的附录中，收录了林则徐的逸文、逸事，为林则徐所写的诗文，对林则徐的评论，以及鸦片战争有关文献和林则徐手札史料摘要。《林则徐年谱新编》由林则徐基金会赞助出版。启功先生为书名题签。

来先生发表于《文汇读书周报》2006年12月22日《启功老师题书签》一文述说：过去人们常为自己的著述求著名学者兼擅书法的前辈题书名，当时最为人所赞赏的题签者是“南有顾廷龙，北有启功”。顾廷龙先生为来先生题写过《近三百年人物年谱知见录》、《方志学概论》和《中国古代图书事业史概要》。启功先生是来新夏在北平辅仁大学读书时的老师。启功先生为来先生的著作题写书名的有《林则徐年谱》、《天津近代史》、《古典目录学》、《林则徐年谱新编》、《邃谷文录：来新夏自选文集》，以及来先生祖父的遗著《萧山县志稿》。

本室对《林则徐年谱新编》的精、平装本各庋藏一册。精装本扉页题有“伟良雅藏　来新夏　二〇〇六年十二月”。

## 036 路与书（1997）

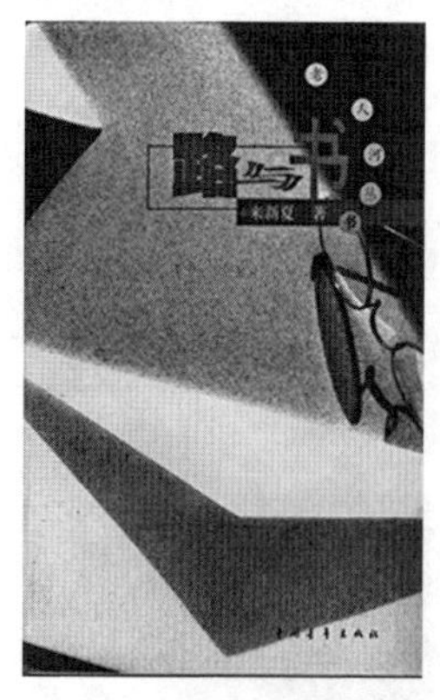

“老人河丛书”之一。来新夏著。16万字。中国青年出版社1997年7月第1版，第1次印刷，印行5000册。定价：10.10元。

ISBN 7—5006—2447—6

中国版本图书馆CIP数据核字（96）第25383号

（京）新登字083号

本书51篇随笔分作四卷，系自来先生二十世纪八十年代初至九十年代所写随笔作品中所撷选，既有读书所得、历史掌故，也有世态评议、旅踪记痕，正如其序所言：“我读的书除了用文字写成的书外，还读了大千世界芸芸众生的无字书；我走的路不仅指地理概念的路，也包含拖着沉重脚步，跌跌撞撞走过的人生道路。”

《路与书》序，收载于《邃谷文录：来新夏自选文集》之“杂著卷”。

## 037 中国的年谱与家谱（1997）

来新夏、徐建华著。“中国文化史知识丛书”（任继愈主编）之一。8.3万字。商务印书馆1997年12月第1版，北京第1次印刷，印行3000册；2006年12月北京第4次印刷；2007年7月北京第5次印刷。四印本、五印本均未标注印数。定价：10.50元。

ISBN 7—100—02426—9

“中国文化史知识丛书”的前身有110个专题，涉及历史文化的各个方面，由商务印书馆、中共中央党校出版社、天津教育出版社、山东教育出版社联合出版。现由编委会对类目重新加以调整，确定了考古、史地、思想、文化、教育、科技、军事、经济、文艺、体育十个门类，共100个专题，由商务印书馆独家出版。每个专题也由原先的5万多字扩大为8万字左右，内容更为丰富，叙述较前详备。徐建华与导师合作的《中国的年谱与家谱》，承担家谱部分的撰写。

本室藏《中国的年谱与家谱》三册，为一印、四印、五印本各一册；五印本有著者签名“来新夏　徐建华”。

需要说明的是，2006年12月北京第4次印刷本《中国的年谱与家谱》，列入文化部、财政部2006年度送书下乡工程。

## 038　依然集（1998）

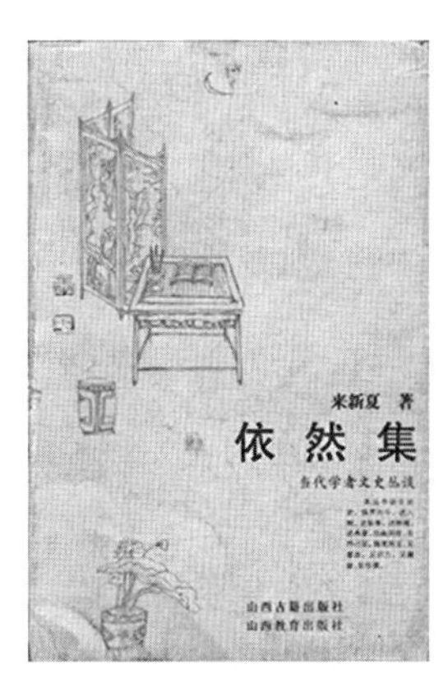


“当代学者文史丛谈”之一。来新夏著。21万字。山西古籍出版社与山西教育出版社联合出版，1998年2月第1版，太原第1次印刷，印行5000册。定价：12.50元。

ISBN 7－80598－0217－1

“当代学者文史丛谈”之他书为：金性尧《一盏录》、邓云乡《皇城根寻梦》、周劭《一管集》、陈诏《文史拾穗》、涂宗涛《苹楼夕照集》、宁宗一《走进困惑》、王春瑜《老牛堂三记》、黄裳《书林一枝》、林鹏《蒙斋读书记》和谢兴尧《堪隐斋杂著》。

来先生以“江山依然风月，人生依然故我”为题的《依然集》，分为四卷：卷一“蜗居寻墨”，为治学宏观之见；卷二“寒斋积土”，专论笔记与志书；卷三“流风余韵”，致力品评历史人物，怀念先贤；卷四“随看云起”，为随意所作，心得之言。《依然集》中《“著论肯为百世师”——读梁启超〈中国历史研究法〉及其〈补编〉》，曾以副标题为正题，发表于《书林》1983年第6期《中国现代社会科学名著评介》栏目；《清人笔记随录》所录11则，曾选录三则刊登于《文献》1995年第3期；《三国戏史证》一文，被王子今先生编入云南人民出版社2003年10月第1版《趣味考据》。

## 039　枫林唱晚（1998）

“学识走笔·大学生文库”之一。来新夏著。17.2万字。南开大学出版社1998年10月第1版，第1次印刷，印行2000册。定价：11.00元。

ISBN 7－310－01120－1

“学识走笔·大学生文库”的他书是程路《光海弄波》、胡久稔《数林掠影》、赵万里《特殊群体》及王振东、武久可合著的《力学诗趣》。

《枫林唱晚》全书分五卷，计50余篇，是一部感怀人生、忧思环境、讲述治学之道的哲理性文集。其《良师·勤奋·坚韧》一文，为《书林》杂志编辑部编入《治学集》（上海人民出版社1983年）。在《枫林唱晚》序中，来先生热情洋溢地写道：“我热爱生活，也留恋人生，我要像枫树那样，总能浸润在火红火红的生活中。”并以此激励跨世纪的莘莘学子，将热爱祖国山河文化、关心祖国前途命运并为之奋斗作为人生的最大乐趣，反映了作为教育家来新夏先生的高尚情怀。

《枫林唱晚》序，收载于《邃谷文录：来新夏自选文集》之“杂著卷”。

本室藏本的扉页来先生题“伟良网购藏书　来新夏　二〇〇七年十月”。

## 040　邃谷谈往（1999）

“说文谈史丛书”之一。来新夏著。17.5万字。百花文艺出版社1999年3月第1版，第1次印刷，印行4000册。定价：14.50元。

ISBN 7—5306—2759—7

《邃谷谈往》为“说文谈史丛书”第二辑之一种。“说文谈史丛书”共出两辑，第一辑5种，第二辑7种。列入第二辑其他的书是舒諲《孤月此心明》、陈漱渝《甘瓜苦蒂集》、雷颐《经典与人文》、伍立杨《梦中说梦录》、王染野《响竹斋散墨》、费在山《笔缘墨趣》。《邃谷谈往》收来先生的随笔75篇，厘定为六卷。其内《文化与文明》一文，入编文汇报社编辑施宣圆主编的《中华学林名家文萃》（文汇出版社2003年）。

## 041　来——南迁萧山的来姓（1999）

“百家姓书系”之一。来新夏、来丽英著。3.5万字。新蕾出版社1999年4月第1版，第1次印刷，印行3000册。定价：4.50元。

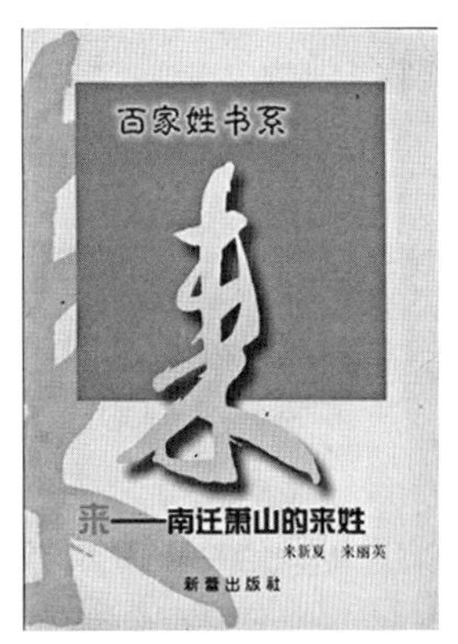


ISBN 7—5307—2105—4

1998年春，天津新蕾出版社策划出版百家姓书系，特邀来先生撰本书，先生欣然承诺，即与族人来丽英共襄其事。是为本书之缘起。

浙江人民出版社1987年版《萧山县志》载，“全县有来姓16000余人，长河一地即达5000余人”。始迁祖来廷绍（1150—1203），河南开封府鄢陵人，宋绍熙四年（1193）陈亮榜进士，历任朝散郎直龙图阁学士。嘉泰二年（1202）以宣奉大夫出知绍兴府，未到府治而患疾卒于萧山祇园寺僧舍，其子遂居萧山长河，繁衍生息，汇为长河大姓。来氏家族世代耕读，甲第繁盛。据现藏杭州市萧山区档案馆的《萧山来氏家谱》载，明清两朝出过进士21人，武进士3人，举人39人，武举人18人，庠生97人，故有“无来不发榜”之谚。明、清及民国初期，来氏一族前后出仕387人，在22个省任职，长河“三石六斗芝麻官”之说即源于此。来新夏先生系萧山来氏大支二十六世，幼年在故乡陪侍祖父来裕恂先生并接受启蒙教育。

本室藏该书之扉页有先生签名“来新夏　二〇一〇年五月”。

## 042　一苇争流（1999）

戴逸主编“历史学家随笔丛书”之一。来新夏著。20万字。广西人民出版社1999年5月第1版，第1次印刷，印行5000册。定价：15.00元。

ISBN 7—219—03965—4

（桂）新登字01号

“历史学家随笔丛书”尚有丁伟志《桑榆槐柳》、丁守和《谔谔集》、刘志琴《悠悠古今》、李侃《芳古集》、李文海《南窗谈往》、苏双碧《沙滩问史》、龚书铎《求是室漫笔》、彭明《板凳集》及戴逸《语冰集》。

来先生的《一苇争流》共59篇文章，以“管窥蠡测”、“往事如新”、“还看今朝”、“激扬文字”大体分类。先生在序言中自陈：“环视丛书诸家作者近百，济济多士，正罄其所学，出以美文，亦犹百舸之争流；反顾自我，不过一苇，惟小舟固不甘于目送百舸，于是奋起一篙，以小舟而跻于百舸，争流向前，庶乎渡江有望。时书方成册，尚无以名之，遂以‘一苇争流’为名以明志。”

《一苇争流》序，收载于《邃谷文录：来新夏自选文集》“杂著卷”。

本室藏《一苇争流》两册，其一扉页钤印“来新夏赠书”；其二扉页题“伟良雅藏　来新夏　二〇〇六年四月”。又藏“历史学家随笔丛书”一套，计10册。

## 043　来新夏书话（2000）

“文献学研究丛刊”之一。来新夏著。25万字。台湾学生书局出版发行，2000年10月初版。

ISBN 957—15—1027—0（平装）　定价：新台币350元
ISBN 957—15—1026—2（精装）　定价：新台币420元

“文献学研究丛刊”共有八种，其余是：《中国目录学理论》（周彦文著），《明代考据学研究》（林庆彰著），《中国文献学新探》（洪湛侯著），《古籍辨伪学》（郑良树著），《两岸四库学——第一届中国文献学学术研讨会论文集》（淡江大学中文系编），《中国古代图书分类学研究》（傅荣贤著）及《马礼逊与中文印刷出版》（苏精著）。

本书是来先生在自己的“书话”类文章中选出86篇结集而成，认为“凡是与书有关联，不论是述说书的本身，还是写由书引发出去的论辩，都可以属于‘书话’圈圈之内”。本书内容分“藏书”、“读书”、“论书”、“书序”、“书评”以及“书与人”等六卷。通过这些书话类文章谈论了中国藏书文化，探讨了读书的心得与感悟，展示了来先生的学术成果、学术见解和学术思想。在收入《邃谷文录：来新夏自选文集》时，略有删补，改题为《邃谷书话》。其内《中国藏书文化漫论》一文，收载于《南开大学历史系建系七十五周年纪念文集》（南开大学出版社1998年版）。

本室藏本为来先生赠书，题“来新夏赠　二〇〇七年正月于羊石山房”。

## 044 中国近代图书事业史（2000）

来新夏等著。30.5万字。上海人民出版社2000年12月第1版，第1次印刷，印行5100册。定价：24.00元。

ISBN 7—208—03610—1

中国版本图书馆CIP数据核字（2000）第59926号

此书与《中国古代图书事业史》相衔接，形成一部比较连贯的中国图书事业通史。本书论述了鸦片战争时期的图书事业（1840—1860）、太平天国的图书事业（1853—1864）、洋务运动时期的图书事业（1860—1890）、戊戌变法时期的图书事业（1890—1900）、辛亥革命以前十年的图书事业（1901—1911）、北洋军阀统治时期的图书事业（1912—1926）、十年内战时期的图书事业（1927—1936）、抗日战争时期的图书事业（1937—1945）以及解放战争时期的图书事业（1946—1949）。来先生为《中国近代图书事业史》所撰《绪论》，收载于《邃谷文录：来新夏自选文集》之“图书文献学卷”。

《中国近代图书事业史》获中国图书馆学会第二届图书馆学情报学学术成果奖著作一等奖。

本室藏《中国近代图书事业史》两册，一为网购，一为来先生所赠，题有“来新夏赠书”。

## 045 北洋军阀史（2000）

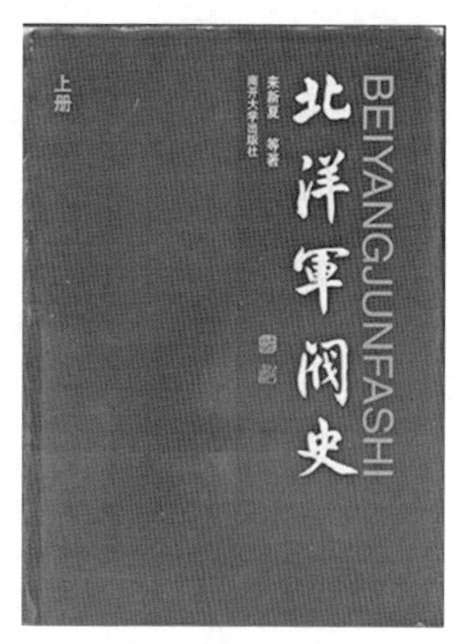


来新夏等著。上、下册，102万字。南开大学出版社2000年12月第1版，第1次印刷，印行精、平装本共3000册（套）；2006年2月第2次印刷，未标印数。定价：平装85.00元，精装95.00元。

ISBN 7—310—01517—7

中国版本图书馆CIP数据核字（2000）第86793号

来先生在编辑《中国近代史资料丛刊·北洋军阀》时接触了大量新的史料，进一步拓宽了学术研究的视野，感到有必要对《北洋军阀史稿》进行重新修订，成为真正意义上的通史性著述。于是先生与他的学生焦静宜、莫建来、张树勇和刘本军搜集资料，分头撰写专稿。来先生承担了这部书的序言和第一章、第二章、第五章部分的撰写工作，并通审、定稿；焦静宜撰第三章、第六章部分及附录二；莫建来撰第四章、第六章部分、第七章及附录一、附录三；张树勇撰第五章；刘本军撰第六章。日本学者水野明和贵志俊彦等也应邀参与了一些章节的探讨。

《北洋军阀史》是一部完整记述北洋军阀集团兴起、发展、纷争、衰落和覆灭的通史性专著，上起1895年袁世凯小站练兵，下迄1928年张学良东北“易帜”。全书分七章：一、绪论；二、北洋军阀集团的兴起（1895—1912）；三、北洋军阀集团的发展及其统治地位的确立（1912—1916）；四、北洋军阀集团的派系纷争（1916—1920）；五、北洋军阀集团的派系纷争（1920—1924）；六、北洋军阀集团的衰落（1924—1926）；七、北洋军阀集团的覆灭（1926—1928）。书后有附录一“大事年表”、附录二“北洋军阀人物志”（478人）及附录三“参考书目提要”（177种），提供人们进一步研究的参考。

《北洋军阀史》一书问世后，“得到史学界的好评，有人作了保守性的估计，认为在二十年内不会有类似的著作来代替它”。张注洪撰文《北洋军阀史研究的硕果》，发表在《博览群书》2001年第12期，认为“它史料基础丰厚，理论分析深入，结构严密合理，文字表达清晰”，“特别是《人物志》和《书目提要》是作者从所编的《20世纪初中国的遗老遗少》（科学出版社1989年版）和北洋军阀史料汇编中提炼而成的，有颇高的文献、史料和传记研究的价值”，“可惜目前学术界这样肯下功夫而又确具学术质量的史书仍嫌太少”。

2007年，福建师范大学中国近现代史专业廖德明撰硕士论文《来新夏与北洋军阀史研究论探（1949—2006）》，该论文“绪论”开篇提到，“作为一名当代著名学者，南开大学教授来新夏的学术成就是多方面的。他的学术足迹涉及历史学、图书馆学和方志学等三个领域，在三个领域都取得了非凡的成绩，均有足以传世的学术论著问世。在历史学方面，他涉猎了中国近代史的各个阶段，尤其青睐北洋军阀史研究。经过近半个世纪的努力，取得卓著的学术成就。”廖德明认为，“来新夏在新中国北洋军阀史研究中作出了突出贡献，他是北洋军阀史研究的开拓者和推动者，具有自己独特的史学研究方法。来新夏的学人风骨和治学精神值得我们学习继承；而他的治学方法、史学思想则是个硕大的宝库，我们有必要通过研读他的著作，挖掘这个宝库”。

《北洋军阀史》一书在2003年获教育部颁发的第三届全国高校人文社会科学研究优秀成果奖历史学二等奖。

本室藏《北洋军阀史》平、精装本各一套。平装本扉页钤印“来新夏赠书”；精装本署“伟良雅藏　来新夏　焦静宜　二〇〇七年正月”。

### 046　千年不灭的荣光（2001）

来新夏著。台湾文字复兴有限公司2001年1月初版一印。定价：199元（台币）。

ISBN 957—11—2291—2

是书末附出版声明：“本书业经作者暨中国青年出版社同意，授权本公司在台合法印行。若有侵害本书权益者，本公司当依法追究之。特此声明。（原丛书名：中华文化集粹丛书）”台湾版《千年不灭的荣光》文字内容，依据中国青年出版社1991年版《明耻篇》。

台湾版繁体字本《千年不灭的荣光》，书前置文学博士龚鹏程的推荐序及台湾版序。

《千年不灭的荣光》系笔者通过孔夫子旧书网邮购自台湾，计三册；自存两册，寄赠来先生一册。

本室所藏《千年不灭的荣光》扉页来先生跋曰：“上世纪九十年代初，我曾撰《明耻篇》，备世人参读，台湾前曾有一版，今又易名再出，亦可见为人所重视。余初不知有此本，伟良自网店得之，请缀数言以记其事云尔。萧山来新夏题　岁在己丑行年八十七岁。”

### 047　且去填词（2002）

“学人随笔丛书”之一。来新夏著。18.2万字。天津古籍出版社2002年1月第1版，第1次印刷，印行3000册。定价：14.80元。

ISBN 7—80504—832—0

中国版本图书馆CIP数据核字（2001）第075853号

《且去填词》是来先生1999年至2001年所写随笔的结集，集中多角度阐述中国古文化传统内涵，且也有月旦人物、评骘世态的惊人之语。是书的序和后记，收载于《学不厌集》。

“且去填词”是宋朝柳永的故事。先生在《且去填词》的后记中说：“我认为宋仁宗要柳永‘且去填词’是看中了柳永的长处，让他扬长避短，是善用人才。我真期望各行各业的精华，各尽各力，发挥有特长的一面，‘且去从政’、‘且去写小说’、‘且去建造’、‘且去发明’、‘且去教书’、‘且去这个’、‘且去那个’……那就都有可能像“且去填词”的柳永那样，成为一代词宗。我也总想让‘且去填词’一语有一个浅显通俗的诠释，让更多人理解。想来想去都不恰当。忽然有一天清晨楼下有人为争早点摊位争吵起来，有位天津老乡陡地发出响亮的一声：‘该干嘛，干嘛去！’击退了对方。这不正是对‘且去填词’最准确、最贴切的诠释吗？”

本室藏本《且去填词》扉页有先生签名“来新夏”。又藏“学人随笔丛书”一套，另六册书是牧惠《衣鱼集》、葛剑雄《临机随感》、杨乃济《随看随写》、王学泰《偷闲杂说》、刘志琴《思想者不老》及钱理群《读周作人》。

## 048 来（2002）

“百家姓书库”之一。来新夏、来丽英著。5.2万字。陕西人民出版社、远东出版（新加坡）公司2002年4月第1版，第1次印刷，印行10000册。定价：8.00元。

ISBN 7—224—06176—X

（陕）新登字001号

此书为天津新蕾出版社1999年版3.5万字数《来》姓一书的增订本，并附录了百家大姓图腾始原、宋代百家姓及郡望和现当代100家大姓排行。

本室藏本题有“伟良雅阅　新夏　二〇一〇年五月”，并来丽英的签名。

## 049 邃谷文录：来新夏自选文集（2002）

《邃谷文录：来新夏自选文集》（上、下册），175.4万字。南开大学出版社2002年6月第1版，第1次印刷，印行精装1000册（套）。定价：160.00元。

ISBN 7—310—01710—2

中国版本图书馆CIP数据核字（2002）第005774号

《邃谷文录：来新夏自选文集》所收论文和专著，是来先生自1940年至2000年的六十年间（由于众所周知的原因，六十至八十年代的学术研究工作几近停顿，形成二十年空白，实际是四十年）全部700余万字著述中选辑的。全书分四卷，即历史学卷、方志学卷、图书文献学卷和杂著卷。书前先生以《烟雨平生》为题，自述八十岁以前的人生历程。书后编制有《自订学术年谱》，以使读者了解来公的学术经历。本书封二采张大千《白头红叶图》为背景，署“恭祝恩师来新夏教授八十华诞　邃谷弟子敬贺”。

读书室所藏《邃谷文录：来新夏自选文集》扉页题“伟良君雅藏　八三叟来新夏持赠　二〇〇五年八月”。

## 050 出枥集：来新夏自选集（2002）

“名家心语丛书”之一。《出枥集：来新夏自选集》，19万字。新世界出版社2002年6月第1版，第1次印刷，印行6000册。定价：18.00元。

ISBN 7—80005—772—0

中国版本图书馆CIP数据核字（2002）第035395号

列新世界出版社周奎杰女士和张世林先生策划的“名家心语丛书”第三辑。该辑共五册，尚有季羡林自选集《新纪元文存》，吴宗济自选集《补听集》，王仲翰自选集《清心集》，张允和、张兆和姊妹自选集《浪花集》。

书前特设祝寿专页：“谨以此书献给来新夏先生八十华诞。”是集多为来先生2000年至2002年所写的随笔，记录了先生的心路历程及人生感悟。其中卷一

《不悔少作》为先生高中时在报刊上发表的短文6篇和读书笔记42则，为六十年后第一次面世。

先生撰文《五星连珠》，载于《中华读书报》2002年2月13日《书评》版，述说《出枥集：来新夏自选集》成书的因果。

### 051　三学集（2002）

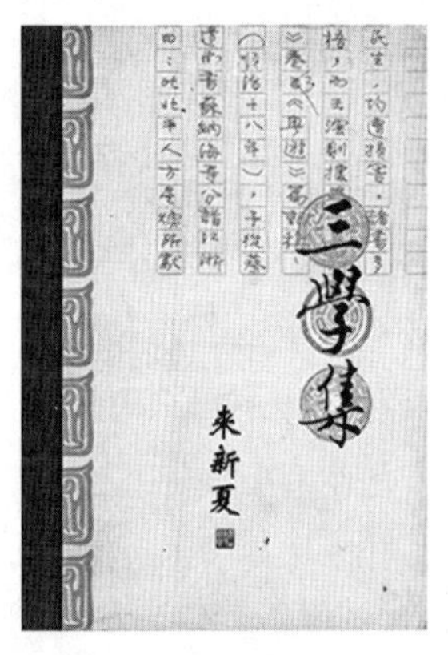


“南开史学家论丛”之一。来新夏著。43万字。中华书局2002年9月第1版，河北第1次印刷，印行1500册。定价：32.00元。

ISBN 7—101—03300—8

中国版本图书馆CIP数据核字（2002）第010254号

《三学集》的著者来新夏先生一生主要致力于学术的三个方面，即历史学、方志学与图书文献学，此为“三学”；一生治学则持一种“学习、学习、再学习”的态度，至老不辍，也可概括为“三学”，故名之为《三学集》。

《人民日报》2003年4月25日第9版《学术交流》栏目《摒弃浮躁　做真学问》一文载：“4月12日，南开大学历史文化学院在京举行‘南开史学家丛书’研讨会。来自国家图书馆、中国社会科学院、北京大学、清华大学、中国人民大学、北京师范大学、南开大学等单位的50多位专家学者参加了研讨会。与会者认为，这套丛书体现了二十世纪我国新史学的学术渊源和发展历程，展示了老一辈史学家的杰出成就与贡献。与会者提出，学风问题至关重要，良好的学风是学术得以健康发展的必不可少的重要条件。在这一点上，老一辈史学家为我们树立了榜样。我们应该向老一辈史学家学习。摒弃浮躁，做真学问。为促进学术的发展和繁荣作出自己的贡献。”

郑天挺、雷海宗、杨志玖、来新夏等，“并为史界巨子，南开名师”。读书室对“南开史学家论丛”第一辑八种，即郑天挺《及时学人谈丛》、雷海宗《伯伦史学集》、杨志玖《陋室文存》、王玉哲《古史集林》、杨生茂《探径集》、杨翼骧《学忍堂文集》、来新夏《三学集》以及魏宏运《契斋文录》，均作庋藏。

本室藏本题有“伟良雅藏　来新夏　二〇〇六年四月”，系先生首次莅临寒舍时所题。《三学集》自序，经修改后冠以《舌耕笔耘　致力“为人”之学》篇名，发表在《学术界》2003年第2期。

## 052　古典目录学浅说（2003）

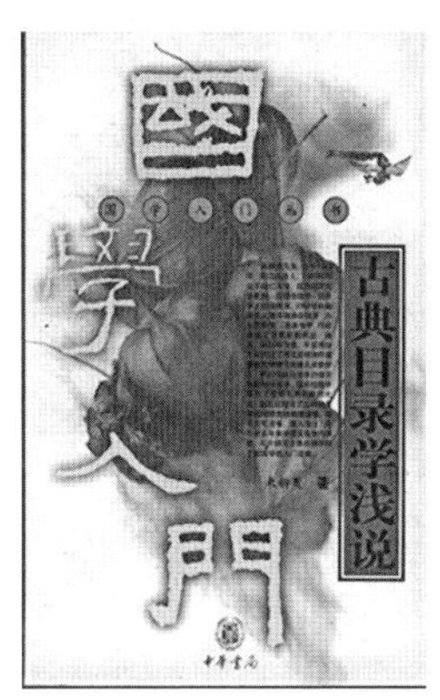


“国学入门丛书”之一。来新夏著。16万字。中华书局2003年10月北京新1版，北京第1次印刷，印行4000册；2005年8月北京第2次印刷，印行5000册。两次合计印刷9000册。定价：14.00元。

ISBN 7—101—03675—9
中国版本图书馆CIP数据核字（2002）第093880号

本书内容包括：目录学概说，介绍了目录与目录学、古典目录书的类别、古典目录书的体制与目录学的作用；古典目录学著作和目录学家，论述了两汉官修目录与史志目录的创始、魏晋南北朝古典目录的“四分”与“七分”、隋唐五代官修目录与史志目录的发展至五代目录工作的衰落，评述了目录学历史发展中的重要目录学著作和著名目录学家；古典目录学的相关学科，对古典目录学的相关学科如分类学、版本学、校勘学等相关学科作了较详尽而具体的论述；第四章古典目录学的研究趋势，提出了古典目录学领域研究的前瞻设想。本书可作研习古典目录学和了解国学的入门读物。

《古典目录学浅说》被中华书局列入“国学入门丛书”第二辑。该辑其他书是：陈垣《史讳举例》、《校勘学释例》，李学勤《古文字初阶》，刘叶秋《中国字典史略》，齐珮瑢《训诂学概论》，李宗为《唐人传奇》，文史知识编辑部《经书浅谈》。

## 053　古籍整理讲义（2003）

“名师讲义丛书”之一。来新夏著。28.9万字。鹭江出版社2003年11月第1版第1次印刷；2006年2月第2次印刷。未标印数。定价：20.50元。

ISBN 7—80671—225—9

中国版本图书馆CIP数据核字（2006）第013050号

“名师讲义丛书”已出的书目有：卞孝萱《唐人小说与政治》，林庚《中国文学史》，何兹全《中国古代及中世纪史》，张岱年《中国哲学史研究法》，黄永年《古文献学四讲》，林幹《中国古代北方民族通史》，费孝通《社会学初探》，林耀华《社会人类学讲义》，张晋藩《薪火集——中国法制史学通论》，佟柱臣《中国考古学要论》。

二十世纪六十至八十年代，来先生曾授课的讲义，油印为《文献整理十论》。后名之《古籍整理散论》，由书目文献出版社出版，但印数极少。此作在收入《邃谷文录：来新夏自选文集》中，名《古籍整理讲义》。2002年春，鹭江出版社拟将《古籍整理讲义》纳入“名师讲义”丛书中，于是来先生又增饰篇章：将原《论正史》易为《论“二十四史”》，新撰《论“十三经”》、《论诸子百家》、《论总集与别集》、《论地方志》、《论佛藏与道藏》。书末附先生在日本独协大学开设“中华传统文化的传递”讲座时的讲义。

该书所附“作者近影”，系2001年9月至2003年9月，天津图书馆地方文献部主任李国庆参加天津师范大学“情报学”（图书）专业研究生课程进修班学习，在听来先生讲授“古籍整理”课程时所抓拍。

中华书局编审崔文印，曾撰文《匠心独具——读来新夏〈古籍整理讲义〉》，评介说：“这部《讲义》确实有画龙点睛之功，是来先生大半生学术经验的真传。”

本室藏《古籍整理讲义》初印及二印本各一册，来先生于初印本扉页签名“来新夏”。

## 054　学不厌集：来新夏学术随笔自选集之《问学编》（2004）

来新夏著。24万字。海峡文艺出版社2004年7月第1版，第1次印刷。未标印数。定价：15.00元。

ISBN 7—80640—975—0

中国版本图书馆CIP数据核字（2004）第046379号

是书收录文章68篇，共分“学术管窥”、“书山有径”、“撮其指要”、

"书海徜徉"、"儒林观风"五部分。其中《关于编纂新〈清史〉的体裁与体例》、《新编〈儒藏〉三疑》、《敦煌百年三笔账——纪念敦煌经卷发现100年》等文章，反映了来先生对重大学术课题的深入思考，因此评论界认为："作者渊深的学术功底，严谨的治学态度，坦然的学术胸襟以及斐然文采，使这本学术随笔集有着相当的分量，值得关注。"

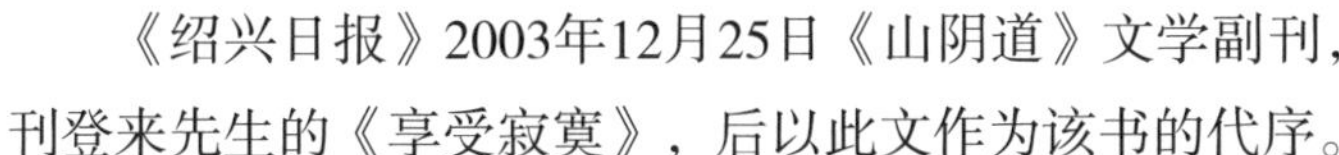

《绍兴日报》2003年12月25日《山阴道》文学副刊，刊登来先生的《享受寂寞》，后以此文作为该书的代序。

这本书，我久购不得，来先生致电该书责任编辑茅林立。及得茅先生赠本，内附信曰："伟良先生：遵来新夏先生嘱，寄上《学不厌集》一册，请查收。专此，致礼。茅林立。一月十五日。"不久来先生在此本题"来新夏　二〇〇七年二月"。

## 055　只眼看人（2004）

来新夏著。"来新夏随笔选《人物编》"。15.5万字。东方出版社2004年10月第1版，第1次印刷，印行5000册。定价：18.00元。

ISBN 7—5060—1738—5

中国版本图书馆CIP数据核字（2003）第088364号

2003年4月，"非典"肆虐，来先生乃闭门书斋"邃谷"，就历年所作，选三十余人分近代和近当代人物，厘定成稿。翌年正式出版。《只眼看人》中，有一篇《徐树兰与古越藏书楼》。由徐树兰（1837—1902）个人创办的古越藏书楼，为国内最早的公共图书馆，其卓行可谓前无古人。古越藏书楼，即今绍兴图书馆的前身。

2002年11月初，先生应绍兴图书馆之邀，赴绍兴出席该馆百年纪念，并在学术讨论会上，作了"古越藏书楼百年祭"的学术报告。

书名《只眼看人》颇显俏皮，或许有误解来公狂傲者。先生自序略叙缘由："双眼分工，一只眼看古人，一只眼看今人。何者看古人？何者看今人？答曰，两只眼均患白内障，已动手术一只，拨开云雾，用以看古人；未动一只，蒙蒙胧胧，用以看今人。‘只眼看人’尚有一义，双眼平视，不易聚焦，若掩一眼仰视，则天色清亮，颇能一眼看穿也。”

本室藏本《只眼看人》扉页题“伟良藏书　来新夏　二〇〇七年十二月”。

## 056　清人笔记随录（2005）

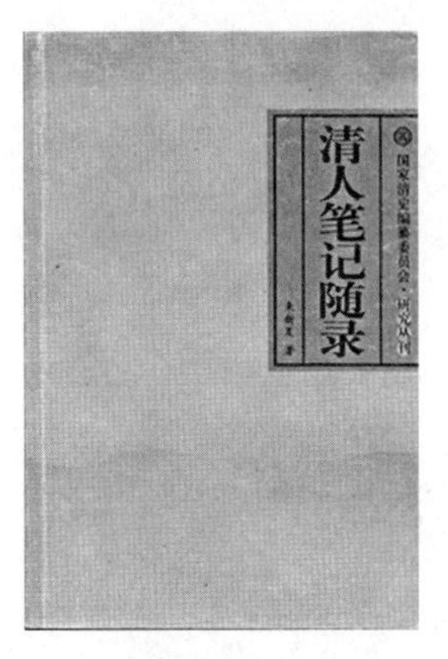

“国家清史编纂委员会·研究丛刊”之一。来新夏著。50.2万字。中华书局2005年1月第1版，第1次印刷，印行精、平装本3000册。定价：46.00元。

ISBN 7—101—04241—4

中国版本图书馆CIP数据核字（2004）第036355号

国家清史编纂委员会为完成清史编纂工作而出版了四种丛刊，即研究丛刊、文献丛刊、档案丛刊和译著丛刊，其任务是及时编辑出版清史专题研究的最新学术成果。清代笔记为研究清史极重要的资料。早在1991年4月，来先生撰文《清人笔记的史料价值》，刊登于《九州学刊》创刊号（总4卷1期·台北）。该论文收载于“南开史学家论丛·来新夏卷”《三学集》。《清人笔记随录》是来先生札录所经眼清人笔记二百余种之成果。所收140余人笔记作者，上起生于明而卒于清者，下止生于清而卒于民国者，每种一文，记述撰者生平、内容大要、有关序跋、备参资料和版本异同等。书后附《清人笔记中社会经济史料辑录》。戴逸先生为之作序。

读书室藏精装本《清人笔记随录》扉页：“伟良小友雅藏　来新夏　二〇〇七年正月。”本室又藏平装本一册。

## 057　邃谷书缘（2005）

“书林清话文库”之一。来新夏著。23万字。河北教育出版社2005年5月第1版，第1次印刷。未标印数。定价：25.00元。

ISBN 7—5434—5787—3

中国版本图书馆CIP数据核字（2005）第036895号

该书列傅璇琮、徐雁主编的“书林清话文库”第二辑。是辑共有六种，其余五种是：徐雁《苍茫书城》、虎闱《旧书鬼闲话》、林公武《夜趣斋读书录》、胡应麟《旧书业的郁闷》及范笑我《笑我贩书续编》。

《邃谷书缘》60篇文章，以“读书”、“读志”、“读人”列为三卷，卷一是读书所写书序、书评以及感受，卷二是有关方志的序评，卷三是一些读书人与书的逸闻轶事。实为书林增掌故、益见闻。原载2003年3月5日《绍兴日报》文学副刊《山阴道》上的《李慈铭和他的游记》，亦入编《邃谷书缘》。

本室藏本题有“伟良雅藏　来新夏　二〇〇六年四月”。

### 058　书文化的传承（2006）

来新夏著。15万字。山西古籍出版社2006年6月第1版，第1次印刷，印行2500册。定价：38.00元。

ISBN 7—80598—730—0

中国版本图书馆CIP数据核字（2006）第030592号

为揭示中华传统文化薪火相传的途径，来先生把历年谈话记录分篇整理，1991年由中国青年出版社以《薪传篇》出版。同年到日本讲学，以“中华传统文化的传递”为题，向日本几所大学的大学院生作了连续性的讲座。2003年春，又在天津图书馆古籍研究生班再一次讲授这一专题。2005年春，应天津电视台之邀，在该台的《科学教育》栏目，参用这份讲义，作了连续性播讲，获得好评。不久，山西古籍出版社总编辑张继红欲将这份讲义出版。于是来先生重加修订，增加了彩图137幅，乃取书名为《书文化的传承》。

是书在2006年被《中华读书报》评为“年度图书之100佳”之一，上海外国语大学陈福康教授在配发的短评中认为：“作者跳出传统目录学、图书馆学的讲课框框，从中华文化传承的角度，对绵延数千年的中国‘书文化’作了梳理。该书见解精辟，要言不烦，虽是一本小书，却展示了大学问家的功力。”2007年，

《书文化的传承》又获得第三届“国家图书馆文津图书奖”推荐奖。

本室藏本题“伟良小友存　来新夏　二〇〇六年八月”。

## 059　皓首学术随笔·来新夏卷（2006）

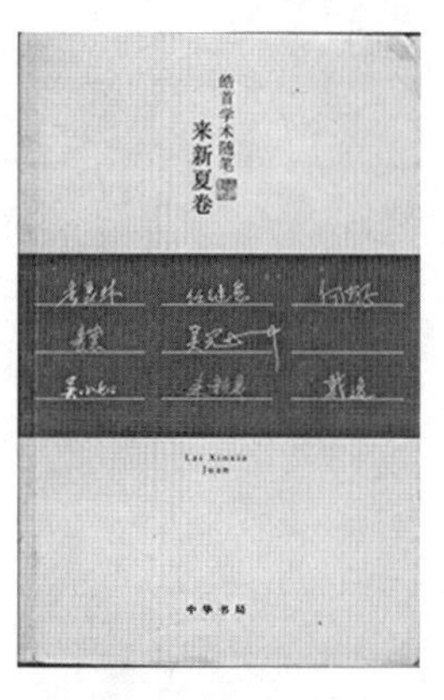

来新夏著。25万字。中华书局2006年10月北京第1版，北京第1次印刷，印行4000册。定价：32.00元。

ISBN 7—101—05108—1

中国版本图书馆CIP数据核字（2006）第034323号

“皓首学术随笔”丛书由中华书局汉学室邀约八十岁以上学者季羡林、任继愈、何满子、黄裳、吴冠中、吴小如、来新夏、戴逸等八人，各自成卷。

该书以72篇文章厘定为九卷：卷一“管窥蠡测”，为对历史研究及编纂的个人认识与学术观点；卷二“书山有径”，述个人治学道路与体验；卷三“撮其指要”，为学术性著述所写的序言；卷四“激扬文字”，为学术性著述所作的书评；卷五“口讲指画”，为公开讲演、采访问答；卷六“旧事如新”，为谈论掌故，追述往事；卷七“吹疵摘瑕”，为自纠和评说论辩；卷八“流风余韵”，为仰慕先贤及怀旧思念文章；卷九“镂之金石”，为天津名胜古刹所撰之碑文。末附《我的学术自述》。

本室所藏本先生跋曰：“伟良：此书所选皆我认为可称学术随笔者，借此以证学术随笔之定义。来新夏识　二〇〇七年十月。”该随笔集卷二有一篇《挑水还是倒水》，初刊于《人民日报》1998年10月24日《治学漫笔》栏目，是文略云：“挑水者，用桶从源源不断的河里挑水，用完再挑，永无穷尽；倒水者则由别人从河里挑来的水桶中倒水，虽云轻而易举，但倒水时泼洒一些，势所难免，一如资料之一转再转而走样。一旦桶空，则不知桶中水从何而来，只能望桶兴叹；继而环顾四周，是否有挑好之水桶在等人去倒。如一生中只倒别人桶内的现成水喝，而不论清水混水，只要是水就行，其后果实不忍设想。”来先生以“挑水与倒水”来传授治学的方法，是将他在北平辅仁大学读书时的老师陈垣（1880—1971）先生开创的史源学，作了一个浅显易懂的阐述。研究历史须对史料进行审订，找出原始根据，然后才能稽考史事，订其讹误。最古的版本、原始资料、第一手材料等，都是史源学追寻的目标。笔者在平时的治学当中，把史源学奉为圭臬，受益匪浅。我将继续“挑水喝”。

## 060 谈史说戏（2007）

来新夏、马铁汉主编。18万字。山东画报出版社2007年1月第1版，第1次印刷。印行6000册。定价：24.00元。

ISBN 7—80713—395—3

中国版本图书馆CIP数据核字（2006）第092112号

中国悠久的历史孕育了大量脍炙人口的戏剧经典，因其固有的历史元素，它们在满足人们戏剧欣赏需求的同时，又在一定程度上起着历史知识普及的作用。然而，在合理的艺术加工之外，附会、误读、曲解历史的现象也十分普遍。因此，需要将史事记载和戏中情节加以阐释、分辨，以更益于戏剧的发展和历史知识的传播。本书的旨趣正在于此。

来先生在本室所藏初版题有：“此为《谈史说戏》之初版本。二〇〇六年末又有增订，由山东画报出版社重出。”山东画报出版社出版的《谈史说戏》，由来先生与马铁汉、姜纬堂、李凤祥、商传共同参与撰稿，中央民族大学美术系邓元昌教授手绘插图。所述62出京剧，来先生撰文15篇，较初版又增写了《哭秦廷》、《连营寨》。再版置来先生《序言》一篇，略述出书缘由。

是书主编之一著名戏曲研究家马铁汉，是来先生早年学生，1959年南开大学历史系毕业。随后考入中国戏曲学院导演系研究生班，毕业后，被分配到黑龙江省京剧团当导演，后又在省戏校、省文化局、省戏研室从事戏曲教学与研究。1975年奉调回京，先后任北京风雷剧团编导、皮影剧团和梆子剧团团长等职。其著《品邮说戏》（科学普及出版社2006年版）与《谈史说戏》有一定渊源，值得简介。《品邮说戏》系作者将我国出版发行的有关戏曲邮票作了评介和诠释，包括历史背景、故事始末、人物形象、梨园逸事等，读来使人仿佛徜徉在邮驿文化和戏曲文化深邃的文化氛围长廊之中。来先生为此书作序，益见师生之谊。

此本《谈史说戏》，添置黑白、彩色各6幅，共计12幅的如马连良、陈少霖、李少春等名家饰演京剧的剧照。

本室藏本题有“来新夏赠书”。

## 061 邃谷师友（2007）

“远东瞭望丛书”之一。来新夏著。22.8万字。上海远东出版社2007年8月第1版，第1次印刷，印行5100册。定价：24.00元。

ISBN 978—7—80706—490—9

中国版本图书馆CIP数据核字（2007）第097705号

“邃谷”是来先生的书斋，由顾廷龙先生题额。《邃谷谈往》、《邃谷文录：来新夏自选文集》、《邃谷书缘》等，已经用扎实的学问和洋溢的才情展露了邃谷楼的独特风情。而今，《邃谷师友》又带来了谷底桃园的最新景色。来公乃史学大家，已至耄耋之年，却依然诺守“师道既尊，学风自善”。是书为追思怀念陈垣、余嘉锡、张星烺、范文澜、柴德赓、启功、顾廷龙、郑天挺、孙思白、吴廷璆等十余位已逝的师友所作，该书还附录篇目《友人眼中的我》，包括南开大学教授刘泽华的《从往事说来公的学术韧性》、中国社会科学院文学研究所研究员张梦阳的《晚景能否来新夏》、《光明日报》史学版主编危兆盖的《从东厂胡同开始的故事——来新夏与北洋军阀史研究》以及中华书局编审崔文印的《匠心独具——读来新夏〈古籍整理讲义〉》等7篇文章。

复旦大学教授葛剑雄《梦想与现实》、中国社会科学院历史研究所王春瑜《老牛堂四记》等书，也在“远东瞭望丛书”之列。

本室藏本题“伟良存　来新夏　二〇〇七年十月”。

## 062 80后（2008）

祝勇主编“老橡树文丛”之一。来新夏著。15万字。北方文艺出版社2008年9月第1版，第1次印刷。未标印数。定价：26.00元。

ISBN 978—7—5317—2288—5

中国版本图书馆CIP数据（2008）第038070号

《80后》，是来先生八十岁以来五年内所写文章选辑之随笔集，刊载于《文汇读书周报》2008年6月20日第7版《我的〈80后〉》一文云：“书初名《八十以

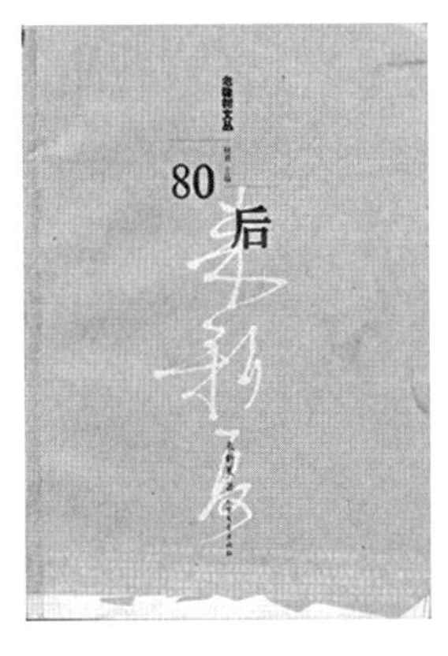


后》，但颇想追求时尚，所以又借用时下年轻人计算出生年代的方法，改题书名为《80后》。”是书几十篇随笔，类分五卷。卷一是先生口述历史简编；卷二是对古人及已故师友的追怀、评说；卷三，从藏书楼谈到图书馆；卷四的“序评书话”，有自序、他序和评论；卷五中，谈及先生的书房、笔名、闲章等等。

“老橡树文丛”共5册，其余4册是方成《中国人的幽默》、汪曾祺《宋朝人的吃喝》、高莽《墨痕》及傅璇琮《书林漫步》。

《80后》扉页先生书有“民众读书室惠存　来新夏赠　二〇〇八年十月”。顺便提及，刊载于《中华读书报》上《藏书的聚散》一文，收载于《80后》卷三。

## 063　来新夏说北洋（2009）

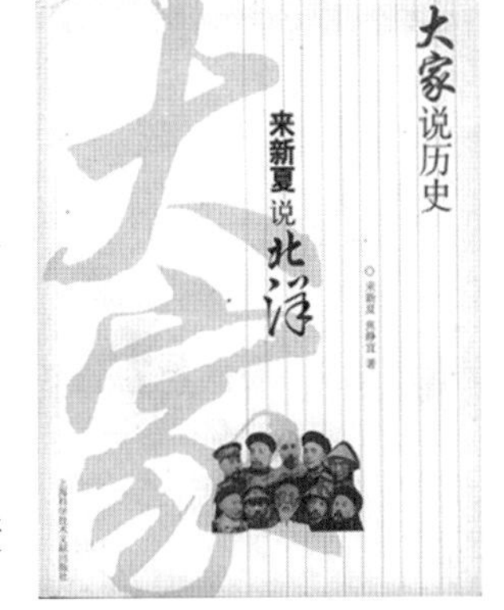


“大家说历史”之一种。来新夏、焦静宜著。17万字。上海科学技术文献出版社2009年1月第1版，第1次印刷，印行5000册。定价：19.80元。

ISBN 978—7—5439—3728—4

中国版本图书馆CIP数据核字（2008）第174062号

该书简要概说了清末民初一个军事政治集团的兴衰和它掌握政权的历史。前有总说，概述北洋军阀的总貌；继有分说，选择九个专题，每题一篇，大体按时间顺序编次。书末附录，一是著者谈与北洋军阀史的研究及其治学历程；二是提供63种参考书目提要，供读者进一步研究的需要。还随文插入30余幅历史图片，旨在继承我国左图右史的文化传统，让读者得到图文并茂的感性效果。

“大家说历史”丛书已出版的另有：《李学勤说先秦》、《张传玺说秦汉》、《朱大渭说魏晋南北朝》、《王永兴说隋唐》、《王曾瑜说辽宋夏金》、《陈高华说元朝》、《王春瑜说明史》及《王钟翰说清朝》。

本室藏本题有“读书室惠存　来新夏　二〇〇九年二月”。

## 064 中国图书事业史（2009）

“专题史系列丛书”之一。来新夏等著。39万字。上海人民出版社2009年4月第1版，第1次印刷，印行3250册。定价：42.00元。

ISBN 978—7—208—08170—3

中国版本图书馆CIP数据核字（2008）第156011号

本书描述了周秦至近代的我国图书事业发展的历史。全书不仅仅限于图书的编纂、典藏，还包括图书的刊印、流通、目录学研究，以及近代图书事业的兴起和发展。

2006年秋，上海人民出版社拟将该社于1990年出版的《中国古代图书事业史》、2000年出版的《中国近代图书事业史》两书合一为《中国图书事业史》，列入该社的“专题史系列丛书”中。在征得原著者来新夏先生的同意后，又由原两书责任编辑虞信棠约请另一编辑毛志辉，共同对原两书进行重组合一。经删订整合，成为《中国图书事业史》，用以反映自古代至新中国成立以前中国图书事业悠久历史进程的一部通史。

本室藏本题“民众读书室惠存　来新夏　二〇〇九年五月”。

## 065 访景寻情（2009）

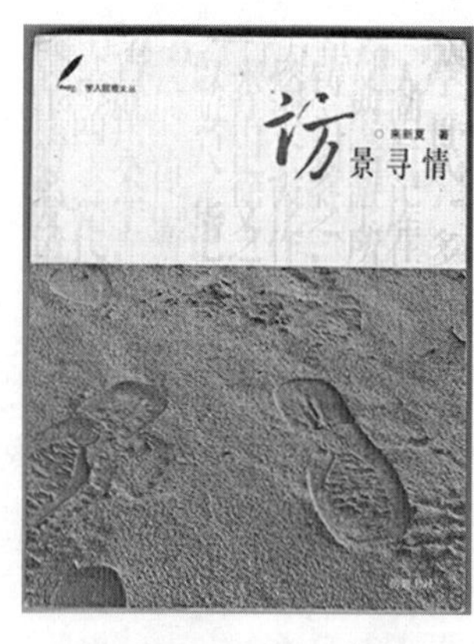


“学人屐痕文丛”之一。来新夏著。16.8万字。岳麓书社2009年5月第1版，第1次印刷，印行5000册。定价：20.00元。

ISBN 978—7—80761—183—7

中国版本图书馆CIP数据核字（2009）第048709号

“学人屐痕文丛”之他书为葛剑雄《读不尽的有形历史》、林非《看山观景情未了》及邵燕祥《出远门》等。

“读万卷书，行万里路”，一直是自古以来熔铸文人学者的两大途径。出自文人学者之游记，使人广其见闻，亦能起到发挥人们追索知识和开拓思路的效能。《访景寻情》是二十世纪八十年代以来先生在国内学术研讨，甚且越洋交流所到之地见闻的随笔集。是书题有“民众读书室惠存　来新夏　二〇〇九年五月”。

## 066　书前书后（2009）

“花园文丛”之一。来新夏著。是书为《来新夏书话》续编。14万字。山西出版集团·三晋出版社2009年8月第1版，第1次印刷。未标印数。定价：30.00元。

ISBN 978—7—5457—0107—4

中国版本图书馆CIP数据核字（2009）第119164号

本书36篇文章，分四部分——“藏书与读书”、“为自己的书写序”、“为朋友的书写序”及“书评”，收录有《漫话古籍的保护与研究》、《议论文化游记》、《红楼何止半亩地》等文章。

专与博、冷与热、学与用是我们在治学中经常面临的问题。作为一位横跨历史学、方志学、图书文献学的学术大家，来新夏先生研究领域之广泛、成就之突出，在学术界中是很少见的。《书前书后》的序言，是刊载于华东师范大学主办的学术刊物《历史教学问题》2008年第1期上的《纵横“三学”求真知》一文，是南开大学历史学院博士生夏柯、厦门大学历史学系教师刁培俊博士对来先生的访谈录。来先生口述万余字的读书经历以作《书前书后》代序，显得极为厚重，而对于后学敬仰前贤的严谨治学方法，又显得颇为实用。

本室所藏本题有：“伟良暨读书室惠存　来新夏　二〇〇九年十一月。”

晋北塞上大同花园大饭店董事长刘海明先生、总经理刘东先生，昆仑饭店总经理刘昇先生，乃三晋企业界儒商，热心文事，钦佩来新夏、王稼句、徐雁诸君善作书话，慷慨出资成丛书出版，因以命丛书曰“花园文丛”。该文丛余书为：王稼句《看云小集》、徐雁《秋禾话书》、伍立杨《幽微处的亮光》、刘绪源《翻书偶记》及苏华《书边芦苇》。

## 067 中国古典目录学（2009，韩文）

著者，来新夏。译者，朴贞淑。韩国京畿道坡州市韩国学术情报2009年9月4日出版。定价：25000韩币。

ISBN 978—89—268—0252—6

译者朴贞淑，女，1977年生，毕业于韩国启明大学中国文学系，获文学硕士学位。2005年就读于南京大学中文系中国古代文学专业，以《〈文选〉东传韩国之研究》为题，攻读博士学位。朴贞淑对文献学有浓厚兴趣，针对韩国学术界对文献学不够重视的现状，拟翻译中国学者的相关著述至韩国，最后选定来新夏《古典目录学浅说》一书。2008年7月，朴贞淑致函来先生，要求韩译《古典目录学浅说》，并附其导师张伯伟教授的推荐信，且恳求来先生赐序一篇。来先生有感于朴贞淑为中韩文献学领域之沟通交流有所贡献，慨然赠序，时在2009年2月10日。韩译《古典目录学浅说·序》后刊载于岳麓书社2010年1月出版的来先生随笔集《交融集》。

《古典目录学浅说》译成韩文时，书名作《中国古典目录学》，封二数行文字，介绍译者的概况：朴贞淑，韩国启明大学教授，主要论文除了博士学位《〈文选〉东传韩国之研究》外，还有《中国城隍神的考察》、《南朝乐府神弦歌和城隍信仰》、《中国古代的莫愁考察》、《中国域外汉籍研究的意味和我们的课题》等。《中国古典目录学》还有一段导语，大意是说："译者把此书看作研究目录学的指南针，所以不辞辛劳翻译了这本书，希望能为中韩目录学交流作出贡献。"

## 068 交融集（2010）

"观澜文丛"之一。来新夏著。20万字。岳麓书社2010年1月第1版，第1次印刷，印行5000册。定价：25.00元。

ISBN 978—7—80761—256—8

中国版本图书馆CIP数据核字（2009）第115393号

《交融集》分七卷：卷一"管窥"，是来先生对学术和现实生活中的见解和

与他人对一些学术问题的商榷；卷二“访谈”，是先生接受媒体对学术和现实生活的答问，应答颇多随意；卷三“个案”，前缀以“林则徐”的8篇文章，是先生编写学术专著《林则徐年谱新编》的“副产品”，读罢，会对这位伟大的历史人物有文化血脉上的亲近感，也更直接、更强烈地触摸到林则徐深邃伟岸而又高贵的灵魂；卷四“述往”，是先生对古今先贤的亮点用随笔的形式展示；卷五“谈故”，顾名思义，当是谈说历史掌故；卷六“点评”，则是对书的评论，或言谓之读书笔记；卷七“序跋”，是先生为友人所撰序言和题跋。

“观澜文丛”的另六册书是：徐雁《江淮雁斋读书志》、刘蔷《清华园里读旧书》、马嘶《学人书情随录》、林怡《榕城治学记》、姚伯岳《燕北书城困学集》以及袁逸《书色斑斓》。

2010年1月 9 日下午，“观澜文丛”首发品评沙龙在北京大学图书馆举行。北京大学教授白化文、首都图书馆馆长倪晓健等专家表示，尽管目前古籍类图书受到了市场化图书运营的强烈竞争，但岳麓书社出的这套“观澜文丛”，论述深入、格调高雅，一定会受到广大读者的欢迎。作家马嘶则认为，现在社会上高雅文化与低俗文化同时存在，但他觉得随着人文类学术图书逐渐走向大众，这样的图书将营造出书香社会的全民阅读氛围。

本室藏本扉页题“伟良雅藏　来新夏　二〇一〇年初春”。

## 069　中国的年谱与家谱（2010）

“中国读本”之一。来新夏、徐建华著。11万字。中国国际广播出版社2010年7月北京第1版，第1次印刷。未标印数。定价：22.00元。

ISBN 978—7—5078—3147—4

中国版本图书馆CIP数据核字（2009）第230768号

年谱是史籍中较为特殊的一种人物传记体裁，以谱主为中心，以年月为经纬，比较全面、细致地叙述谱主的一生事迹。家谱是一种以表、谱形式记载一个以血缘关系为主体的家族世系繁衍及重要事迹的特殊图书形态。

徐建华，江苏南京人，1978年考入南京大学图书馆学专业，1987年入南开大学历史系，师从来新夏先生，攻读古典目录学研究生。现为南开大学商学院信息资源管理系教授、博士生导师。主要研究领域为现代图书馆管理、出版管理、目录学、谱牒学、佛教文献学等。

来先生与弟子合著的《中国的年谱与家谱》，自1991年面世的5万字数，经逐步修订，由数家出版社多次出版，至今本已达11万字。

## 070　来新夏谈书（2010）

"大家谈丛书"之一。来新夏著。21.3万字。南开大学出版社2010年8月第1版，第1次印刷。未标印数。定价：40.00元。

ISBN 978—7—310—03537—3

中国版本图书馆CIP数据核字（2010）第151677号

年届九秩的来公，为向公众表达对读书的思考和实践，从所写数百篇关乎藏书、读书的散文随笔中，选出50余篇成《来新夏谈书》。是书记述著者对藏书文化的认识和对藏书楼、藏书家的评论，并谈读书的理念和方法，以及对读过的书所写的序评。

清代大学问家张金吾曾说："欲致力于学者，必先读书；欲读书者，必先藏书；藏书者，诵读之资而学问之本也。"张金吾制定了"藏书—读书—治学"这条学术链。藏书、读书是手段，是途径，而治学则是学人的必然归结。《来新夏谈书》的代序——《藏书·读书·治学》一文再次强调"藏书—读书—治学"这条学术链，值得细细品读。

《来新夏谈书》第19页载曰："绍兴有一失地农民孙伟良志在普及农村文化，向我求助，我也承诺赠书。孙伟良为此在家中特辟一民众读书室收藏我的赠书，并为乡民提供读书场所。"

列入"大家谈丛书"的，尚有《范曾谈美》、《叶嘉莹谈词》二种。

本室藏本扉页钤篆体朱文印"来新夏先生米寿庆祝会纪念"。

## 071　谈史说戏（2010）

来新夏、马铁汉主编，来新夏、马铁汉、姜纬堂、马铁汉、李凤祥、商传撰稿。邓元昌绘图。18万字。山东画报出版社2010年8月第1版，第1次印刷，印行10000册。定价：21.00元。

ISBN 978—7—5474—0056—2

中国版本图书馆CIP数据核字（2009）第204008号

此书由山东省"乡村阅读"工程暨农家书屋建设协调领导小组办公室编，列入"农家书屋"工程书系。

## 072　近三百年人物年谱知见录（增订本）（2010）

来新夏著。110万字。中华书局2010年12月北京第1版，第1次印刷，印行精装本3000册。定价：148.00元。

ISBN 978—7—101—07238—9

中国版本图书馆CIP数据核字（2010）第015971号

2005年1月8日下午，来新夏先生在南开大学新闻中心应"缘为书来"网站之约，与网友对话。有问："来先生最满意的个人著作是哪一部？"答曰："是《近三百年人物年谱知见录》，它给了很多人方便。"

《近三百年人物年谱知见录》初版于1983年，上海人民出版社出版发行。此次增订本分为十卷，前八卷为书录，按年代编次，卷九为知而未见录，卷十谱主、谱名、编者、谱主别号索引。所著录者，除卷九，均为编著者经眼。增订本较之原编有五大优点：其一，扩展内容。原书收叙录778篇、谱主680人，新增803篇、572人。增加了谱主别名和字号索引。其二，增添版本著录多家；一些稀见稿本、抄本多注其藏家，以便用者求书。其三，重分卷次，改六卷为十卷，完善了编纂体例。其四，增补订正，内容不独增加，而且有许多重要订正。其五，指引史料，以省却研究者翻检之劳，亦增加了此书的资料价值。

《近三百年人物年谱知见录》的增订工作，颇得众多友好相助，参与撰写者的十余人名单刊载卷首。天津图书馆李国庆先生、南开大学图书馆江晓敏女士、山东夏津县党史办潘友林主任、上海图书馆王世伟教授等，出力尤甚。

本室所藏本扉页题曰："民众读书室惠存　来新夏　二〇一一年三月。"

本书为全国高等院校古籍整理研究工作委员会资助项目。

## 073　砚边馀墨（2011）

"纸阅读文库"之一。来新夏著。12.9万字。内蒙古教育出版社2010年10月第1版，2011年4月第1次印刷，印行7500册。定价：22.00元。

ISBN 978—7—5311—8112—5

中国版本图书馆CIP数据核字（2010）第196234号

内蒙古教育出版社策划原创随笔系列"纸阅读文库"，第一辑八种参与者有流沙河、龚明德、张阿泉等。张阿泉函邀来先生加盟第二辑，于是先生集未结集之篇而成。书分上下两卷，卷上"阅世篇"，记人间百态，略寓针砭；卷下"读书篇"，为各方校读文稿之序跋。书稿初名《说长道短》，后改《砚边馀墨》。

由天津市教育委员会主管、天津市高校图书情报工作委员会主办的学术性双月刊《津图学刊》，系来先生于1983年创办并任主编，为图书馆界同仁谋一园地，耗费心血甚多，于2004年6月间停刊，故2004年12月15日出版的2004年第6期（总第89期）为终刊。个中情由，卷上"阅世篇"之《奉命停刊启事》述之详矣。

本室所藏《津图学刊》自创刊至停刊的合订本，唯缺1995年、1998年、1999年。

读书室藏本扉页来先生题签"来新夏　二〇一三年三月"。

## 074　依然集（2010）

"当代学者文史丛谈"之一。来新夏著。21万字。山西出版集团·三晋出版社（原山西古籍出版社）2010年12月第2版，2011年2月第1次印刷，印行5000册。该书由山西古籍出版社、山西教育出版社于1998年2月出第1版，第1次印刷5000册。定价：24.80元。

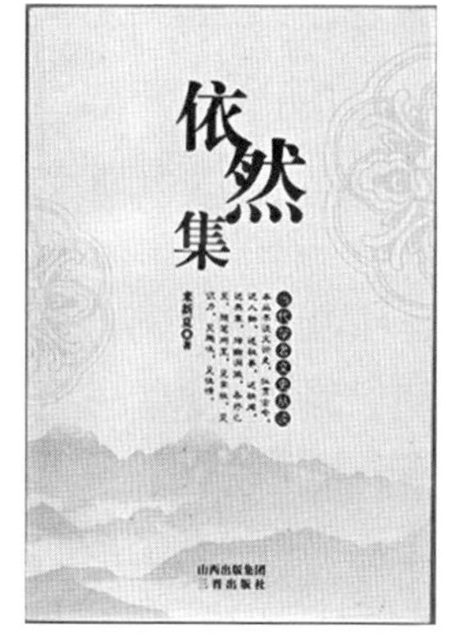


ISBN 978—7—80598—217—5

中国版本图书馆CIP数据核字（2010）第228192号

本室藏本扉页有先生签名“来新夏”。

## 075　来新夏说北洋（2011）

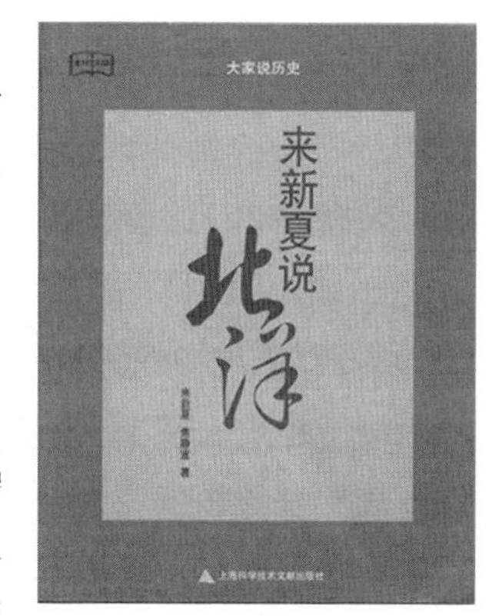


“大家说历史”之一种。来新夏、焦静宜著。17万字。上海科学技术文献出版社2011年2月第1版，第1次印刷。未标印数。该书曾有2009年1月版。定价：25.00元。

ISBN 978—7—5439—4766—5

中国版本图书馆CIP数据核字（2011）第009519号

2011年6月16日，来先生有绍兴之行，下榻鲁迅故里之咸亨酒店，因以有缘得先生签名，是为“伟良存　来新夏　二〇一一年六月”。先生有言，2009年版《来新夏说北洋》有出版合同；而此新版，却未曾知悉。

## 076　书目答问汇补（2011）

来新夏、韦力、李国庆汇补。上、下册，120万字。中华书局2011年4月第1版，北京第1次印刷，印行精装本3000册（套）。定价：268.00元。

ISBN 978—7—101—07840—4

中国版本图书馆CIP数据核字（2011）第022425号

《书目答问》初刻于清光绪二年（1876），列举重要古籍二千余种，是张之洞（1837—1909）任四川学政时，为回答诸生来问“应读何书，书以何本为善”而撰。其书刊行不久，风行海内，士林书林奉为枕中鸿宝，几于家置一部，乃至出现洛阳纸贵之盛况。鲁迅先生尝云：“我以为要弄旧的呢，倒不如姑且靠着张之洞的《书目答问》去摸门径去。”

二十世纪四十年代初，来新夏先生就读北平辅仁大学史学系，师从余嘉锡（季豫）先生治目录学，深感“书目是研究学问的起跑线”，即着手为《书目答问》编制人名、书名和姓名略人物著作三套索引。六十年代初，仿《四库简明目录标注》之例，搜求各家批注，为《书目答问》做汇补工作。嗣后，来先生历数十年之功，访求当世诸家批校稿本及清季以来刊印之本，遵照各家成果取得之先后，于同一条目之下，一一胪列，复加按语，始成《书目答问汇补》一书。《书目答问汇补》共收录了十三家补正成果，多为民国时期和当代名家。包括王秉恩贵阳刻本、江人度笺补本、叶德辉斠补本、伦明批校本、孙人和批校本、范希曾补正本、蒙文通按语、刘明阳批校本、韦力批校稿本、赵祖铭校勘记、邵瑞彭批校本、高熙曾批校本及张振佩批校本，堪称是一部结集性的书目成果。

清代学者章学诚说，研究目录学的目的，在于“辨章学术，考镜源流，即类求书，因书究学”，《书目答问》做到了这一点。《书目答问汇补》则更进一步，将清代学术成果进行了增补、品评和总结。书中亦收有韦力写的《存私藏古籍著录成稿》。李国庆对该书亦作了整理增补。

《书目答问汇补》一书为全国高等院校古籍整理研究工作委员会资助项目。

本室藏本系来先生赠书，内附一笺，有三位汇补者签名。

## 077 北洋军阀史（2011）

来新夏等著。上、下册，100万字。中国出版集团东方出版中心2011年5月第1版第1次印刷。未标印数。定价：75.00元。

ISBN 978—7—5473—0320—7

中国版本图书馆CIP数据核字（2011）第057790号

本书是一部专门研究和完整记述北洋军阀集团兴起、发展、纷争、衰落和覆灭的通史性专著。上起1895年袁世凯小站练兵，下迄1928年张学良东北“易帜”。它是几位著者在多年研究北洋军阀史、编纂北洋军阀史资料丛刊的基础上，并适当地吸取国内外学者的研究成果而撰写成书的。全书资料丰富，结构严谨，论述完整，条理清晰，观点鲜明，文字流畅，是一本研究中国近现代史，尤其是北洋军阀史的重要学术著作。

《北洋军阀史》初版，由南开大学出版社2000年12月第一版，因版权到期，又由东方出版中心出版。

本室藏本之扉页，先生题有“伟良存　来新夏　二〇一一年六月”。

## 078　北洋军阀史（2011）

“中国文库”之一。来新夏等著。上、下册，103.7万字。中国出版集团东方出版中心2011年9月第1版，第1次印刷，印行4500册（套）。定价：90.00元。

ISBN 978—7—5473—0395—5

中国版本图书馆CIP数据核字（2011）第124275号

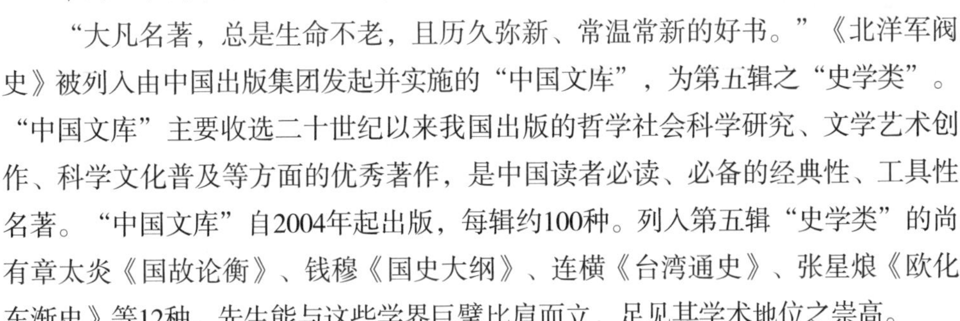

“大凡名著，总是生命不老，且历久弥新、常温常新的好书。”《北洋军阀史》被列入由中国出版集团发起并实施的“中国文库”，为第五辑之“史学类”。“中国文库”主要收选二十世纪以来我国出版的哲学社会科学研究、文学艺术创作、科学文化普及等方面的优秀著作，是中国读者必读、必备的经典性、工具性名著。“中国文库”自2004年起出版，每辑约100种。列入第五辑“史学类”的尚有章太炎《国故论衡》、钱穆《国史大纲》、连横《台湾通史》、张星烺《欧化东渐史》等12种。先生能与这些学界巨擘比肩而立，足见其学术地位之崇高。

本室藏本扉页，题有“来新夏　二〇一三年三月为伟良所藏题”。

## 079　北洋军阀史（2011）

“中国文库”之一。来新夏等著。上、下册，103.7万字。中国出版集团东方出版中心2011年9月第1版，第1次印刷，印行精装本500册。定价：120.00元。

ISBN 978—7—5473—0394—8

中国版本图书馆CIP数据核字（2011）第124280号

此为布面精装本，加护封。读书室所藏本，来先生在扉页跋曰：“此样书我所未见，印人书，不赠样书，不知何故？伟良网上购得，能不令人愤懑。来新夏题　二〇一三年三月，时年九十一岁。”

## 080　林则徐年谱长编（2011）

“晚清人物年谱长编系列”之一。来新夏编著。上、下卷，86万字。上海交通大学出版社2011年9月第1版，第1次印刷，印行精装本1500册（套）。定价：260.00元。

ISBN 978—7—313—07651—9

中国版本图书馆CIP数据核字（2011）第153723号

《林则徐年谱长编》是国内首部完整辑录晚清政坛重要人物林则徐生平资料的年谱长编。《林则徐年谱》初编本征用各种图书资料170种，增订本在原有基础上又较广泛地扩大了检读范围，达229种，新编本增至271种，而今之长编本更达287种。文献征集包括奏折、文录、诗词、信札、日记、译编、旧谱等大量第一手资料。有些文献是第一次公开发表。书中对谱主有关资料、事迹多有考证，并引述学界最新成果。

2008年春，上海交通大学出版社冯勤致函来先生，谓该社所编“晚清人物年谱长编”丛书正在进行，已出版有盛宣怀、张之洞、郑观应、张元济、崇厚、袁世凯等人的年谱，拟邀来先生承担《林则徐年谱长编》之任。先生应允后即以《林则徐年谱新编》为底本，历经两年充实史料、增补不足。复详加校订，正误增补若干处，于2011年春交稿。

来先生在《林则徐年谱新编》的后记中说：“我主观上希望，至少在一二十年内，《林则徐年谱新编》能保持为研究这一领域的学者们提供主要参考书的领先地位。”这是一位严肃认真的学者经过长期研究、撰写而取得成果的一种自信的喜悦。正是这种对学术负责的自信，对自我永不满足的学术态度，才成此《林则徐年谱长编》。先生以望九之年、耗三年之时成此大著，令人肃然起敬。

《林则徐年谱长编》是上海市“十一五”重点图书，上海文化发展基金会图书出版专项基金资助出版。

本室受赠之本题有："伟良暨民众读书室惠存　来新夏　二〇一一年十一月。"

## 081　书文化九讲（2012）

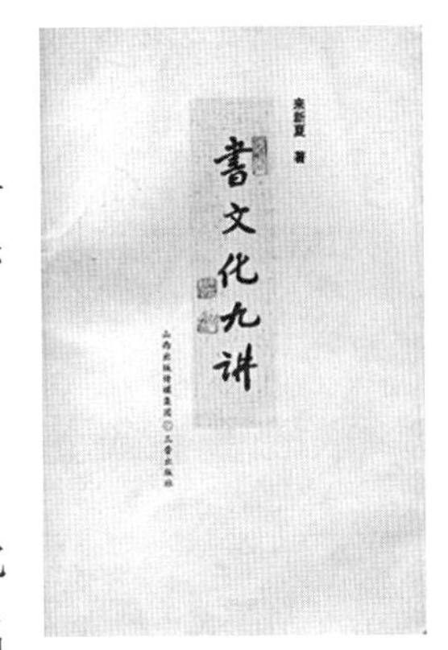


来新夏著。15万字。山西出版传媒集团·三晋出版社（原山西古籍出版社）2012年2月第1版，第1次印刷。未标印数。定价：48.00元。

ISBN 978—7—5457—0486—0

中国版本图书馆CIP数据核字（2012）第000332号

2005年，来先生应山西古籍出版社之邀，撰《书文化的传承》一书，以浅近语言讲述古籍文化之传承。该书出版不二年即售罄，时当"国学热"，古籍收藏炽热，再版此书，恰逢其时，为符专题讲述书文化之意，易名为《书文化九讲》。

## 082　不辍集（2012）

来新夏著。商务印书馆2012年4月第1版，北京第1次印刷。未标字数与印数。定价：56.00元。

ISBN 978—7—100—08870—1

中国版本图书馆CIP数据核字（2011）第282454号

2012年6月，是来先生九十初度暨从教65周年。故从八十岁至九十岁十年间所写的随笔中，选编数十篇成结集出版。先生曾有"有生之年，誓不挂笔"之豪言壮语，故用"笔耕不辍"之意而名《不辍集》。

本书分编为六卷，依次为：议论、书序、书评、人物、谈故、忆往。附录《一蓑烟雨任平生》为来先生口述历史之蓝本。所选各篇，均有深意，尤其是《我的故乡》一文，由衷表达了来先生这位九旬游子对故乡的无限深情："我有幸是这方土地的子孙，我以萧山人视为自己的光荣。我永远思念我的家乡，永远眷恋我的家乡！”

张建智先生读《不辍集》后撰文《馈贫之粮，夜行之烛》，发表于《文汇读书周报》2012年5月25日，曰：“一位九十老人，为我送来我本贫乏的精神之粮，不啻是我之有幸。”

本室受赠之册题“民众读书室惠存　来新夏　二〇一二年四月”。

## 083　来新夏随笔选（2012）

来新夏著，赵胥主编。朴庐书社出品。2012年5月印行。

2012年5月21日，笔者应邀赴浙江开元萧山宾馆出席来新夏教授学术思想研讨会暨九十华诞庆典，庆典签到得赠《来新夏随笔选》，此自印本，非卖品也。

来先生自1997年出版第一本随笔集《冷眼热心》，迄今已有十数种。其随笔情感真挚、语言丰富，知识性、抒情性、叙事性兼容。雅俗共赏的随笔，以至来先生的“粉丝”不胜枚举，中央美院赵胥先生居其一。

《来新夏随笔选》是为庆贺来新夏先生九十大寿而精编的随笔合集，撷选了来先生几十年间创作的各种类型随笔136篇，以问学篇、书序篇、书评篇、讲谈篇、掌故篇、阅世篇、吹求篇序次。封面题字谢辰生，封二孙熙春篆刻“萧山来新夏教授九十初度暨从教六十五周年纪念”。

## 084　中国古代图书事业史（2013）

“20世纪中国图书馆学文库”丛书之一。来新夏等著。版权页在“20世纪中国图书馆学文库”丛书之《叙录》册。国家图书馆出版社2013年2月第1版，第1次印刷，未标印数。丛书定价6800元。

ISBN 978—7—5013—4297—6

中国版本图书馆CIP数据核字（2012）第045381号

由吴慰慈任专家委员会主任委员所策划的“20世纪中国图书馆学文库”，以1909—1999年我国出版的图书馆学著作，包括图书馆学基本理论、资源建设、分类、编目、读者服务、文献检索等共101种著作，装为94册，另《叙录》1册。《中国古代图书事业史》列“文库”第63册。本文库由人天书店资助出版。

《中国古代图书事业史》据上海人民出版社1990年4月第1版排印（原书所附图未排印）。

本室藏硬精装本《叙录》、《中国古代图书事业史》各一册。

## 085　古典目录学（修订本）（2013）

来新夏著。26万字。中华书局1991年3月北京第1版，2013年5月北京第2版，2013年5月北京第2次印刷。定价：28.00元。

ISBN 978—7—101—09166—3

中国版本图书馆CIP数据核字（2013）第015785号

《古典目录学（修订本）》，在1991年初版的基础上，增加了第七章“古典目录学的相关学科”，即分类学、版本学、校勘学概说。本书共有八章，除第一章绪论、第八章结束语外，中间的六章系按历史发展顺序、有重点地论述了历代著名的古典目录和有成就的古典目录学家，以及与古典目录学相关的学科，使读者能对古典目录学获得比较完整而系统的认识。全书引用原始资料较多，以求论必有据。对时贤论著中的不同论点除撷取附入外，并多断以己见，以开启读者思路。书前以《我与〈书目答问〉》一文代序，向读者自陈致力于古典目录学的途径，或可备读者参酌。书后附参考书目提要，收录近、当代学者的主要论著，特别介绍了台湾学者的专著多种。另附《汉志》、《七录》及《隋志》代表性的三序作为阅读文献，以节省读者搜求之劳。

版权页标有“印数3001—5000册”。2014年9月28日下午笔者致电中华书局王传龙，王先生是修订本责任编辑（二版编辑），其言“1991年印数3000册，2013年5月北京第2次印刷2000册，两次合计印行5000册”。

本室藏本题“伟良暨民众读书室存　来新夏　二〇一三年六月”。

## 086　书之传承：时间里的图书史（2013）

“名家文化讲堂”之一种。来新夏著。11万字。天津出版传媒集团天津教育出版社2013年5月第1版，第1次印刷。未标印数。定价：19.00元。

ISBN 978—7—5309—7349—3

中国版本图书馆CIP数据核字（2013）第069859号

为了说明中国传统文化的保存、流传，在这套“名家文化讲堂”丛书中专立了《书之传承：时间里的图书史》，意在从图书发展角度说明传统文化的薪火传递。书之篇章、文字，仍如中国青年出版社1991年版《薪传篇》。

## 087　立身之本：知耻才能做人（2013）

“名家文化讲堂”之一种。来新夏著。10万字。天津出版传媒集团天津教育出版社2013年5月第1版，第1次印刷。未标印数。定价：18.00元。

ISBN 978—7—5309—7350—9

中国版本图书馆CIP数据核字（2013）第069607号

“耻存则心存，耻忘则心忘。”《立身之本：知耻才能做人》一书从两千多年的历史长河中，选择45个人物于10余万文字之中，提供给人们一面可资借鉴的“人镜”！书之篇章、文字，仍如中国青年出版社1991年版《明耻篇》。

## 088 邃谷序评（2013）

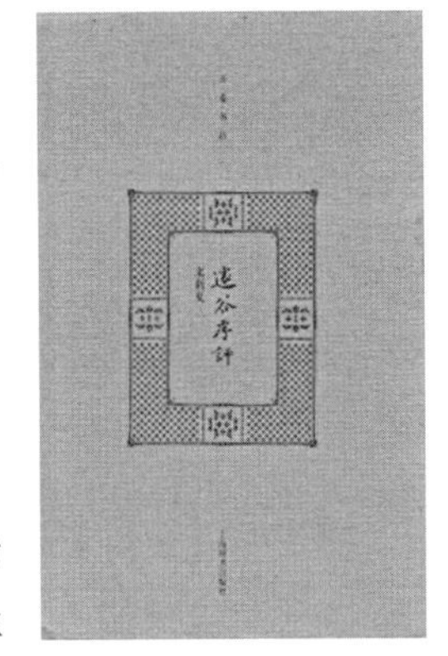

"开卷书坊"丛书之一。来新夏著。13.3万字。上海辞书出版社2013年6月第1版，第1次印刷。未标印数。定价：30.00元。

ISBN 978—7—5326—3878—9

中国版本图书馆CIP数据核字（2013）第057057号

《邃谷序评》分三卷，收录来先生为他人写的序、为自己著作的序，以及书评共计55篇文章。先生在三十多年里写了百余篇序，而指导新编方志几十年，又作为二百余部志书的顾问，因而志书序的篇幅几占一半以上。为他人写序涉及学术著述、随笔散文和古籍整理等。

"开卷书坊"第一辑出版了沈津《书林物语》、严晓星《条畅小集》等八种书。来先生的《邃谷序评》列在第二辑，是辑尚有子聪《开卷闲话七编》、韦泱《旧书的底蕴》、许宏泉《听雪集》、扬之水《棔柿楼杂稿》、沈胜衣《笔记》、范笑我《我来晴好》、姜德明《难忘王府井》、桑农《读书抽茧录》、徐雁《旧书陈香》，以及彭国梁《书虫日记三集》、《书虫日记四集》。

本室受赠之本扉页题"民众读书室存　来新夏　二〇一三年八月"。

## 089 旅津八十年（2014）

来新夏著。31.5万字。南开大学出版社2014年1月第1版，第1次印刷。未标印数。定价：56.00元。

ISBN 978—7—310—04386—6

中国版本图书馆CIP数据核字（2013）第302706号

《旅津八十年》讲述了来新夏先生在天津工作、生活八十年间记录下来的有关天津的人和事的文字。全书共分五卷，分别是"天津史事"、"天津回忆"、"天津碑刻"、"天津的人"、"天津的事"。本书又是一部包含了二十世纪三十年代至今，天津人情风物、事件起落、风云变幻、历史变迁的重要资料性著作。书末附录《旅津八十年记事》，内容较丰于先生此前所撰《自订学术简谱》。

《旅津八十年》于2014年4月列书香中国·第四届北京阅读季“中国好书榜·人文类”。“中国好书榜”是百道网聚合国内外几百个来源的图书评论和推荐书单数据，结合选书专业组书店探访求证和样书翻阅过滤而成，是一个综合性的中国好书榜中榜。有评论曰：《旅津八十年》以丰富的内涵记述了天津的人文史事，展示了一位年逾九旬学者的学术功力和人生情怀。

## 090　目录学读本（2014）

“当代大学读本·国学基础系列”之一。来新夏、柯平主编。62.1万字。上海交通大学出版社2014年2月第1版，第1次印刷。未标印数。定价：58.00元。

ISBN 978—7—313—10768—8

中国版本图书馆CIP数据核字（2013）第317473号

上海交通大学出版社重点策划、组织各科名家推出的“当代大学读本·国学基础系列”丛书，包括《文字学读本》、《训诂学读本》、《音韵学读本》、《目录学读本》、《版本学读本》、《新儒学读本》、《易学读本》、《三礼学读本》、《诸子学读本》、《诗词格律读本》。旨在为当代中国大学生提供国学学习的基本读物，以提高大学生的国学素养。

作为当前国内最完备的目录学综合读本，《目录学读本》系统展现了中国古典目录学的概貌、发展和突出成就，揭示了中国古典目录学思想和文献精华，评析了中国古典目录学的重要主题、人物与著述。为培养当代大学生对古典目录学的兴趣，该书采用了“叙述＋原典＋叙述”体系，体现了“三读”特色，即导读、解读、研读：在为读者精选目录学阅读材料的基础上，指明目录学的学习要领与方法，引导初学者入门，启发他们展开更深入的探索与研究。

作为老一辈目录学家的优秀代表，来先生出任《目录学读本》主编，负责总策划、撰写第一章并全书统稿。

读书室藏本钤印“来新夏赠书”。

## 091 古典目录学浅说（2014）

“大家小书”之一。来新夏著。17万字。北京出版社2014年7月第1版，第1次印刷。未标印数。定价：28.00元。

ISBN 978—7—200—10661—9

中国版本图书馆CIP数据核字（2014）第111271号

此所谓“大家小书”：一、书的作者是大家；二、书是写给大家看的；就篇幅而言是“小书”，其内容却是传世经典学术著作。该丛书收录梁启超、鲁迅、陈从周、启功、顾颉刚、赵朴初、任继愈等56位学者的64种著作。旨在阅读大家经典、感受大家风范、普及大家知识、传承大家文化。

《古典目录学浅说》简要地介绍了目录学的兴起、类别、体制、作用、发展脉络，及其相关学科的关系，最后谈古典目录学的研究趋势。“中华史学丛书”之一《古典目录学浅说》1981年初版于中华书局，字数15.6万；2003年新版列入“国学入门丛书”，字数增至16万。因版权到期，现由北京出版社出版。来先生再有增饰，字数扩展为17万，奉献给读者最简明的目录学入门读物，同时勾勒古代藏书和藏书家的风貌。

徐刚先生为此新版撰写了一篇题为《一定懂点目录学》的导读，略言：《古典目录学浅说》是来新夏先生在南开大学等高校历史系针对初学者的入门讲义，因此，其重点放在叙述古代目录著作的类别体制、编撰过程和历史演变上；后面专列一章，讲述了目录学与分类学、版本学和校勘学等相关学科之间的关系，对于初涉我国传统学术的读者，无疑会有很大帮助。

## 092 书卷多情似故人（2015）

来新夏著。18.7万字。上海人民出版社2015年3月第1版，第1次印刷。未标印数。定价：38.00元。

ISBN 978—7—208—12759—3

中国版本图书馆CIP数据核字（2015）第010077号

2013年秋，来先生应上海人民出版社之约，从七百余篇随笔中精选，辑为“来新夏随笔自选集”，共三册，《书卷多情似故人》为其一种。每册前置有赵胥《文心史记——略谈来新夏先生随笔》为总序，叙述了来先生的随笔类型与随笔特点。《书卷多情似故人》50篇文章，厘分为“知人”、“读书”。来先生说读书，论识人，为读书人传授继绝学、读万卷书的不二法门。来先生晚年亲手编定的三种随笔，可谓是蚕老丝长，锦绣成文。故学者吴格为本自选集撰推荐语为：“先生之学，博无涯涘；先生之文，人笔两寿。随笔精选，出于亲订；大耋力作，不辞鼓吹。”张元卿先生灯下诵读，“每觉书卷多情似先生”，撰文《书卷多情似先生》，发表于2015年11月23日《文汇读书周报》，认为来先生三册随笔精华没有排序，“我想在来先生心中，这三本书一定是有次序的”，应是：《问学访谈录》、《说掌故　论世情》、《书卷多情似先生》。

## 093　说掌故　论世情（2015）

来新夏著。16.5万字。上海人民出版社2015年3月第1版，第1次印刷。未标印数。定价：35.00元。

ISBN 978—7—208—12760—9

中国版本图书馆CIP数据核字（2015）第009925号

来先生从七百余篇随笔中精选，辑为“来新夏随笔自选集”，共三册，《说掌故　论世情》为其一种。书前置有赵胥《文心史记——略谈来新夏先生随笔》为总序，叙述了来先生的随笔类型与随笔特点。《说掌故　论世情》60篇文章，厘分为“掌故”、“论世”。来先生笑谈掌故与世情，思接千载，传递人生幸福达为先的豁达。

## 094　问学访谈录（2015）

来新夏著。22.5万字。上海人民出版社2015年3月第1版，第1次印刷。未标印数。定价：48.00元。

ISBN 978—7—208—12761—6

中国版本图书馆CIP数据核字（2015）第010078号

来先生从七百余篇随笔中精选，辑为“来新夏随笔自选集”，共三册，《问学访谈录》为其一种。书前总序，为赵胥《文心史记——略谈来新夏先生随笔》，叙述了来先生的随笔类型与随笔特点。《问学访谈录》54篇文章，厘分为“问学”、“谈往”、“访谈”。来先生谈学问，讲治学，深味大学者超然独特、虚怀若谷的老庄精神。

## 095　邃谷四说（2015）

“百家小集”书系之一种，来新夏著。14.9万字。广东人民出版社2015年8月第1版，第1次印刷。未标印数。定价：35.00元。

ISBN 978—7—218—10099—9

中国版本图书馆CIP数据核字（2015）第091292号

广东人民出版社总编辑卢家明，曾点校出版来先生祖父来裕恂所著《易学通论》，然以未能出版来新夏先生著作为憾。2014年初，卢家明赴津门，约请来先生编一本自己的随笔集，列入正在出版的“百家小集”书系，先生慨然应允，于是将撰于2011年至2014年的56篇文章编成一集，并以启功先生赠诗首句“难得人生老更忙”为书名。后列入该社“百家小集”时因本随笔集文章旨在说事、说人、说己、说书，乃被易名《邃谷四说》。广东人民出版社并加推荐词为：“忆往论今，一代文史大家来新夏生前绝唱：纵横历史、目录、方志三学；五十六篇随笔知人论世见微知著；不忘初心，尽显纯朴书生本色。”本室藏本题有“来新夏民众读书室惠存，邃谷赠书，乙未中秋”，并钤印“邃谷”。

列入“百家小集”书系第二辑的书目依次是：钱理群《与鲁迅面对面》、萧默《秋风吹不尽》、单世联《一个人的战斗》、王学典《怀念八十年代》、十年砍柴《历史的倒影》、傅国涌《无语江山有人物》、来新夏《邃谷四说》、陈行之《灵魂是不能被遮蔽的事物》、程映虹《红潮小记》、周志兴《回归常识》。

## 096 评功过（2016）

“古今人物谭”丛书之一。来新夏著。商务印书馆2016年3月第1版，第1次印刷。未标字数与印数。定价：定价：42.00元。

ISBN 978—7—100—11126—3

中国版本图书馆CIP数据核字（2015）第049759号

在人类历史的长河中，人物是一个永恒的主题。来先生述人物，分别编有《明耻篇》及《只眼看人》等二种，两书出版甚早，已在市肆难求。适有商务印书馆编辑丁波，约请来先生普及古今人物事迹，乃从前述两书中选用若干篇，益以新作，合成“古今人物谭”丛书。丛书共三册，每册在十万字左右，开本小巧，便于读者携带与阅读。第一册名《评功过》，为古代部分，即自上古至鸦片战争前的清朝止，文凡35篇。

本室藏本题有“伟良先生存念，邃谷赠书，丙申立夏”，并钤印“邃谷”。

## 097 辨是非（2016）

“古今人物谭”丛书之一。来新夏著。商务印书馆2016年3月第1版，第1次印刷。未标字数与印数。定价：48.00元。

ISBN 978—7—100—11127—0

中国版本图书馆CIP数据核字（2015）第049762号

“古今人物谭”丛书第二册名《辨是非》，为近代部分，是活动于1840年至1949年间并卒于1949年前的人物，文凡27篇。

本室藏本题有“伟良先生存念，邃谷赠书，丙申立夏”，并钤印“邃谷”。

## 098 述见闻（2016）

“古今人物谭”丛书之一。来新夏著。商务印书馆2016年3月第1版，第1次印刷。未标字数与印数。定价：40.00元。

ISBN 978—7—100—11128—7
中国版本图书馆CIP数据核字（2015）第049758号

“古今人物谭”丛书第三册名《述见闻》，所收为卒于1950年后的人物，文凡24篇。

本室藏本题有“伟良先生存念，邃谷赠书，丙申立夏”，并钤印“邃谷”。

## 099 北洋军阀史（2016）

来新夏等著。上、下册，100万字。中国出版集团东方出版中心2016年5月第2版，第1次印刷。未标印数。定价：95.00元。

ISBN 978—7—5473—0961—2
中国版本图书馆CIP数据核字（2016）第090651号

本书是来新夏先生等人北洋军阀史研究的重要成果，也是当时国内唯一一部专门研究和完整记述北洋军阀集团兴起、发展、纷争、衰落和退出的集大成之作。它以非常丰富的史料和国内外学者的相关研究成果为基础，以北洋军阀兴衰为主线，对1895—1928年中国社会历史问题作了系统而深入的探索，提出了很多新的观点和思考，极大地拓展了这一历史时期的研究空间和认识空间。

《北洋军阀史》的初版，是南开大学出版社2000年12月第1版，后版权到期，改由东方出版中心2011年5月第1版，此次东方出版中心的再版，图书在版编目（CIP）数据标为“第2版（修订本）”。

本读书室藏本，题有“伟良先生存念，邃谷赠书，二〇一六年初冬于南开园”，并钤印“邃谷”。

## 100 谈史说戏（2016）

来新夏、马铁汉主编，来新夏、马铁汉、姜纬堂、马铁汉、李凤祥、商传撰稿。邓元昌绘图。18万字。山东画报出版社2016年6月第1版，第1次印刷。未标印数。定价：36.80元。

ISBN 978—7—5474—1848—2

中国版本图书馆CIP数据核字（2016）第091542号

《谈史说戏》一册在手，国粹名剧，梨园掌故，娓娓而谈；史料记载，故事脉络，详加考诠。历史与戏剧，真实与虚构，为您一一呈现。

此本《谈史说戏》，文字一仍山东画报出版社2007年1月第1版，唯删去原版12幅名家饰演京剧的剧照。

## 101 古典目录学浅说（2016）

“大家小书”之一。来新夏著。17.7万字。北京出版集团公司北京出版社2016年7月第1版，第1次印刷。未标印数。定价：49.00元。

ISBN 978—7—200—12069—1

中国版本图书馆CIP数据核字（2016）第076979号

来先生的这部《古典目录学浅说》，原是他在南开大学等高校历史系针对初学者的入门讲义。讲义扎实严谨，简明朴实，初学者正可以由此了解目录学的基本知识。对于初涉我国传统学术的读者，无疑会有更大的帮助。

2014年，“大家小书”出版面世，为国家新闻出版广电总局首届向全国推荐中华优秀传统文化普及图书，多是一代大家的经典著作。2016年，北京出版社“大家小书”编委会重新规划出版“大家小书”，书目增至122种，来先生的这部《古典目录学浅说》仍列其中。

## 102 混乱中的行走：来新夏说北洋（2018）

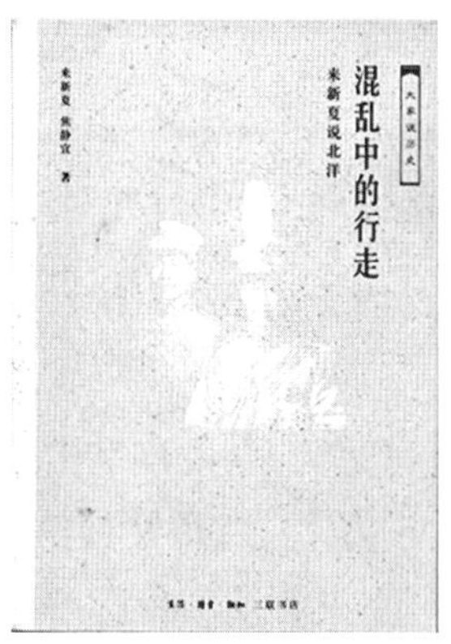


“大家说历史”之一种。来新夏、焦静宜著。17万字。生活·读书·新知三联书店2018年9月第1版，第1次印刷。未标印数。定价：36.00元。

ISBN 978—7—108—06254—3

中国版本图书馆CIP数据核字（2018）第054540号

《来新夏说北洋》一书，曾由上海科学技术文献出版社2009年1月第1版，2011年2月第1版，出版过两个版本。本次三联书店的版本，易书名为“混乱中的行走”，而以“来新夏说北洋”为副标题。新版将原书的附录一“我和北洋军阀史研究”移到书首作“代序”，原附录二“参考书目提要”仍为附录。

本书是北洋军阀史研究成果之一，以专题形式概述了北洋军阀集团兴起、发展、纷争、衰落及至覆亡的过程。本书以资料丰富、论述简明为其特色。

“大家说历史”丛书的其他书目亦均以新书名面世，录存如后：《中华古代文明的起源——李学勤说先秦》、《封建王朝的兴起——张传玺说秦汉》、《群雄纷争　频繁更迭——朱大渭说魏晋南北朝》、《“开皇之治”与“贞观之治”——王永兴说隋唐》、《并存继逝的王朝——王曾瑜说辽宋夏金》、《兼收并用　莫不崇奉——陈高华说元朝》、《治隆唐宋　远迈汉唐——王春瑜说明史》、《最后的王朝——王钟翰说清朝》。

## 103 古籍整理讲义（2019）

“津沽名家文库”之一种。来新夏著。29.4万字。南开大学出版社2019年8月第1版，第1次印刷。未标印数。定价：78.00元。

ISBN 978—7—310—05822—8

中国版本图书馆CIP数据核字（2019）第161808号

来先生曾著《古籍整理讲义》，由鹭江出版社列入“名师讲义丛书”，于2003年11月出版面世，而后又于

2006年2月第2次印刷。

为全面反映新中国成立以来天津学术发展的面貌及成果，南开大学出版社对经典学术著作以“津沽名家文库”编辑出版，所收录的著作或集大成，或开先河，或启新篇，入选作者均为某个领域具有代表性的人物，如温公颐《中国古代逻辑史》、马汉麟《古代汉语读本》、朱维之《中国文艺思潮史稿》、王达津《唐诗丛考》、杨敬年《西方发展经济学概论》等。来先生的《古籍整理讲义》被列入文库（第一辑）影印出版，足见该书的影响力之大和生命力之强。

天津师范大学王振良教授所撰《导读》，论述来先生“淑世”图书文献学思想以及《古籍整理讲义》的学术价值，以使读者了解其背景、源流、思路、结构，从而更好地理解原作，获得启发。

## 104　北洋军阀史（修订版）（2019）

来新夏等著。上、下册，104.5万字。中国出版集团东方出版中心2019年8月第3版，第1次印刷。未标印数。定价：108.00元。

ISBN 978—7—5473—1484—5

中国版本图书馆CIP数据核字（2019）第102244号

此本《北洋军阀史》的版次，东方出版中心标作“2019年8月第3版第1次印刷”，书名后括注“修订版”。

## 105　来新夏文集（2019）

“南开百年史学名家文库”之一种。来新夏著，焦静宜等编。78.7万字。南开大学出版社2019年9月第1版，第1次印刷。未标印数。定价：180.00元。

ISBN 978—7—310—05837—2

中国版本图书馆CIP数据核字（2019）第157675号

南开大学统筹策划的“南开百年史学名家文库”，是南开大学建校一百周年

庆典工作之一。2018年11月，由南开大学历史学科学术委员会集体商定入选原则，确定编辑出版1923年建系以来已去世的、具有代表性的十位著名学者的文集为“南开百年史学名家文库”。入选者为：蒋廷黻、范文澜、郑天挺、雷海宗、吴廷璆、杨生茂、杨志玖、王玉哲、杨翼骧、来新夏。该文库总序称：“他们所开创的领域仍是南开史学最为重要的学术方向，他们的学术成就及言传身教，引领了南开史学的持续辉煌，他们是南开史学的标志性人物。”

《来新夏文集》之构成，遴选了来先生在历史学、方志学、图书文献学以及其他如随笔、札记等具有代表性的67篇文章；书末附《来新夏先生著述提要》，所收录著述的出版日期截至2019年底，以编年为序，以见先生一生之学术脉络。

# 附　编

## 目录

001　中国近代史参考资料（1957）
002　第一次国内革命战争史论集（1957）
003　程克日记摘抄（1958）
004　中国农民起义论集（1958）
005　阅世编（1981）
006　中国图书文献选读（1984、2010）
007　鸦片战争史论文专集续编（1984）
008　闽小纪　闽杂记（1985）
009　清嘉录（1986）
010　天津风土丛书（1986）
011　图书馆学情报学系列教程（1986—1995）
012　中国地方志综览（1949—1987）（1988）
013　中国近代史资料丛刊·北洋军阀（1988—1993）
014　史记选（1990）
015　外国教材中心工作研究（1990）
016　图书馆学情报学档案学简明辞典（1991）
017　萧山县志稿（1991）
018　河北地方志提要（1992）

019 中华幼学文库（第一辑）（1995）
020 中日地方史志比较研究（1996）
021 清代目录提要（1997、2007）
022 古典目录学研究（1997）
023 史记选注（1998）
024 一扫蛮烟　清气长留——近代禁烟诗文选读（1998）
025 天津通志·旧志点校卷（1999、2001）
026 天津大辞典（2001）
027 历代文选·清文（2001）
028 名人文化游记（国内卷）（2002）
029 名人文化游记（国外卷）（2002）
030 林则徐全集（2002）
031 老资料书（2004、2005）
032 “天津建卫六百周年”丛书（2004、2012）
033 清代科举人物家传资料汇编（2006）
034 阅世编（2007）
035 清嘉录（2008）
036 十里长街读坎墩（2008）
037 天津历史与文化（2008）
038 史记选（2009）
038 中国地方志历史文献专辑·灾异志（2010）
040 清代经世文全编（2010）
041 中国地方志历史文献专辑·金石志（2011）
042 中国地方志文献·学校考（2012）
043 天津历史与文化（2013）
044 萧山丛书（第一辑）（2014）
045 萧山丛书（第二辑）（2015）
046 萧山丛书（第三辑）（2017）
047 清代经世文选编（2019）

## 001　中国近代史参考资料（1957）

来新夏编。油印本。线装，上、下册。纵25.3厘米，横18.4厘米，309页。南开大学历史系中国史第三教研组1957年1月刊印。

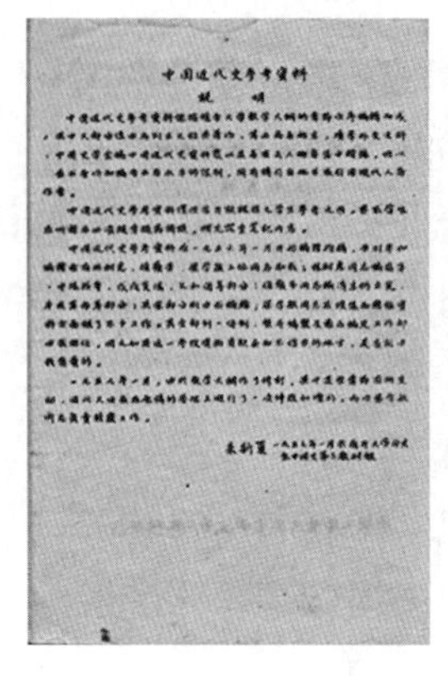
中国近代史参考资料
说　明

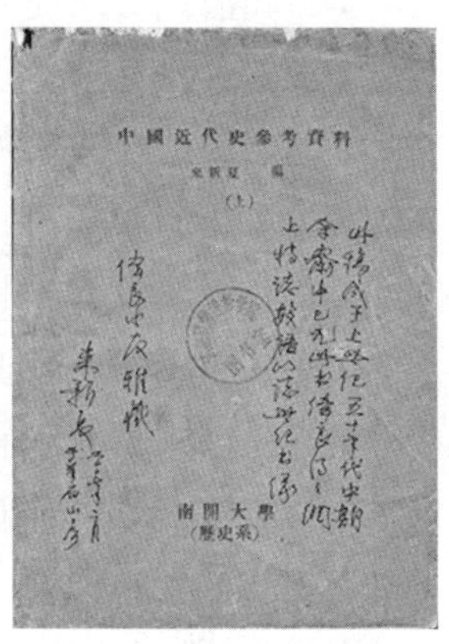
中國近代史參考資料
來新夏　編
（上）
南開大學
（歷史系）

1950年冬，来先生在北京中国科学院历史研究所第三所（近代史所前身）工作，师从范文澜教授，专攻中国近代史。1951年春，来先生应南开大学历史系主任吴廷璆先生之邀，经范老同意，到南开大学任教。不久，吴先生奉命赴朝鲜慰问志愿军，于是将所授的“中国近代史”课程交来先生代授。吴先生回校后经考察，认为这门课的教学效果很好，十分赞赏来先生的教学方法。“中国近代史”本是系内无人承担，由吴先生放下自己的专业来讲这门课。既然来先生能承担，吴先生遂正式决定将所授的“中国近代史”这门课全部由来新夏先生承担。来先生在南开大学执教超过半个世纪，从助教做起，循阶晋升至教授。教过“中国近代史”、“中国历史文选”、“中国通史”、“古典目录学”、“历史档案学”、“鸦片战争史专题”和“北洋军阀史专题”等课程。油印本《中国近代史参考资料》，内页作“中国近代史教学大纲”，是来先生在教授“中国近代史”课程自编的教学参考用书，分三编18章，所授课时为125小时。

2007年2月3日，来新夏先生莅临寒斋，在本室所藏该稿题跋云：“此稿成于上世纪五十年代中期，余斋中已无此书。伟良得之网上，特志数语，以志世纪书缘。伟良小友雅藏。来新夏　二〇〇七年二月于羊石山房。”

本室藏本钤印“济南教师进修学院图书室”。

## 002　第一次国内革命战争史论集（1957）

来新夏、魏宏运编。10.8万字。湖北人民出版社1957年12月第1版，印行11500册。定价：0.48元。

第一次国内
革命战争史論集
湖北人民出版社
25121 028409

统一书号 11106・45

本书包括论述第一次国内革命战争的文章10篇，大都是侧重于史实的叙述和分析。内容可分三类：第一类，是概述第一次国内革命战争的某些问题，共4篇；第二类，是叙述某一事件或某一情况，共5篇；第三类是一篇揭露美国这一时期对华政策的文章。另附录本时期大事简记，供读者参考。

本室藏本钤有椭圆形“天津市第四十五中学图书馆藏书图记”及长方形“津第四十五中学图书馆藏书章”。

## 003 程克日记摘抄（1958）

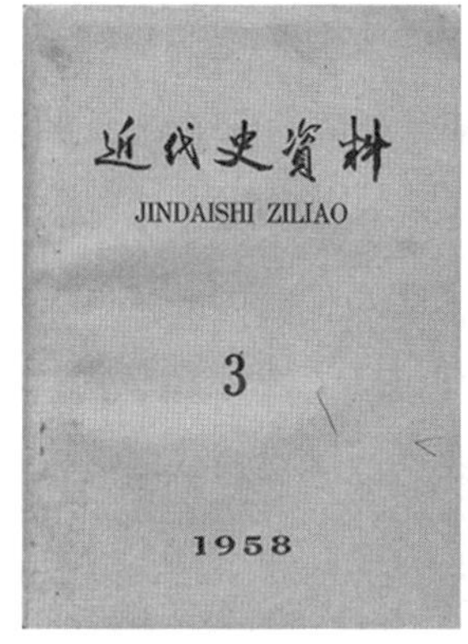


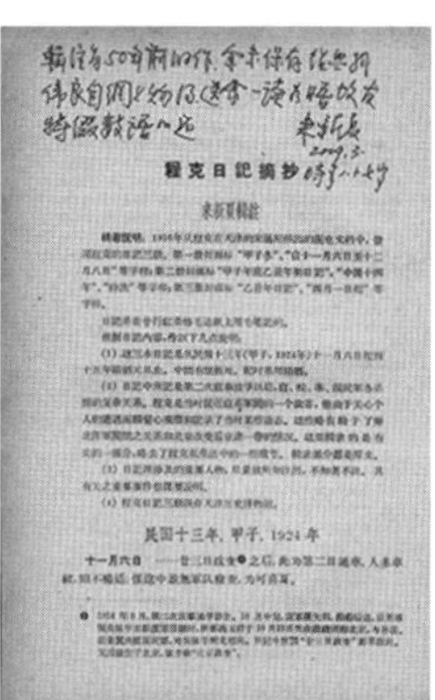
程克日记摘抄
来新夏辑注
民国十三年，甲子，1924年

来新夏辑注。现存天津历史博物馆的程克日记三册，系1956年从程克（1878—1936）在天津的家属所捐出的函电文档中发现的。日记从民国十三年（1924）11月6日起到十五年（1926）阳历元旦止。程克在民国十三年（1924）任北洋政府内务总长，是年9月辞职，隐居天津。十年后一度出任天津市市长。日记中所记是第二次直奉战争以后，直、皖、奉、国民军之间的复杂关系，有助于了解北洋军阀间之关系和北京政变后京津一带的情况。

《程克日记摘抄》刊登于中国社会科学院近代史所编辑的《近代史资料》杂志（1954年创刊）1958年第3期（总第20号），科学出版社1958年6月出版。本期定价：0.60元。

本室所藏该期杂志来先生题跋：“辑注为五十年前旧作，余未保存。绍兴伟良自网上购得，送余一读，如晤故友。特缀数语以还。来新夏　2009.3　时年八十七岁。”

## 004　中国农民起义论集（1958）

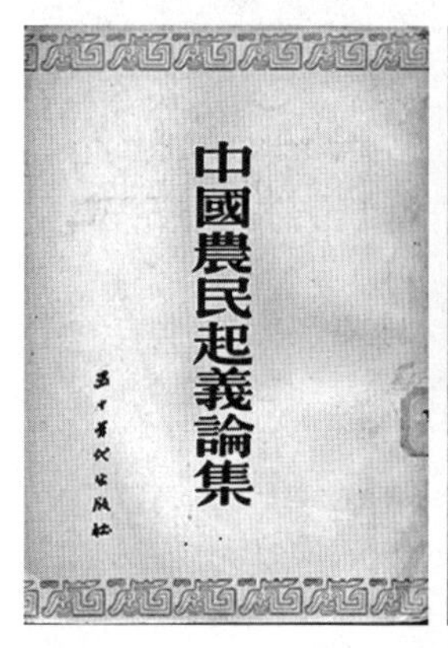

李光璧、钱君晔、来新夏编。34.5万字。三联书店1958年7月第1版，北京第1次印刷，印行6000册。定价：1.50元。

统一书号 11002·211

北京市书刊出版业营业许可证出字第56号

新中国成立后，历史研究工作者对农民起义进行了研究并发表了若干论文，后历史教学月刊社编辑为《中国农民起义论集》，1954年8月由五十年代出版社出版。李光璧、钱君晔、来新夏感到论集内容有进行重编的必要，以便于教师和史学工作者参考，于是删去旧集论文1篇，新收论文12篇，共收录有关学者论文26篇而成此集，所涉及的时间跨度上起秦末，下迄民国初年。

论集中有邓广铭《试谈晚唐的农民起义》、杨志玖《黄巢大起义》、张政烺《宋江考》、漆侠《有关隋末农民起义的几个问题》、郑天挺《宋景诗起义文献初探》等。收录来新夏撰《试论清光绪末年的广西人民大起义》和《谈民国初年白朗领导的农民起义》二文，前者发表于《历史研究》1957年第11期，后者原载《史学月刊》1957年6月号。

## 005　阅世编（1981）

“明清笔记丛书”之一。清·叶梦珠撰，来新夏点校。16.1万字。上海古籍出版社1981年6月第1版，第1次印刷，印行8100册。定价：0.74元。

统一书号 10186·271

《阅世编》的作者叶梦珠（1623—？）是上海人。书中涉及明清之际以松江为中心的这一地区的自然、政治、经济、文化、风俗、人事等方面情况。全书共10卷，分为水利、田产、学校、科举、士风、赋税、食货、交际、纪闻等28门，记述颇称详备，亦有资料价值。本书据1934年“上海掌故丛书”本点校出版。后经修订，由中华书局于2007年9月重版。

本室所藏本扉页来先生的题跋：“此为点校旧籍之第一种。久不见市场。近已由中华书局重出。来新夏　二〇〇七年十月。”封底钤印“昆明书店售出”。

先生曾撰《从〈阅世编〉看明清之际的物价》一文，载《价格理论与实践》1981年第5期。又将此论文收载于其著《结网录》（南开大学出版社1984年出版）。

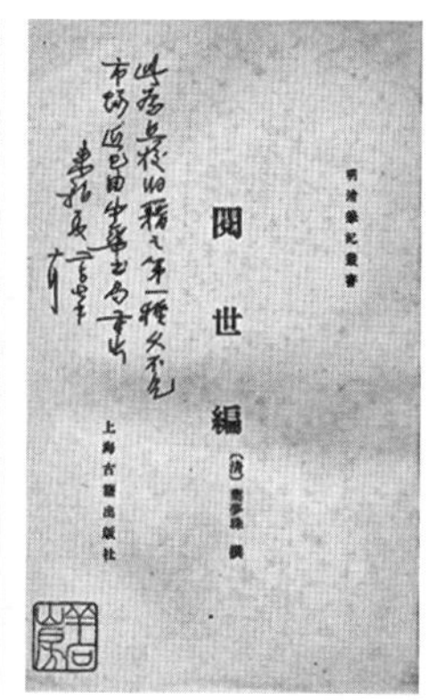


英国学者魏根深著、侯旭东主持翻译、北京大学出版社2016年版《中国历史研究手册》在“价格”与“笔记”中提到《阅世编》：“17世纪的叶梦珠对货币和价格变化作了最为详细的记录，他在笔记《阅世编》中记载了1628年至1690年的价格。”又说：“对叶梦珠的身世所知甚少，只知道他生活在松江（上海附近）。他对明末清初在那里观察到的地方经济条件和习俗进行不同寻常的详细记录。”魏根深引用的《阅世编》版本，注明是来新夏标点本、上海古籍出版社1981年版。

## 006　中国图书文献选读（1984、2010）

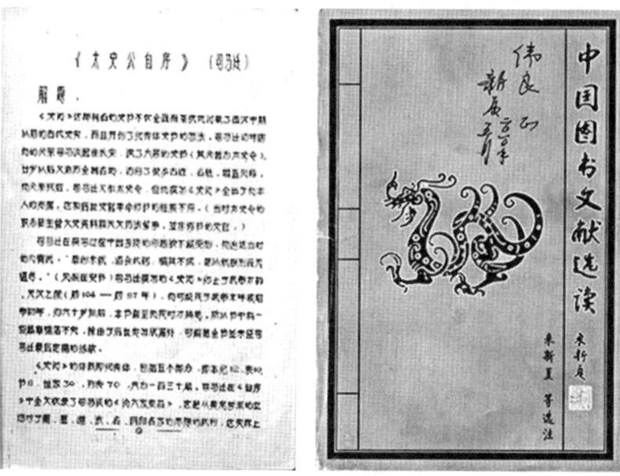


图书专业试用教材。来新夏、张文桂编。油印本。纵25.3厘米，横18.5厘米，上、下册。上册212页，下册113页。南开大学图书馆学系1984年6月印。

1984年初，来先生被任命为南开大学图书馆学系主任兼校图书馆馆长。旋获教育部批准，招收第一届学生。为使学生能接触原著，来先生与古汉语老师张文桂先生编选了《中国图书文献选读》，作为古汉语教材和图书事业史的参考文献。《中国图书文献选读》从文史典籍中，选出了四十余篇与中国图书事业有关的旧籍文献，对某些词语进行简注，帮助学生阅读，从而提高学生阅读文献的能力，充实有关图书事业的知识。

此油印本讲义，乃从孔夫子旧书网购得，嗣后再不见有网店销售，实属难得。2007年2月，来先生莅临寒舍，得见此油印本，如见故人，凝视良久，几乎泪下，乃携至天津，数月而寄还，并为之题跋云：“上世纪八十年代初，我创办南开大学图书馆学系，规划设此课程，以补诸生图书文献之缺。久已无存。今见伟良得此本，犹忆当年创业之维艰。来新夏识于天津　二〇〇七年四月。”

之后，来先生就我所藏本，倩戴丽琴、王振良略加校订，于2010年排印若干本。来先生特撰前言，慨叹：“三十年前旧物，复传于世，得不慨然？”伟良欣然呼曰：“来公大著，理当化身千百。”

排印本封面题“伟良正　新夏　二〇一〇年五月”。

## 007　鸦片战争史论文专集续编（1984）

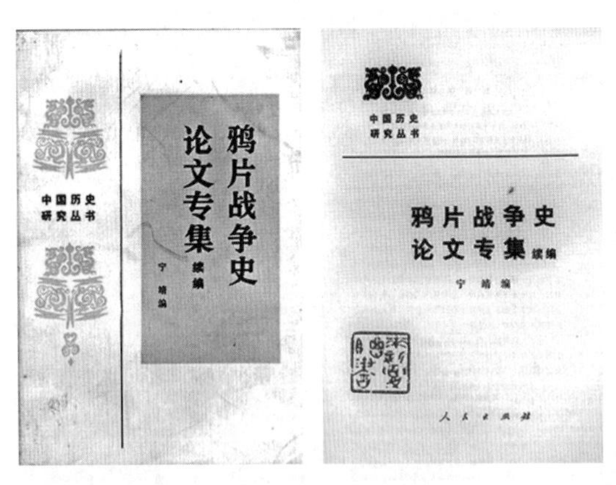


“中国历史研究丛书”之一。来新夏、焦静宜编，署名宁靖编。41.2万字。人民出版社1984年11月第1版，北京第1次印刷，印行6800册。定价：2.55元。

书号 11001·727

鸦片战争是中国近代史的序幕，为便于对鸦片战争史研究，三联书店于1958年出版《鸦片战争史论文专集》，选辑中华人民共和国成立后到1957年底全国报刊发表的有关两次鸦片战争的文章。该集中有来新夏先生的《鸦片战争前清政府的“禁烟问题”》和《第一次鸦片战争对中国社会的影响》，前者原载1955年10月《南开学报》第1期，后者发表于1956年6月《南开学报》第1期。

本书是《鸦片战争史论文专集》的续编。所收文章的时间范围自1958年至1984年。在此期间，全国各报刊发表的有关文章计400余篇，本书从中选录了23篇。为方便查阅检索，书后附载《鸦片战争史报刊论文索引》。

《鸦片战争史论文专集续编》收录署名“来新夏、焦静宜”的《鸦片战争前的地主与农民》、“来新夏、李喜所”的《论第一次鸦片战争时期清朝统治集团的内部斗争》，前者刊发《南开史学》1983年第1期，后者原载《新疆大学学报》1981年第4期。

《鸦片战争史报刊论文索引》著录来先生的文章尚有《历史教学》1954年第7期《中英第一次鸦片战争》、1954年第10期《鸦片战争对满清政府有什么影响》、1956年第9期《鸦片战争前后银贵钱贱的情况和影响》、《天津日报》1957年3月22日《略论中国近代史开端的年代》、《学术月刊》1981年第3期《龚自珍林则徐往返函件的写作日期》以及《福建论坛》1982年第6期《林则徐与禁烟运动》。

中国人民大学出版社2014年版黄爱平主编的《清史书目》，收录有《鸦片战争史论文专集续编》，作者索引有“宁靖”，却不知此乃笔名，其实无姓宁名靖的人，当情有可原。来先生于2006年4月26日《老年时报》发表有《我的笔名》，“禹一宁”为其一。先生说1949年入华北大学学习时，“我因姓名末一字‘夏’与‘禹’相连，便改姓‘禹’。又渴望学习革命真理，便以‘一宁’为名，表示自己是又一个要学习列宁的人。”“禹一宁”得一“宁”字，“靖”取焦静宜“静”之谐音，各得一字署名“宁靖”。此书系应时任人民出版社副总编辑林言椒之约为该丛书选编整理。

本室藏本之扉页钤印“来新夏赠书”。

## 008　闽小纪　闽杂记（1985）

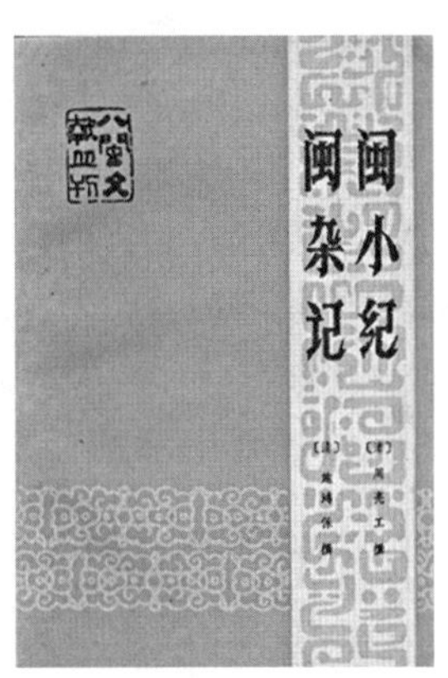


“八闽文献丛刊”之一。来新夏校点。21.9万字。福建人民出版社1985年8月第1版，第1次印刷，印行2150册。定价：2.00元。

书号 11173·100

《闽小纪》四卷，河南祥符人周亮工（1612—1672）

撰。其为明崇祯十三年（1640）进士，任山东潍县令。入清后曾任职福建按察使、布政使。《闽小纪》是清代较早记述福建地方风土、人情、物产、工艺、掌故的杂著。是书原有四卷本、二卷本和一卷本。此点校本以康熙间赖古堂刊四卷本为底本，并参读了两种二卷本，作了一些校补。

《闽杂记》十二卷，清·施鸿保撰。鸿保乃浙江钱塘人。道光四年（1824）中秀才后，屡试不第，遂去江西、福建等地作幕，而在福建为时尤久。施氏于作幕谋食之余还勤于著述，《闽杂记》则是他记在闽见闻的杂著。

来先生校点以上古籍，准备有年。例如在《中州今古》1983年第5期上即发表《周亮工和他的杂著》。

本室藏本题有“伟良存　来新夏　二〇〇七年十二月”。

## 009　清嘉录（1986）

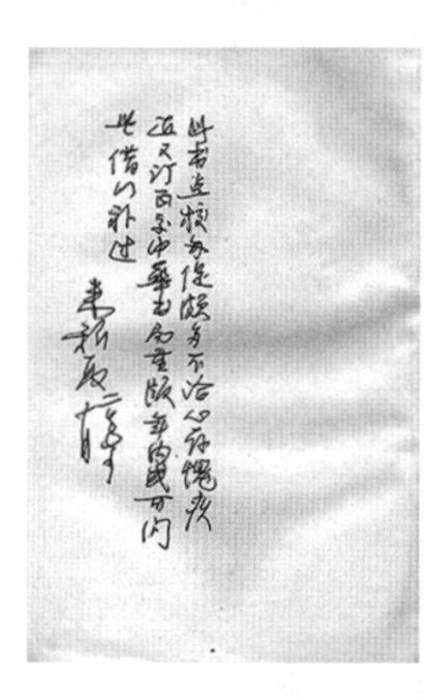

“明清笔记丛书”之一。清·顾禄撰。来新夏校点。14.1万字。上海古籍出版社1986年5月第1版，第1次印刷，印行6000册。定价：1.15元。

统一书号 10186·639

清嘉道时苏州府吴县人顾禄所撰《清嘉录》，是一部记载苏州地区风俗、节令、掌故的清人笔记。全书十二卷，每月一卷，以时令节序、民间活动、俗谣农谚为题，叙述地方风土人情。援引经籍志史、诗词歌咏等群书数百种，对民俗习尚、岁时节物一一加以溯源和考证。为清代风土杂著中之上品。无怪乎百余年后尚有学者推重其书说：“顾氏此书，读之如谏果回味，历久弥甘。”（王伯祥语）

《清嘉录》初刊于道光十年（1830），次年流传到日本，得到日本学术界的重视，于日天保八年（道光十七年，1837）梓翻刻本。日本学者稻畑耕一郎撰有《〈清嘉录〉著述年代考》。

来先生曾在《图书馆杂志》1983年第2期发表《清人笔记随录——〈清嘉

录〉》，后将此文修订，作为校点本的《前言》。

本室所藏本有来先生的题跋：“此书点校匆促，颇多不洽，心存愧疚。近又订正，交中华书局重版，年内或可问世，借以补过。来新夏　二〇〇七年十月。”

## 010　天津风土丛书（1986）

来新夏主编。1985年4月，来先生主编“天津风土丛书”。翌年5月，该丛书各种相继完稿，交由天津古籍出版社陆续出版，为7册，含旧籍10种。来先生撰有总序一篇，置于各册之首。

《津门杂记·天津事迹纪实闻见录》，清·张焘等撰，王黎雅等点校，书号 11330·10，定价：1.35元。

《敬乡笔述》，清·徐世銮著，张守谦点校，书号 11330·9，定价：1.20元。

《梓里联珠集》，清·华元鼎辑，张仲点校，书号 10330·7，定价：1.20元。

《天津皇会考·天津皇会考纪·津门纪略》，民国·徐肇琼等撰，张格点校，ISBN 7—80504—052—4，定价：1.70元。

《沽水旧闻》，民国·戴愚庵著，张宪春点校，书号 11330·8，定价：1.35元。

《老天津的年节风俗》，卞僧慧、濮文起辑，ISBN 7—80504—254—3，定价：1.65元。

《津门诗钞》（全二册），清·梅成栋纂，卞僧慧等点校，ISBN 7—

80504—019—2，定价：18.40元。

该丛书所介绍的天津历史风貌和提供的乡土资料，旨在保存地方文献。如《敬乡笔述》原来只有抄本传世，民国二十一年（1932）才有天津徐氏濠园刊本，此是徐世昌的堂兄弟徐世章所刻印。《敬乡笔述》增补了《续天津县志》的漏载，并订正了某些舛误，所以可以把它看作是《续志》的补充和修订。

本室所藏有：《津门杂记》、《天津事迹纪实闻见录》、《梓里联珠集》、《天津皇会考》、《天津皇会考纪》、《津门纪略》、《沽水旧闻》、《津门诗钞》、《老天津的年节风俗》。

来先生在本室藏本《沽水旧闻》、《津门诗钞》均署“来新夏　二〇〇八年十月”。

## 011　图书馆学情报学系列教程（1986—1995）

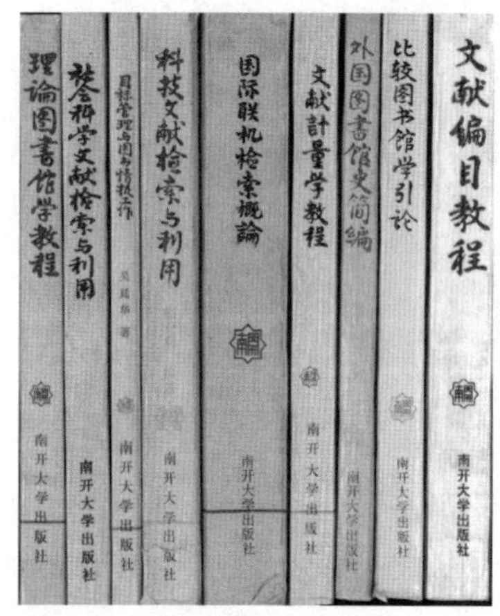


来新夏主编。“图书馆学情报学系列教程”包括《理论图书馆学教程》、《社会科学文献检索与利用》、《目标管理与图书情报工作》、《科技文献检索与利用》、《国际联机检索概论》、《文献计量学教程》、《外国图书馆史简编》、《比较图书馆学引论》以及《文献编目教程》等教材11种，南开大学出版社1986年至1995年陆续出版。

《理论图书馆学教程》，南开大学图书馆学系等编。统一书号：7301·15，21.2万字。1986年8月第1版，1986年8月第1次印刷，印数18000册。定价：2.05元。

《社会科学文献检索与利用》，来新夏、惠世荣、王荣授编著。23.1万字。1986年8月第1版，第1次印刷7000册，统一书号：7301·14，定价：1.90元；1987年10月第2次印刷4000册，统一书号：7301·14，ISBN 7—310—00064—1/G·6，定价：1.95元；第3次印刷（日期不详）3000册；1988年11月第4次印刷5000册，ISBN 7—310—00064—1/G·6，定价：2.95元。印数共19000册。

《目标管理与图书情报工作》，吴廷华著。ISBN 7—310—0078—1/G·9，

15.7万字。1989年1月第1版，第1次印刷，印数2000册。定价：1.50元。

《科技文献检索与利用》，胡安朋编著。ISBN 7—310—00089—7/G·11，33.5万字。1989年5月第1版，1989年10月第2次印刷，印数6500册。定价：3.10元。

《国际联机检索概论》，何翠华、姚家训、吴隆基、徐肖君编著。ISBN 7—310—00275—X/G·35，50万字。1990年5月第1版，第1次印刷，印数2000册。定价：4.50元。

《文献计量学教程》，王崇德编著。ISBN 7—310—00192—3/G·20，28.5万字。1990年6月第1版，第1次印刷，印数1500册。定价：2.85元。

《外国图书馆史简编》，杨子竞编著。ISBN 7—310—00364—0/G·57，21.6万字。1990年12月第1版，第1次印刷，印数2000册。定价：2.20元。

《比较图书馆学引论》，钟守真编著。ISBN 7—310—00614—3/G·96，30.4万字。1993年11月第1版，第1次印刷，印数1000册。定价：8.00元。

《文献编目教程》，李晓新、杨玉麟、李建军编著。ISBN 7—310—00788—3/G·122，42.2万字。1995年10月第1版，第1次印刷，印数5000册。定价：17.50元。

二十世纪八十年代初，随着我国图书馆事业的发展，图书馆学教育也步入新阶段——办学网点和学生数量在不断增长，而教材需求也日益迫切。为此，南开大学、山西大学、中山大学、兰州大学、北京大学分校、南京工学院、南京大学、杭州大学、黑龙江大学、湘潭大学等校图书馆学情报学系和湖北高等院校图书馆工作委员会急社会之所急、集议联合，并由来新夏先生任系主任的南开大学图书馆学系领衔编写《理论图书馆学教程》，以填补图书馆学教材之不足。紧接着，为推动图书馆学系的教学合作，提高教材的整体质量与水平，来先生又组织中山大学、南京大学等十一所高校联合编写一套专业课程——“图书馆学情报学系列教程”，这套教材从1986年至1995年陆续推出，由南开大学出版社出版，读书室先后收藏了以上9种。这套专业教材在全国图书馆学界产生了很大影响，被10余所大学作为权威教材采用，并获得南开大学优秀教材建设奖。

来先生为《理论图书馆学教程》、《比较图书馆学引论》及《文献编目教程》撰序，日期分别是1986年6月、1992年6月1日、1994年清明节；各书封面题字均为来先生所书。

## 012 中国地方志综览（1949—1987）（1988）

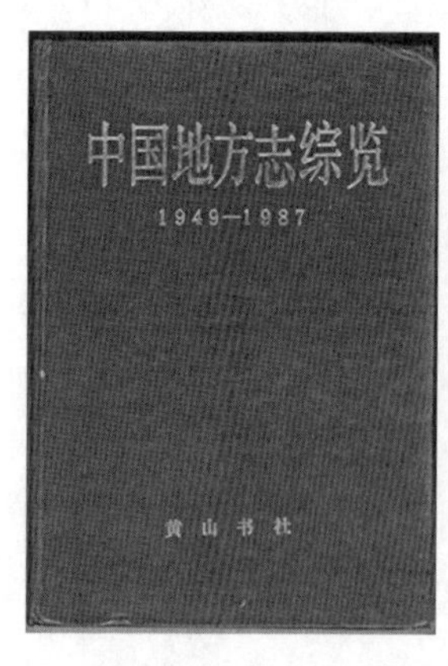

来新夏主编。76.16万字。黄山书社1988年10月第1版，第1次印刷，印行5000册。定价：14.00元。

ISBN 7—80535—080—9

这是一部全国性地方志资料兼工具书作用的综合汇编与著述。对自1949年至1987年间所编纂新志的历年大事、成果、理论研究现状、旧志整理情况、社会服务、台港方志动态以及新中国成立以来地方志各种研究参考资料进行了全面论述。

傅振伦先生评论《中国地方志综览（1949—1987）》："此书使读者足不出户庭而能窥方志论述之全豹，问世之日，必能洛阳纸贵，不胫而走，嘉惠士林，检寻良便。"《中国地方志综览（1949—1987）》由于信息完备，极大地推动了全国第一轮地方志的编纂工作。本书编纂工作的筹划与实施，主要由南开大学地方文献研究室和黑龙江省地方志研究所主持。

《中国地方志综览（1949—1987）》收载《〈萧山县志〉篇目》、《〈萧山县志〉稿评议会》、《方志学概论》，在"文章选目"栏，收录来先生所撰的《关于地方志编写工作中的几个问题》、《加强新编地方志的审评工作》、《略论地方志的研究现状与趋势》、《新编地方志的标准问题》、《志书的资料工作和编写》、《地方史志资料的搜集与整理》、《地方史志的过去、现在和未来》及《地方志中的人物资料及其作用》等有关文章十余篇。

本室庋藏一册，题有"来新夏　2007.2.1"。

## 013 中国近代史资料丛刊·北洋军阀（1988—1993）

"中国近代史资料丛刊"之一。来新夏主编。共五册：第一册77.5万字，1988年8月第1版第1次印刷；第二册58.9万字，第三册74.3万字，均1993年3月第1版第1次印刷；于1993年4月第1版第1次印刷的第四册、第五册，字数分别为62.6

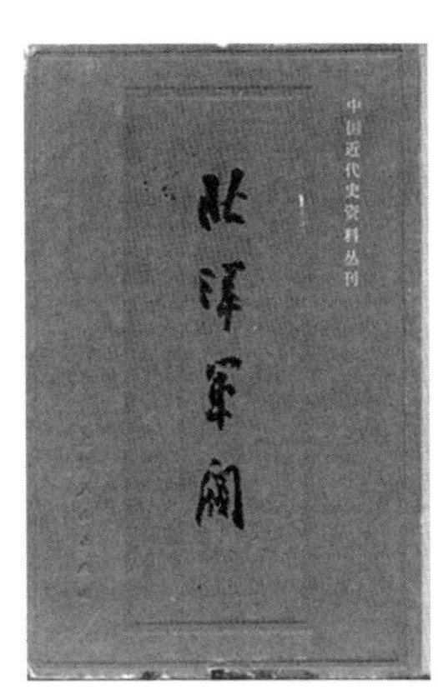

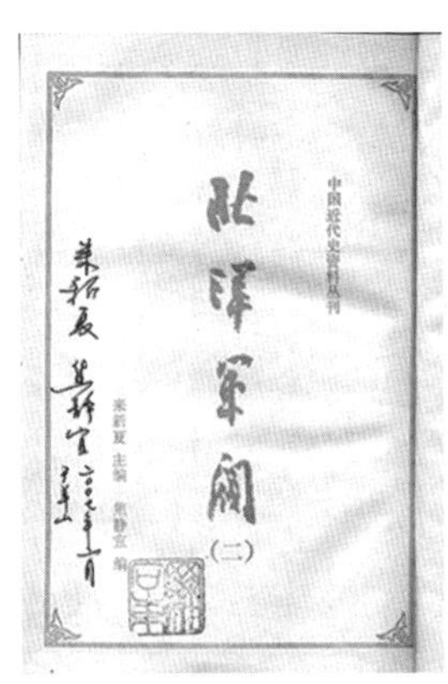

万字、63.6万字。上海人民出版社出版发行，印行1500册。《北洋军阀》书名为郭沫若所题。

《中国近代史资料丛刊·北洋军阀（一）》，ISBN 7—208—00234—7，定价：16.30元。

《中国近代史资料丛刊·北洋军阀（二）》，ISBN 7—208—00683—0，定价：25.00元。

《中国近代史资料丛刊·北洋军阀（三）》，ISBN 7—208—00684—9，定价：30.50元。

《中国近代史资料丛刊·北洋军阀（四）》，ISBN 7—208—00938—4，定价：26.40元。

《中国近代史资料丛刊·北洋军阀（五）》，ISBN 7—208—01046—3，定价：26.80元。

新中国成立后，在范文澜、翦伯赞等史学家的倡导和主持下，由中国史学会主编“中国近代史资料丛刊”，包括从鸦片战争到北洋军阀等十一种专题，分别组织专家编选资料。《北洋军阀》是最后出版的一种。这部大型史料集，反映1912年至1928年北洋军阀统治时期的历史，内容包括：第一部分，北洋军阀建军；第二部分，袁世凯的统治与洪宪帝制；第三部分，皖系军阀与直皖战争；第四部分，两次直奉战争与直奉军阀。以上四部分所选录的范围，涉及档案、传记、专集、杂著、报刊等，并尽可能选录一部分具有史料价值的原始资料和流行较稀的成书。如从中国第一历史档案馆藏档中选录清末北洋新军活动的资料；从中国第二历史档案馆选录的第一次直奉战争资料，比较完备地反映了战前的舆论准备、战争中直系的财政支出状况等；从天津历史博物馆收藏的黎元洪函电稿中选抄了新旧约法之争、中德断交和军阀虐政等内容。又从《德宗实录》和《宣统政纪》中辑录北洋新军资料。入选的资料均经编者严格筛选和整理校订，可供研究者直接利用。第五部分则包括军阀人物传志、大事年表、参考书目提要、重要论文摘要、参考文献索引、附表（北洋政府将军府将军表、北洋政府将军行署将军表、北洋时期中央军队序列和职官表），以满足读者进一步求索的需要。

《中国近代史资料丛刊·北洋军阀》第一至第四册系按北洋军阀的兴亡历程分四个阶段，并围绕各阶段中的几个重要问题分别选编，第五册则包括军阀人物传志、大事记、书目提要等工具性资料。全书主编来新夏，负责编辑体例、选材取舍和审定全稿，并编选第一册、第四册；焦静宜编选第二册、第五册；第三册的编选者是张树勇。由来新夏、焦静宜编，载于《中学历史》1982年第2期的《关于北洋军阀史的文献》一文，是编撰《北洋军阀》的细纲。魏根深《中国历史研究手册》（北京大学出版社2016年版）在叙述二十世纪早期“军阀与土匪”的史料常用指南中，提到来先生的《关于北洋军阀史的文献》：“来新夏（1982）将相关资料（一样适用于其他军阀派系）分为8类：档案、传记资料、特藏文献、地方公报、杂记、专著、出版的史料集和报刊杂志。”

1988年这套资料汇编第一册出版后，受到学术界的关注，菲楠在《历史档案》1989年第3期中以《中国近代史资料丛刊·北洋军阀》为题，进行了介绍。在全部出版后，莫建来在《民国档案》1994年第3期撰文点评，这套资料汇编的出版，对北洋军阀史研究者提供了极大的便利，对于北洋军阀史研究的开展无疑具有重要的推动作用。

本室所藏《中国近代史资料丛刊·北洋军阀》共五册，第二册、第五册题签有“来新夏　焦静宜　二〇〇七年二月于羊山”。

## 014　史记选（1990）

“中国史学名著选”之一种。来新夏主编。26.2万字。中华书局1990年2月第1版，北京第1次印刷，印行2500册。定价：3.20元。

ISBN 7—101—00408—3

郑天挺主编的“中国史学名著选”是为高等学校历史专业课程史学名著选读编选的，拟编选《左传》、《史记》、《汉书》、《后汉书》、《三国志》、

《资治通鉴》六种选本。先后由中华书局出版的是：冉昭德、陈直主编的《汉书选》（1962），缪钺编选的《三国志选》（1962），徐中舒编注的《左传选》（1963），王仲荦等编注的《资治通鉴选》（1965），束世澂编注的《后汉书选》（1966年）。1983年9月，中华书局邀约来新夏先生点校注释《史记选》，南开大学历史系孙香兰、王连升等参与编选。1990年由中华书局出版。

本室所藏《史记选》，系笔者挚友、绍兴古镇安昌娄仲安先生赠予。扉页的题跋："此书今已难得，伟良得友人相赠，望善加度藏。新夏　二〇〇七年十月。"

## 015　外国教材中心工作研究（1990）

来新夏主编，国家教育委员会条件装备司编。16.9万字。南开大学出版社1990年6月第1版，第1次印刷，印行500册。定价：10.00元。

ISBN 7—310—00353—5

本书是为纪念国家教育委员会创建外国教材中心十周年而编辑出版的论文集，包含《新的进展　新的突破——纪念外国教材中心建立十周年》、《发挥优势　各具特色　分工协作　共享成果——回顾十年藏书建设谈加强协作网工作》、《"中心"建设的几个基本问题》、《谈外国教材中心的教育职能》、《试谈外国教材中心的地位和作用》、《外文图书分类的捷径》、《西文图书"排架号"的规范化问题》、《非书资料的著录》、《借鉴与利用外国教材，推进我国教学改革和教材建设》、《探索教学规律提高外国教材研究水平》、《一个实用的外教中心采购系统》等论文。书中反映了我国13个外国教材中心创建十年来所取得的成绩，并对如何进一步办好外国教材中心作了探讨。

## 016　图书馆学情报学档案学简明辞典（1991）

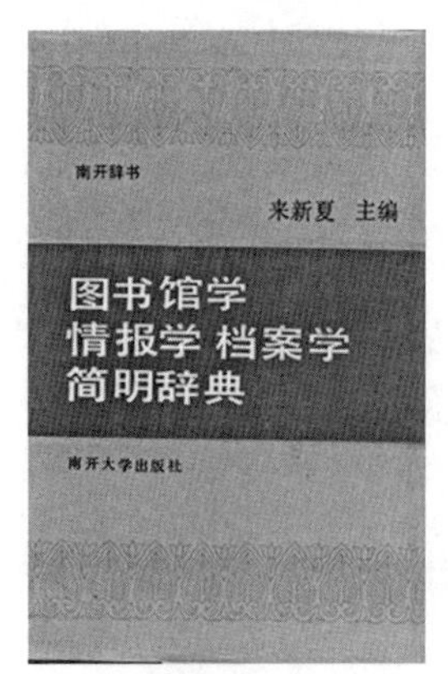


来新夏主编。89万字。南开大学出版社1991年1月第1版，第1次印刷，印行平装本、精装本共计8000册。定价：平装13.50元，精装16.50元。

ISBN 7—310—00284—9

本辞典收录内容包括图书馆学、情报学、档案学的名词、术语、著名人物、重要著作、事件和组织机构等方面的条目共4222条。国内在世人物及其著作一般不收。正文条目按汉语拼音音序排列，同音同调者，以汉字笔画数为序。条目首字相同者按第二字音序排列，第二字相同者按第三字音序排列。依此类推。以外文字母起头的条目则分别按英文、俄文字母顺序排在汉语拼音之后。书前所载笔画索引，按条目首字笔画数顺序排列。编者还在附录中给出“中国出版的图书馆学情报学档案学专著一览表（1949年10月至1986年12月）”、“中国图书馆学情报学档案学刊物一览表”、“中国图书馆学情报学档案学专业设置一览表”、“常见机构术语缩略语一览表”、“各国标准化组织一览表”、“ISO各技术委员会名称及其创立年代一览表”等内容，以备查阅。

1986年初，“图书馆学情报学系列教程”之一的“理论图书馆学教程”审稿会于广州中山大学召开，与会者南京大学、南京工学院、兰州大学、中山大学、内蒙古大学、内蒙古电视大学、华中师范大学、中国人民解放军空军政治学院、湘潭大学、湖南大学、湖北省高校图书情报工作委员会并南开大学等12家单位，议及当今辞书之不足，乃有合力编纂图书馆学情报学档案学辞典之创议。南开大学图书馆学情报学系是《图书馆学情报学档案学简明辞典》的主编单位，时任系主任的来先生，对辞典自确定体例、选录词条、审定书稿以至成书问世，一直亲与其事，并为辞典撰序。

## 017　萧山县志稿（1991）

来裕恂著，来新夏点校。80万字。天津古籍出版社1991年10月第1版，第1次印刷，印行500册。定价：40.00元。

ISBN 7－80504－251－9

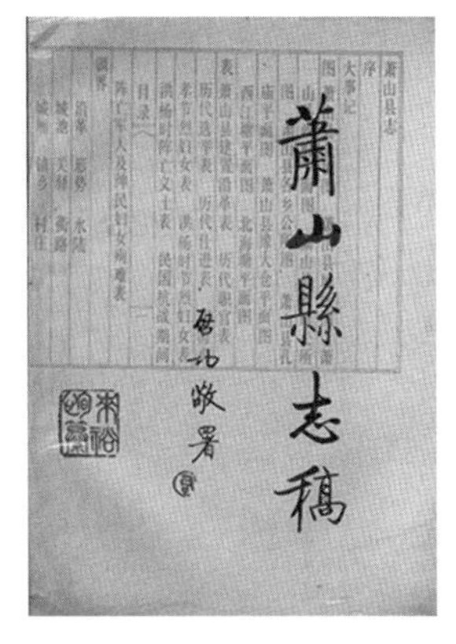

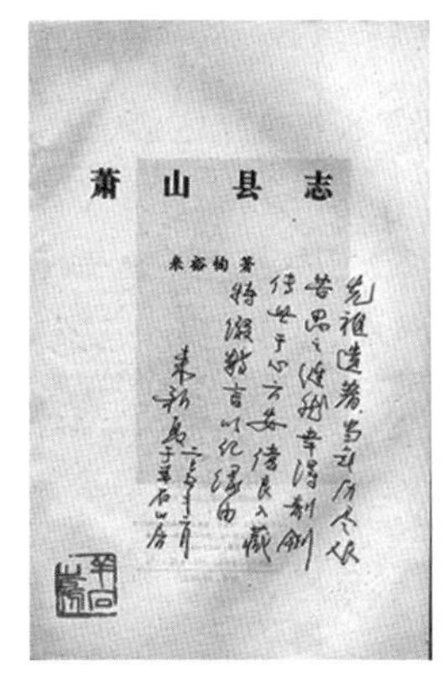

二十世纪八十年代，《萧山县志》（浙江人民出版社1987年出版）的编辑人员于浙江图书馆发现来裕恂先生新中国成立前个人所修《萧山县志稿》的未刊手稿，计十四卷及志余一卷。萧山修志自明永乐始，后凡十数修。末次官方修志为民国二年（1913）至二十四年（1935）修成刊行之《萧山县志稿》，其下限在清宣统末年（1911）。而裕恂先生之稿本，下限至民国三十七年（1948），民国期间萧山阙史由此得全。尤其值得称道的是，在新中国成立前所修的旧县志中，其下限在1948年者，全国寥寥无几。此稿之珍贵，可见一斑。鉴于裕恂先生此手稿系海内孤本，由萧山市地方志编委会与南开大学来新夏教授共同商定整理出版，由来裕恂长孙来新夏整理校点。来先生自资印行500册，分赠修志单位。

来裕恂（1873—1962），字雨生，号匏园老人，萧山长河人。光绪十六年（1890）治学于杭州诂经精舍，受教于俞樾。两年后任教于杭州崇文、紫阳书院。光绪二十五年（1899），任教求是书院。光绪二十九年（1903），东渡日本，就读弘文书院，获文学士学位。1927年出任绍兴县长，因不满官场恶习，愤而去官。抗日战争胜利后，任浙江省政府咨议。新中国成立后，受聘为浙江省文史馆馆员。一生著述宏富，有《汉文典》、《春秋通义》、《中国文学史》、《易经通论》、《古今姓氏考》、《萧山县志》、《杭州玉皇山志》及《匏园诗集》初、续编等多种。

本室所藏《萧山县志》来先生的题跋："先祖遗著，当年历尽艰苦，思之涟然，幸得剞劂传世，于心方安。伟良入藏，特缀数言，以纪缘由。来新夏　二〇〇七年二月于羊石山房。"

## 018　河北地方志提要（1992）

来新夏主编，河北省地方志编委会办公室、南开大学地方文献研究室编。

45.5万字。天津大学出版社1992年12月第1版，第1次印刷，印行1500册。定价：13.60元。

ISBN 7—5618—0424—5

（津）新登字012号

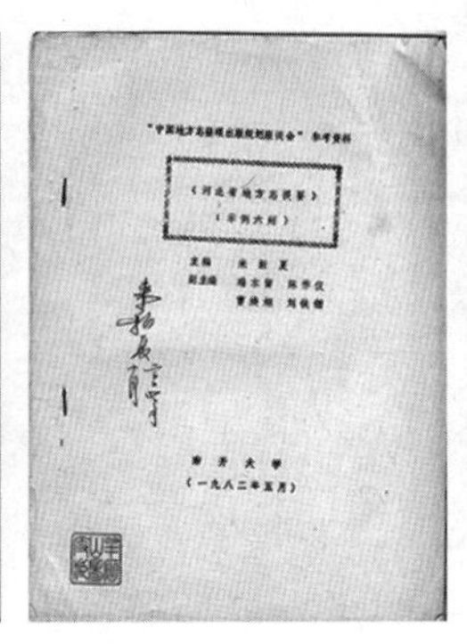

1981年7月，中共中央印发《关于整理我国古籍的指示》。1982年5月，中国地方志协会召开旧志整理工作座谈会，制定1982年至1990年中国地方志整理规划来先生亲与其事，不仅草拟规划，并且身体力行。随即与南开大学图书馆专业部分同学着手河北省地方志提要的编写工作，并于1982年5月主编《河北地方志提要示例六则》，1985年3月主编《河北省地方志提要示例》，是为编写河北省地方志提要的示例稿，此两种示例稿的油印稿，读书室均有庋藏。

《河北地方志提要》体例，一依古典目录之成规，记书名、作者、卷数、版本、作者生平、编纂缘起及著述意旨之外，于每一书末署藏书单位，以利读者搜求。提要收录河北省编纂年代截至1949年的现存方志563种。考虑到天津市与河北省的特殊关系，故附录《天津地方志提要》、《天津地方志佚志录存》，收录天津现存地方志28种、佚志14种。来先生为本书作了序。

## 019 中华幼学文库（第一辑）（1995）

来新夏主编。70余万字。南开大学出版社1995年9月第1版，第1次印刷，印行4000套。“中华幼学文库”（第一辑）为五册，各册定价：《三字经》9.80元，《百家姓》7.00元，《千字文》10.00元，《千家诗》11.20元，《杂字》12.00元。

ISBN 7—310—00795—6

“中华幼学文库”第一辑收录的为《三字经》5种（涂宗涛编校）、《百家姓》6种（陈作仪编校）、《千字文》11种（张格编校）、《千家诗》4种（马光琅编校）、《杂字》4种（高维国编校），均为不同历史时期、不同内容代表作的最佳版本。如《千字文》中所选《梵语千字文》是唐代三藏法师义净所撰，其咸亨（670—674）初往西域，遍历三十余国，经二十五年，求得梵本四百部，回国后译为汉语，《梵语千字文》的编撰意图是供学习梵语、翻译佛经用的，而且都是“当途要字”，使现在的读者可以开阔眼界，了解多方面的知识，而且《梵语千字文》在国内已很难寻找，现收录者为辗转由日本觅得，十分珍贵。该书还以简繁字体对照为其特色，使其适应当前“用简识繁”的社会需求，同时为海外侨胞和港澳同胞认识简体字提供了方便。

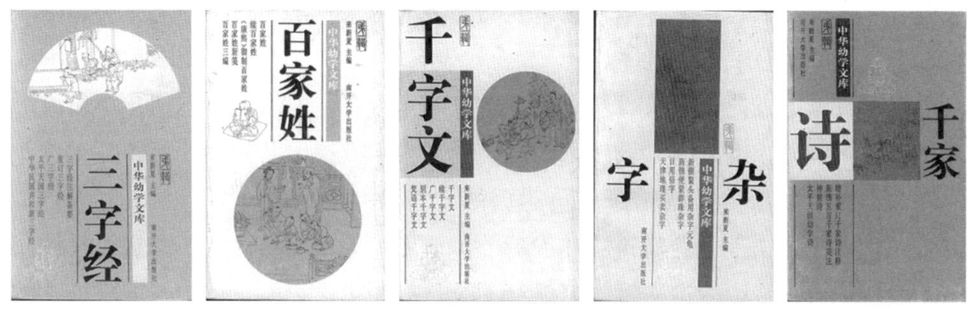


来先生为“中华幼学文库”所撰总序，初刊于《中国典籍与文化》1995年第3期，该序收载于《邃谷文录：来新夏自选文集》之“杂著卷”。

## 020　中日地方史志比较研究（1996）

来新夏、齐藤博主编。27.1万字。南开大学出版社1996年1月第1版，第1次印刷，印行1200册。定价：38.00元。

ISBN 7－310－00873－1

1991年9月，来先生应聘任日本独协大学客座教授，为研究生讲授“中国文

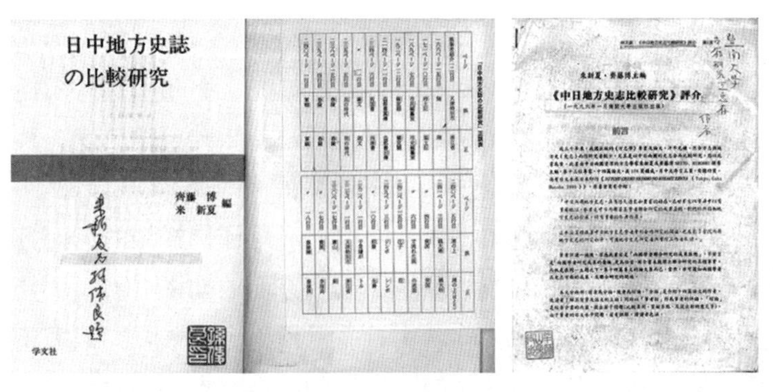

化的传递”和“中国方志学概论”二课，聘期至次年4月。其间，与该校齐藤博教授合作进行日本文部省科研项目“中日地方史志比较研究”。《中日地方史志比较研究》便是中日两国著名学者联合研究的成果汇总，“它既标识着中日地方史志学者学术合作研究的开端，也反映了当代两国地方史志的研究水平”。书前有来先生撰序言。

是书收入中方论文9篇，日方5篇。中方的作者有：中国地方志指导小组成员兼秘书长郦家驹，南开大学教授来新夏，复旦大学教授谭其骧，陕西师范大学教授史念海，中国历史博物馆研究员傅振伦，安徽大学副教授林衍经，河南省地方志编纂委员会编审杨静琦，浙江省萧山市地方志编纂委员会顾问费黑以及杭州大学教授陈桥驿。中方论文可分三类：一类是从历史学角度论述中国地方志不同阶段的发展史，并评述其记事内容、语言要求、史志关系诸方面。郦家驹、来新夏、谭其骧、傅振伦和林衍经的论文属于此类。另一类是历史地理学家的立论，如史念海、陈桥驿所撰即属此类。还有一类是从事修志实际工作者根据长期从事修志实践活动中所获得的经验而加以理论的升华，如杨静琦和费黑的论文便属此类。陈桥驿所撰《〈慈溪县志〉与〈广岛新史〉的比较》，因原文过长，且已由慈溪县志编委会单册印行（1993），只选取部分内容。

日方的论文是：地方史与民众史、近现代地方史的课题、市史编写问题、关于关东地方史志类中“志”与“史”的若干考察、立足于地域社会史的原点。撰写的五位教授是独协大学齐藤博、东京经济大学色川大吉、东京家政学院大学芳贺登、筑波大学大滨彻也、独协大学犬井正。

天津外国语学院修刚教授承担中、日文本中双方论文的中译和日译的互译工作。日文本《日中地方史誌の比較研究》，齐藤博、来新夏编，日本学文社1995年6月第1版，新灯印刷株式会社印刷。ISBN 4—7620—0594—0，定价：（日）3914册。陈桥驿、林衍经的文章由于日译工作的延误，未能收入日文版。

《中日地方史志比较研究》的出版，引起学术界的关注。如台湾知名学者林天蔚研读后，撰文《中日地方史志合作前景广阔——读来新夏、齐藤博〈中日地方史志比较研究〉》，发表在《江苏地方志》1996年第4期，认为“中日史志的比较，恐以此书为首”，此书“不但有其学术价值，更且兼特殊历史意义”。其将每篇“摘录”并予评论，该评论收载于其著《地方文献论集》（南方出版社2002年）及《地方文献研究与分论》（北京图书馆出版社2006年）。

来教授与齐藤博教授的这个国际合作项目，获日本文部省国际交流基金奖和天津市社科优秀成果奖荣誉奖。

本室藏本扉页钤印“来新夏赠书”；2007年2月1日，笔者出席萧山“来新夏方志馆”开馆仪式，因有缘得签“来新夏　2007.2.1；伟良乡友　陈桥驿　2007.2.1”。日文本系笔者从孔夫子旧书网购自天津，售价不菲，人民币300元。书内附勘误表，凡24处，其误、正，如“随”与“隋”、“疎文”与“疏文”、“舂陵”与“春陵”、“钱大晰”与“钱大昕”、“泰德禅”与“泰德牌”等。鲁鱼亥豕，本在所难免。出版方对学术的敬畏、对读者的尊重，令人肃然起敬。

笔者于2013年3月底将日文本速递至津，请先生题签，故扉页有“来新夏为孙伟良题”。

## 021　清代目录提要（1997、2007）

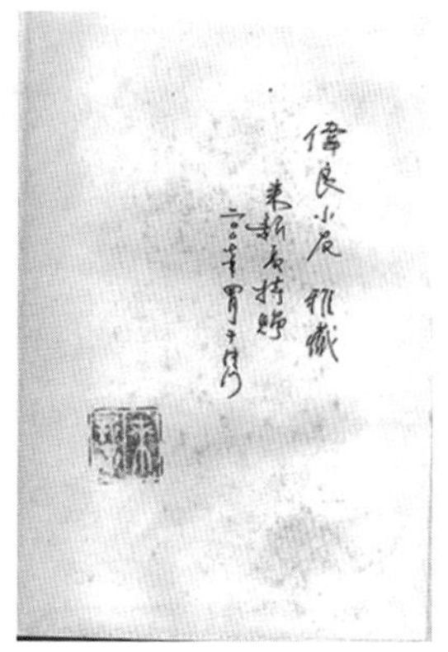

来新夏主编，副主编朱天俊、罗友松。37万字。齐鲁书社1997年1月第1版，第1次印刷，印行1700册。定价：31.50元。

ISBN 7—5333—0468—3

该书资料来源主要是北京图书馆、北京大学图书馆、中国科学院图书馆、南开大学图书馆、天津图书馆、上海图书馆、复旦大学图书馆、华东师范大学图书馆、苏州市图书馆、南京图书馆以及南京大学图书馆等。共收录清人所编目录380余种，包括经、史、子、集、佛、道、金石等门类。目录提要详于篇卷、版本、流传、编辑缘起、编撰经过、收录特点、类目沿革、后世影响及后人续补等。书前置来先生所撰序一篇，书末附著者索引与书名索引。

该书重印版，即“1997年1月第1版，2007年1月第2次印刷”。定价：39.00元。未标印数。此版增徐建华为副主编。

ISBN 7—5333—0468—3

中国版本图书馆CIP数据核字（2007）第018693号

本室所藏初印本有先生签名“来新夏”；重印本扉页题“伟良小友雅藏　来新夏持赠　二〇〇七年四月于津门”。

## 022　古典目录学研究（1997）

来新夏、徐建华主编。22.8万字。天津古籍出版社1997年3月第1版，第1次印刷，印行1000册。定价：25.00元。

ISBN 7—80504—558—5

本书为国家教委人文社会科学规划项目，是有关古典目录学若干专题的论文专集，内容包括4篇：第一篇“中国古典目录学简说”，第二篇“目录学家与普通目录的研究”，第三篇“专科目录研究”，第四篇“特种目录研究”。撰稿者尚有南炳文、黄立新、谢灼华、罗友松、白化文等。

本室所藏是书的扉页钤有“来新夏藏书印”，并题“伟良存　来新夏　二〇〇七年十二月”，又有徐建华教授的签名。

## 023　史记选注（1998）

“中国古典名著普及丛书”之一。来新夏、王连升主编。37.9万字。齐鲁书社1998年4月第1版，第1次印刷，印行5000册。定价：19.00元。

ISBN 7－5333－0570－1

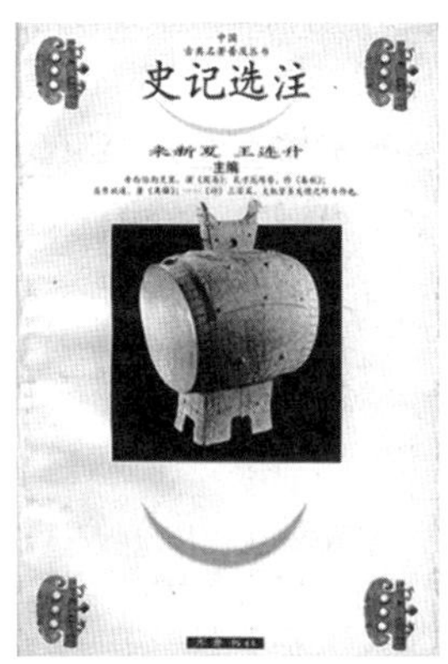


齐鲁书社“中国古典名著普及丛书”已出书目有：《史记选注》、《老子说解》、《庄子说解》、《周易大传今注》、《孙子兵法全译》、《资治通鉴选》、《唐诗三百首选注》和《宋词三百首评注》。

来先生曾主编注释过《史记选》，是为高等学校历史专业课程“中国史学名著选读”而编选的，由中华书局出版。齐鲁书社为使世人更多地关注中国传统文化，熟悉传统文化典籍，编选一套国学丛书，其中包括这本《史记选注》。

考虑到国学丛书是面向社会各层次的带有普及性质的读物，故《史记选注》与原《史记选》，无论在选篇方面，抑或注释方面，都有较大区别。

## 024　一扫蛮烟　清气长留——近代禁烟诗文选读（1998）

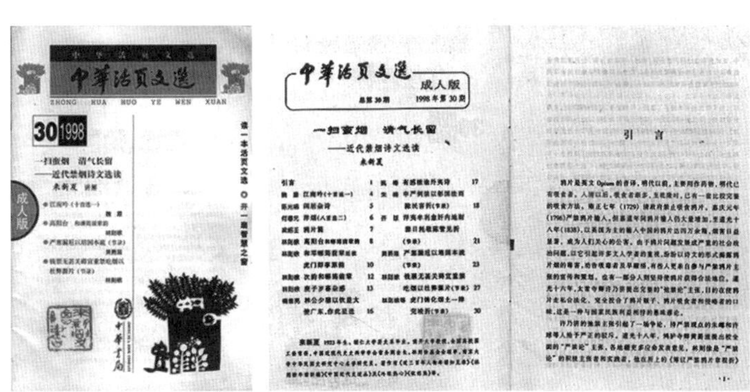


《中华活页文选（成人版）》1998年第30期，为《一扫蛮烟　清气长留——近代禁烟诗文选读》，来新夏讲解。2.4万字。中华书局1998年10月第1版，第1次印刷，印行50000册。定价：0.90元。

ISBN 7－101－01966－8

十九世纪三十年代，鸦片烟毒已蔓延全国。烟毒之危害较兵燹匪患更甚，水旱灾荒更百不及其一，高居各种社会问题之首。清政府于道光十九年（1839）出台《钦定查禁鸦片章程》，对“栽种罂粟造制烟土”者，惩处以充军、杖流。却形同虚设。政府本身对种植罂粟时禁时弛，如太常寺卿许乃济主张“弛禁论”，即“宽内地民人栽种罂粟之禁”，借以抵制外国鸦片进口，减少白银外流；但毒卉遍植，占用良田，致粮食歉收，社会发生动荡，势将危及王朝统治，即有主张“严禁论”，林则徐便是积极主张者及实践者。

同治八年（1869）刊本《国朝诗铎》卷二十六“鸦片烟”，即收抵制和揭露鸦片烟毒诗作19首。阿英编、古籍出版社1957年版《鸦片战争文学集》，收录诗作更逾百首。

本辑所选诗文15首，作者都是清嘉庆、道光年间人，均与禁烟运动有关。一部分是描写鸦片对社会和人体的危害，劝告吸烟者的醒悟；另一部分主要阐述严禁观点，记录禁烟活动以及抒发个人情感。禁毒戒毒，对当下社会仍有现实意义。

本室藏本封面钤印“来新夏赠书”。

## 025　天津通志·旧志点校卷（1999、2001）

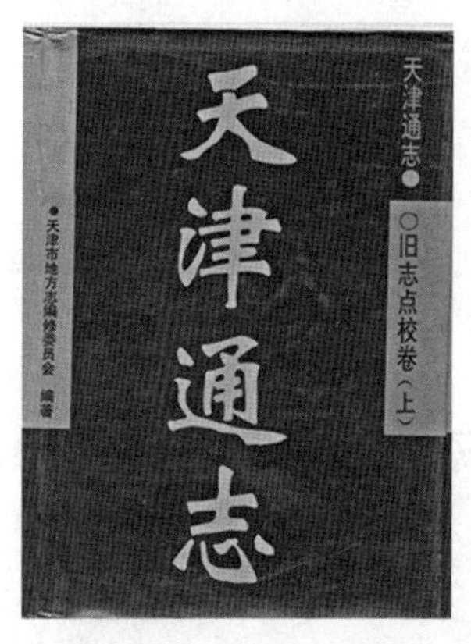


来新夏、郭凤岐主编，天津市地方志编委会办公室、南开大学地方文献研究室编。上、下卷。上卷为上册，247.7万字，南开大学出版社1999年10月第1版，第1次印刷，印行1500册；下卷为中、下册，288万字，南开大学出版社2001年6月第1版，第1次印刷，印行1500册。

上卷　ISBN 7—310—01259—3　定价：460.00元

中国版本图书馆CIP数据核字（1999）第17131号

下卷　ISBN 7—310—01551—7　定价：500.00元

中国版本图书馆CIP数据核字（2001）第19969号

1982年中国地方志协会召开了旧志整理工作座谈会，并制定了《中国地方志整理规划》；1984年、1985年先后召开了三次全国性旧志整理会议；1985年下发的《新编地方志暂行规定》中，把组织整理当地旧志资料作为编修新方志的任务，为下届续修志书积累资料。是年，来新夏先生就提出了整理天津旧志的意见。然由于诸多原因，此项工作没有着手进行。1996年来先生再次提及此事，时任天津市地方志办公室主任郭凤岐亦萦怀于旧志整理，于是一拍即合，即由天津市地方志办公室同南开大学地方文献研究室开始策划运作。

标点旧志虽称小道，却又历来被看作综合学力的试金石。天津市地方志办公室副编审李福生、隋凤春及编辑佟勇通力合作点校，南开大学出版社焦静宜、张格亦担负点校任务。南开大学图书馆古籍部、天津图书馆地方文献部为提供历代方志底本给予种种方便。天津外国语学院董守信副教授为成书后的目录翻译了外文。

整理旧志工作初定名为《天津旧志丛书（点校本）》，最后确定为《天津通志·旧志点校卷》，分为上、下卷，厘定两册。上册收康熙《天津卫志》、乾隆《天津府志》、光绪《重修天津府志》，于1999年出版。下册拟收录乾隆《天津县志》、同治《续天津县志》、民国《天津县新志》、民国《天津政俗沿革记》、民国《天津志略》、道光《津门保甲图说》、民国《说磐》、民国《杨柳青小志》、民国《志余随笔》。

当下册清样稿展示为长达1800余页，卷帙实在过于浩繁，显然不便于读者，于是分为中、下两册。列入中册的是乾隆《天津县志》、同治《续天津县志》、民国《天津县新志》，其余列在下册。

《天津通志·旧志点校卷》为全国高校古籍整理研究工作委员会直接资助项目。

读书室对《天津通志·旧志点校卷》上、中、下三册均作庋藏。

## 026　天津大辞典（2001）

来新夏、郭凤岐主编，天津市地方志编修委员会办公室编。285.1万字。天津社会科学院出版社2001年3月第1版，第1次印刷，印行2000册。定价：480.00元。

ISBN 7－80563－876－4
中国版本图书馆CIP数据核字（2000）第73347号

《天津大辞典》辞条1万余，记载了天津自明朝永乐二年（1404）至2000年近六百年的历史和现状，囊括了天津的地理、社会、经济、政治、文化、科技、政法、军事、民情、风俗等方面的内容，是天津地情资料书中最贴近现实的一部书。该书的特点是内容实，每一个重要辞条都经过了反复核查，纠正了以往书籍记载和口头流传中的诸多差误；其次是权威性高，许多情况是修志人员亲自到实地进行调查，是准确无误的第一手资料；再是方便使用，全书辞条排列以笔画为序，还有以音序排列的目录索引，查阅方便。本书是各方人士了解天津、研究天津最为实用的大型工具书。

## 027 历代文选·清文（2001）

“历代文选丛书”之一。来新夏、江晓敏选注。22.1万字。河北教育出版社2001年5月第1版第2次印刷。未标印数。定价：17.60元。

ISBN 7—5434—3886—0

中国版本图书馆CIP数据核字（2000）第35011号

历代文选共八种，是为《先秦文》、《两汉文》、《魏晋南北朝文》、《唐文》、《宋辽金文》、《明文》及《清文》。

来先生治清史有年，于清文颇多接触，深感其内容丰富，证理写景均平实可读，曾有意辑一选本。1999年春，河北教育出版社李自修编审邀约主编《清文选》，乃欣然应约。嗣后，与女弟子江晓敏共成其事。《清文》对81位清代人物的100篇文章作了选注。所选精粹散文，涉及面广，内容丰富，文笔绝妙，具有较高的文学性与艺术性。书中除原文外，均附有作者简介以及较为详尽的注释，便于读者检读理解清代文献。

来先生倡导青年学子多读经典，其《清文选》序，收载于中华书局2006年10月出版的《皓首学术随笔·来新夏卷》。先生曾撰《选读点清文》，编入《邃谷文录：来新夏自选文集》之“杂著卷”。又撰《读古书当读清人著作》，收载于海峡文艺出版社2004年7月出版的《学不厌集》。

本室藏本扉页钤印“来新夏赠书”。

## 028　名人文化游记（国内卷）（2002）

来新夏、韩小蕙主编。41万字。新世界出版社2002年1月第1版，第1次印刷，印行5000册。定价：30.00元。

ISBN 7—80005—641—4
中国版本图书馆CIP数据核字（2001）第069107号

是书收季羡林、吴冠中、戴逸、冯骥才、葛剑雄、余秋雨等33位名人的77篇游记。来先生以《议论文化游记》一文作代序，并收录游记6篇：《钱江潮》、《太鲁阁留踪》、《吐鲁番纪行》、《黔行纪游》、《娘子关揽胜》及《平遥古城》。

另一主编韩小蕙，毕业于南开大学中文系，为《光明日报》原领衔编辑、《文荟》副刊主编。

## 029　名人文化游记（国外卷）（2002）

来新夏、韩小蕙主编。38.8万字。新世界出版社2002年1月第1版，第1次印刷，印行5000册。定价：28.00元。

ISBN 7—80005—642—2
中国版本图书馆CIP数据核字（2001）第069108号

作为《名人文化游记（国内卷）》姊妹篇，收29位名人的59篇游记，作者有宗璞、曹聪孙、乐黛云、邵燕祥、资中筠、杨天石、刘心武等。来先生以《议论文化游记》一文作代序，并收录其游记3篇：《美国两瞥》、《五月的温哥华》及《走进日本》。

## 030　林则徐全集（2002）

《林则徐全集》编辑委员会编，来新夏、陈胜粦、杨国桢、萧致治主编。377.4万字。海峡文艺出版社2002年10月第1版，第1次印刷。未标印数。定价：

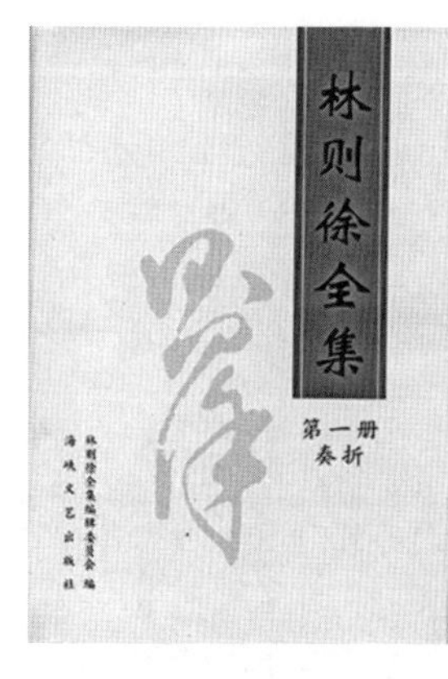


800.00元。

ISBN 7—80640—701—4

中国版本图书馆CIP数据核字（2002）第070983号

1959年春，中山大学历史系受中华书局委托，编有《林则徐集》。二十世纪八十年代以后，林则徐著作的整理出版进入了新阶段。例如：《林则徐书简》（杨国桢编）、《林则徐信稿》（黄泽德编）、《林则徐诗集》（郑丽生编）、《林则徐书札手迹选》（刘九庵编）和《林则徐集奏稿·公牍·日记补编》（陈锡祺主编）等相继出版。于此，久有呼吁编辑出版《林则徐全集》。1996年8月成立的《林则徐全集》编辑委员会于1997年底在福州举行第二次会议，由全集主编南开大学来新夏教授和武汉大学萧致治教授轮流主持，商讨编辑体例。又经厦门大学杨国桢教授和萧致治教授在1998年10月举行的第三次会议，至2002年8月编委会在福州举行第四次会议，由主编来新夏教授主持，对《林则徐全集》文稿作了最后审定，经数年努力，于2000年8月编竣。另一主编陈胜粦是中山大学教授。

国家重点图书"九五"规划项目《林则徐全集》，集中反映了林则徐各个时期的重要的活动和思想，是研究中国近代社会和林则徐不可或缺的历史文献。《林则徐全集》分奏折、文录、诗词、信札、日记、译编六卷，共十册。

2003年12月25日，代表当今中国出版最高奖项和出版成就的第六届国家图书奖在北京颁奖，《林则徐全集》获提名奖。

## 031　老资料书（2004、2005）

"老资料书"，是指来新夏主编、天津人民美术出版社出版的中国古代艺术书籍精选《明刻历代列女传》、《清拓五百罗汉像》、《清刻历代画像传》、《清刻观音变相图》、《清刻红楼梦图咏》，中国古代绘画技法书籍精选《清版点石斋丛画》，民国时期艺术书籍精选《民国版雀巢人物画稿三千法》。

《明刻历代列女传》，ISBN 7—5305—2411—9，定价：140.00元。

中国版本图书馆CIP数据核字（2003）第112832号

《明刻历代列女传》，原为仇十洲绘图《列女传》，八册十六卷，明代木

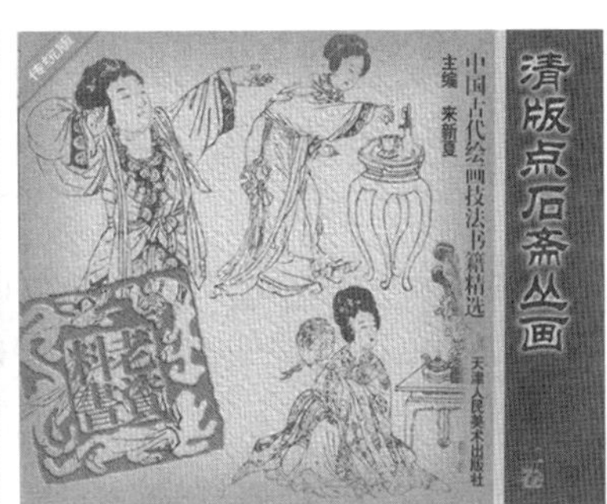

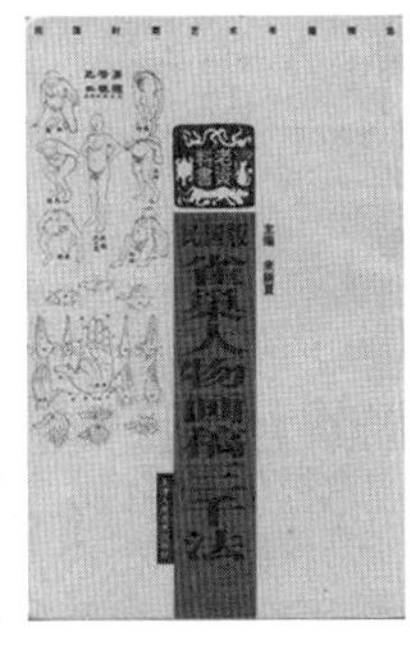

版刻印作品，知不足斋藏版。改版后名为《明刻历代列女传》，将原书一文一图顺序改为图置原卷前，文字四页合为一页置原卷后，合为四卷。天津人民美术出版社2004年1月第1版，第1次印刷，印行3000册。

《清拓五百罗汉像》，ISBN 7—5305—2408—9，定价：99.80元。

中国版本图书馆CIP数据核字（2003）第112827号

《清拓五百罗汉像》，原为《罗汉图》五卷，清嘉庆年间（1796—1820）拓片。改版后名为《清拓五百罗汉像》，合为两卷。天津人民美术出版社2004年1月第1版，第1次印刷，印行3000册。

《清刻历代画像传》，ISBN 7—5305—2409—7，定价：52.00元。

中国版本图书馆CIP数据核字（2003）第112834号

《清刻历代画像传》，原为《历代画像传》四卷，清光绪木版刻印版本。改版后名为《清刻历代画像传》，文图左右对应，合为两卷。天津人民美术出版社2004年1月第1版，第1次印刷，印行3000册。

《清刻观音变相图》，ISBN 7—5305—2912—9，定价：24.00元。

中国版本图书馆CIP数据核字（2005）第037342号

《清刻观音变相图》，原为清代两个木版本。改版后名为《清刻观音变相图》，合为一卷。天津人民美术出版社2005年6月第1版，第1次印刷，印行3000册。

《清刻红楼梦图咏》，ISBN 7—5305—2911—0，定价：22.00元。

中国版本图书馆CIP数据核字（2005）第037343号

《清刻红楼梦图咏》，原为《红楼梦图咏》四卷，清光绪十年（1884）木版刻印版本，清代著名画家改琦绘图。改版后名为《清刻红楼梦图咏》，合为一卷。天津人民美术出版社2005年6月第1版，第1次印刷，印行3000册。

《清版点石斋丛画》，原为《点石斋丛画》，八册十卷，清光绪十年（1884）石版印刷版本。改版后名为《清版点石斋丛画》，将原书二页合为一页，横三十二开四卷。天津人民美术出版社2004年1月第1版，第1次印刷，印行3000册。

《清版点石斋丛画》，ISBN 7—5305—2410—0，定价：68.00元。

中国版本图书馆CIP数据核字（2003）第112833号

《民国版雀巢人物画稿三千法》，ISBN 7—5305—2914—5，定价：21.00元。

中国版本图书馆CIP数据核字（2005）第037340号

《民国版雀巢人物画稿三千法》，原为《雀巢人物画稿三千法》二册六卷，民国十八年（1929）版本。改版后名为《民国版雀巢人物画稿三千法》，将原书四页合为一页，十六开，一卷。天津人民美术出版社2005年6月第1版，第1次印刷，印行3000册。

“老资料书”立意是发掘文化资源，推动古旧书轮回，保存和普及传统文化。从各方面搜求底本，时间断限自明迄民国，基本上按原格式线装形式，图文全部不动，不加整理，版式或有缩印，装帧略赋新意。来先生为“老资料书”所作的序——《旧貌新颜传书香》，刊登在《天津日报》2004年2月17日。此序收载于河北教育出版社2005年5月出版的来新夏随笔集《邃谷书缘》。

## 032　“天津建卫六百周年”丛书（2004、2012）

来新夏主编。此丛书8册，天津古籍出版社2004年8月第1版，第1次印刷，印行3000册；2012年7月第2次印刷。未标印数。

《天津的城市发展》，郭凤岐编著

ISBN 7—80696—032—5，定价：12.00元

重印：ISBN 978—7—80696—032—5　，定价：18.50元

中国版本图书馆CIP数据核字（2004）第073871号

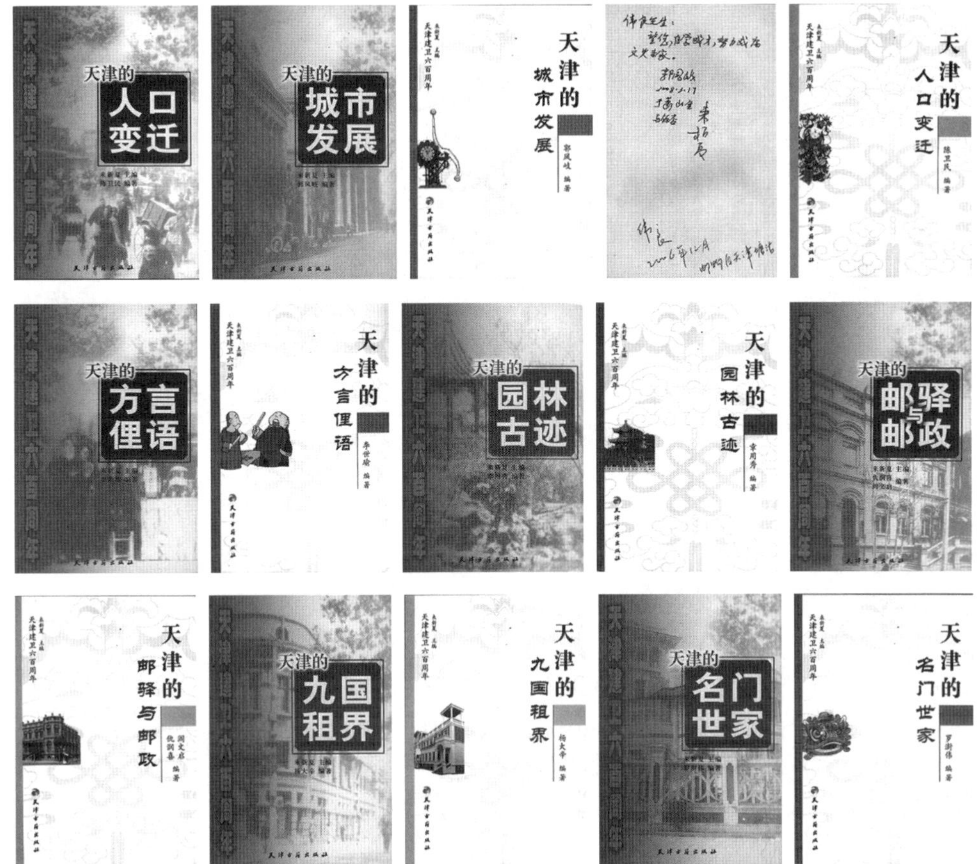

《天津的人口变迁》，陈卫民编著

ISBN 7—80696—033—3，定价：9.80元
重印：ISBN 978—7—80696—033—2，定价：14.50元
中国版本图书馆CIP数据核字（2004）第073873号

《天津的方言俚语》，李世瑜编著

ISBN 7—80696—031—7，定价：11.00元
重印：ISBN 978—7—80696—031—8，定价：16.50元
中国版本图书馆CIP数据核字（2004）第043837号

《天津的园林古迹》，章用秀编著

ISBN 7—80696—030—9，定价：14.80元
重印：ISBN 978—7—80696—030—1，定价：22.50元
中国版本图书馆CIP数据核字（2004）第041914号

《天津的邮驿与邮政》，仇润喜、阎文启编著

ISBN 7—80696—034—1，定价：13.80元

重印：ISBN 978—7—80696—034—9，定价：16.50元

中国版本图书馆CIP数据核字（2004）第073872号

《天津的九国租界》，杨大辛编著

ISBN 7—80696—027—9，定价：11.80元

重印：ISBN 978—7—80696—027—1，定价：18.00元

中国版本图书馆CIP数据核字（2004）第041913号

《天津的名门世家》，罗澍伟编著

ISBN 7—80696—028—7，定价：11.00元

重印：ISBN 978—7—80696—028—8，定价：17.00元

中国版本图书馆CIP数据核字（2004）第041930号

《天津早年的衣食住行》，张仲编著

ISBN 7—80696—029—5，定价：12.00元

重印：ISBN 978—7—80696—029—5，定价：18.50元

中国版本图书馆CIP数据核字（2004）第041915号

2004年12月23日是天津设卫筑城600年的纪念日。2003年春，来先生邀约津沽名流学者，相与咨谋，共同编撰“天津建卫六百周年”丛书，以为文献积存之祝，共立八题，成书后计近百万字。各册均有随文插图，弥足珍贵。来先生撰总序一篇，置于各册之首。“天津建卫六百周年”丛书序言，收载于先生的随笔集《邃谷书缘》。

本室对初、再版“天津建卫六百周年”丛书均作庋藏。2008年3月中旬，笔者出席在浙江萧山召开的地方文献国际学术研讨会，约请与会者、丛书主编来先生以及郭凤岐在《天津的城市发展》题签，因而有“来新夏”；“伟良先生：望你自学成才，努力成为文史专家。郭凤岐　2008.3.17于萧山金马饭店”。

## 033 清代科举人物家传资料汇编（2006）

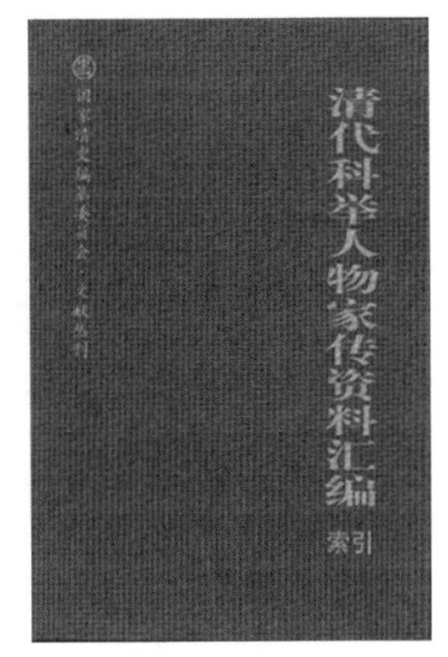


“国家清史编纂委员会·文献丛刊”之一。来新夏主编。学苑出版社2006年12月北京第1版，北京第1次印刷。未标印数。定价60000.00元。

ISBN 7—5077—2623—1

中国版本图书馆CIP数据核字（2005）第127555号

《清代科举人物家传资料汇编》是一部收录清代一万一千个科举人物硃卷兼及家族主要人员传记资料的大型工具书。硃卷是指清代考中举人、进士的士子自行刊刻的试卷。“硃卷必具履历，履历的一大部分是先世本支和旁支的一个题名，等于一本简略的家谱。”（潘光旦语）本书具备的功用，一是查找清代科举人物的传记资料，包括姓名、字号、中的科名、受业师等资料；二是查找科举人物家族中每一位主要成员的传记资料，包括姓名、字号、官职、著述、族系关系等基本情况；再就是充当家谱使用。

作为资料宝库的“汇编”，其学术价值可为研究者各需所取。如治移民史者，“汇编”中的记载极为丰满，略举数例：邓凤仪硃卷里提到“明初由江西徙长沙”；杜寿朋硃卷是“由山东日照县迁粤”；徐炳烈硃卷说“先世系秦中，宋南渡归吴，居嘉兴钟带镇之画水乡”；蒋传燮硃卷载其家族“明初由江西迁湖广竟陵县东乡华严湖”。有些迁徙是战争因素，如徐德裕是贵州安顺府镇宁州人，原籍江南江宁府上元县，其硃卷曰“入黔始祖思，明洪武初由江南带兵平黔，因家焉”；何养恒是云南楚雄府人，“始祖讳纲，原籍甘肃，国初从军至滇，遂家于楚”。如从地方志角度着眼，“汇编”可服务于编修志书中的“科举人物名录”以及“艺文志”；他如编纂人名辞典，则“字号”是一大特色，俯拾皆是。“汇编”堪称嘉惠学林也。

《清代科举人物家传资料汇编》为16开精装100册，另索引一册。绍兴图书馆、绍兴市柯桥区图书馆均有购置。本室则备有电子版本及《索引》一册，颇便研究之需。

## 034 阅世编（2007）

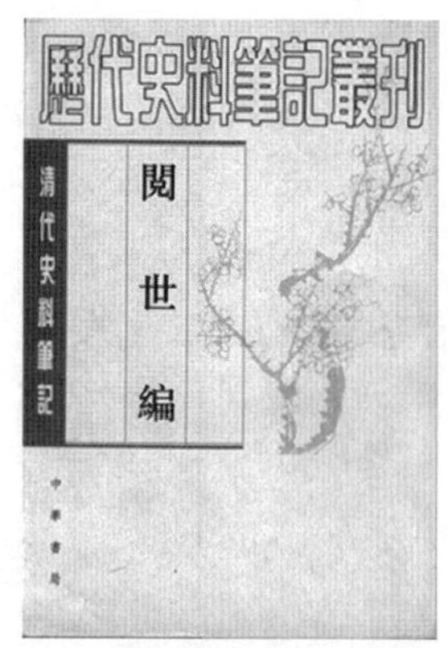


“清代史料笔记丛刊”之一。清·叶梦珠撰，来新夏点校。17万字。中华书局2007年9月第1版，北京第1次印刷，印行4000册。定价：20.00元。2012年2月第2次印刷，印行3000册，定价：28.00元，两次合计印行7000册。

ISBN 978—7—101—05717—1

中国版本图书馆CIP数据核字（2007）第080771号

此书曾列入“明清笔记丛书”，由上海古籍出版社于1981年出版。后来先生略有修订，于2007年3月修订完毕，由中华书局列入“历代史料笔记丛刊”之“清代史料笔记”予以出版。

“历代史料笔记丛刊”已出版包括唐宋史料笔记45种、元明史料笔记25种、清代史料笔记44种以及近代史料笔记45种。

本室藏本两册，均有来先生题签，一为“伟良存　来新夏　二〇〇七年十月”；一为“伟良存　来新夏　二〇〇七年十二月”。

## 035 清嘉录（2008）

“清代史料笔记丛刊”之一。清·顾禄撰。来新夏点校。14.1万字。中华书局2008年6月第1版，北京第1次印刷，印行4000册。定价：32.00元。2012年2月第2次印刷，印行3000册，定价：39.00元。两次合计印行7000册。

ISBN 978—7—101—06158—1

中国版本图书馆CIP数据核字（2008）第068820号

《清嘉录》一书，曾由上海古籍出版社列入“明清笔记丛书”于1986年出版。后来先生略有修订，并较初版增《后记》一篇，改由中华书局重版。本室藏本来先生题有：“此书点校匆促，颇多不洽，心存愧疚。近又订正，交中华书局重版，年内或可问世，借以补过。”

中华书局将《清嘉录》与顾禄另一著作《桐桥倚棹录》合为一书出版，列入“历代史料笔记丛刊”之“清代史料笔记”。《桐桥倚棹录》的点校者是王稼句。

## 036　十里长街读坎墩（2008）

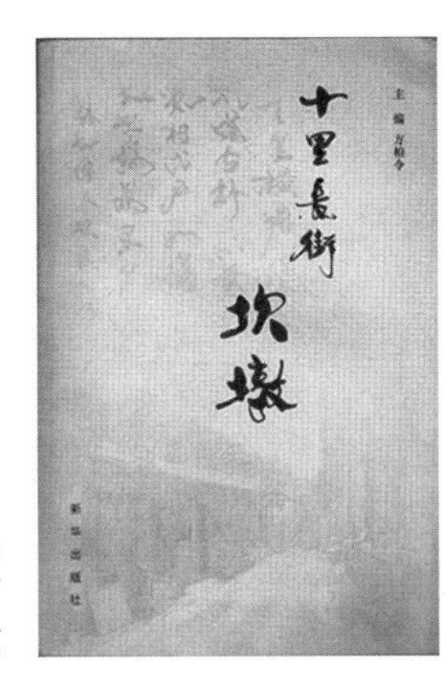

来新夏主编。19.5万字。杭州出版社2008年9月第1版，第1次印刷。未标印数。定价：38.00元。

ISBN 978－7－80758－079－9

中国版本图书馆CIP数据核字（2008）第049498号

坎墩地处杭州湾南岸。明代在此筑塘时，因卦象坐于坎位，故称坎塘，后为防海，在塘边筑一高数丈之泥墩而称坎墩。民国二十九年（1940）置镇。原属余姚县，1954年划归慈溪县。2001年撤销镇级建制，设立街道办事处，现位于慈溪大城区北部。新华出版社2006年出版方柏令主编的《十里长街——坎墩》，此书一出，引起国内方志界诸多人士的关注。2007年，在中国地方志指导小组和浙江省地方志办公室的支持下，《十里长街——坎墩》全国性研讨会在坎墩举行。

本书之名《十里长街读坎墩》，共收录与会及因故未能与会的专家学者的评论、贺信35篇，陈桥驿先生撰文《我和慈溪》并为之作序。研讨会组委会认为，“该书借志书之体例、借散文之笔法，既不像传统意义上的志书，又不像其他纯粹的地情书”，此“四不像”、“什么都不像”的编写模式，为乡镇级的志书编写提供了一种创新的体例。

来先生撰文《一部新人耳目的镇志》参与《十里长街——坎墩》研讨会，该文收载于内蒙古教育出版社《砚边馀墨》。先生为我藏本题署“伟良藏之　来新夏　二〇一二年五月”。

读书室藏《十里长街——坎墩》和《十里长街读坎墩》各一册，以资研读。

## 037 天津历史与文化（2008）

“天津广播电视大学系列教材”之一。来新夏主编。27万字。天津人民出版社2008年11月第1版，第1次印刷，印行4000册。定价：35.00元。

ISBN 978—7—201—06070—5

中国版本图书馆CIP数据核字（2008）第124842号

在天津广播电视大学50周年校庆之际，学校编纂《天津历史与文化》一书，是为开发建设的系列教材之一，也是天津市教育科学“十一五”规划课题。作为天津市高校编辑的第一部乡土教材，该书涉猎天津历史变迁、社会变革、工业经济、商贸金融、教育科学、文化艺术等各个领域，全面反映了天津灿烂辉煌的历史文化。时任天津市委副书记、市政协主席邢元敏为该书作序。

本书题有“来新夏赠书　二〇〇九年三月”。

## 038 史记选（2009）

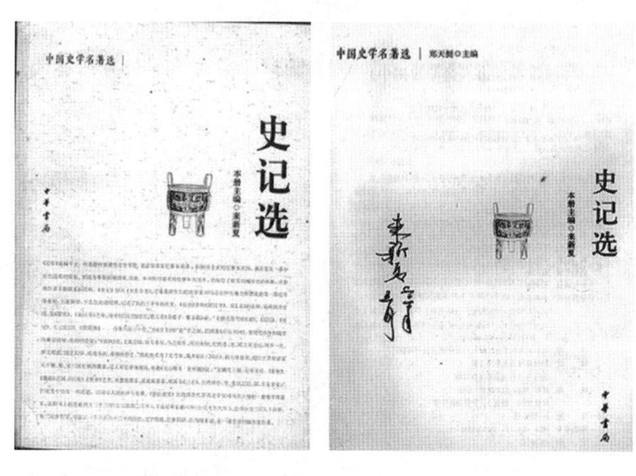

“中国史学名著选”之一。来新夏主编。26.2万字。中华书局2009年4月北京第1版，北京第1次印刷，印行6000册。定价：43.00元。

ISBN 978—7—101—06538—1

中国版本图书馆CIP数据核字（2009）第019258号

二十世纪六十至九十年代，中华书局陆续出版了郑天挺先生主编的“中国史学名著选”丛书，包括《汉书选》、《三国志选》、《左传选》、《资治通鉴选》、《后汉书选》、《史记选》，共六种。

丛书出版后，受到高等学校历史专业师生以及其他读者的欢迎，先后多次再版、重印。直至今天，这些选本仍不失为很好的选本。鉴于此，中华书局将这套丛书予以重版。

为方便阅读，此次重版，将原直排改为横排，由繁体改为简体；选注者所作注释，改为页下注；个别因改简体而不再需要的注释，则予删除。

来先生发表于《文汇报》2009年8月13日《〈史记选〉今昔琐议》一文，使读者对《史记选》书里书外的掌故一览无余。

本室藏本扉页题有“来新夏　二〇一〇年五月”。

## 039　中国地方志历史文献专辑·灾异志（2010）

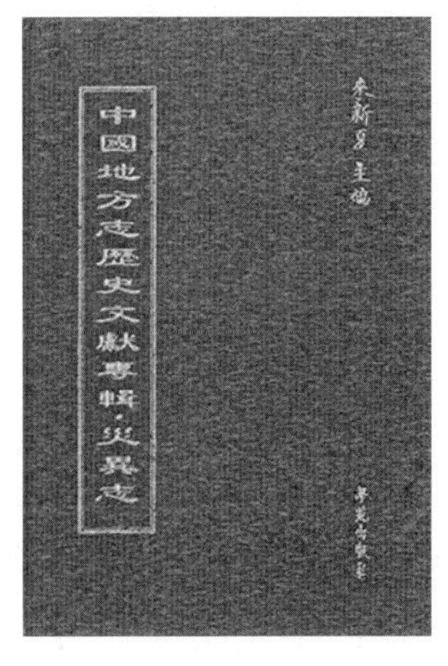


来新夏主编。学苑出版社2010年2月第1版，第1次印刷。90册，印行100套。定价46800.00元。

ISBN 978—7—5077—3508—6

中国版本图书馆CIP数据核字（2010）第030962号

中国地方志内容繁富，举凡建制沿革、天文气象、政治军事、文化教育、山川名胜、天灾人祸、医药宗教、人物政绩、民情风俗、交通制造、经济物产、方言艺文、无不涵盖，有关自然灾害的记载尤为丰富。各府、州、县在编纂地方志时，以灾异、五行、祥瑞、灵征、祥异等专有门类辑录历年的灾异现象，资料吸取了大量水利著作、碑刻、笔记、奏疏等文献中有关灾害的资讯，足供研史写史者与研究专门问题者之采撷。

本专辑为《中国地方志历史文献专辑·灾异志》，搜访参考全国（包括台湾省。本书不收台湾省日文版的地方志文献）收藏单位的地方志书，入选方志，一般以每一地区较晚的方志为主。盖取其记述较全，编制较善，征选较易，此书所选全国方志达2600种。

本读书室仅藏《中国地方志历史文献专辑·灾异志》第1册、第25册。

## 040　清代经世文全编（2010）

来新夏主编。学苑出版社2010年12月第1版，第1次印刷。印数50套。定价128000.00元。

ISBN 978—7—5077—3665—6

中国版本图书馆CIP数据核字（2010）第206152号

“经世”，亦作“经济”，是“经国济世”、“经世致用”的简称。而所谓“经世文编”，顾名思义，即为经国济世、经世致用文章的汇编。《清代经世文全编》是将清代在不同时期、由不同编者印行的各种经世文编进行搜集、整理、编排而汇编成一帙的大型专题性丛书。

二十世纪六十年代，来先生曾谋目力所及之“经世文编”成一选篇，已搜求多种，方将启动，逢“文革”祸起，乃包扎庋藏于研究室，幸获保存，而时时念及整理选编。2005年4月，来先生受清史编纂委员会委托，主持编纂《清代经世文选编》，即在南开大学图书馆设立项目工作室，邀同仁于此役。《清代经世文选编》是从目前传世的二十余种经世文中遴选名人名篇，编次、点校而成的简编，共收文2000余篇，约200万字。经精选严筛之“选编”，仍有若干名篇难以入选，诚遗珠之憾。眷眷难舍之下，同人叠相议论，何不就便将二十余种经世文编合编为一，影印出版。于是来先生偕天津图书馆历史文献部主任李国庆司其事，自2007年启动，历时三载而成《清代经世文全编》。全编面世，先生数十年宿愿酬矣。先生认为：“其书既可作研究有清一代经世思想之衍化过程，又可供当政者与当前施政措施相比照，择善参用，虚实双效，两得其美。此编纂《全编》之宗旨也。”

《清代经世文全编》所收，上起陆燿《切文斋文钞》，下迄晚清于骕庄《皇朝蓄艾文编》，计清代二十一种；为保存文献，将《民国经世文编》一种殿于书后。装订成170册及《卷首》一册，《卷首》为《清代经世文全编》所收全部篇名目录，即篇名、作者、所在册数和页数。

《清代经世文全编》共收录篇目23000余条，为便于利用与研究，由天津图书馆王永华、翦安编有四册《清代经世文全编·目录索引》，其内容包括：篇名目录、分类目录、篇名索引及著者索引。

本读书室藏《清代经世文全编·卷首》与《清代经世文全编·目录索引》。

## 041　中国地方志历史文献专辑·金石志（2011）

来新夏、赵波主编。学苑出版社2011年5月第1版，第1次印刷。全90册，印行100套。定价39000.00元。

ISBN 978—7—5077—3782—0

中国版本图书馆CIP数据核字（2011）第074626号

中国古代的地方志，保存着大量的金石文献。方志中的“金石志”，主要记载我国各地发现的铜器、碑刻、文物及墓志铭等文献资料，多为对文字的记录，是方志中的重要内容，是发现、了解、研究地方历史文化、自然环境的必要文献。

本专辑《中国地方志历史文献专辑·金石志》，遍查全国各地包括台湾省的民国前地方志资料6000余种，一般以每一地区较晚的方志为主，能其每县一志，共析出1840种旧方志，收其碑记、篆刻等金石相关内容，涵盖题、序、记、文、赋、诗等多种文体。

本读书室仅藏《中国地方志历史文献专辑·金石志》第1册。

## 042　中国地方志文献·学校考（2012）

来新夏、黄燕生主编。学苑出版社2012年5月第1版第1次印刷。80册，印行100套。定价48000.00元。

ISBN 978—7—5077—4007—3

中国版本图书馆CIP数据核字（2012）第085411号

旧志中《学校志》（亦有称《学校略》者）内容丰富，记述学宫、书院、礼乐、祀典、名宦、乡贤、乡学、义学、学田、圣谕、碑记等各类情况，凡教学机构、教学内容、经费来源、典章制度等，均有详细记载。

《中国地方志文献·学校考》，遍查全国各地包括台湾省的1949年前旧地方志3770种。全书分册按省为序，省下列各县志书，按原书版式，分上下栏影印成书。全书书尾有附录三：一为《地名沿革与相关旧志》，简述今地名沿革，曾用名所涉及相关旧方志；二为《地名沿革与相关旧志索引》，以中文拼音字母顺序排列，依次以地名沿革与相关地志内各地名首字的顺序检索；三为《旧志书名索引》，以书名为序。此三附录，对使用全书，颇多利便。

这部专书的出版，为研究中国古代建学施教、培养人才、普及知识、促进社会文明提供了一套系统、完整、稀见的专题资料。来先生为《中国地方志文献·学校考》撰序言一篇。

本读书室藏复印本第一册，即全书80册的总目录；并网购第30册，该册为浙江部分，内收录《嘉泰会稽志》、《宝庆续志》、《康熙绍兴府志》、《乾隆绍兴府志》、《民国绍兴县志采访稿》、《康熙山阴县志》、《康熙会稽县志》、《嘉庆山阴县志》等，颇便研究之需。

## 043 天津历史与文化（2013）

来新夏主编。39.9万字。天津大学出版社2013年9月第1版，第1次印刷。未标印数。定价：35.00元。

ISBN 978—7—5618—4758—9

中国版本图书馆CIP数据核字（2013）第195812号

《天津历史与文化》作为天津广播电视大学同名公共课的教科书，自2008年出版后，不仅20000余选课学生使用，天津市所有中小学的图书馆均入藏，备作参考读物。2011年，《天津历史与文化》入选为全国电大系统精品课程。编写组决定对教材进行修订并再版，是为此本。

## 044 萧山丛书（第一辑）（2014）

来新夏、沈迪云主编，杭州市萧山区人民政府地方志办公室、南开大学地方文献研究室编辑。学苑出版社2014年9月北京第1版，第1次印刷。10册。未标印数。定价：5500.00元。

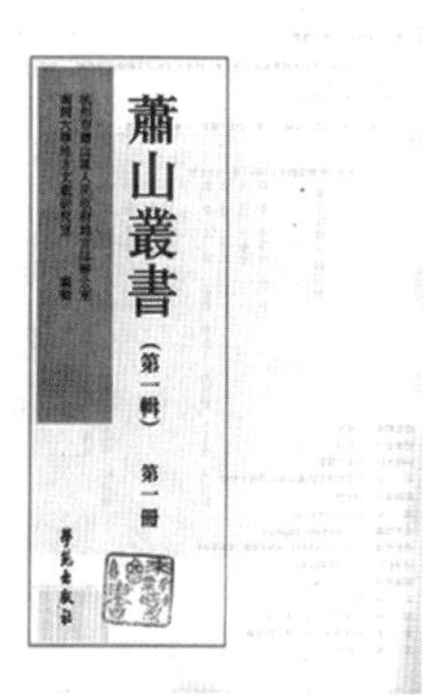

ISBN 978—7—5077—4535—1
中国版本图书馆CIP数据核字（2014）第111318号

萧山之有丛书，始于邑人鲁燮光（1817—1910）所编《萧山丛书》，收书十一种，原稿存国家图书馆，惜仅有一辑，入民国后中断。新编《萧山丛书》，由萧山区地方志办公室与南开大学地方文献研究室于2011年定议合作，拟定体例、确定入选书目。每辑十册、成一编，悉加影印。来先生所撰《总序》阐论地方文献丛书之价值及本丛书编辑宗旨，并明确体例以供遵循。入编书目均置前言一篇，邀专人撰写，以作导读。

新编《萧山丛书》第一辑，收书10余种，遍及四部。撰者多为萧籍著名学者，如毛奇龄兄弟、王绍兰父子、汪辉祖父子、任辰旦及鲁燮光等。因各书篇幅不一，考虑各册薄厚相当，故排列不强求时代为序，间有合数种为一册者。本辑仅收一明人著作，即来集之《读易隅通》，余皆清人著述。是为：毛奇龄《圣谕乐本解说》、《皇言定声录》、《韵学要指》，曹之升《四书摭余说》，王绍兰《说文段注订补》、《管子地员篇注》，鲁燮光《萧山茂材录》，王文韶《牧民宝鉴》，汪辉祖《佐治药言》、《学治臆说》（附《续说》、《说赘》），刘衡《庸吏庸言》、《读律心得》、《蜀僚问答》，高廷瑶《宦游纪略》，方大湜《平平言》，汪继培《尸子存疑》、《尸子》，张文瑞《六湖先生遗集》，王端履《重论文斋笔录》，陈至燕《菀青集》，以及不著撰人的《萧山水利》二卷、续刻二卷、三刻三卷。

读书室获赠《萧山丛书》第一辑钤印“来新夏赠书”。

## 045　萧山丛书（第二辑）（2015）

来新夏、沈迪云主编，杭州市萧山区人民政府地方志办公室、南开大学地方文献研究室编辑。学苑出版社2015年12月第1版，第1次印刷。10册。未标印数。定价：5500.00元。

ISBN 978—7—5077—4881—9

中国版本图书馆CIP数据核字（2015）第236382号

《萧山丛书》第二辑收书16种，所收书目包括：王绍兰《周人说经》，魏翼龙《春秋七国统表》，毛奇龄《四书改错》、《西河诗话·西河词话》（附《西河杂笺》），汪辉祖《越女表微录》，张远《梅庄文集》，沈豫《蛾书堂集》，汤纪尚《槃薖纪事初稿》、《槃薖文甲乙集》，陆墢《陆次山集》，蔡仲光《谦斋遗集》，朱启连《棣垞集》； 本辑还收录明嘉靖三十六年（1557）刻、万历三年（1575）增刻《萧山县志》，而《（嘉靖）萧山县志》六卷本为罕见，仅有宁波天一阁收藏原本，另有中国科学院图书馆、上海图书馆、南京图书馆和浙江图书馆收藏胶卷；又收录清康熙十一年（1672）刻本《萧山县志》，并毛奇龄《萧山县志刊误》三卷，毛著对《（康熙）萧山县志》指瑕凡八十条，言之有物，论之有据，是利用《（康熙）萧山县志》的重要参考文献。

## 046　萧山丛书（第三辑）（2017）

来新夏、沈迪云主编，杭州市萧山区人民政府地方志办公室、南开大学地方文献研究室编辑。学苑出版社2017年12月第1版，第1次印刷。10册。未标印数。定价：5500.00元。

ISBN 978—7—5077—5291—5

中国版本图书馆CIP数据核字（2017）第197145号

《萧山丛书》第三辑收录八位萧山籍学者的著作，有沈祖燕辑纂的《四书合纂大成》，王龄撰、任熊绘《於越先贤像传赞》（附《高士传》），陆成本汇辑《经验良方》，朱珪撰《知足斋诗集》、《知足斋文集》、《知足斋进呈文稿》，高第撰《额粉盦集》（附《贻砚斋诗稿》），孙苏意撰《衍波词》，王宗炎撰《晚闻居士遗集》，韩栋撰《萧山韩湘南先生遗文》。其中《四书合纂大成》搜罗各家故训百数十种，多有未见于《四库全书》和《续修四库全书》者，尤具文献价值。

## 047　清代经世文选编（2019）

“国家清史编纂委员会·文献丛刊”之一。来新夏主编。300万字。黄山书社2019年3月第1版，第1次印刷。未标印数。定价：600.00元。

ISBN 978－7－5461－8148－6

中国版本图书馆CIP数据核字（2019）第020134号

2005年4月，来先生受国家清史编纂委员会委托，主持编纂《清代经世文选编》，在南开大学图书馆设立项目工作室，邀请南开大学、天津师范大学、天津图书馆、天津古籍出版社等单位相关专家进行选目与点校。《清代经世文选编》是从目前传世的二十余种经世文中按照一定标准遴选出来的清代经世文单篇作品集，涉及作者490余人，共收文1111篇。选文之首，列一简介，涉及作者名号、籍贯、经历、著述等。

《清代经世文选编》为16开精装3册。为方便读者利用，提高清史文献的使用效果，达到一检即得，在篇名目录后设分类目录，次第缕分以“学术”、“教育”、“格致”、“治体”、“吏政”、“户政”、“礼政”、“兵政（战备）”、“刑政”、“考工（工政）”及“洋务”十一类，类下再胪列若干细目，如“教育”下设育才、书院、学校、师友、家教、藏书、报馆及官书局，“洋务”下设通论、军政、遣使、出洋、会党、通商、约章、外史及交涉，接着详列每篇文章在书中页码；另按音序编制两种索引附于书末：一是作者索引，二是篇名索引。

《清代经世文选编》系2011—2020年国家古籍整理出版规划项目、国家古籍整理出版专项经费资助项目。

## 编后记

浙江萧（山）绍（兴）一带，地名多后缀以“头”字，故有“咯廊头，夯廊头，萧山长河头”之谚。萧山长河镇是来新夏先生的故乡，“长河厅堂多，来氏人才多”，来、汤为长河镇之望族。笔者大姨夫汤仕泉世居长河头，曾托其购买《长河镇志》（光明日报出版社1989年版），阅后粗知南开大学教授来新夏先生的学术成就。镇志专门列有《来新夏著述》，涉及历史学、方志学、图书文献学等20种书目，这恰是我渴求的学科知识。之后的岁月里，我专心学习并关注来先生的著述。2005年始与先生有书信交往，2006年春先生伉俪首次莅临寒舍，自此有幸频频亲聆先生教诲。

2007年2月3日，在来先生的支持下，寒舍“来新夏民众读书室”开室，《来新夏民众读书室开室纪念册》亦在当日赠阅来宾。其实这本薄薄的册子，我是花了两天赶出来的。2月1日上午，我出席“来新夏方志馆”开馆仪式，萧山方志办编印有《来新夏方志馆来新夏捐赠目录》，想到后天我家里也要搞一个“读书室”的开室仪式，下午即回绍兴，编制“纪念册”。《来新夏民众读书室开室纪念册》收录将近70种来先生著述，就出版物要素，粗成“著述简目”，它可以说是《来新夏著述提要》的最初蓝本。

越是深入阅读先生著作，越是感到如入宝山，受益巨大，于是决心尽力收集先生的所有著述。上城赴步行街旧书摊、看《藏书报》信息以及友朋赠送；自学电脑后，将关键词“来新夏”输入孔夫子旧书网，是每晚必做功课。通过诸多努力，收集到的先生著述陆续增加，一些珍贵的油印稿亦渐次入藏，遂萌生编撰“著述提要”的志愿。

2008年3月中旬，我应邀参加在萧山金马饭店举行的“地方文献国际学术研讨会”。18日，与会的来先生一行十余人赴绍兴古镇安昌游览，我陪来先生在绍兴师爷博物馆的“斯干堂”小憩，只听得先生轻声对我说：“伟良，去把师母叫来，到里边看看。”我一阵窃喜，我正式成为来门弟子了！从那时起，我称呼焦老师改口叫师母了。于是编撰先生的著述提要愈发心坚，在一同出席学术研讨会的天津商业大学图书馆黄立新老师的帮助下，完善体例，遂成《来新夏民众读书室藏来新夏著述提要》，刊载于《绍兴县史志》2008年第4期。

天津《今晚报》编辑王振良先生，目及拙编“提要”已达三万余言，拟将“提要”编入天津市建筑遗产保护志愿者团队主编的刊物《天津记忆》，以广流传。以原题略长，改为《来新夏著述提要》，载《天津记忆》第18期。

随着入藏著述增加，《来新夏著述提要》渐趋丰满，又刊载于《谱牒文化》2012年第1期、《友声集——来新夏教授九十初度暨从教65周年纪念集》。来先生辞世后，萧山方志办又将拙编列入《萧山记忆（第八辑）——纪念来新夏专辑》，于2015年5月下旬在天津召开的第十三届全国读书年会上作为赠刊，获得好评。

按老习惯，关注孔夫子旧书网。2017年盛夏时节，有一家“专营日本书籍”店，我试着问询，因为来先生的《北洋军阀史略》一书，有1969年、1989年两个日译本。功夫不负有心人，回答居然说有货，天啊，太神奇了，600元人民币不是问题，只要有书。大半个月，两日译本远涉重洋，到达寒舍，我感慨万千！如此，连同2015年国庆节从韩国邮购来韩译本《古典目录学浅说》，来先生的著作外译，全齐了！

从《长河镇志》得知20种来先生著述书目，经二十余年努力，我居然收藏到先生140种著述，回首往事，觉得每本书的来历都有曲折的故事。1951年出版的《美帝侵略台湾简纪》，久求不得，书友朱新学（网名缘如流心）从孔网查询到此书多年前被一书友拍卖所购，经网站联系得到该书友手机号码，得知该书友也在收藏来先生的著述，彼此沟通，书友说只要能得到来新夏先生的题跋签名本，可以互换。得此承诺，我立即电话请示来先生，说明意图，先生应允。于是我买来《清刻红楼梦图咏》，然后寄天津，来先生题跋后，寄回绍兴。我再快递给书友，书友寄来《美帝侵略台湾简纪》，我又寄天津，来先生跋曰："此为我第一本史学著述，久已绝版，我亦未入藏，伟良以他书与北京李晓静君相易而得，特识其事，以见伟良搜求之情。来新夏　二〇〇九年三月。"类似这样得书的故事，不胜枚举。

凡事总有遗憾。2017年7月18日21：20，孔夫子旧书网在线拍卖拍品编号27605561的来新夏先生手稿《几乎被人忘记的最早的公费留美学生》，拍品"筒子叶，共64叶124面"，起拍价50元，经210次竞价，至7月21日22：04，价格已接近6000元，我委托朱新学一路竞价，但最终被网友"zhxg"以5990元拍得，我无缘得此来先生手稿。愿那位胜利者，好好善待来先生的手稿，书是读的，不是藏的，希望来先生的这部作品，能流传下去，惠泽后学。

感谢天津社会科学院历史研究所副研究员万鲁建先生、南京师范大学教授赵莉女士，两位帮忙将来先生著述的日译本、韩译本的前言、后记译成中文，便于我撰写提要。感谢天津商业大学图书馆研究员黄立新先生，在提要体例上，灌输我许多知识。

据闻，身为扬州八怪之一的郑板桥有一方印章，刻的是"青藤门下牛马走"，如是，我是否请人治印"邃谷门下牛马走"？下一个目标——《来新夏先生著述编年》，继续走……

孙伟良，初稿于2017年夏，2023年6月定稿

# 后 记

2011年3月31日，深圳公共图书馆研究院召开《公共图书馆》杂志编委会暨“图书馆学家文库”之《谭祥金、赵燕群文集》新书发布座谈会，南开大学徐建华教授应邀与会，得知“图书馆学家文库”已启动的信息，会后即致信主持此事的深圳图书馆吴晞馆长，表达了为来新夏先生编辑《文集》的愿望。吴晞馆长当即回信表示同意。之后，吴、徐就具体编辑等细节邮件商议多次，内容包括编辑原则、收录范围、内容体例等方面，基本达成共识。其决定由南开方面先启动编辑进程，俟机缘成熟时，再由吴晞先生赴津面谒来先生，当面恭请入选，以显应有之尊重，届时再行签订出版合同。并计划全书尽可能在2012年6月完成出版，以为来先生九十大寿之寿礼。

项目启动后，首先由徐建华教授在南开大学信息资源管理系的硕、博士研究生在网上搜寻来先生的文章篇目，发现工作量极大。这是因为来先生的学术之旅绵延七十多年且高产，早年文章大多没有留底，学术盛年辗转多个学术领域，晚年“衰年变法”后随笔文章更是散见于各类公私出版物之中，有繁体竖排、有海外报章、有内部资料……能够直接下载的大约只有一半，前期的资料搜集工作需要投入较大人力。

大致摸清底数之后，徐建华教授随即组织了一个工作班子，分成几个小组，有专门编制目录的，有根据目录下载文章的，有复印文章后扫描转换格式的，有繁体竖排重新打印的，有专事校对的……人手不够，就以勤工俭学方式延请本系和历史系的同学襄助。2012年1月13日，吴晞先生专程赴津面见来先生，商讨《文集》出版事宜。最终与来先生形成共识：《文集》册数暂不确定和限制，一切以实际收录文章的篇幅而定；既要保证质量，又要争取《文集》在2013年底之前面世（来先生诞日是1923年6月8日）。

之后，整个《文集》的编辑工作紧锣密鼓地正常且有序进行。共收录来先生大小文章1170余篇，初步分为少作、图书馆学、历史学、方志学、文献学、随笔、杂著等七类。将所收录文章按基本格式排版后，要求每篇文章须经两个人的分别校对。

其间，“图书馆学家文库”编委会负责人程焕文教授及谭祥金、吴晞诸先生对《文集》的编辑出版给予了热情关注和具体安排，但由于种种原因，2012年底未能按时交稿，而2013年“图书馆学家文库”系列也因故中辍，来先生《文集》虽暂时顺延，但正可以利用时间，努力打磨精品。

2014年1月，时任广东人民出版社总编辑的卢家明访来先生，听说《文集》在编，慨然请求将其移至广东人民出版社出版。后经与中山大学出版社友好协商，《来新夏文集》改由广东人民出版社出版，并很快与来先生签订了出版合同。

2014年3月31日，来新夏先生不幸遽归道山。我们深以《文集》没能在来先生生前出版为憾，愈感《文集》的编辑出版应该加大力度、加快进度，遂邀请来先生的夫人焦静宜编审加入《文集》工作团队，主要负责书稿的编校工作，徐建华教授则主要负责相关组织工作及后勤保障。大约到2015年秋冬之际，整个《文集》的编辑工作基本完成，经过焦老师的精心增删，收编了来先生1941年至2014年公开发表（含内部出版物）的包括译文在内的各类独著和第一作者的文章，兼及二、三作者的重要文章，额外收录了两部现在已难以寻觅的早期小篇幅著作《美帝侵略台湾简纪》和《第二次鸦片战争》，以及今已稀见的两部京剧剧本（《火烧望海楼》与《血战紫竹林》），共约1100余篇。其余著作、工具书、古籍整理等和未发表的私人文书如信札、题词、手稿、讲稿、档案等一概不收。全部以简体字重排。即使这样，囿于查找困难等原因，也存在阶段性遗漏等问题，比如来先生早年文章、曾参与编辑的有关杂志文章付之阙如等，则有待于日后寻找、增补。

关于分卷分册问题，早前即与广东人民出版社商定，《文集》的最终出版，根据实际篇幅分为十册，卷数与卷名暂不定，容文章收录基本完备后，再酌情确定。每册可以单分一卷，亦可根据收文篇幅，两册为一卷，不强求一律。对于《文集》所收文章，为便于出版时的分卷，决定将一开始时的七类重新按所收文章的内容暂时细分成二十多个小专题，分别为：史学理论、古代史、近现代史、图书学、目录学、文献学、图书馆学、编辑出版、方志学、古今人物、师友、忆往、掌故、自序、他序、书评、读书治学、文化、戏剧、游记、碑记、少作、随笔、邃谷自订学术简谱。

为了使分卷工作得以顺利进行，卷名能够与来先生学术成就相辉映，征得广东人民出版社同意，《来新夏文集》定稿会于2016年10月6日至7日在南开大学商学院召开，与会的有中华书局资深编审柴剑虹、时《今晚报》副刊部主任王振良、焦静宜老师、徐建华教授、广东人民出版社王俊辉主任、南开大学出版社编审莫建来、天津商业大学社科管理处处长刘小军等。会议确定了《文集》的出版方针；成立了由柴剑虹、李广生、王振良、焦静宜、王红勇、徐建华、莫建来、刘小军组成的《文集》编委会；焦老师负责全书整理校对，校对工作结束交稿后，尽快出书；卷数与卷名待二校完成后最终确定；徐建华师生团队负责全书索引编制；印数和定价等问题待校对工作完成交稿时再共同商议。

2019年夏，《文集》二校已完成大半。9月20日至22日，借在萧山举行来先生骨灰安葬仪式和“来新夏先生学术思想研讨会”之机，我们邀请莅会的来先生故旧亲朋柴剑虹、王振良、王俊辉、袁逸、童银舫、方晨光、陈鑫诸位先生，以及来先生弟子李德福、莫建来、宁敬立、刘小军、余文波、徐建华及学生伍巧等又进行了一次关于《文集》分卷与卷名的讨论。按照来先生的学术成就与涉猎范围，考虑到时间顺序，大致列出：历史学卷、方志学卷、图书文献学卷、人物掌故卷、序跋书评卷、杂著随笔卷、附录七卷，其中历史学、图书文献学卷、杂著随笔三卷由于篇帙较多，各分为上、下两册，合计十册。

之后，徐建华教授组织研究生汪汉清等人又进行了收文小专题的归卷工作，同时另立“附录”一卷，包含访谈、邃谷自订学术简谱、来新夏先生著述提要、友朋评说四部分，以更好地展现来先生的学术与行谊。后经与广东人民出版社协商，将“友朋评说”析出，增补一部分近年友朋撰写的评论性文章，以《来新夏学记》之名单独出版，故最终出版的《来新夏文集》为九册。

在分卷初订的基础上，2021年3月，根据两次校对过程中发现的问题和责编对书稿的审读意见，经编委会研究后，由莫建来、焦静宜对全书的分卷、分类进行了最后一次调整，并对“凡例”及卷名、类名进行了斟酌确定，以期尽可能地使每一篇文章都能恰当地各归其类，得其所哉。至此，《文集》从结构到内容基本底定。

回顾《来新夏文集》的编纂历程，其间虽困难多多，挑战不断，但令人兴奋不已的是，经过大家的不懈努力、反复打磨，皇皇五百多万言的多卷本《来新夏文集》，终于在来先生百年诞辰到来之际付梓。我们认为，《文集》能够顺利面世，首先得益于来先生高山仰止的学术魅力与高风亮节的人格魅力，同时也归功于各界人士包括来先生的故旧亲朋及学生们的鼎力相助，在此谨以编委会名义，向大家致以诚挚的谢意。

感谢启发此动议的深圳图书馆前馆长吴晞先生，中山大学文献与文化遗产管理部主任程焕文教授，中山大学图书馆副馆长林明，中山大学谭祥金、赵燕群伉俪（谭祥金先生于疫情期间仙逝，在此致以深切缅怀）；浙江图书馆袁逸、褚树青，江南大学顾烨青，杭州市社科院方晨光，慈溪市方志办童银舫，南开大学陈鑫；来先生弟子赵永东、李德福、刘本军、宁敬立、余文波；提供启动资金的南开大学信息资源管理系87级同学；学生刘小慧、鲍天罡、刘钰、孙晓晗；博士生苏超、王芳、亢琦、宋家梅、王翩然、吴颖颖、杨济霞，硕士生卢正明、冯凯悦、王茉瑶、陈嘉茜、付敏君、李盛楠、张言、孙晓琳、王茜、王祎、赵雅、张幼君、吴子璇、路锦怡、汪汉清、伍巧、马玥、杨丽娟等等。没有各位的支持与辛劳，《文集》编纂出版工作的圆满完成是很难想象的。

尤其需要感谢的是广东人民出版社的各位领导和编辑，他们是：时任总编辑卢家明、社长肖风华、总编辑钟永宁、副总编辑倪腊松、华人文化编辑中心主任王俊辉及其编辑室的各位编辑。感谢中山大学历史系李吉奎教授审阅全稿。感谢广东省出版集团何祖敏副总经理持续关注并督导《文集》的出版工作。正是诸位先生的卓越眼光、非凡魄力和扎扎实实的工作态度，才成就了《来新夏文集》的出版。

谨以此《来新夏文集》献给来先生百年诞辰。来新夏先生承传学术、弘扬中华优秀传统文化之精神不朽！

《来新夏文集》编委会

2023年5月28日

*本后记原由徐建华撰写，原文15000余字，已全文刊发于《高校图书馆工作》2021年第1期。经作者同意，收入本文集时做了压缩提炼。